종교,
미디어,
감각

06
종교문화비평총서

종교,
미디어,
감각

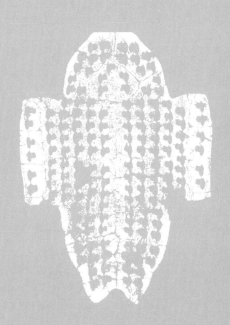

이창익 엮음

한국종교문화연구소 종교문화비평총서 06

종교, 미디어, 감각

등록 1994.7.1 제1-1071
1쇄 발행 2016년 3월 25일
2쇄 발행 2017년 9월 30일

기 획 한국종교문화연구소
엮은이 이창익
펴낸이 박길수
편집인 소경희
편 집 조영준
관 리 위현정
디자인 이주향
펴낸곳 도서출판 모시는사람들
      03147 서울시 종로구 삼일대로 457 (경운동 수운회관) 1207호
전 화 02-735-7173, 02-737-7173 / 팩스 02-730-7173

인 쇄 상지사P&B(031-955-3636)
배 본 문화유통북스(031-937-6100)
홈페이지 http://www.mosinsaram.com/

값은 뒤표지에 있습니다.
ISBN 979-11-86502-44-0   94100
SET   979-89-97472-32-1   94100

이 도서의 국립중앙도서관 출판예정도서목록(CIP)은 서지정보유통지원시스템
홈페이지(http://seoji.nl.go.kr)와 국가자료공동목록시스템(http://www.nl.go.kr/
kolisnet)에서 이용하실 수 있습니다.(CIP제어번호: CIP2016006206)

머리말

　흔히 종교는 초자연적, 초인간적, 초감각적인 것이라고 말한다. 이 책은 이러한 '초(超)~'라는 종교적인 접사에 시비를 걸기 위해 기획되었다. '초(超)~'라는 접사의 관행적 사용을 통해 우리는 종교가 일상을 초월하는 비일상, 세계를 초월하는 타계, 시간 너머의 영원, 죽음 너머의 내세 등에 관계되는 것이라고 이해한다. 이때 종교는 시각, 청각, 후각, 미각, 촉각 같은 감각 작용 너머에 있는 것을 인식하는 장치처럼 서술된다. 즉 종교는 볼 수 없는 것, 들을 수 없는 것, 냄새 맡을 수 없는 것, 맛볼 수 없는 것, 만질 수 없는 것, 먹을 수 없는 것 등을 이야기하는 것으로 묘사된다. 따라서 종교는 감각할 수 없는 것을 감각하고, 경험할 수 없는 것을 경험하는 능력을 가리킨다. 이런 식으로 종교는 감각 너머의 감각, 사물 너머의 사물, 경험 너머의 경험이라는 모호한 영역을 구축한다. 따라서 근대 경험의 지형 속에서 종교는 존재하지 않는 것의 존재를 가리키는 초감각을 의미한다. 그러나 우리는 종교라는 말을 수식하는 이러한 '초(超)~', '~ 너머'라는 말에 의문을 제기하고자 이 책을 기획했다.

　'너머'를 강조할 때 우리는 자칫 종교가 세상의 일에 무관심해지려는 노력인 것처럼, 험한 세상을 벗어난 평온의 안식처인 것처럼, 꿈과 상상의 산물인 것처럼, 세상을 덧없게 여기는 아편인 것처럼 생각하기 쉽다. 그러나 우리의 생각보다 종교는 훨씬 구체적인 사물로 존재한다. 물론 우리는 끊임없이 감각을 갱신하고, 사물에 들러붙은 낡은 의미의 껍질을 벗겨내고, 더 깊은 경험을 차단하는 습관의 악순환을 끊어야 한다. 그러나 이것이 감각과 사물과 경험의 자리를 떠나는 '초(超)~'의 논리 속에서 이루어질 필요는 없다. 종교는 사물을 떠나지 않은 채 사물의 표면에 얼마든지 머무를 수 있기 때문이다. 우리는 종교가 탈속(脫俗)과 초속(超俗)의 상징이라고 말한다. 그러나 사실 우리는 항상 종교를 보고, 듣고, 맛보고, 만지고, 냄새 맡고, 먹는다.

도대체 만질 수 없는 종교, 보이지 않는 종교, 들리지 않는 종교, 아무런 냄새도 피우지 않는 종교, 먹을 수 없는 종교가 어디 있다는 말인가? 물론 거의 한 세기 이상 우리는 종교를 책으로 만들어 열심히 읽으려 했다. 그리고 읽히지 않는 종교와 읽지 않는 종교, 즉 책으로 만들어지지 않은 종교와 책을 만들지 않은 종교는 근대적인 기억의 저장소에 쉽게 들어오지 못했다. 모든 감각을 종합하는 수로로 언어를 선택하고 나서, 우리는 언어로 번역되지 않는 감각의 문제를 오랫동안 등한시했다. 우리는 근대적인 종교 개념의 정착 속에서 종교가 색깔, 소리, 냄새, 음식, 피부를 지우면서 점점 내면으로 침잠해 들어갔던 종교사의 흐름에 대해 잘 알고 있다. 어쩌면 인간 신체와 맞닿는 맨살의 종교를 제거하는 것은 나름 종교의 생존 전략이었을 것이다. 감각에 관여하는 종교는 쉽게 의심받고 곧장 심판받기 때문이다. 그래서 그동안 종교는 초감각과 의식의 문제로 축소되었고, 신화적인 저 너머의 과거로, 형이상학적인 저 밖의 자리로 도주하고 있었다.

종교가 감각에 관여할 때, 종교 안에서 다른 무엇을 보았고, 다른 무엇을 들었는지, 다른 무엇을 만졌고, 다른 무엇을 맛보았는지, 다른 뭔가를 만져보았는지에 대한 수많은 질문이 쏟아진다. 그리고 이에 답하는 순간 종교는 순식간에 환각과 광기의 영역으로 추락하기 쉽다. 그러므로 가급적 감각과 엮이지 않는 것이 종교의 안전을 위해서도 도움이 된다. 그러나 종교사를 통해 볼 때 종교는 항상 무언가를 만들었다. 종교는 종교가 잘 보이도록 그림을 그리고 건물을 세웠고, 종교를 잘 듣게끔 모든 언어에 음을 입혀 노래했고, 끊임없이 냄새를 피워 공간의 다름을 인식시켰고, 갖은 조리법을 동원하여 제물을 요리했고, 인간의 몸을 철저히 연구하여 종교적인 몸으로 변화시켰고, 염주를 만들어 손가락에 얹어 주었고, 마니차(摩尼車)를 돌리며 경전을 역학적인 사물로 변용시켰다. 그렇지만 현재 우리에게 감각적인 종교의 이런 모습은 그리 친숙하지 않다.

요즘 우리의 종교는 어떠한 모습인가? 성소에 들어서자마자 우리는 모든 소리를 죽이고 침묵으로 가라앉으며 내면의 소리에 집중한다. 화려한 세속의 색깔이 탈색된 채 종교는 마치 흑백 사진처럼, 수묵화처럼 존재한다. 음식이 없기에 냄새도 없고 맛도 없는 종교만이 가득하다. 종교는 만질 수 없는 것만을 이야기하고, 끊임없이 감각을 지우라고 주장한다. 종교는 세속의 반대어로 존재할 때만 자신의 정당성을 갖는 것처럼 움직인다. 그러나 우리는 이 책을 통해 이와는 다른 종교의 모습을 복원하려 했다. 춤추는 종교, 노래하는 종교, 그리는 종교, 요리하는 종교, 향기로운 종교, 만지면 가슴이 따뜻해지는 종교의 모습을 그려보고 싶었다.

그렇다면 감각과 미디어는 어떻게 연결되는가? 사실 종교는 매체 없이, 즉 미디어 없이 존재한 적이 없다. 종교사는 성과 속을 잇는, 인간과 신을 잇는 모든 매체의 역사이기 때문이다. 그러므로 종교사는 종교적인 미디어의 역사라고 불러도 될 만큼 많은 매체의 존재를 보여준다. 의례가 인간과 신의 만남의 장이라면, 의례는 미디어다. 신화가 이야기를 통해 신화적 원형과 현재의 공허를 접속하게 한다면, 신화 역시 미디어다. 성화, 성상, 묵주,

십자가, 경전, 찬가, 주문, 제물, 성찬, 향불, 신전뿐만 아니라, 예언자, 구세주, 부처, 보살, 샤먼 등도 모두 미디어가 된다. 그러므로 종교적인 미디어라는 말은 성과 속, 인간과 신을 잇는 것으로 가정되는 모든 매체를 총칭한다. 사실 종교는 인간의 감각을 가장 효과적으로 이용하여 많은 종교적인 자극을 줄 수 있는 미디어를 제작할 때, 가장 성공적인 종교가 될 수 있다.

이 책에 실린 총 11편의 글은 1부와 2부로 분할된다. 제1부에는 '종교, 미디어, 예술'이라는 제목을 붙였다. 1부에서 각 저자는 종교적인 미디어라는 개념을 중심으로 문자, 소리, 사진, 영화, 독서, 예술이라는 주제를 차례를 검토한다. 1부는 2014년 11월 22일에 개최한 '종교와 미디어' 심포지엄의 결과물에 「예술이라는 종교의 미디어」라는 글을 새로 추가하였다. 2부에는 '종교, 감각, 의례'라는 제목을 붙였다. 2부에서 각 저자는 영화와 응시, 성상과 물질적 상상력, 순례와 이미지, 사이버 법당과 불교 의례, 생태 의례라는 주제를 차례로 검토한다. 2부는 2013년 11월 30일에 개최한 '감각의 종교학' 심포지엄의 결과물을 모은 것이다. 그러나 1부와 2부를 가르는 엄격한 분할선은 존재하지 않는다. 왜냐하면 이 책 전체를 읽어나가면서 독자는 미디어와 감각이라는 두 주제의 수렴점을 인지할 수밖에 없을 것이기 때문이다.

미르체아 엘리아데(Mircea Eliade)는 종교를 신이 없는 세계 속에서 신을 찾기 위한 소진할 수 없는 노력이라고 말한 적이 있다. 인간은 신과 만나기 위해 모든 가용한 매체, 즉 미디어를 사용한다. 그리고 그 매체는 시대적, 문화적 적합성에 따라 끊임없이 변화한다. 우리가 종교가 애용한 미디어의 역사를 이야기해야 하는 것도 이 때문이다. 다시 엘리아데의 말을 차용하자면, 종교는 구체성의 갈증에 허덕인다. 그러므로 종교는 자신을 감각할 수 있는 사물로 번역하는 데 매진한다. 종교는 세상에 존재하는 모든 사물을 자신의 미디어로 만들고자 한다. 그리고 이러한 미디어는 항상 감각을 이용하고, 나아가 감각의 기억을 물질화한다. 이 책이 독자에게 보이는 종교, 들리는 종교, 먹을 수 있는 종교, 향기로운 종교, 만질 수 있는 종교를 감각할 수 있는 미디어가 될 수 있기를 기대한다.

2016년 2월 27일

엮은이 이창익

차례　종교, 미디어, 감각

제2부 | 종교, 감각, 의례

1부

종교, 미디어, 예술

종교와 문자

: 상대 종교적 매개로서 갑골문의 본질과 기능

임 현 수

1. 머리말

이 글은 중국 상 왕조(B.C. 17세기~B.C. 11세기경)[1]의 갑골문과 종교의 관계를 고찰한 것이다. 갑골문은 지금까지 확인된 중국 최초의 문자로서 종전까지 구술 중심의 의사소통 구조에 획기적인 변화를 몰고 왔을 것이다. 문자의 출현이 중국 고대 사회에 어떤 충격을 주었는지는 자못 흥미로운 주제이다.

갑골문은 기원전 14세기 중엽 반경(盤庚)의 천도[2] 이후 상대의 수도였던 이른바 '은허(殷墟)'에서 발굴된 사료이다. 은허에서 발굴된 갑골문은 상대 전 시기에 걸쳐서 기록된 자료는 아니다. 은허의 갑골문은 무정(武丁)부터 제신(帝辛)까지 상대 후기에 해당하는 200여 년에 걸쳐서 작성된 기록이다.[3]

갑골문은 상대 점복과 불가분의 관계이다. 점복은 인간의 평범한 지각 능력으로는 파악할 수 없는 미지의 영역을 특정한 매체를 활용하여 알아내는 종교의례이다.[4] 이러한 매체는 인간과 신의 가교로서 인간은 자신의 바람이나 의지를 신에게 전달하고, 신이 인간에게 계시하는 중요한 정보를 파악한다. 상대 점복은 국가 업무로서 각종 의사결정에 앞서 시행되었다. 상대 점복은 거북의 껍질(甲)과 소의 어깨뼈(骨)를 이용하여 실행되었다. 점치는 방법은 화점(火占)으로서 갑골의 이면에 불을 대면 표면에 일정한 금(卜兆)이 형성되는데, 이를 해독함으로써 미지의 사실을 알아내는 방식을 취하였다. 갑골문은 점복이 끝난 후 복조의 주위에 새겨졌다. 상대의 문자를 갑골문으로 부르게 된 것은 이와 같은 점복의 물질적 기반인 갑골 위에 문자를 새겨 넣은 데서 유래한다. 갑골 위에는 점복의 내용이 기록되었는데 이를 복사(卜辭)라고 부른다. 요컨대 복사는 갑골문으로 기록되었다.

이글은 매우 단순한 물음에서 출발한다. 왜 갑골 위에 복사를 새겼을까? 문자라는 소통 수단을 이용하여 점복의 전말을 다른 사람에게 알리기 위한 목적에서 비롯된 것인가? 만약 그렇다면 점복의 내용을 다른 사람들에게 알려야만 했던 이유는 무엇인가? 복사는 상대 당시 이루어졌던 역사 기록으로 볼 수 있는가? 상대는 문자 기록에 필요한 물질적 재료로서 책(冊)과 붓을 사용했던 사회였다.[5] 오늘날 실물로 남아 있는 책과 붓이 없기 때문에 섣부른 추정은 삼가야겠지만 상대가 역사 기록을 중시한 사회였다면, 적어도 이러한 재료들은 사실(史實)을 기록하는 데 중용되었을 것으로 판단된다. 그러므로 견고한 갑골 위에 문자를 새기는 작업보다는 나무 조각에 붓으로 직접 쓰는 것이 훨씬 용이하였으리라는 점을 고려하면 복사의 목적을 사실의 기록이나 전달에 국한할 필요는 없을 것이다. 또한 상대 사회에 문자가 출현한 이후 종교는 어떻게 반응하였을까? 문자가 종교에 끼친 영향은 없을까? 반대로 문자의 종교적 기능에 대하여 말할 여지는 없을까? 본고는 이와 같은 일련의 물음에 답하기 위하여 마련되었다.

2. 점복의 과정과 복사의 체재

상대에 유행했던 점복의 방식은 화점이었다. 화점은 세계적으로 오래전부터 널리 분포되어 있었던 것으로 조사된다. 고고학적 발굴을 통해서 중국의 화점은 상대 이전부터 시행된 것으로 밝혀진 바 있다. 중국에서 가장 오래된 화점은 적어도 기원전 5000년대 초반에서 4000년대 후반까지 거슬러 올라가는 것으로 알려져 있다.[6] 상대의 점복은 다른 화점들과 몇 가지 점에서 차이를 보이는데, 그 대표적인 것이 갑골판 위에 문자 기록을 남겨 두었다는 사실이다. 상대 점복 담당자들이 왜 문자를 새겼는지를 묻기 전에 몇 가지 언급하고 넘어갈 사안들이 있다.

먼저 점복의 과정을 간단히 살펴보면 다음과 같다. 점 칠 재료인 갑골을 준비하는 일이 첫 번째 절차이다. 그다음 톱과 줄을 이용하여 갑골을 다듬고, 갑골의 뒷면에 원과 타원형의 작은 홈을 일정한 양식에 따라 규칙적으로 파되 앞면이 뚫어지지 않도록 한다. 그리고 무엇에 대하여 점을 칠 것인지를 고한 후, 갑골 뒷면에 난 홈에 불을 대어 지진다. 앞면에 복조가 형성되면 이를 해독한다. 이 모든 과정이 종료된 후에 복사를 새긴다.[7] 이러한 점복 과정은 실물 자료에서 그대로 확인할 수 있는 것은 아니다. 고고학적 실물 자료와 문헌 자료를 이용하여 후대 연구자들이 상대 당시에 실행되었을 점복의 과정을 추론한 것이다. 복조를 형성하기 위하여 뒷면의 홈에 불을 지지기 전에 점치고자 하는 일을 고하는 절차가 있었다는 사실은 실물 자료에서는 확인할 수 없다. 이러한 절차가 포함되었을 것으로 추정하는 근거는 고대 문헌 자료로부터 얻은 것이다. 예컨대 『주례 춘관』은 점복을 관장하는 관리와 점복의 순서를 기술하고 있다.[8] 이 기록 중에는 태복(太卜)으로 불리는 점복 전문가가 점치고자 하는 일을 고하는 명구(命龜)의 절차가 있다. 후대의 갑골학 연구자들은 이 기록을 실물자료와 대조하여 상대의 점복 과정을 복원하면서 갑골 뒷면에 불을 지지기 전에 점칠 바를 고했으리라 추정한 것이다.

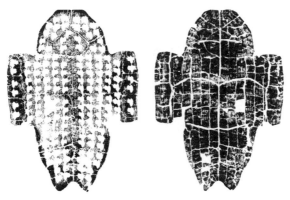

〈그림 1〉 『갑골문합집 376 뒷면』 〈그림 2〉 『갑골문합집 376 앞면』

복사는 일정한 형식을 갖추어 갑골 면에 새겨졌다. 각사(刻辭)된 복사는 무엇에 대하여 점을 쳤는지가 핵심이었다. 이를 중심으로 몇 가지 내용이 격식을 갖추어 첨가되었다. 복사는 전체적으로 서사(敍辭), 명사(命辭), 점사(占辭), 험사(驗辭)로 구성된다. 서사는 점을 친 날짜와 점을 친 사람의 이름, 명사는 점복의 대상, 점사는 복조의 해독 결과, 험사는 점을 친 후에 실제 일어난 결과를 기록한다.[9] 이 중에서 험사는 복조를 해독하고 난 후에 실제로 어떤 일이 벌어졌는지를 끝까지 지켜본 후에 기록되었기 때문에 다른 부분보다 늦게 각사되었다.[10] 한편 모든 복사가 네 가지 형식을 모두 갖춘 것은 아니었다. 전체 복사 가운데 네 가지 형식을 모두 갖춘 것은 소수에 불과하며,[11] 그것도 무정(武丁) 시기 복사에서 많이 보인다.[12] 상대 마지막 왕들인 제을(帝乙), 제신(帝辛) 시기에 오면 이러한 복사는 거의 눈에 띄지 않는다. 대부분의 복사는 서사와 명사로 구성된다.[13]

복사를 점복과 직접 관련된 내용을 기록한 것으로 본다면 사실 그 범위는 앞의 네 가지 형식에 국한되지 않는다. 갑골에는 복조마다 숫자를 기록한 서수(序數),[14] 복조를 보고 길흉 여부를 기록한 조사(兆辭),[15] 동일 사안에 대하

〈그림 3〉 『갑골문합집 6057 앞면』

여 여러 개의 갑골을 이용하여 점을 칠 때 각각의 갑골에 숫자를 기록한 복수(卜數)[16] 등이 있다. 서수, 조사, 복수는 모두 점복과 직접 관련된 것이기 때문에 복사의 범위에 포함된다.

그런데 갑골에는 오로지 복사만 각사된 것은 아니다. 비복사(非卜辭)로 일컬어지기도 하는 갑골문은 점복과 간접적인 관련성이 있거나 전혀 무관한 내용을 담고 있다.[17] 점복과 간접적인 관련성이 있는 비복사로는 갑골의 공납(貢納)과 수장(收藏) 내역, 담당 관리의 이름과 해당 지역 등을 기록한 것이 있고,[18] 간지표(干支表), 사보(祀譜), 가보(家譜) 등을 기록한 것이 있다.[19] 간지표와 사보는 복사를 새길 때 옆에 비치해 놓았다가 참고자료로 활용한 것으로 보인다. 복사에는 점친 날짜가 간지로 기록되어 있고, 조상제사 기록이 많기 때문에 무엇보다도 시간의 진행 과정이나 제사의 대상 및 순서에 정확성을 기해야 한다. 간지표와 사보는 이러한 용도를 위하여 별도로 마련되었을 것이다. 점복과 전혀 무관한 비복사는 중요한 역사적 사건을 기록한 것으로 사냥과 정벌 등이 주된 내용이며 지금까지 확인된 사례는 그다지 많지 않다.[20]

3. 신언(神言)의 가시화와 정치적 권위의 획득

상대 점복에서 갑골은 신들의 세계와 인간을 이어 소통하게 해 주는 매개체이다. 갑골 위에 펼쳐진 복조(卜兆)는 신들의 세계로부터 도달한 전언이며, 인간은 이 복조를 해독함으로써 신들의 의지를 파악한다. 복조는 인간이 신들의 세계로 보낸 질문이나 바람, 의지에 대하여 그곳으로부터 도달한 응답이다. 상대 점복의 절차를 보면 갑골 이면에 나 있는 홈에 불을 대어 복조를 내기 전에 점칠 내용이 무엇인지가 신들의 세계를 향하여 고해지는 순서가 있다. 복조는 이에 대한 반응이며, 인간들에 의하여 해독되어 최종적으로 갑골 위에 문자로 새겨진다. 그러므로 상대 점복의 절차는 메시지 이동의 관점에서 다음과 같은 단계로 나누어볼 수 있을 것이다. 첫째, 인간이 말을 통하여 신들의 세계를 향하여 모종의 의사를 전달하면, 둘째 신들의 세계로부터 전달된 답변이 복조를 통하여 드러나며, 셋째, 인간은 문자를 이용하여 복조를 해독한 결과를 기록한다. 이때 메시지 전달 과정에서 '발화된 말', '복조', '복사'로 이어지는 일련의 기호학적 양태의 변환[21] 현상이 포착된다. 세 가지 기호들 중에 앞의 두 가지는 전달자와 수신자가 분명하다. '발화된 말'은 인간이 신들의 세계를 향하여 던진 것이고, '복조'는 신들의 세계로부터 인간을 향한 것이다. 그렇다면 '복사'는 누가 누구에게 무엇을 전하기 위하여 동원된 것인가. 복사는 인간과 신들 사이에 이루어진 의사소통의 흔적인가? 아니면 점복의 전말을 인간들끼리 공유하기 위하여 새겨진 것일까?

이러한 물음에 대하여 그동안 제기되었던 유력한 입장들 가운데 하나가 신들과 소통하기 위하여 복사를 기록했다는 주장이다.[22] 특히 상대는 조상신의 비중이 매우 높은 시대였기 때문에 복사를 매개로 이루어진 소통의 대상은 조상신이라고 강조한다. 이 입장은 복사가 신들의 세계로부터 전달된 전언을 해독하는 능력에 기초하여 기록된 것이기 때문에 상당한 설득력을 지닌 것처럼 보인다. 무엇보다 점복 자체가 인간이 미지의 세계와 소통하는 과정인 점을 감안하면 이러한 주장이 지닌 설득력은 배가된다. 하지만 점복 기록인 복사를 매개로 어떻게 조상신과 인간의 소통이 이루어졌는지를 따져 물으면 해명하기 어려운 상황에 봉착한다.

복사가 조상신들과 소통하기 위하여 새겨졌다면 복사는 일차적으로 조상신들에게 보여주기 위하여 기록되었다는 것을 의미한다. 이미 언급한 바와 같이 복사의 내용은 언제, 누가, 무엇에 관해 점을 쳐서 실제 어떤 결과로 귀결되었는지가 중심이다. 이러한 복사가 조상신들을 향해서 기록되었다면 점복의 전말을 조상신들에게 보고하는 차원에서 이루어졌다고 보는 것이 타당할 것이다. 그렇다면 여기서 한 가지 의문이 생긴다. 왜 굳이 문자를 이용하여 조상신들에게 점복의 전말을 보고했을까? 점복의 전체 과정을 살펴보면 애당초 발화된 말을 매개로 신들의 세계와 소통할 수 있었다. 이와 마찬가지로 점복의 시말을 보고하는데도 얼마든지 발화된 말을 매체로 활용할 수 있었을 것이다. 또한 완전한 형식을 갖춘 복사는 서사, 명사, 점사, 험사로 구성되지만, 현실적으로 많은 복사가 서사와 명사만으로 이루어졌다. 복조의 해독인 점사와 실제 사건의 결말인 험사가 빠진 채 서사와 명사만으로 이루어진 복사를 신들을 향한 보고서라고 할 수 있을까?

복사를 새긴 목적을 인간들 간의 정보 전달 차원에서 찾는 입장도 있다. 이 입장은 문자를 기억 수단으로 보는 태도가 전제된다. 여기에 따르면 복사는 점복의 과정에서 있었던 일들을 문자를 통해서 기억하고, 이를 동시대나 후대에 전달하기 위하여 기록한 것이다. 복사를 중국에서 최초로 출현한

정사(正史)로 보거나,[23] 단순한 점복 활동 보고서로 보는 관점[24]이 이러한 입장에 속한다. 전자는 복사를 정치적 권위의 창출과 결부시켜 이해한다. 점복의 과정에서 복조의 해석은 상왕을 중심으로 이루어진다. 따라서 상왕의 권위는 얼마나 정확하게 복조를 해석하느냐에 달려 있다. 당연히 상왕의 해석의 정확성을 기록을 통해서 전달하는 작업도 권위를 유지하는 데 없어서는 안 될 것이다.[25] 후자는 복사를 실용적인 차원으로 바라본다. 이 입장에 따르면 상대 점복은 점차 복잡하고 빈번하게 실행되었기 때문에 이에 대한 정보를 기록으로 남길 필요성이 제기되었다.

위의 두 관점은 복사가 신들의 세계와 인간 사이에 이루어진 소통의 흔적임을 부인할 수 없는 한 나름의 설득력을 지닌다. 왜냐하면 위의 두 관점은 이와 같이 소통의 흔적을 기록으로 남기려 한 이유에 대하여 어느 정도 타당한 답변이 될 수 있기 때문이다. 그렇지만 풀리지 않는 의문은 여전히 남는다. 그것은 문자의 매개성에 관한 물음이다. 점복의 예측 능력을 입증함으로써 상왕의 권위를 제고하는 데 왜 문자가 필요한가. 문자 없이도 상왕의 정확성을 공표할 수 있지 않았을까? 만약 그렇다면 상왕의 권위를 보존하기 위하여 사용한 문자의 효용이란 단지 기억을 영속화하는 데 국한될 것이다.[26] 또는 문자는 전달할 정보량이 많아질 경우 좀 더 효율적인 기억을 위해 중요한 역할을 하게 될 것이다. 복사를 새긴 목적을 점복과 관련된 정보가 점점 확대됨에 따라서 문자 기록의 필요성이 요청된 상황과 관련시킨 두 번째 입장이 여기에 해당한다. 그러나 이 입장은 기억의 효율성을 위하여 문자가 필요했다면, 왜 하필 수많은 정보를 전달하기 위하여 갑골 위에 문자를 새기는 방식을 선택했는지에 대하여 설명해야 할 것이다. 책에 붓으로 문자를 쓰는 것보다 갑골 위에 새기는 것이 훨씬 더 비효율적이라는 점을 감안하면 단지 갑골 복사가 실용적인 목적 때문에 각사된 것은 아닐지도 모른다고 추정할 수 있다. 그러므로 앞의 두 입장이 좀 더 설득력을 갖기 위해서는 기억을 영속화하고 기억의 용량을 확대하는 수단으로서 문자의 효용성 이외에 문자의 매개성에 대한 좀 더 심도 깊은 논의가 필요하다.

상왕조의 점복은 의사결정 과정에서 중요한 역할을 담당한 국가제도였다. 왕 및 국가 소속 점복 전문가들은 점복 제도를 운영한 주체였다. 우리는 복사를 통해서 상대가 점복에 얼마나 많이 의존하였는지를 확인할 수 있다. 그만큼 상대는 인간의 삶이 신들의 세계로부터 절대적인 영향을 받는다고 생각하였다. 점복을 운영한 주체들은 인간의 세계와 신들의 세계 사이에서 매개적인 역할을 담당하였다. 그들의 정치적 권위는 신들의 세계로부터 중요한 정보를 알아낼 수 있는 능력에서 비롯되었음에 틀림없다.

점복을 매개로 한 인간과 신의 소통은 일방적인 방식으로 이루어지지 않는다. 인간은 신을 향해서 자기가 알지 못하는 것을 묻는 데 그치지 않고, 자신의 바람이나 의지를 전하기도 한다. 다시 말해서 인간은 수동적인 역할만 하는 것이 아니라, 적극적으로 자신의 의도를 관철시키기 위하여 노력한다. 상대 점복에서 같은 사안에 대하여 여러 번 점을 친 경우가 많았던 것은 [27] 인간의 물음에 대한 신들의 뜻이 무엇인지 좀 더 정확하게 확인하려했기 때문이기도 하지만, 인간의 입장에서 자신의 의지가 신들에 의하여 수용되지 않을 경우 동일한 점복을 반복적으로 시행함으로써 바라는 바를 관철시키고자 했기 때문이기도 하다.[28] 이처럼 적극적으로 신들과 소통할 수 있는 능력이 점복 담당자들의 권위를 보증했으리라는 것은 의심의 여지가 없다.

더욱이 갑골 위에 나타난 복조를 해독할 수 있는 능력은 점복 담당자들의 권위를 확고부동한 것으로 만드는데 결정적 요인으로 작용했을 것이다. 복조는 신들의 세계로부터 인간에게 전해진 메시지가 시각적으로 표출된 것이다. 복조는 신들의 언어 혹은 신들의 문자라고 할 수 있다. 그러므로 이를 해독할 수 있는 능력이 있다는 것은 신들과 소통할 수 있다는 것, 즉 특별한 문자 해독 능력을 지녔다는 것을 의미한다.[29] 왕은 신들의 문자인 복조를 읽을 수 있는 대표 인물이었다.[30] 복사 중 점사에 나오는 '王固曰(왕이 복조를 읽고 말하였다)'이라는 관용구는 왕이 직접 복조를 읽고 해독할 수 있는 특별한 인물이었음을 입증한다.

갑골문의 의의는 바로 이 대목에서 개진되어야 하지 않을까 생각한다.[31] 갑골 복사는 한마디로 인간과 신들 간에 주고받았던 소통의 전말을 기록한 것이다. 그러나 엄밀히 말해서 이러한 사건을 굳이 문자를 이용하여 실제 점복이 이루어졌던 갑골 면 위에 직접 기록해야 할 필연적 이유는 없었다. 왜냐하면 문자 기록 없이도 점복은 얼마든지 실행될 수 있기 때문이다.[32] 그럼에도 불구하고 복사를 새긴 것은 점복 담당자들이 이러한 작업을 통해서 얻고자 했던 효과를 염두에 두고 있었기 때문으로 추정된다. 필자는 점복 담당자들이 점복의 내용을 문자를 통해서 가시화(可視化)함으로써 신과 소통할 수 있는 자신들의 능력을 보여주려는 의도가 있었다고 판단한다. 문자는 신들의 세계와 인간 사이에 은밀하게 이루어지던 소통을 시각적으로 객관화하는 효과를 발한다. 복사를 새기는 행위는 신의 언어인 복조를 인간의 문자로 번역하는 작업이기도 하다. 신의 계시를 인간의 문자를 이용하여 가시화하는 작업이라고 해도 좋을 것이다. 복사 자체는 신의 계시를 해석할 수 있는 능력을 입증해 주는 증거이다. 또한 이처럼 복사를 각사함으로써 얻어지는 부수적 효과가 정치적 권위의 확대였으리라는 점은 말할 것도 없다.[33]

4. 상대 문자가 종교에 끼친 영향: 주제(周祭)를 중심으로

상대 문자의 출현 배경에 대한 연구는 학계의 오랜 관심사 가운데 하나였다. 학자에 따라 다양한 논의가 개진되었지만 크게 두 가지 입장으로 갈라진다.[34] 첫째는 상대 문자가 출현하게 된 배경에는 종교적인 요인이 크게 작용하였다는 입장이고, 둘째는 종교와 무관하게 국가 행정 및 재정 사무에 필요한 도구로서 문자의 필요성이 부각되었다는 입장이다. 두 번째 입장은 문명의 출현과 성장 과정에서 문자의 역할이 필수적이었음을 강조한다. 고도의 관료제도 하에서 복잡한 행정 및 재정 업무를 조직화하는 작업은 문자의 힘을 빌리지 않으면 불가능하며, 중심과 주변 간의 원활한 정보 전달 체계를 확립하여 중앙집권적인 통치를 효율적으로 관철하기 위해서도 문자는 없어서는 안 될 수단이었을 것이다.[35]

상대 문자의 출현 배경을 세속적이며 공리적 맥락에서 바라보는 두 번째 입장은 첫 번째 입장이 고고학적 발굴 자료의 쏠림 현상 때문에 개진된 오류라고 비판한다.[36] 즉 상대는 실제로는 다양한 문자 자료를 보유하고 있었지만 정작 고고학적 발굴을 통해서 드러난 것은 복사밖에는 없었기 때문에 상대의 문자는 종교와 직접적인 관련성을 지닌 것으로 오해하였다는 것이다. 첫 번째 입장은 무엇보다도 조상숭배가 문자의 발생에 끼친 영향을 강조한다. 가령 키틀리는 중국 신석기와 청동기 시대의 도상들이 문자로 발전되었을 가능성을 추적하면서 전자의 예술적 표현들이 대부분 조상숭배와 연결되었다는 점을 감안한다면 조상숭배가 문자의 출현에 미친 영향을 소홀히 해서는 안 된다고 역설한다.[37]

두 입장의 차이에도 불구하고 분명한 것은 문자가 상대 사회에 큰 변화를 몰고 왔으리라는 점이다. 월터 옹은 문자의 발명은 인간의 의식 내부에서 독창적인 비약이 일어나 새로운 지식의 세계가 열리게 된 결정적 계기였다고 말한 바 있다. 문자는 구술 중심의 청각 세계를 시각화함으로써 구술문화보다 훨씬 더 정교하고 복잡한 기호체계를 창출하였다. 그에 따르면 문자는 인간이 발명한 모든 기술 중에서도 가장 영향력이 큰 것이다.[38] 문자의 충격 가운데 역사의식의 등장은 본고의 논지를 전개하기 위하여 매우 중요하다. 문자는 기억의 대체물이다. 문자 기록은 기억의 양과 깊이를 비약적으로 확장한다. 문자의 시각작용은 기억을 객관화함으로써 제3자의 입장에서 관찰할 수 있는 대상으로 만든다. 이렇게 문자화된 기억은 영구적인 형태를 지닌다.[39] 문자를 통해서 시각화되고 영구화된 기억은 지속적으로 축적의 과정을 거치면서 선적 시간의식을 낳는다. 기억의 축적이 과거의 축적과 다를 바 없다면 시간의 선적 진행에 대한 감각이 싹트는 것은 당연하다. 과거가 축적될수록 시간의 규모는 점점 커지기 마련이고 그에 비례하여 인간은 스스로 철두철미 시간적 존재임을 자각하게 된다. 시간 안에 사는 존재로서 인간의 역사의식이란 구술문화 특유의 '살아 있는 현재'를[40] 통하여 경험하였던 과거와 현재의 교합을 포기하고, 현재로부터 과거를 떼어 냄으로써 얻어진 것이었다.[41]

상 왕조에서 역사의식의 존재를 증명할 자료는 제한되어 있다. 가장 확실한 역사의식의 증거라면 역사서술 자료일 것이다. 하지만 상대 당시 작성된 역사서술은 아직까지 발견된 바 없다. 대신 역사의식의 증표로서 조상 계보와 역법을 들 수 있다. 상대 종교의 다양한 특징 가운데 신들의 계보화는 오래전부터 학자들의 주목을 끌었다.[42] 복사에는 수많은 신들에게 바쳐진 희생제의 기록이 상당한 분량으로 남아 있다. 상대 제사를 연구한 학자들은 이러한 기록을 검토하는 과정에서 많은 신들이 하나의 계보로 엮여 있다는 점을 발견하였다.[43] 왕실의 직접 조상이 분명한 신들로부터 조상신이기보다는 자연신에 가까운 신들과 지고신 상제에 이르기까지 많은 신들이 동일한 계보 안의 한 자리를 차지한다.[44] 이러한 계보화를 통해서 알 수 있는 것은 조상신의 성격과 거리가 먼 신들이라도 조상신으로 취급하려는 경향이 나타난다는 사실이다. 상대 조상 계보는 시간적으로 거리가 먼 순서대로 배열된다. 살아 있는 왕을 기준으로 가까운 과거에 죽은 조상들이 시간적으로 가장 뒤에 배치되고, 죽은 지 오래된 조상은 그보다 앞선다. 조상신이기보다는 자연신에 가까운 조상신들은 시간의 맨 앞자리를 차지한다. 상대 조상 계보는 죽은 왕의 수가 늘어날 때마다 더욱 방대하고 복잡해질 것이다. 더욱이 죽은 왕의 배우자도 조상신에 포함된다는 점을 고려하면 그 규모는 더욱 커진다. 상대 조상 계보에서 최초의 조상과 마지막 조상 사이의 간격은 죽은 조상의 수가 늘어날수록 점점 커진다.[45] 상대 조상 계보를 시간의 축적에 기초한 역사의식의 반영으로 보는 이유가 여기에 있다.

학계에서 상대 역법의 성격과 수준에 대한 논의는 아직도 진행 중이다. 하지만 상대 역법이 비교적 정밀하고 복잡한 단계로 진입했다는 점은 의심의 여지가 없다.[46] 예를 들어 치윤법을 이용하여 달의 순환과 계절의 변화를 맞추고자 한 것만 보아도 상대 역법의 수준을 가늠할 수 있다.[47] 상대 역법에서 가장 두드러진 특징을 꼽는다면 복사 중 서사를 통해서 확인하는 바와 같이 60간지를 이용하여 날을 표시한다는 사실이다. 60간지는 달이 바뀌거나 해가 바뀌거나 상관없이 매일매일 하루도 빠짐없이 순서에 따라 반복해서 표시된다. 만약 특정 달 가운데 몇 번째 날이 어떤 간지일인지를 파악하고자 할 때 오로지 기억에만 의존한다면 상당한 어려움에 봉착할 것이다.

월터 옹이 말한 바와 같이 문자는 상대처럼 복잡한 역법을 만드는 데 없어서는 안 될 수단이다.[48] 역법이 시간을 기록하는 장치라면 문자는 시간의 진행을 시각화하는 기술이다.

지금까지 역사의식의 출현을 추동한 요인으로서 문자가 불러온 충격이 상대 사회도 예외가 아니었음을 조상 계보와 역법을 중심으로 살펴보았다. 역사의식은 시간의 진행에 대한 명증한 감각에 바탕을 두고 형성된다. 인간은 시간을 떠나서 살 수는 없다는 자의식, 인간은 철두철미 시간적 존재임을 자각한 결과물이 역사의식이다. 엘리아데가 역사의식이 불러오는 시간의 두려움을 역설하면서 종교의 궁극적인 지향점이 이것의 극복에 있다는 것을 지적한 것은 상대 사회에도 암시하는 바가 적지 않다. 엘리아데의 주장을 그대로 수용한다면 문명 단계의 상대 사회가 문자의 발명과 더불어 초유의 역사의식을 발전시켰을 때 당연히 시간의 공포를 경험하였을 것이다. 그렇다면 상대는 시간의 두려움을 극복하기 위하여 종교적으로 어떤 시도를 하였을까? 본고는 이러한 물음에 대하여 상대 조상숭배에서 해답의 실마리를 찾는다.

복사를 통해서 바라본 상대의 종교는 조상숭배라고 해도 무리는 아니다. 복사에는 조상들에게 바칠 희생제사에 대해 점을 쳤던 기록이 무수히 많다. 어떤 조상에게 희생제의를 바치고자 할 때 적당한 날이 언제인지, 희생제물의 종류와 수량, 희생을 죽이는 방법은 무엇으로 할지 등이 점복의 주요 관심사였다. 그런데 상대 조상제사 점복은 문자 기록이 없이는 불가능할 정도로 매우 복잡하고 빈번하게 실행되었다. 조상 계보에 대한 언급에서 살펴본 바와 같이 희생제의를 받을 조상들의 수는 점차 증가하였고, 이들에게 바칠 희생제의도 다양한 방식으로 진행되었다. 특정 조상에게 가장 적합한 희생제의가 무엇인지를 알기 위해서 매일 수차례에 걸쳐 점복이 시행되었고, 심지어는 동일한 사안에 대하여 여러 날 반복적으로 점복이 실시되기도 하였다.[49] 또한 점복의 결과 시행하기로 결정된 희생제의의 일정과 방법은 착오 없이 이행되어야 했다. 한편으로는 앞으로 시행할 수많은 희생제의의 일정을 점복과 더불어 세우고, 다른 한편에서는 이미 시행하기로 결정된 수많은 희생제의를 실제로 실행해야 하는 상황에서 정확한 기록의 필요성이 대두될 수밖에 없었으리라는 것은 더 이상 강조할 필요가 없을 것이다.

이와 같이 상대 점복에서 가장 중요한 관심사였던 조상제사는 제을, 제신 시기에 극적인 변화를 맞게 된다. 이 시기에 조상제사를 점복의 대상으로 취급하는 빈도가 급격히 줄어드는 현상이 발생한 것이다. 이전까지만 해도 조상제사는 늘 점복의 대상으로서 핵심의 자리를 차지하고 있었는데, 어떤 까닭으로 점복의 영역에서 점차 사라지게 된 것일까? 그 이유는 제을, 제신 시기에 오면 조상제사의 일정과 방법이 사전에 미리 결정된 상황에서 시행에 옮겨지는 현상이 나타났기 때문이다. 종전까지 점복을 통해서 그때그때 결정되었던 희생제의의 일정이 이제부터는 미리 정해진 채로 시행되는 상황이 전개되었던 것이다. 말하자면 국가 사전체계의 전면적 변화가 초래되었던 것인데, 이렇게 새롭게 등장한 조상제사가 주제(周祭)이다.[50] 주제는 조상 계보에 등록된 조상들에게 익(翌), 제(祭), 치(䄆), 협(劦), 융(彡)[51]의 다섯 가지 제사를 점복과 무관하게 사전에 미리 정해진 날짜에 규칙적으로 지냈던 제사였다. 주제에서 각 조상들의 제사일은 그들의 묘호(廟號)에 포함된 간명(干名)과 동일한 간일(干日)에 배당된다. 다섯 가지 제사를 조상들의 간명일에 맞추어 배당하면 모든 제사 절차가 종료되는 시간이 360일~370일 정도 걸린다. 조상제사 일정이 거의 일 년 가까이 소요된다는 점을 알 수 있다. 여기서 주목할 것은 문자의 중요성이다. 문자 없이는 일 년 동안 각 조상들의 제사 기일을 다섯 가지 제사에 따라 일일이 배치하고 기억하는 일은 거의 불가능할 것이기 때문이다. 문자 없이는 조상제사에 대해 점을 치기 어려웠던 것처럼 주제 일정을 짤 때도 문자는 필수불가결한 조건이었을 것이다. 주제의 탄생 이면에는 문자의 힘이 자리한다.

주제는 연중 거의 모든 일자를 조상제사의 날로 제정하는 효과를 낳는다. 주제로 말미암아 매일의 시간은 조상과 만나는 시간, 조상의 시간이 된다. 조상은 계보상으로는 이미 죽은 존재로서 과거에 불과하지만, 희생제의를 통해서 현재로 침투해 들어오며 스스로 여전히 살아 있음을 입증한다. 조상은 과거로부터 현재로 영원히 회귀하는 존재이다. 조상제사에 의하여 축적의 역사 시간은 일시적으로 중단되거나 붕괴된다. 살아 있는 인간이 조상과 만나는 시간은 현재인가 과거인가. 현재와 과거의 경계는 희미해지고 현재도 과거도 아닌 제3의 시간이 희생제의에 의하여 실현된다. 문자는 이렇듯 역사적 시간과 비역사적 시간의 공존이라는 역설적 상황을 빚어낸다.

한편 주제로 말미암아 매일매일이 다섯 제사가 바쳐지는 날이 된다고 할 때 결과적으로 상대 역법은 고정된 시간에 정해진 제사가 배정된 종교력 혹은 제사력의 성격을 지니게 된다. 이미 정해진 날짜와 특정 행위의 지침이 결합한 역법이 점복을 대체하는 현실은 암시하는 바가 크다. 이러한 역법이 출현하는 데 문자의 힘은 결정적인 것이었다. 그렇다면 문자는 적어도 점복의 자리를 대신하거나 점복을 소멸시키는 데 중요한 원인으로 작용하였다고 바꿔 말할 수도 있을 것이다.[52]

5. 맺음말

본고는 상대 점복은 왜 문자기록을 남겼을까, 라는 소박한 물음에서 출발하였다. 점복과 문자의 관계는 결코 필연적으로 결부되는 것이 아니기 때문에 상대 점복문화가 보여준 양자의 결합은 흥미를 불러일으키기에 충분한 것이었다. 가장 단순하게 말해서 점복에 문자를 새긴 것은 그저 문자가 있었기 때문이라고 할 수도 있을 것이다. 만약 이런 의견에 동조한다면 상대 점복에서 문자의 역할은 미디어에 대한 상식적인 수준의 이해, 즉 정보의 보존과 전달의 차원에 국한될 것이다. 하지만 본문에서도 밝힌 바와 같이 이런 관점은 왜 굳이 단단한 갑골 면 위에 칼을 이용하여 힘들게 문자를 각 사하는 과정을 거쳐야만 했는지를 설명해주지 못한다. 상대는 그러한 행위보다 더 쉽게 정보를 기억하고 전달할 수 있는 물질적 기반을 갖추고 있었기 때문이다.

현재 상대 문자관을 파악하기에는 자료의 한계가 너무 큰 것이 사실이다. 『주역』이나 『설문해자』 등 전국 시기 이후의 문헌자료에 반영된 문자관은 문자의 기원을 성인들의 업적으로 돌린다. 여기에 따르면 문자를 발명한 성인들로 언급되는 복희와 창힐은 문자를 자연이 계시한 기호로 이해한 것으로 나타난다. 이러한 고대적 문자관에 소쉬르가 말하는 기호의 자의성은 적용될 수 없다. 고대 문자관의 입장에서 바라볼 때 문자를 이용한다는 것은 어떤 의미에서는 우주와 세계의 형상을 드러내는 과업이었다고 말할 수 있다. 상대 문자관의 정확한 내용을 알 길은 없지만 적어도 후대 문헌에 반영된 문자관을 경유하여 간접적으로나마 그 일단을 짐작할 수는 있을 것이다.

상대 점복문화에서 왕을 비롯한 점복 전문가들은 신들의 세계에 인간들의 원망을 전하고, 다시 거기로부터 전해온 메시지를 읽는 남다른 능력의 소유자들이었다. 특별히 복조를 해독하는 능력을 독점한 왕은 상대사회에서 가장 탁월한 점복 전문가였다고 평가할 수 있다. 상대 점복 전문가들은 점복의 전말을 문자를 이용하여 점복이 실제로 행해진 갑골 표면 위에 직접 새겨 넣는데 수고를 아끼지 않았다. 후대 문자관을 통해서 유추할 수 있듯이 분명 예사롭지 않은 기원을 지녔을 문자를 이용하여 점복의 전반적 상황을 기록한다는 것은 특별한 의미가 있는 것이었다. 신들의 메시지를 문자로 기록하는 행위는 점복 전문가들이 지닌 탁월한 능력을 시각적으로 표현하는 행위였다. 이는 신들의 언어에서 인간들의 언어인 문자로 기호학적 변형을 거침으로써 자신들의 능력을 과시하고 점복의 힘과 정당성을 배가시키기 위한 특별한 전략이었다.

본고는 상대에서 문자의 사용과 함께 발생한 역사의식은 이 시대 성원들에게 상당한 부담으로 작용했을 것으로 추측한 바 있다. 상대의 조상제사는 이와 같은 역사감각을 붕괴시키는 중요한 메커니즘이었다. 주제는 한 해의 거의 모든 날을 제일로 설정함으로써 역사적 시간의식을 최대한 약화시키는 장치로 작용하였다. 이러한 주제를 형성하는 데 문자가 결정적 요인으로 작용한 것은 매우 역설적이다. 문자는 역사의식이 발원할 수 있었던 근원이면서도 이를 해소할 수 있는 방안을 창출하는 데도 관여하고 있기 때문이다. 더욱이 주제로 인하여 상대 점복의 규모가 축소되는 현상이 나타난 것은 주목을 요한다. 상대 이후 점복의 대체자로서 문자의 위상과 역할에 대한 연구가 필요할지도 모른다는 상상을 하면서 이 글을 맺는다.

소리의 종교적 자리를 찾아서

: 시, 축음기, 그리고 카세트테이프

이 창 익

1. 귀, 신의 자궁

청각과 가장 경쟁적인 감각은 시각이다. 그러므로 어쩌면 청각은 시각과 비교할 때 가장 잘 이해된다. 월터 옹은 청각과 시각의 차이점과 관련하여 다음과 같은 매우 흥미로운 설명을 한 바 있다.

> 시각은 한 번에 한 방향에서 인간에게 온다. 방이나 풍경을 보려면 나는 한 부분에서 다른 부분으로 눈을 움직여야 한다. 그러나 듣고 있을 때 나는 한꺼번에 모든 방향에서 동시에 소리를 수집한다. 나는 청각 세계의 중심에 있고, 이 세계는 감각과 존재의 중심부에 나를 자리 잡게 하면서 나를 감싼다. 하이파이에 의한 소리 재생은 매우 정교하게 이러한 소리의 중심화 효과를 이용한다. 당신은 청각에, 소리에 침잠할 수 있다. 비슷한 방식으로 시각에 침잠할 수 있는 방법은 없다.[1]

사물을 볼 때 시선은 사물에 종속된다. 시선을 잡아끄는 것은 사물의 표면이다. 이처럼 눈으로 본다는 것은 보이는 것과 보이지 않는 것의 분할을 전제한다. 시선이 향하지 않는 곳은 '존재의 무화'를 겪거나 '존재론적 영점'에 자리한다. 시각은 객체 중심적인 지각 양식이다. 이와 달리 청각은 주체

중심적이다. 청각의 세계에서 우리는 항상 세상의 중심에 선다. 주변 사물의 소음이 고스란히 우리를 향해 밀려온다. 시각에서 우리는 사물의 표면에 이끌리지만, 청각에서는 사물의 내면을 향해 이끌린다. 소리의 세계에서 나는 세상의 중심이 된다. 이미지의 세계를 지배하는 것은 '사물'이지만, 소리의 세계를 지배하는 것은 '나의 귀'일 수밖에 없다.

시각의 세계는 '겉의 세계'이며 몰입과 침잠을 거부한다. 이와 다르게 우리는 귀를 쫑긋 세운 채 청각의 세계 속으로 침몰한다. 청각의 세계는 '속의 세계'이기 때문이다. 보이지 않던 것이 갑자기 보이게 될 때 우리는 놀랄 수밖에 없다. 그러나 들리지 않던 소리가 이제 들린다고 해서 별로 놀랄 만한 일은 아니다. 항상 소리는 보이지 않는 세계에서 온다. 모든 사물은 내부에 소리를 감추고 있다. 내 눈 앞에 새롭게 나타난 사물이 바로 직전까지 존재하지 않았던 것은 아니다. 그러나 지금 내 귀에 들리는 소리는 항상 새롭게 태어난 소리이다. 이것이 '시각의 존재론'과 '청각의 존재론'의 기본적인 차이점일 것이다.

시각의 세계는 상당히 안정적이지만, 청각의 세계는 쉽게 붕괴되며 매 순간 새롭게 구성된다. 서로 마주 앉아 대화를 하면서 우리는 보이지 않는 '소리의 풍경'을 형성한다. 그러나 책을 읽는다는 것은 시각적인 경험이다. 따라서 경전을 읽는 종교는 안정적인 이미지로 구성된 시각적 세계를 구성할 것이다. 그러나 청각의 종교는 건드리는 순간 사라지는 기포 같은 세계를 구성한다. 소리는 단단하지 않기 때문에 인간의 감각에 쉽게 흡수되지만, 같은 이유로 쉽게 허물어진다. 또한 사람들이 동시에 같은 사물을 응시하는 일은 어렵지만, 같은 소리를 내거나 듣는 일은 쉽다. 하나의 소리 경험이 가능해지는 것이다. 그러므로 '이미지의 종교'보다는 '소리의 종교'가 훨씬 집합적인 것일 수 있다. 종교는 귀, 소리, 청각을 좋아한다. 이렇게 우리는 시각과의 대비를 통해 '소리의 힘'을 찾아나갈 수 있다.

앞에서 언급한 월터 옹은 감각의 역사를 통해 서구 문화의 세속화 과정을 추적한다. 서구의 근대성이 감각의 중심을 청각에서 시각으로 이동시켰다는 것이다. 그의 관점에서 종교는 소리, 청각, 귀의 탈마법화 과정에 의해 큰 타격을 입었다. 옹은 이를 '우주의 무성음화(devocalization of the universe)'라고 묘사했다.[2] 과거에 소리는 존재의 증거였고, 존재는 소리의 집이었다. 그러나 이제 근대 세계에서는 시선만이 존재를 확인하는 유일한 도구가 된 것이다. 과거에는 알 수 없는 소리가 보이지 않는 세계를 증언했지만, 이제 존재를 증명하고자 하는 모든 것은 먼저 시각화되어야 한다. 이제 누군가의 귀가 이해할 수 없는 소리를 포착한다면, 이것은 외부의 소리가 아니라 내면의 소리로 의심 받는다. 무의미한 잡음의 청취자는 정신병에 걸리거나 광기에 사로잡힌 것으로 여겨진다. 사정이 이렇다면 주문이나 공수 같은 '이상한 소리'를 발음하고 보이지 않는 존재와 대화하는 데 열중하는 종교는 그 병력을 의심받을 수밖에 없다. 이로 인해 그토록 수다스러웠던 그 많은 신들이 일제히 침묵하기 시작했고, 신들은 더 이상 인간의 말을 듣지 못하는 청각 상실에 빠지게 되었다. 이제 종교의 풍경을 거니는 것은 '벙어리 신'과 '귀머거리 신'뿐이라고 말할 수도 있다.[3]

그러나 이 글에서 우리는 축음기라는 근대 미디어 테크놀로지에 대한 논의를 통해 시각 중심주의가 종교적인 청각 상실을 가져왔다는 일반적인 주장에 대해 소박한 반론을 제기하려 한다. 예컨대 조너선 스턴은 월터 옹이 청각을 구원의 한 방편으로 여기는 기독교적 편견을 보편화하고 있다고 공격한다. 옹이 종교적인 청각 상실을 주장함으로써 '신의 침묵'이라는 근대적인 문제를 해결하고자 했다는 것이다.[4] 프로테스탄티즘의 효시가 된 마르틴 루터(Martin Luther)는 "신은 더 이상 발이나 손이나 다른 신체 기관을 필요로 하지 않는다. 신은 오직 귀만을 필요로 한다… 귀만이 기독교인의 기관이다."라고까지 말한다.[5] 기독교인이 된다는 것은 신의 말을 들을 수 있는 청력을 보유하는 것과 동일시된다.

루드비히 포이어바흐(Ludwig Feuerbach)도 "눈, 손, 미각, 후각만 가지고 있다면, 인간에게는 종교가 없을 것이다. 왜냐하면 이러한 감각들은 모두 비판과 의심의 기관이기 때문이다. 귀의 미궁에 빠진 채 정령이나 유령이 출몰하는 과거와 미래의 영역에서 길을 잃는 유일한 감각, 즉 공포를 느끼고 신비주의적이며 경건한 유일한 감각은 청각이다."라고 말한다.[6] 그는 고막이 종교적 환상의 공명판이고, 귀는 신의 자궁이라고까지 말한다. 이처럼 그는 청각이 종교적 공포와 허구의 진원지라고 지목한다. 따라서 종교에 대한 비판적인 연구에서 귀는 신비적이고, 여성적이며, 순종적이고, 믿을 수 없는 것으로 그려진다. 그렇다면 종교사에서 가장 핵심적인 것은 청각의 역사, 소리의 역사이다. 그러나 옹의 경우와 마찬가지로 포이어바흐의 종교 비판은 감각의 역사에 대한 일정한 편향성에 물들어 있다.[7] 그러므로 우리는 현재의 종교 연구를 물들이고 있는 감각적 편향성에 대해 질문하지 않을 수 없다.

문자는 시각적 사물이며, 시각화된 청각으로 여겨진다. 문자를 읽을 때 역으로 우리는 '시각의 청각화'를 경험한다. 그러므로 글을 읽는다는 것은 소리의 체험일 수 있다. 중요한 점은 문자라는 매체 안에서 '감각의 교환'이 일어나고 있다는 사실이다. 청각이 시각으로, 시각이 청각으로 번역되면서 감각의 경계선이 무너지는 것이다. 그러나 많은 경우 문자는 의미의 집적물이다. 그래서 우리는 문자 안에서 의미, 또는 이미지만을 읽는다. 소리를 지닌 문자는 드물다. 문자의 역사는 소리 상실의 역사이기도 했다. 그렇다면 근대적 조건 속에서 '사라진 소리'는 어떻게 회귀하고 있는가? 조르조 아감벤은 『시의 끝』이라는 책에서 "목소리의 죽음과 문자를 통한 목소리의 기념적 보존"에 대해 이야기한 적이 있다. 그는 이렇게 말한다.

> 시는 죽은 언어로 말을 한다. 그러나 죽은 언어는 생각에 생명을 준다. 생각은 죽은 언어를 먹고 산다. 이러한 관점에서 볼 때 생각한다는 것, 그리고 시를 쓴다는 것은 말의 죽음을 경험하는 것, 죽은 말을 뱉는 것(그리고 소생시키는 것)이다.[8]

> (그리고 우리의 모든 말이 '죽은 문자'라는 것, 즉 죽은 자가 우리에게 전수한, 살아 있는 어떤 것도 낳을 수 없는 죽은 언어라는 것은 아마 사실이 아니다. 그렇다면 이 생명 없는 말들이 우리의 살아 있는 목소리가 되는 것이, 즉 죽은 문자가 갑자기 시인의 마음 속에서 노래하는 것이 어떻게 가능하단 말인가?)… 문자를 넘어선, 즉 목소리의 죽음과 언어의 죽음을 넘어선 발화, 시, 사유가 존재할 수 있는가?[9]

아감벤은 말의 죽음을 생물체의 죽음처럼 느끼는 시인에 대해 이야기한다. 시인은 말해지는 순간 죽어 버리는 말들을 계속해서 다시 살려내는 끝나지 않는 직무를 수행해야 하는 사람이다. 그런데 아감벤의 이야기를 통해 우리는 이 글에서 소리에 대해 말해야 하는 매우 중요한 결론을 얻게 된다. 우리가 사용하는 말은 '죽은 언어'이다. 책은 '죽은 문자'의 저장소이며,

해석은 죽은 문자를 소생시키는 일이다. 언어만큼 짙게 죽음의 흔적을 담고 있는 것도 없다. 그런데 언어의 죽음은 '목소리의 증발'이라는 관점에서 이야기된다. 목소리가 사라진 말, 음(音)이 사라진 말은 죽은 말이다. 그렇다면 우리는 '죽은 종교'에 대해서도 똑같이 말할 수 있을까? 죽은 종교는 '음이 사라진 종교', '목소리를 망각한 종교'인가?

이 글에서 우리는 축음기가 존재하지 않는 소리를 존재하게 할 뿐만 아니라, 기존에는 들을 수 없던 새로운 소리를 창조했으며, 나아가 모든 가능한 소리의 제작까지도 가능하게 했다고 주장할 것이다. 축음기는 모든 가능한 소리를 듣기 위한 도구이며, 이로 인해 인간은 '소리의 끝'을 향해 나아가고 있다. 인간이 기계를 통해서 소리의 완전한 문법을 익힐 수 있게 된 것이다. 이제 우리는 기계를 통해서 '신의 목소리'를 들을 수 있다. 과거에는 접근하기 힘들었던 소리조차 축음기에 저장되어 언제든 재생될 수 있으며, 새로운 소리가 계속해서 발명되고 있다. '소리의 민주화'가 가능해진 것이다. 과거에는 종교인만이, 특별한 능력을 지닌 사람만이 들을 수 있었던 소리를 이제는 누구든 들을 수 있다. 마치 모든 대기를 소리로 가득 채우려는 듯 우리는 이미 소리의 포화(飽和)를 겪고 있다.

2. 귀의 신, 의례의 끝

쇼펜하우어는 음악가는 '저 세상의 전화기'이자 '신의 복화술사'라고 말한다.[10] 그는 음악을 특권적인 예술이라고 생각했다. 반 데르 레이우는 "진정한 음악은 말을 분명히 하는 것이 아니라 말을 강하게 만들어 말을 폐기하기 위해 말을 운반한다. 모든 텍스트는 음악에 의해 아름답게 파괴된다."

라고 말한다.[11] 그는 음악을 '종말론적 예술'이라고 불렀다. 나아가 그는 음악 안에서 '침묵의 경향성'을 발견한다. 그는 완전한 종교가 종교의 침묵이듯, 완전한 음악은 소리의 침묵이라고 말한다. 어쩌면 음악은 말의 의미를 지우기 위해 존재하는지도 모른다. 종교와 소리의 관계를 적시하는 일은 쉽지 않다. 그러나 음, 운율, 리듬이 종교 안에서 누렸던 특권을 짐작하기는 어렵지 않다. 프리드리히 니체는 『즐거운 학문』에서 리듬과 시에 대해 다음과 같이 말한다.

시를 존재하게 한 그런 고대 시기에 사람들은 사실 유용성을, 그것도 큰 유용성을 목표로 삼았다. 그때 사람들은 리듬이 발화를 관통하게 했다. 그런 리듬의 힘은 문장의 모든 요소를 재구성하고, 사람들이 자신의 말을 선택하게 하고, 생각에 새로운 색깔을 입히고, 생각을 더 어둡고 낯설고 거리감 있게 만든다. 물론 이것은 미신적인 유용성이다! 인간이 일상적인 말보다 운문을 잘 기억한다는 것을 깨닫고 나서부터, 리듬은 인간의 요구를 신들에게 더 깊이 각인시키는 것으로 여겨졌다. 또한 사람들은 리듬감 있는 똑딱 소리로 자신의 말을 더 멀리까지 들리게 할 수 있다고 생각했다. 리듬감 있는 기도가 신들의 귀에 더 가까이 다가가는 듯 생각되었다. 특히 사람들은 인간이 음악을 들으면서 자기 안에서 경험하는 그런 근본적인 압도적 힘을 이용하고 싶어 했다. 리듬은 강제한다. 리듬은 굴복하고 참여하려는 억누를 수 없는 욕망을 낳는다. 발걸음뿐만 아니라 영혼 자체가 운율에 굴복한다. 생각건대, 아마 신들의 영혼 역시 그러하다! 리듬에 의해 사람들은 그렇게 신들을 강제하고 신들에게 힘을 행사하고자 했다. 사람들은 신들 주변으로 마법의 올가미처럼 시를 던졌다.[12]

흔히 우리는 문자성과 구술성을 이야기할 때 두 가지 대칭적인 '종교 미디어'의 존재를 가정한다. 문자가 눈과 정신의 문화라면, 구술은 입과 귀의 문화이다. 문자는 시각을 통해 마음이라는 해석의 공간 안에서 소화된다. 그러나 구어는 무언가를 입으로 전달하는 것이 아니라 그저 매번 입에서 누출되는 새로운 언어이다. 문자는 저자와 기록자를 밝히지만, 구어는 저자를 지운다. 소리는 저자 없이 둥둥 허공을 떠다니다 아무도 소유하지 못한 채 사라진다. 물론 근대세계에서는 소리조차도 축음기의 그물에 걸려 저장 당할 운명에 처할 것이다. 이제 근대 국가는 '도청 장치'와 '폐쇄회로 텔레비전(CCTV)'에 의해 모든 소리를 수집하고 모든 이미지를 저장하려 한다. 아무것도 순순히 죽거나 사라질 수 없게 하는 것이 근대적 공간이기 때문이다. 이것을 가능하게 하는 것이 모든 말, 모든 소리, 모든 이미지를 저장하는 미디어 테크놀로지일 것이다. 어쨌든 나의 입에서 나온 말은 알 수 없는 미지의 영역에서 온 새로운 소리일 뿐이다. 우리는 소리를 마음속에 저장해 두고 있다가 필요할 때마다 꺼내 쓰지 않는다. 공기가 비강, 구강, 성대, 혀 등을 거치면서 간신히 겨우 다듬어진 것이 소리다. 우리는 그때그때 필요한 말을 기계처럼 생산한다. 그러나 나는 나의 입에서 나오는 말이 어디에서 오는지를 알지 못한다.

　프리드리히 키틀러에 따르면 모든 서정시의 비밀은 '망각으로부터 말을 찢어내는' 데 있다. 다시 말하면 잊을 수 없는 말을 하는 데 있다. 리듬감 있는 말은 인간의 귀가 회피할 수 없는 담론을 만들어내는 것을 목적으로 한다. 또한 리듬은 신의 귀에 잘 들리도록 인간의 말을 증폭시킨다. 인간은 말을 너무 잘 잊고, 신은 말을 너무 안 듣는다. 이러한 현상을 교정하기 위해 '음'이 동원된다. 따라서 우리는 문자에 입힌 소리가 어떻게 기억과 망각의 메커니즘에 관여하는지를 이야기해야 한다. 니체에 따르면 그리스인의 리듬감은 '단어의 의미'가 아니라 '청각적인 장단'에 따라 음절을 측정했다. 근대 유럽어는 단어의 의미에 기초하여 강세와 운문의 리듬을 결정한다. 그러나 고대 서정시는 말 그대로 발과 결합되어 있었다. 말과 발의 결합, 즉 언어가 춤추는 몸의 발과 결합되어 있었던 것이다. 그러나 고대 서정시의 음악은 신체의 기억과 함께 사라졌다. 말이 발이 아니라 의미에 의해 분할되면서 말 속에서 신체가 사라진 것이다. 우리는 이제 더 이상 텍스트가 어떻게 노래 불리고 춤춰졌는지를 말할 수 없다.[13] 이처럼 키틀러는 시와 음악이 기억술적 매체였다고 강조한다. 리듬에 의해 발과 말이 결합될 때 더 잘 기억할 수 있기 때문이다. 기억은 우리가 생각하는 것보다 훨씬 신체적이다.

  얀 아스만은 원래 경전은 '음의 아카이브'였다고 말한다.[14] '소리'에서 '의미'로 강조점이 옮겨지면서 경전의 정의도 변했다. 처음에 경전은 '소리의 악보'였을 것이다. 이때 '음의 아카이브'를 어떻게 재생시킬 것인가의 문제는 매우 중요했다. 경전은 소리로 재생될 때 비로소 본래적 가치를 구현했기 때문이다. 예컨대 무당의 무가(巫歌)를 아카이브로 만들 때 우리는 책의 출판으로 만족하지 않는다. 왜냐하면 무가는 노래이기 때문에 문자에 상응하는 악보를 만들어야 한다. 악보 없이는 무가를 읽을 수 없다. 음의 기록 불가능성, 바로 이것이 문자 기록의 한계일 것이다. 그러나 근대 세계에 사는 우리는 악보 대신에 녹음기나 축음기를 사용할 것이다. 미디어 테크놀로지의 발전으로 이제 우리는 소리를 굳이 '시각화'하지 않더라도 실린더나 레코드나 테이프나 CD 등에 소리를 '물질화'하여 저장할 수 있기 때문이다. 녹음기는 무가의 '음의 의례'를 대체할 수 있다. 사제라는 '인간 축음기'가 집전하는 의례는 더 이상 불필요하다. 따라서 '의례의 소실'은 미디어에 의해 결정된다고 말할 수 있다. 이미 우리는 무수한 종교 의례가 얼마나 쉽게 미디어 테크놀로지에 의해 붕괴되고 있는지를 목격하고 있다. 미디어 테크놀로지는 '음의 기록'을 통해 그 자체로 의례적 기능을 수행한다. 말에 내구성을 주기 위해 운문이나 리듬감 있는 똑딱 소리를 사용하는 것이 불필요해진 것이다. 에디슨의 말하는 기계는 혼란스러운 문장조차도 문제 없이 저장하며, 포노그래프의 실린더는 원거리까지 말을 전달한다. 시의 끝, 의례의 끝이 도래한 것이다. 이에 대해 키틀러는 "테크놀로지가 기억술을 이기고 있다."라고 표현한다. 테크놀로지가 발전할수록 우리는 더 단순한 망각의 삶을 살 수 있는 것이다. 이전에는 과거가 책이라는 지면에 갇혀 있었지만, 이제 과거는 축음기에 연결된 스피커를 타고 언제나 일상의 공간에서 부유한다.[15]

과거에는 말이나 소리를 신체에 주입하기 위해 경전이나 시 같은 장치가 이용되었다. 그러나 이제는 어디서든 울려 퍼지는 히트곡이나 유행가가 귀를 타고 몸 속으로 스며든다. 여기에서 우리는 대중음악이 종교와 문학을 대체하는 장면을 볼 수 있다. 대중음악의 소리는 종교보다 빨리 신체에 흡수되며, 유행가의 가사는 문학작품보다 더 깊이 정신에 각인된다. 특히 레코드의 홈이나 마그네틱테이프가 직접 신체의 소리를 포착하면서부터, 문자의 세계를 지배하는 원작자나 개인성에 대한 표기는 불필요한 것이 되었다.[16] 그래서 키틀러는 음반에 작사가와 작곡가를 기록하는 저작권 문화의 기억 보조 장치는 소리의 세계에 적합하지 않다고 말한다. 오히려 음반 제작 설비의 회로도나 사용된 신시사이저의 모델 번호를 기록하는 것이 음악에 대해 더 많은 정보를 준다는 것이다.[17] 키틀러는 말과 음악의 고대적 연결이 수천 년 후에 이제 대중 문화를 통해 회귀하고 있다고 말한다. 그러나 오늘날 음악은 운문이나 무용수의 발을 통해서가 아니라 실재 안에 직접 기입되며 회귀한다.

미디어 테크놀로지의 시대에는 기계가 인간의 마음을 대체한다.[18] 기계는 인간 마음의 외재화, 물질화, 사물화이기 때문이다. 우리는 마음에 저장된 이미지를 영화로, 마음의 소리를 축음기로, 마음의 문자를 타이프라이터로, 마음의 연산 작용을 컴퓨터로 외재화했다. 미디어 테크놀로지는 기계에 의한 인간 마음의 완전한 대체를 지향한다. 그래서 한스 모라베츠(Hans Moravec)는 인간의 뇌는 어떤 미디어에 의해서도 표상될 수 있는 정보 패턴일 뿐이고, 몇십 년 안에 인간의 뇌를 컴퓨터에 업로드하는 것이 가능할 것이며, 이 것은 또 다른 유형의 인간 불멸성을 낳을 것이라고 주장한다.[19]

청각적 의례뿐만 아니라, 매우 드문 일이지만 순수한 시각적 의례조차도 새로운 미디어에 쉽게 자리를 내줄 수 있다. 미디어 테크놀로지는 의례를 흡수하고 대체한다. 그러나 이때 종교가 잃어버리는 것은 바로 '소리의 신비성'에 대한 체험일 것이다. 기록되고 재생되는 소리는 이미 문자와 다를 바 없다. 광고판이 되어 무성하게 존재하는 무수한 문자는 이미 해석의 대상이 아니라 실재를 구성하는 사물일 뿐이다. 무한 재생되며 반복되는 소리 역시 삶을 구성하는 물질일 뿐이다. 이제 소리는 우리를 위해 매 순간 새로운 세계를 구성하지 않는다. 축음기에 저장된 기존의 소리 세계가 잠시 왔다 사라질 뿐이다. 심지어 이제 음악은 배경음악으로, 즉 삶을 구성하는 잡음으로 존재한다. 우리는 과거에 존재했던 무수한 가수들의 노랫소리를 들으며 살아간다. 무수히 많은 과거의 소리를 담고 있는 소리 저장 매체가 현재 속으로 과거를 뿜어댄다. 노래를 들으며 우리가 특정한 과거 시간대로 쉽게 소급해 들어가는 것은 소리의 독특한 시간성 때문일 것이다. 소리는 시점(時點)에 의해 인식된다. 서로 다른 시간의 꼬리표를 단 채 '죽은 소리들'

이 현재 공간 속을 떠다니고 있다. 현재 안에서 과거의 소리가 범람하는 현상은 그 자체로 특정한 효과를 자아낸다. 소리의 영역에서 현재와 과거 사이의 장막이 무한히 얇아진 것이다. 이제 '소리의 시간성'이 상실되었다고 말할 수 있다. 이처럼 소리 저장 매체는 시간의 거리를 축소함으로써 시간 감각에 영향을 미친다.

우리는 소리를 문자와 부호(음표)를 이용해 시각화하여 저장한다. 그러나 문자나 부호에서 소리의 기억이 사라지거나 제거될 때, 우리는 더 이상 문자에서 소리를 듣지 못한다. 인간의 역사에는 소리가 사라진 문자가 켜켜이 쌓여 있다. 이처럼 음을 잃은 문자를 처리하기 위해 등장한 것이 바로 해석학이다. 해석학은 의미의 발견을 지향하지만, 결국 문자의 소리를 듣기 위한 전략, 즉 문자가 담고 있는 '소리의 풍경'에서 중심을 차지하기 위한 노력이다. '문자 종교'는 근원의 소리를 상실한 종교이다. 이제 우리에게 경전은 음을 잃은 문자의 영역이다. 소리를 내는 문자는 경전에 담기지 못한다. 경전은 해석학의 대상일 뿐이다. 얀 아스만은 경전은 의례를 위해 이용되는 것이 아니라 해석학적으로 일상생활에 적용되는 것이라고 말한다. 우리는 '문자 종교'와 대칭적인 맥락에서 '소리 종교'라는 표현을 사용하지는 않아야 한다. 오히려 '소리를 담고 있는 문자'와 '소리를 잃어 버린 문자'를 이야기해야 한다. 마찬가지로 '문자적인 구술성'과 '비문자적인 구술성'을 구별할 필요도 있다. 그래서 월터 옹은 글쓰기와 인쇄술에 대한 지식이 없는 문화의 구술성을 '일차적 구술성(primary orality)'이라 부르고, 글쓰기와 인쇄술에 의존하는 전화기, 라디오, 텔레비전 등의 새로운 구술성을 '이차적 구술성(secondary orality)'이라 부른다.[20] 문자와 소리의 이분법이 아니라 문자와 소리의 교차점에 주목할 필요가 있는 것이다.

그런데 월터 옹과 달리 우리는 '소리의 저장'이라는 측면이 갖는 독특성에 주목할 필요가 있다. 다시 말해서 '입'이 아니라 '귀'에 주목할 필요가 있는 것이다. 자크 라캉은 "무의식의 영역에서 귀는 닫는 것이 불가능한 유일한 구멍이다."라고 말한 적이 있다.[21] 눈은 감을 수 있지만 귀는 닫을 수 없기 때문이다. 정신의학에서는 다른 감각보다 청각이 더 쉽게 환각에 사로잡힌다고 말한다. 광기가 지각하거나 생산하는 요소성 환청(acouasm)은 백색소음, 쉿쉿 하는 소리, 물방울 소리, 속삭임에서 발화와 비명에 이르기까지 다양한 형태로 발생한다.[22] 그런데 우리는 이미 락 음악에서 항상 이러한 소리를 듣는다. 락 음악은 광기의 소리를 외재화한다. 그래서 프리드리히 키틀러는 "오늘날의 세계에서 요소성 환청은 더 이상 속삭이는 악마나 울부짖는 마녀에게서 오는 것이 아니라, 라디오 방송국이나 레이더 안테나에서 온다… 광기는 테크놀로지 자체를 위한 은유이다."라고 말한다.[23] 락 음악은 무의식의 잡음이다. 그리고 이제 광기의 소리는 일상의 소리가 되었다. 기계가 무의식의 소리를 해방시킨 것이다.

그런데 근대 미디어 테크놀로지는 의미와 이미지가 사라진 순수한 소리, 즉 '절대 소리'를 복원함으로써 우리가 잃어버린 '귀의 신(神)'을 부활시키고 있다. 이제까지 우리를 지배한 것은 '눈의 신'이었다. 그러나 이제 '보이는 신'보다는 '들리는 신'이 인간을 지배하고 있는 것처럼 보인다. '귀의 신'에 의해 우리는 순수 청각의 세계에서 '소리와 귀의 폐쇄회로' 안에 갇히게 된다. 쇼펜하우어의 표현처럼 이제 음악이라는 '저승의 전화기'를 타고 죽음의 소리, 신의 소리가 밀물처럼 몰려오고 있는 것이다. 이러한 맥락에서 환청의 종교적 기능을 이야기할 수도 있다. 누군가가 신의 목소리를 듣는다고 주장한다면, 우리는 그를 광인으로 취급할지도 모른다. 그러나 이제 광기가 들는 소리는 종교가 아니라 미디어 테크놀로지를 통해 표출된다. 우리는 교회에서 들리는 신의 목소리는 의심하지만, 영화관에서 듣는 신의 목소리는 의심하지 않는다. 종교는 실재성의 척도에 의해 검증되지만, 영화는 상상력의 척도에 의해 수용되기 때문이다. 사실 우리는 경전이나 시보다는 음악과 리듬에 의해 훨씬 쉽게 신을 경험한다. 그만큼 종교에서 소리는 중요한 자리를 차지하고 있다.

특히 하이파이와 입체음향의 시대에는 소리가 전후, 좌우, 상하에서 튀어나오기 때문에, 방위를 가진 일상 공간이 거의 절대적인 '소리의 풍경'으로 변형될 수 있다. 소리만 존재하는 공간, 즉 소리와 청취자 사이에 존재하는 단일한 피드백 회로가 형성되는 것이다. 이러한 소리는 성서나 시인의 말을 능가하는 효과를 나타낸다. 의미가 지워진 소리는 영혼이나 정신이라는 필터를 거치지 않고 곧장 뇌에 새겨진다. 마치 음식처럼 물질처럼 소리가 몸에 각인된다. 키틀러는 핑크 플로이드의 「뇌손상(Brain Damage)」이라는 곡을 분석하면서, 이제 음악이 소리를 직접 뇌에 새기는 시대가 되었다고 말한다. 그래서 그는 "기술복제 시대에 도대체 시는 무엇을 위해 존재하는가?"라고 묻는다. '소리의 문학'인 시보다는 음악이 훨씬 더 쉽게 '뇌손상'을 일으키기 때문이다.[24] 마셜 매클루언(Marshall McLuhan)의 표현을 따르자면, 음악은 책보다는 '뜨거운 미디어'라고 할 수 있다. 매클루언은 영화, 라디오, 강연, 사진처럼 하나의 감각을 자극하면서 더 적은 참여를 요구하는 미디어를 '뜨거운 미디어(hot media)'라고 부르고, 텔레비전, 세미나, 만화처럼 더 많은 참여를 요구하는 미디어를 '차가운 미디어(cool media)'라고 부른다. 월터 옹의 주장과는 달리 우리는 '이차적 구술성'을 통해 이전에는 존재하지 않던 새로운 소리를 듣거나, 이전에는 광기로 치부되었던 소리를 일상의 소리로 경험한다. 이러한 해석을 확장할 때 우리는 근대 미디어 테크놀로지가 '광기의 소리'뿐만 아니라 '종교의 소리'까지도 가청권으로 끌어들이고 있다는 것을 짐작할 수 있다. '신비체험의 일상화'까지도 이야기할 수 있을 것 같다.

3. 축음기, 청각적 불멸성

키틀러는 근대 이후 예술이 정보 테크놀로지가 되었다고 말한다. 예술의 각 장르가 독특한 미디어로 분화되었다고 할 수 있다. 그는 미디어란 인간의 영혼이나 정신 같은 모호한 범주를 사용하지 않으면서 정보를 저장하고 전달하는 것이라고 말한다. 우리는 영혼이나 정신에 너무 많은 역할을 할당한다. 영혼이나 정신이 하는 것으로 알고 있는 많은 일은 사실은 미디어의 기능이다. 시의 경우에서 보았듯이 처음에 인간은 리듬을 형성하는 발, 귀, 기억처럼 '살과 피로 만들어진 저장과 전달의 수단'을 사용했다. 그리고 문학과 음악이 분리되면서 근대 유럽 문화의 토대가 형성되었고, 이제 우리는 근대 세계에서 '시의 끝'에 도달하고 있다. 시 같은 운문은 리듬과 박자를 부여하여 언어가 기억 속에 잘 저장되게 할 뿐만 아니라, 언어가 더 멀리까지 전달되게 한다. 즉 리듬과 박자는 저장과 전달을 위한 것이다. 그러나 축음기 같은 근대 미디어는 음조, 리듬, 의미에 대한 관심 없이도 소리를 잘 저장하고 전달한다. 그렇다면 이러한 세계에서 왜 운문이 필요한가? 키틀러가 '시의 끝'을 말하는 것도 이러한 맥락일 것이다. 근대 세계에서는 락 음악이 전세계적으로 서정시의 역할을 하고 있다. 저장 매체에서 흘러나오는 음악은 모든 곳에 친숙하게 편재해 있으며, 우리는 이러한 음악에서 도저히 벗어날 수가 없다. 그리고 이러한 과정은 모두 저장과 전달의 테크놀로지가

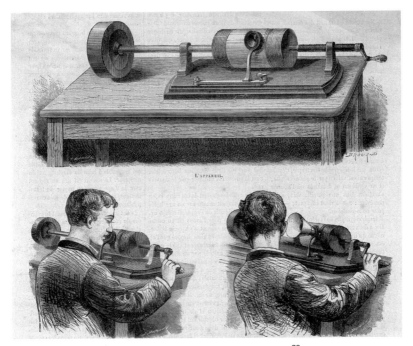

L'APPAREIL.

〈그림 1〉 에디슨의 왁스 실린더 포노그래프 (1899)[28]

인간의 살과 피에서 기계 장치로 이동하면서 이루어졌다.[25]

1877년 7월, 반쯤 청각 장애가 있던 토머스 에디슨(Thomas A. Edison)이 전화기를 이용해 처음으로 "안녕(Hullo)"이라는 소리의 물질화를 성취한 이래로 인간은 '청각적 불멸성'이라는 전례 없는 영역으로 입장한다. 타이프라이터가 맹인을 위해 맹인에 의해 만들어졌던 것처럼 축음기의 시작도 비슷했다. 1877년 12월 6일, 에디슨은 최초의 원형직인 포노그래프(phonograph) 시제품으로 "메리에게 어린 양이 있었네(Mary Had a Little Lamb)"라는 동요 구절을 재생하는 데 성공한다.[26] 이렇게 등장한 포노그래프는 향후 문학과 음악의 운명을 바꿔놓는다. 1829년, 윌리스(Willis)는 톱니바퀴가 고무 혀를 진동시켜 모음을 발음하게 하는 장치를 만들었다. 그리고 1857년, 프랑스 인쇄업자였던 에두아르 레옹 스코트(Edouard Léon Scott)는 포노토그래프(phonautograph)를 발명했다. 포노토그래프는 벨 마우스(bell mouth)가 들어오는 소리를 증폭시켜서 얇은 막에 전달하면 거친 털이 그을린 실린더에 소리의 진동을 기록하는 방식을 취했다. 스코트의 포노토그래프는 그때까지는 단지 들을 수 있었을 뿐 인간의 눈으로는 볼 수 없었던 초당 수백 회의 진동을 볼 수 있게 만들었다. 인간이 내는 수많은 소리가 직접 종이 위에 스스로를 기록할 수 있는 시대가 열린 것이다.[27]

에디슨의 포노그래프는 윌리스와 스코트의 기계에 의존하여 만들어졌다. 그리고 1876년 3월 알렉산더 그레이엄 벨(Alexander Graham Bell)이 발명한 전화기가 없었다면 축음기는 존재할 수 없었을 것이다. 에디슨은 전신기와 전화기를 발전시키기 위한 연구를 하다가 축음기를 만들었다. 결국 그는 1888년 7월 16일에 연속 생산이 가능한 말하는 기계를 만들어 축음기의 상업화를 개시했다. 이제 우체부가 필요 없는 시대, 음악을 듣기 위해 콘서트홀에 갈 필요가 없는 시대가 열린 것이다.[29]

우리는 흔히 소리를 비가시적인 것, 즉 '눈에 보이지 않는 것'이라고 생각한다. 소리는 공기를 찢으며, 즉 물질에 생채기를 내며 울려 퍼진다. 그러나 우리의 눈은 물질의 파열을 보지 못한다. 즉 소리는 '보이지 않는 것'이 아니라 '볼 수 없는 것'이라고 할 수 있다. 그러므로 축음기가 복제하는 것은 입 속에 저장된 소리가 아니라 소리에 의해 찢어지는 물질이다. 즉 축음기는 볼 수 없는 소리를 볼 수 있게 만들면서 청각 자료를 물질에 저장한다. 레코드판을 떠올리면 알 수 있듯이 소리는 벨 마우스를 거쳐 진동판에 도달하고 이 진동판에 붙은 철필이 물질에 홈을 만들면서 소리가 선으로 저장된다.

소리에 따라 홈의 모양과 종류가 달라진다.

축음은 소리의 초당 진동수, 즉 주파수 개념 때문에 가능했다. 에디슨의 축음기가 기록한 것도 바로 소리의 진동이었다. 축음기에 소리를 기록할 때는 의미 있는 소리만이 아니라 무의미한 잡음까지도 모두 기록하게 된다. 그러므로 축음기에 의해 인간은 처음으로 의미 있는 소리의 배경으로 존재하는 잡음의 존재에 주목하게 되었다. 정신분석학의 '대화 치료'가 주목한 것도 의미 있는 언어가 되지 못한 그러한 무의식의 잡음, 즉 착음(錯音)이나 실언이었다. 근대 미디어 테크놀로지가 기록하기 시작한 잡음이 정신분석학에 의해 과학적 연구의 대상이 된 것이다. 프로이트는 모든 인간의 신체 구멍에서 비밀이 누설되기 때문에 인간은 결코 비밀을 유지할 수 없다고 말했다. 키틀러는 1880년대 이래로 인간의 이런 모든 비밀이 저장되기 시작했으며, 그렇지 않았다면 무의식도 없었을 것이라고 말한다.[30] 이때부터 인간은 소리와 기억을 기계 속으로 이식하기 시작했으며, 이로 인해 '기억과 소리의 혼란'이 세상 밖으로 나오게 되었다. 무의식, 무의미의 시대가 시작된 것이다.[31]

또한 키틀러는 인간 인지와 지각에 대한 분석이 발달하면서 비로소 19세기 아날로그 미디어의 발전이 가능해졌다고 말한다. 정신물리학(psychophysics)과 미디어 테크놀로지의 발전 사이에 일정한 영향 관계가 있다고 본 것이다. 즉 뇌의 자료 처리 작용이 법칙화되어 기계적인 자료 처리 작용으로 대치되면서 출현한 것이 미디어 테크놀로지였다는 것이다. 그러므로 근대 미디어는 인간의 영혼을 밖으로 꺼내 기계화하는 과정에서 출현한 것이다.[32] 인간의 몸 속에서 흘러나오는 소리는 '영혼의 소리'로 인식된다. 그래서 축음기가 발명되었을 때 많은 사람들은 이제 영혼을 날것 그대로 기록할 수 있게 되었다고 생각했다. 지금도 우리는 여전히 목소리가 갖는 증언의 가치를 중요하게 생각한다. 거짓말 탐지기의 경우처럼, 글과 다르게 소리는 거짓말을 할 수 없다고 생각하는 것이다. 또한 축음기의 등장은 사람들이 생각하는 영혼의 모델에도 영향을 주었다. 영혼 역시 축음기처럼 소리를 기록하는 장치라는 상상력이 발동되었던 것이다. 그래서 어떤 이는 "영혼은 축음기 기록이 이루어지는 공책이다."라고 말한다. 장 마리 귀요는 1880년에 쓴 「기억과 축음기」라는 글에서 이렇게 말한다.

이러한 것을 염두에 둘 때 인간 두뇌와 비교할 수 있는 (수신기와 전동기가 하나로 된) 가장 정교한 장치는 아마도 에디슨이 최근에 발명한 축음기다… 축음기에 대고 말을 하자마자, 목소리의 진동이 바늘로 옮겨져 발화된 소리에 대응하는 선들이 금속판에 각인된다. 소리의 성질에 따라 다소 깊은 고르지 않은 골이 생긴다. 비슷한 방식으로 보이지 않는 선들이 신경 흐름의 통로를 제공하는 뇌 세포에 부단히 새겨진다는 것은 꽤 그럴듯하다. 나중에 신경 흐름이 이미 거쳤던 통로와 다시 만날 때, 그것은 다시 한 번 똑같은 길을 따라갈 것이다. 세포가 처음 진동했던 방식과 똑같이 진동한다. 심리학적으로 이처럼 유사한 진동들은 잊고 있던 정서나 사유와 비슷한 내용의 정서나 사유에 대응한다.

새겨진 홈을 따라 달리는 바늘이 접촉하는 축음기의 작은 구리 원반이 진동을 재생하기 시작할 때 일어나는 현상이 바로 그러하다. 이 진동은 다시 우리의 귀에 목소리로, 말 · 소리 · 멜로디로 돌아온다… 뇌와 축음기의 중요한 차이는 에디슨이 만든 여전히 다소 원시적인 기계의 금속 원반이 자신의 소리를 듣지 못한다는 점이다. 운동에서 의식으로 이행하지 못하는 것이다… 이러한 관점에서 볼 때 뇌를 무한히 완벽한 축음기, 즉 의식적인 축음기라고 정의하는 것이 그다지 부정확하거나 당황스러운 일은 아닐 것이다.[33]

이처럼 귀요가 의지하는 정신물리학은 축음기를 뇌나 기억을 시각화하는 가장 적합한 모델로 간주했다. 그러나 귀요의 주장과 달리 뇌는 의식을 지니고 있기 때문에 가장 열등한 축음기일지도 모른다. 왜냐하면 축음기는 의식이 없기 때문에 취사선택 없이 실시간의 모든 소리를 기록하지만, 뇌는 이해하기 위해 소리를 의미의 질서로 환원하기 때문이다. 게다가 축음기는 더 빨리, 또는 더 느리게 소리를 재생함으로써 지나치게 빠른 음악을 분석할 수 있는 안정된 속도로 들을 수 있게 한다. 이처럼 시간축 조작을 통해 축음기는 그 전에는 들을 수 없던 소리까지도 들려준다. 축음기가 일종의 '소리의 현미경' 또는 '소리의 카메라' 같은 역할을 할 수 있는 것이다.

프로이트는 1895년에 쓴 글에서 환각에 대해 흥미로운 주장을 한다. 기억을 위한 뉴런이 그 내용 가운데 일부를 감각 지각을 위한 뉴런으로 보낼 때, 기억 자료가 마치 새로운 감각 자료처럼 읽힌다는 것이다. 사실 축음기를 위시한 미디어 테크놀로지는 저장된 기억을 새로운 감각 자료로 인식하게 하는 '환각 기계'일지도 모른다. 우리가 미디어를 통해 보는 모든 것은 감각이 아니라 기억이다. 인간이 기계에 저장된 기억을 감각하면서 기억을 다시 재기억하는 영원한 '기억의 순환'을 겪기 시작한 것이다. 근대성은 기억과 감각의 악순환을 의미한다. 라이너 마리아 릴케(Rainer Maria Rilke) 역시 축음기에 매료되었던 것 같다. 1919년에 쓴 「원음(原音)」이라는 글에서 릴케는 축음기를 보면서 가졌던 인상을 다음과 같이 적었다.

내가 학교에 다니던 소년이었을 때 축음기가 발명된 것 같다. 어쨌든 그것은 당시에 대중적 놀라움의 주요 대상이었다. 아마도 이 때문에 온갖 종류의 수공품 제작에 몰두했던 우리 학교 선생님은, 손에 닿는 재료로 이러한 도구들 가운데 하나를 제작하는 기술을 시험하도록 우리를 자극했다. 깔때기 형태로 구부러진 유연한 판지 이외에 어떤 것도 필요하지 않았다. 그리고 깔때기의 작은 구멍에는 과일 병에 사용된 일종의 불투과성 종이 조각을 붙였다. 이것이 진동하는 막을 형성했고, 우리는 그 한가운데 표면에 직각으로 뻣뻣한 옷솔 털을 붙였다. 이 몇 가지 것들로 신비로운 기계가 만들어졌고, 수신기와 재생기가 완성되었다. 이제 수신하는 원통을 제작하는 일이 남아 있었다. 그 원통은 회전하는 작은 손잡이에 의해 소리를 표기하면서 바늘 가까이에 붙어 움직일 수 있었다. 나는 우리가 무엇으로 그것을 만들었는지 기억하지 못한다. 우리가 능력껏 양초 밀랍으로 얇게 칠한 어떤 원통이었을 것이다… 누군가가 깔때기에 말을 하거나 노래를 할 때 양피지에 붙은 바늘이 소리 파장을 그 아래에서 느리게 회전하는 수신용 원통의 표면으로 옮겼다. 그러고 나서 움직이는 바늘이 (그 동안 니스를 칠해 고착되게 한) 원통에 난 홈을 다시 되짚어갈 때, 종이 깔때기에서 뚝뚝 끊기듯 떨리면서 불확실하게, 그리고 곳곳에서 매우 부드럽게 더듬거리다 완전히 희미해지면서, 한때 우리의 것이었던 소리가 우리에게 되돌아왔다… 내 기억에 가장 깊은 인상을 남긴 것은 깔때기에서 나온 소리가 아니라 원통에 새겨진 표시였다. 이것이 가장 분명한 인상을 남겼다.[34]

그 후에 릴케는 파리 미술 학교에서 해부학 강의에 참여하다가 인간의 두개골에 매료되어 밤마다 감상하기 위해 두개골을 입수한다. 그러다가 어느

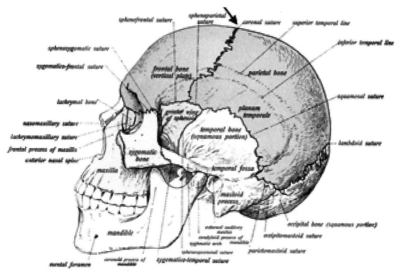

〈그림 2〉 관상봉합[36]

날 촛불 밑에서 그는 두개골의 관상봉합(coronal suture)를 관찰하게 되고, 어린 시절에 보았던 밀랍 원통에 새겨진 홈을 떠올린다. 그리고 그는 계속해서 전대미문의 실험을 해야겠다는 충동에 빠지게 된다.

    축음기 바늘이 장치의 수신용 회전 원통에 새기는 촘촘한 물결선과 두개 골의 관상봉합(이것을 먼저 조사해야 할 것이다)이 어떤 유사성을 갖는다고 가 정해 보자. 만약 우리가 바늘을 바꾼 다음, 소리의 회화적 번역에서 나온 것 이 아니라 저절로 자연적으로 존재하는 흔적을 따라 바늘을 거꾸로 움직인 다면, 명확히 말하자면 예컨대 관상봉합을 따라 움직인다면 어떨까? 무슨 일 이 벌어질까? 필경 어떤 소리가, 일련의 소리, 또는 음악이… 흘러나올 것이 다. 감정들 때문에(불신, 소심함, 공포, 두려움 가운데 어떤 것인가?), 여기에서 가능한 모든 감정들 가운데 어느 하나 때문에 나는 그로 인해 세상에 출현할

'원음(原音)'의 이름을 제시할 수 없다… 당분간 이 문제는 접어 두자. 그렇다면 어디서나 생기는 온갖 종류의 선들을 바늘 아래 놓고 시험해 볼 수는 없을까? 어느 정도 우리가 이런 식으로 완성하여 경험할 수 없는 어떤 윤곽선이 존재할까? 우리는 그 윤곽선을 또 다른 감각 영역에서 변형된 상태로 느낄 것이다.[35]

관상봉합의 홈은 젖먹이 유아의 전두골과 두정골이 함께 자라는 지점에서 나타난다. 그런데 릴케는 두개골의 홈에 레코드 바늘을 걸고 거기에서 재생되는 원음을 듣고 싶어 한다. 아마 실제로 바늘을 걸고 소리를 듣더라도 알 수 없는 잡음 이상의 소리를 들을 수는 없을 것이다. 그러나 릴케는 모든 사물의 표면에 난 홈에 레코드 바늘을 걸고 소리를 듣고 싶어 한다. 모든 사물이 저마다의 원음을 저장하고 있다는 것이다. 우리는 릴케의 이러한 상상력을 비웃을 수도 있다. 그러나 릴케의 상상에는 매우 중요한 무언가가 있다. 축음기는 실제로 그 전에는 들을 수 없던 잡음, 과거의 소리, 가청권 밖의 소리를 들을 수 있는 길을 열어 놓았다.[37] 소리 외부에 있던 온갖 소리가 밀려오기 시작했던 것이다. 축음기의 위치는 그러했다. 키틀러에 의하면, 축음기의 발명 이후로 주체 없는 글쓰기가 존재하게 되었다. 관상봉합이 내는 소리는 어떤 글로도 저장할 수 없는 잡음이다. 축음기는 소리를 저장할 뿐만 아니라, 우리에게 정체를 알 수 없는 잡음의 존재를 알려준다. 영화의 화면이 흐려질 때, 축음기의 바늘이 튈 때 우리는 잡음의 존재를 인지한다. 저자를 알 수 없는 잡음, 신의 소리, 유령의 소리….

1923년에 라슬로 모호이너지(László Moholy-Nagy)는 축음기를 소리 재생의 도구에서 소리 창작의 도구로 전환시킬 것을 제안했다. 그는 레코드에 필요한 홈집을 내어 이전에 존재하지 않던 새로운 소리를 발명하고자 했다. 릴케가 재생하려 한 두개골 레코드는 저자를 알 수 없는 축음의 결과물이었다. 릴케는 레코드의 홈이 소리를 저장하고 있듯 모든 사물의 홈도 소리를 저장하고 있을 것이라고 추론했다. 여기에서 더 나아가 모호이너지는 에칭 기법으로 레코드에 직접 홈을 만들어 소리를 만들고자 했다. 입이나 악기로 소리를 만드는 것이 아니라, 아무도 저장한 적이 없는 소리를 물질에 각인하여 새로운 소리를 창조하고자 한 것이다. 모호이너지에 의하면 식각(蝕刻)된 어떤 그림도 소리를 낳을 수 있다. 모호이너지는 개별적인 그래픽 기호들을 조사하여 그것들의 비율을 법칙으로 정립하고, 그래픽 기호를 음악으로 변환하고자 했다. 그는 음악과 그림의 번역 가능성을 제시했다. 구성주의 추상화가인 피트 몬드리안(Piet Mondrian)도 '그림으로 연주하는 음악'이라는 비슷한 꿈을 꾸고 있었다. 1964년, 로버트 모그(Robert Moog)는 신시사이저를 개발하여 이전에는 존재하지 않은 소리, 즉 전자 음악의 기계적 생산을 가능하게 했다. 그리고 모호이너지의 생각은 오늘날 디스크 자키의 스크래치 음악(scratch music)으로 매일 밤 구현되고 있다.[38]

초기에 축음기는 청각적 불멸성을 위한 도구로 인식되었다. 아래 인용문은 초기의 그러한 인식을 잘 보여주고 있다.

고이 간직한 사랑하는 사람들, 소중한 친구들, 오래전에 죽은 유명한 개인들이 수년 후에 다시 우리에게 똑같은 생기와 온기로 이야기할 것이다. 왁스 실린더가 젊은 시절의 행복한 날들로 시간을 거슬러 우리를 운반한다. 우리는 무수한 세월을 앞서 살았던 사람들, 결코 알지 못한 사람들, 단지 역사를 통해서만 이름이 전달된 사람들의 발언을 듣는다.[39]

〈그림 3〉 러시아의 그래머폰 회사 소식지의 그림 (1909)[43]　　　〈그림 4〉 그래머폰 (1914)[44]

　그러나 조너선 스턴은 축음기가 청각적 불멸성을 가능하게 한 것이 아니라, 19세기 후반의 독특한 죽음 문화가 축음기를 불멸성의 도구로 사용하게 했다고 주장한다. 망자의 음성을 보존하려는 욕망이 선재했다는 것이다. 특히 19세기 중엽에 미국 정부는 남북전쟁으로 인한 사상자 문제로 시체 방부 처리에 많은 관심을 기울였다. 근대적인 전쟁은 끔찍한 시신을 낳으며, 가족에게 시신을 넘기려면 장기간의 수송과 보존이 중요했다. 그러므로 시신의 파괴와 부패를 막기 위한 시체 방부 처리는 필수적이었다.[40] 마찬가지로 19세기 초에 개발된 통조림 제조술은 남북전쟁기에 널리 보급되었다. 1849년 통조림 제품이 처음으로 대량 생산되었고, 1856년에는 게일 보든(Gail Borden)이 장기 보존용 농축 우유의 특허를 냈고, 1858년에는 마개를 돌려서 여는 유리병이 개발되었다.[41] 시체 방부 처리와 통조림 제조는 근대적인 전쟁을 위해 꼭 필요한 것이었다. 이처럼 불멸, 보존, 저장이라는 개념은 근대적인 세계를 형성하는 기본 개념이었다. 역사적으로 재난은 발명의 모태였다. 예컨대 1846~47년에 마차 행렬을 이루며 캘리포니아로 향하던 미국 서부 개척자들이 시에라 네바다 산맥에서 눈에 갇히는 사건이 벌어진다. '도너 파티(Donner Party)'라고 불린 이 일행 가운데 생존자들이 죽은 사람의 인육을 먹어야 했다는 사실이 알려지고 나서, 게일 보든은 1849년에 비스킷이나 크래커 형태로 고기의 영양분을 보존하는 법을 개발하고, 그 후에는 농축 우유 제조술을 개발한다.[42]

초기의 축음기 기술과 왁스 실린더로는 소리를 영구 보존할 수 없었다. 그럼에도 사람들은 축음기가 가능하게 한 청각적 불멸성을 강조했다. 실제 기술력과 그 기술에 실린 이념에 편차가 있었던 것이다. 그러나 인간의 음성을 신체에서 추출하여 기록한다는 것이 마치 '영혼의 기계적 저장'처럼 여겨졌다는 것, 따라서 축음기, 전화기, 라디오 같은 매체가 계속해서 이승과 저승을 연결하는 미디어로 그려졌다는 것에 주목할 필요가 있다. 많은 상상 속에서 축음기, 전화기, 라디오는 기계적 심령술을 가능하게 하는 장치처럼 인식되었다. 우리는 20세기에 기술적 미디어가 어떻게 과거라는 죽음의 세계를 저장하는 공간이 되었는지를 눈여겨볼 필요가 있다.[45]

전화기를 발명한 알렉산더 그레이엄 벨은 자신의 할아버지 때부터 대대로 발성법을 연구하던 집안에서 태어났다. 그의 아버지 멜빌 벨(Melville Bell)은 농아의 발성을 돕기 위해 시화법(視話法)을 창안했다.[46] 벨의 어머니도 아내도 청각장애인이었다. 그래서 벨은 전화기의 기원에 청각장애인이 있었다고 말한다. 그는 인간을 대신해서 듣는 기계를 만들고자 했다.

독화술(讀話術)에 대한 나의 근원적인 회의가 한 가지 좋은 결과를 초래했다. 즉 내가 아이들을 도울 수 있는 장치를 고안하도록 이끌었다… 그들을 위해 듣는 기계, 즉 소리가 되어 우리의 귀에 영향을 미치는 공기의 진동을 청각장애인의 눈에 보이게 하는 기계… 그것은 실패로 끝났지만 그 장치는 시간이 흐르면서 오늘날의 전화기가 되었다. 그것은 다른 사람들이 말을 듣는 것처럼 청각장애인이 말을 보게 할 수는 없었지만, 전신기에 귀를 달아주었고, 그리하여 오늘날 우리는 뉴욕과 시카고에서 말하는 것을 보스턴에서 듣고 있다.[47]

전화기로 인해 인간은 손가락 끝으로 세계를 소유할 수 있게 되었다.[48] 초기에 벨은 소리의 진동을 표현하는 포노토그래프를 연구했다. 그는 이과학(耳科學) 의사였던 클레런스 블레이크(Clarence J. Blake)의 도움을 받아 하버드 의과대학에서 인간 시신의 귀를 얻어 연구를 진행했으며, 이것은 벨에게 전화기 개념을 발견하게 했다. 이처럼 전화기는 인간의 귀와 기계의 접합 속에서 탄생했다.[49] 키틀러는 이를 두고 "전화기가 울리는 어디에서나 수화기 안에 유령이 살고 있다."라고 말한다.[50] 이처럼 전화기라는 미디어는 인간 신체의 보충과 대체를 위해 태어났다. 벨과 함께 전화기를 발명한 토머스 왓슨(Thomas A. Watson)이 유령과 접촉하는 심령술에 심취했다는 사실 역시 간과할 수 없다. 심령술에서 유령은 테이블이나 석판 같은 사물을 통해 자신의 의사를 전달한다. 심령연구협회 회원이었던 왓슨은 전화기를 비의적인 힘에 의해 말하는 사물이라고 표현했다.[51] 그러므로 전화기의 탄생에는 죽은 자의 세계와 접촉하려는 욕망이 내재해 있었다고 말할 수도 있다.

살로모 프리들랜더(Salomo Friedlaender)는 1916년에 「괴테가 축음기에 대고 말하다」라는 제목의 단편소설을 썼다. 이 소설에서 안나 폼케(Anna Pomke)는 1800년에 축음기가 발명되지 않았던 것을 애석해 하면서, 아브노싸 프쇼르(Abnossah Pschorr) 교수에게 괴테의 목소리를 듣고 싶다고 말한다. 폼케를 사모했던 아브노싸는 다음과 같은 흥미로운 이론을 제시한다.

친애하는 독자여, 괴테가 말할 때마다 그의 목소리는 예컨대 당신 아내의
부드러운 목소리만큼 듣기 좋은 진동을 만들어냈다. 이 진동은 장애물을 만
나 반향을 일으키고, 시간의 흐름 속에서 점점 약해지지만 절대 사라지지 않
는 왕복 운동을 초래한다. 그렇다면 괴테가 만든 진동은 여전히 존재하며,
괴테의 목소리를 산출하기 위해 당신은 그저 진동을 기록할 적합한 수신기
와 이제는 줄어든 진동의 결과를 증폭시킬 마이크로폰을 필요로 한다. 수신
기를 만드는 일이 어렵다. 괴테 목소리를 마음대로 이용할 수 없다면 어떻게
괴테 목소리의 특수한 진동에 맞는 수신기를 만들 수 있단 말인가? 얼마나
매혹적인 생각인가? 아브노싸는 괴테의 목구멍에 대한 철저한 연구를 수행
하는 것이 필요하다고 생각했다. 그는 흉상과 초상화를 면밀히 연구했지만
기껏해야 모호한 인상을 줄 뿐이었다. 포기하려던 순간 그는 갑자기 괴테가
시신의 형태이긴 하지만 여전히 존재한다는 것을 기억했다.[52]

아브노싸는 괴테의 무덤에 들어가 괴테 시신으로 밀랍 모형을 만든다. 그
리하여 괴테의 성대와 폐로 이어지는 기도(氣道)의 완전한 복제품이 만들어
지고, 마침내 괴테가 생전의 목소리대로 말하는 괴테 인형이 완성된다. 아
브노싸와 폼케는 괴테가 살던 서재에 들어가, 괴테 인형을 수신기 삼아 괴
테의 서재에 흩어진 괴테의 목소리를 수집한다. 괴테 인형의 후두는 서재에
잔존하는 수많은 소리 가운데 괴테 목소리의 음향 진동만을 잡아내는 여과
기 역할을 했다. 그리고 그들은 괴테의 실제 목소리를 포착하는 데 성공했
다. 괴테 인형이 축음기가 된 것이다. 아브노싸는 이렇게 말한다.

아마 나는 오페라 글라스처럼 온갖 종류의 가능한 진동과 일치하도록 조정할 수 있는 보편적인 후두를 제작할 수 있을 겁니다. 우리는 고대와 중세의 목소리를 들을 수 있을 것이며 옛 언어의 올바른 발음을 결정할 수도 있을 거예요. 무례한 말을 큰 소리로 내뱉는 훌륭한 동료 시민들이 경찰에게 넘겨질 수도 있겠죠.[53]

프리들랜드의 단편소설은 저장이 아니라 발견에 의한 청각적 불멸성을 이야기한다. 세상에 존재했던 모든 소리가 자연 속에 흩어져 있으며, 적합한 수신기가 만들어지면 잠들어 있는 모든 소리를 재생시킬 수 있다는 것이다. 이것은 자연 자체가 축음기의 역할을 한다는 발상을 담고 있다. 이미 현대 세계를 사는 우리는 모든 소리와 이미지를 자동적으로 기록하는 인공 자연을 구축하고 있다. 프리들랜드의 세계가 이제 현실화되고 있는 것이다. 나아가 우리는 사후에 죽은 자의 생전 이미지를 재촬영할 수 있는 가능성까지도 상상해 볼 수 있다.[54] 여기에서 우리는 미디어 장치가 죽음 개념을 어떻게 교란시키고 있는지도 생각해 볼 수 있다. 또한 우리는 전화기로 '죽은 자와 교신한다'는 발상이 여기에서 멀리 떨어져 있지 않다는 것을 알 수 있다. 축음기는 죽은 자의 목소리가 여전히 살아 있는 새로운 세계 개념을 만들어냈기 때문이다.

장 콕토(Jean Cocteau)는 "소리의 세계가 여전히 미지의 영역인 초음파의 세계로 인해 풍부해졌다… 우리는 물고기가 시끄러운 소리를 내고, 바다가 소음으로 가득 차 있으며, 빈 공간에는 우리 모두를 똑같은 존재로 보는 실제적인 유령들이 살고 있다는 것을 알게 될 것이다."라고 말한다.[55] 초저주파 불가청음에서 초음파까지 인간은 존재하는 모든 소리를 탐지할 수 있는 장비를 발명했다. 우리는 우주가 소리로 가득 차 있다는 것을 안다. 1887년에 에밀 벌리너(Emile Berliner)가 디스크 형태로 된 그래머폰 레코드를 세상에 내놓으면서, 축음기는 개인의 목소리를 저장하기보다는 음악의 대중적 소비를 위한 용도로 사용되기 시작했다. 특히 라디오와 포노그래프의 결합은 소리와 음악의 대량 소비를 가능하게 했다. 미국은 1921년에, 영국은 1922년에, 독일은 1923년에 레코드의 라디오 방송을 시작한다.[56] 특히 제1차 세계대전을 거치면서 통신부대의 중요성이 부각되었고, 무선 통신 기술이 급속히 발달했다. 그래서 키틀러는 오락 산업은 군사 장비의 남용이었다고 말한다.[57] 인간의 목소리를 저장하던 축음기가 이제 오케스트라의 음악을 저장하여 라디오로 방송하는 시대가 도래한 것이다. 또한 원래 헤드폰은 제2차 세계대전 당시 비행기 조종사가 정확한 위치에 폭탄을 투하하기 위해 만들어졌다. 그런데 1957년에 EMI는 스테레오 레코드를 도입하고, 이때부터 사람들은 헤드폰의 세계에 갇히게 되었다.[58] 라디오의 경우, AM 라디오는 스테레오 라디오극이나 하이파이 음악을 송출할 수 없었다. 그러나 FM 라디오 방송이 일상을 지배하게 되면서 라디오로 스테레오 음악을 즐길 수 있는 시대를 맞이하게 되었다.

안정된 평평한 지지대가 필요했던 축음기는 전투 기록을 위해 적합하지 않았다. 그래서 제2차 세계대전 당시 독일 기술자들은 마그네토폰(magnetophone)이라고 불리는 오디오테이프(마그네틱테이프)를 개발했다. 축음기나 라디오와 달리, 마그네틱테이프는 언제 이디서든 직접 음악을 재생할 수 있는 길을 열어 놓았다. 축음기를 대체하면서 오디오테이프는 소리의 유통을 근대화시켰다. 테이프플레이어를 들고 다니면서 어디서나 음악을 재생할 수 있게 된 것이다. 마그네틱테이프는 소리 생산을 혁신시켰을 뿐만 아니라, 소리를 저장하고 삭제하고 추출하고 편집하고 앞뒤로 감는 것을 가능하게 했다.[59] 온 세상에 음악이 들끓기 시작한 것이다.

4. 종교의 소리

〈그림 5〉 뷔르츠부르크의 마리엔카펠 교회 입구의 부조[60]

어니스트 존스는 「귀를 통한 마돈나의 수태」라는 글에서 종교에서 귀가 차지한 특권적인 위상을 다룬다. 그는 성령의 호흡이 동정녀 마리아의 귀에 들어가 예수의 수태가 이루어졌다는 이제는 망각된 가톨릭 교회의 전승을 해명하려 한다. 그는 독일 뷔르츠부르크의 마리엔카펠 교회 입구에 있는 부조(浮彫)를 예로 든다. 수태 고지를 담고 있는 이 부조는 성부가 자신의 입술에서 동정녀의 귀로 이어지는 관(管)을 통해 숨을 불어넣고 있는 모습과 그

관을 타고 내려오는 아기 예수의 모습을 담고 있다.[61] 이 그림은 신체 기관 가운데 귀가 가장 순수하며 고귀하다는 인식을 반영한다. '신성한 성기'의 존재를 상상조차 할 수 없었던 종교가 있었다. 이 종교는 신성한 수태는 오로지 귀를 통해 호흡과 말을 전달함으로써만 이루어질 수 있다고 생각했던 것 같다. 귀가 자궁을, 소리가 정액을 대체했던 것이다.

마찬가지로 천사 가브리엘의 입에서 동정녀의 귀로 성스러운 말이 전달되는 그림이나, 가브리엘의 오른 손가락 끝에서 동정녀의 귀를 향해 두 줄기 광선이 나가는 그림도 있다. 중세 시대에는 예수의 출생과 관련하여 성스러운 아기가 어머니의 자궁에서 태어났는지 가슴 사이에서 나타났는지에 대한 민감한 논란이 있었다. 자궁을 통한 아이의 출산은 동정녀의 처녀성이라는 관념을 훼손했기 때문에 용납될 수 없었다. 그래서 귀가 자궁을 대체한 것이다. 어니스트 존스는 순결을 보호하기 위해 귀를 덮는 수녀들의 복장도 귀에 의한 수태라는 관념을 반영하고 있다고 말한다. 『마하바라타』에서도 쿤티(Kunti)는 귀를 통해 태양신과 성교함으로써 카르나(Karna)를 낳는다. 상상할 수 있는 가장 순수하고 가장 관능적이지 않은 생식 형태를 표상하기 위해 선택된 인체 구멍이 바로 귀였던 것이다. 이처럼 흔히 종교에서 귀는 배꼽, 눈, 입보다 감각적이지 않은 인체 구멍으로 표현된다. 귀는 말과 호흡을 먹고 사는 기관이기 때문이다.[62]

찰스 허시킨드는 이집트 카이로의 이슬람 사회에서 카세트테이프 설교의 의미에 대해 흥미로운 현지조사를 했다.[63] 카이로의 많은 이슬람교 신자들은 유명한 설교자의 카세트테이프를 혼자서 듣거나 정기적으로 같이 모여서 듣곤 한다. 설교 테이프는 청취자의 종교적 지식을 확장해줄 뿐만 아니라 청취자의 영혼을 정화시켜 주는 역할을 한다. 또한 설교 테이프는 청취자에게 일종의 윤리적 치료법처럼 작용한다. 소리를 통해 자신의 영혼을 정화하는 것이다. 모스크에서의 설교와 달리 카세트테이프 설교는 언제 어디서나 자기가 듣고 싶을 때 들을 수 있다는 것이 특징이다. 사람들은 설교 테이프를 들음으로써 이슬람교의 덕성이 자신의 인성 속에 침전될 수 있다고 생각한다. 또한 매일 설교 테이프를 들으면, 자신의 일상적인 활동에 대한 지속적인 자기 검열이 가능해지고, 이로써 자신의 행동을 교정할 수도 있다.[64]

이처럼 카세트 설교 테이프는 도덕적인 건강과 이슬람교의 덕성 함양을 위한 휴대용 자기 관리 테크놀로지의 역할을 한다. 특히 먹고 사는 일상적인 문제로 바빠 모스크에 가기 힘든 신자들에게 설교 테이프는 종교와의 접촉을 유지하는 중요한 수단일 수밖에 없다. 그래서 허시킨드는 "경건한 감수성의 자극, 조율, 구현의 장치로서 카세트 테크놀로지는 근대적인 도덕적 주체의 인공 보철물로 여겨질 수 있다."라고 말한다. 즉 카세트 설교 테이프는 "대중적인 오락의 많은 쾌락을 제공하면서도 기억력, 윤리적 감정, 도덕적 안목을 고양시키고 보완하는 기억술적 도구"일 수 있다는 것이다.[65] 모스크의 설교는 경전을 소리로 번역하는 작업이다. 그런데 카세트테이프는 모스크의 설교를 마치 대중 음악처럼 일상의 소리로 전환시킨다. 일상의 공간이 종교의 소리로 가득차게 되는 것이다.

특히 허시킨드가 주목하는 것은 카세트테이프가 갖는 독특한 '도덕적 생리학'의 문제이다. 카이로의 카세트테이프에는 죽음이나 종말 같은 자극적인 종교적 경고의 말들이 자주 등장한다. 그러므로 진정한 이슬람교 신자들은 그러한 말을 들을 때마다 공포로 살이 떨리고, 심장이 절망으로 가득 차고, 격렬한 불안이 몸을 흔들어 공포에 휩싸이는 경험을 하게 된다. 그래서 허시킨드는 "신자는 단지 신이라는 말이 언급될 때마다 심장이 떨리고, 신의 메시지가 전달될 때마다 신앙이 강화되는 사람이다."라는 코란의 말을 인용한다. 설교는 '코란식으로 조율된 몸과 영혼'을 만들어낸다. 그는 카세트테이프를 듣는다는 것은 춤을 추는 것과 비슷하다는 말까지 한다. 우리도 모르는 사이에 우리가 듣는 소리가 우리의 근육까지 스며든다. '말과 청각 경험은 몸을 조각하는 일'을 한다고도 말할 수 있다.[66]

설교는 청각에 의한 몸의 발달 가능성에 입각하여 이루어지는 종교적 행위이다. 그러므로 허시킨드는 카세트테이프가 만들어내는 새로운 종교적 육체, 즉 '종교적 소리로 충전된 육체'의 가능성을 이야기하고자 하는 것 같다. 이러한 그의 이야기는 앞서 말한 바 있듯 모든 사물의 표면에 생긴 홈과 선이 원음을 간직하고 있다는 릴케의 상상력을 상기시킨다. 그러나 카세트테이프에 의해 인간의 몸은 신의 목소리를 저장하는 축음기가 된다. 인간 피부의 모든 주름에 원음이 각인된다. 인간의 기억을 인간의 살에 다시 저장하는 기억의 순환이 일어난다. 카세트 소리는 직접 듣는 설교와 다르다. 왜냐하면 미디어 테크놀로지가 재생하는 소리는 아무 때나 여기저기서 울퍼 퍼지는 배경음악으로, 즉 '소리의 풍경'으로 존재하기 때문이다. 축음기가 만들어내는 세계는 인간의 몸에 계속해서 소리를 주입한다. 이제 인간은 잡음 없이는 살 수가 없다. 우리의 근대 세계에서는 종교조차도 잡음으로 존재할 수밖에 없는 것이다.

초기 개신교 선교사들의
한국 종교 사진

방 원 일

1. 사진 찍기와 종교 개념화하기

개신교와 사진 기술은 비슷한 시기에 한국에 소개되었으며, 개항기에 개신교 선교사는 사진기를 사용한 대표적인 서양인 집단이었다. 선교 초기인 1888년에 반기독교적인 대중이 선교사가 운영하던 고아원과 학교를 습격한 영아소동(嬰兒騷動, Baby Riot)이 일어났을 때, 사람들 사이에서는 선교사들이 아이들의 눈알과 혀를 빼서 사진 현상에 사용하였다는 유언비어가 돌았다.[1] 적어도 당시 한국 대중들에게 개신교 선교사들은 사진이라는 신비한 기술과 떼놓을 수 없는 사람들로 인식되었던 것이다. 서양에서 1850년대에 사진 기술이 대중화된 이후, 세계 각지에서 활동한 서양 선교사들은 사진기를 적극적으로 사용하였다. 1880년대 이후 전개된 한국 개신교 선교 현장에서도 사진기가 사용되었으며, 이것은 한국 대중들에게 큰 인상을 남겼다.[2]

개신교 선교사들은 19세기 말부터 조선과 조선 사람들을 찍은 적지 않은 사진들을 남겼는데, 그중에서 이 글에서 다루려는 것은 한국 종교에 관련된 사진들이다. 선교 잡지나 단행본 등 선교사 저술에서 사용되었거나,[3] 선교사의 컬렉션에 수록된 한국 종교 관련 사진들이 이 글의 주된 연구 대상이다.[4] 사실 선교사들이 주로 사진으로 찍은 것은 선교사 자신과 가족의 사진, 한국 교인들과 교회 사진, 학교나 병원과 같은 선교사 운영 시설이었다. 한국 종교를 찍은 사진은 그들의 사진 중 수적으로 많지 않으며, 그나마 선교 초기의 관심을 반영한 것으로 선교가 본격화된 이후에는 많이 나타나지 않는다. 그럼에도 이 글에서 한국 종교 사진들에 주목하는 것은, 이 사진들이 선교사들이 한국에서 경험한 바를 대상화시켜 '종교'라는 범주 안에 포함시키는 지적인 과정, 즉 종교 개념화 과정과 관련성을 갖는다고 여겨지기 때문이다.

종교학자 윌프레드 캔트웰 스미스는 종교 개념에 대한 고전적인 저작 『종교의 의미와 목적』에서 근대의 종교 개념의 형성에 물상화(物象化, reification) 과정이 동반되었다고 지적한 바 있다. 물상화는 '종교를 하나의 사물로 생각하여 그것을 어떤 객체적인 체계적 실체로 생각하는 것'을 의미한다.[5] 만약 종교를 눈으로 볼 수 있고 사진으로 포착할 수 있는 그 어떤 것으로 여긴다면, 그것이야말로 종교를 구체적인 사물로 여기는 물상화의 극단적인 예가 될 것이다. 이런 의미에서 한국 종교를 찍는 것은, 찍는 대상을 종교로서 인식하는 사유 행위와 관련을 맺을 가능성이 있다. 사진을 찍는다는 것은 사진에 찍힌 대상을 전유하는 것이며, 자신과 세계가 특정한 관계를 맺는 것을 의미한다. 그 과정은 흔히 지식의 획득과 연결된다.[6] 우리는 종교에 대한 사진과 종교에 대한 지식의 상관관계를 면밀히 탐색하고자 한다.

개항 이후 한국을 방문한 서양인들과 선교사들이 한국 종교에 대한 개념을 정립하는 데는 일정한 시간이 소요되었다. 개항 전후의 서양 방문자들은 공통적으로 한국에 종교가 없다는 견해를 피력했다. 그들이 한국에 종교가 없다고 한 가장 대표적인 이유는 종교에 해당하는 것을 '볼 수 없었기' 때문이었다. 그들은 20세기로 넘어가는 시점에 이르러서야 한국 종교의 존재를 인정하게 된다. 단순화시켜서 이야기하면 그들은 그 기간 동안 한국 종교에 해당하는 무언가를 '보게' 되었다고 할 수 있다. 공교롭게도 한국 종교를 논의하는 그들의 글에서는 한국 종교를 찍은 사진들이 반드시 동반되었다. 정리하자면 선교사를 중심으로 한 서양인들의 견해가 종교 없음에서 종교 있음으로 전환되는 과정에서 한국 종교의 존재를 시각적으로 확인하는 것은 중요한 의미를 지닐 수밖에 없는데, 바로 대목에서 사진은 그들이 종교를 보았음을 확언하는 자료로서 중요한 의미를 지녔다. 이하의 논의에서 우리는 구체적인 사진 자료들을 통해 이러한 추론을 확인하고자 한다.

개항기 조선을 촬영한 사진들은 여러 저서와 매체에 수록되었으며, 때로는 동일한 사진이 다른 저서에서 사용되기도 했다. 사진이 지니는 의미는 촬영 당시의 원래의 맥락에서 벗어나 매체의 특성, 편집, 글의 맥락, 사진 설명에 의해 새로이 생성된다. 이 글에서 우리는 '한국 종교'라는 개념 형성 과정에서, 매체에 의해 전달된 사진과 독자 사이에서 형성되는 의미 작용을 살필 것이다.

2. 사진을 통한 만남

1) 선교사들의 사진기 사용

서양에서 사진 기술의 발달은 1840년대부터 본격화되었다. 1850년대에는 습판(濕板) 감광판의 개발로 사진 기술이 대중화되었고 1870년에는 습판보다 사용이 더 용이한 건판(乾板) 감광판이 개발 보급되었다. 한국에서 사진이 촬영되기 시작한 1880년대는 습판에서 건판으로의 기술 이행기에 해당한다.[7]

선교사들의 사진기 사용은 이러한 기술 발달의 역사와 나란히 나타난다.

초기 개신교 선교를 주도했던 런던선교사협회(London Missionary Society)의 경우 1850년대 말부터 선교지에서 사진을 보내온 사례들이 확인되며, 1870년대에는 남태평양 여러 선교지에서 선교사들이 사진기를 사용하기 시작했다.[8] 미국 선교의 역사에서도 사진기의 사용은 선교 운동 자체의 발전과 궤를 같이 한다. 카트린 롱(Kathryn Long)이라는 연구자는 선교와 사진의 관계를 다음과 같이 평가한다.

> 1851년부터 1870년에 이르는 사진 기술의 향상은 근대 미국 선교의 발흥과 더불어 일어났다. 그리고 사진과 개신교 선교는 둘 다 대략 1870년부터 1차 세계 대전 이전에 이르는 동일한 시기에 성숙하게 되었다. 20세기 초에 사진기는 선교 현장에서 성경만큼이나 보편적인 것이 되었다.[9]

사진기가 선교 현장에서 보편적이었다는 사실은 20세기 초에 발간된 선교 지침서에서도 확인할 수 있다. 1908년 선교사 지망생들을 위해 미국 침례교에서 발행한 가이드북에는 '선교에서 사진'이라는 항목에서 선교를 위해 사진 기술을 익혀 놓을 것을 권장하는 내용이 나온다.

> 선교 작업에서 사진의 가치는 계속 커지고 있다. 여러 쪽의 인쇄물보다 사진을 보여주는 것이 효과적인 경우가 많다. 새 선교사들은 가능하다면 카메라를 갖고 다니면서 그의 선교 생활과 작업과 연관해서 카메라를 자유로이 사용해야 할 것이다. 카메라 사용이 능숙하지 않은 이들은 본국을 떠나기에 앞서 현상과 인쇄를 포함한 몇 가지 연습을 확실히 해 두는 것이 좋을 것이다.[10]

카트린 롱은 이처럼 선교 현장에서 사진이 보편화되기까지의 기술적 발전을 다음과 같이 정리한다.

① 책에 삽입된 목판화: 사진 기술이 출현하기 전의 방식

② 은판사진술(daguerreotype), 1840-50년대: 사진이 사용되기 시작. 원판 하나로 한 장밖에 생산할 수밖에 없어 대량 생산은 불가능했다.

③ 명함판 사진(carte-de-visite), 1860-70년대: 작은 크기의 사진이 인쇄되어 유행했다. 주로 선교사 인물 사진이지만 선교지 풍물을 담은 것들도 있다.

④ 사진엽서의 유행: 1890년대부터 유행이 시작되어 1907-15에는 종교적 목적의 엽서가 절정을 이루게 된다.

⑤ 책에 삽입된 선교 사진들: 1890년대 중반부터 선교 관련 서적에 사진들이 삽입되기 시작했다.[11]

대량 인쇄와 사진 기술이 결합된 시기는 1880년대부터 1890년대였다. 그 대중화된 형태가 위의 구분에서 소개된 사진엽서와 책에 삽입된 사진이라는 형태이다. 이 시기는 한국에 개신교 선교가 시작된 때이기 때문에, 우리는 왜 한국 선교 현장에서 찍힌 사진들이 즉각 대중적 매체를 통해 확산되었는지 이해할 수 있다. 사진엽서는 개신교인들 사이의 유대를 강화하는 소통 수단으로 20세기 초에 유행하였다. 특히 한국 사진들도 선교지의 성과를 본국 교인들에게 이미지로서 제시하고 지원을 받을 수 있는 수단으로 사용되었다. 〈그림 1〉은 본국 교인들과 예비선교사들을 대상으로 발행된 선교잡지에 실린 광고의 일부이다.[12] 이 광고는 선교 준비를 위해 공부할 자료들을 판매하기 위한 것이다. 선교를 위해 읽을 책자들과 더불어 사진엽서가

〈그림 1〉 1907년 "Woman's Missionary Friend"에 실린 광고

판매되고 있으며, 다른 선교지와 함께 한국의 사진도 제공되고 있음을 볼 수 있다. 20세기 초 기독교 공동체에서 사진엽서는 한국을 포함한 전세계 선교지에 대한 지식을 습득하는 유력한 수단이었다.[13]

이 글에서 주목하는 유통 형태는 선교 관련 서적·잡지에 수록된 사진들이다. 전 세계적으로 선교 서적에 사진이 실리기 시작한 1890년대는 한국에 관련된 책들이 발간하기 시작된 시기와 일치한다. 선교사를 포함한 서양인들이 저술한 한국 관련 서적들이 1890년대와 1900년대에 다수 출판되었는데, 이 책들은 대부분 한국 종교에 대한 사진들을 포함하고 있었다. 얼마 전까지만 해도 책은 사진을 축소해 정리하는 가장 효과적인 방법이었다.[14] 사진 이미지는 책의 문자와 결합하여 세계에 대한 지식을 효과적으로 전달하는 역할을 했다. 그런데 텍스트와의 결합이라는 면에서, 책에 삽입된 사진은 사진엽서와는 사뭇 다른 의미 작용의 환경을 갖는다. 책에는 저자가 사용한 사진이 사용되는 경우도 있지만 많은 경우 다른 사람이 찍은 사진이 사용되었으며 어떤 경우에는 저자의 의도와 상관없이 편집자에 의해 삽입되기도 했다. 사진은 글의 맥락, 본문의 해설, 사진 아래 달린 설명과의 결합에 의해 의미를 생성했는데, 그 결합의 정도와 양상은 자료마다 다르게 나

타난다. 이 글에서 우리는 한국 종교를 찍은 사진들이 선교사의 저서와 잡지 기고문에서 어떤 다양한 의미 작용을 통해 '한국 종교'라는 인식 대상을 구성하였는지를 살피고자 한다.

2) 첫 만남을 담은 사진 한 장

한국에서 선교사들이 사용한 사진을 살피기에 앞서 초기 사진 한 장을 통해 사진 매체가 정보를 전달하는 방식을 살피도록 하자. 서양인이 한국인을 촬영한 초기 사진으로 1871년 신미양요(辛未洋擾) 때 강화도에 침공한 미군 선박 콜로라도호에 승선한 조선인들을 찍은 것들이 있다. 교전 직후 미군이 억류하고 있었던 조선인 포로를 송환하는 협상을 위해 조선인 관리와 교졸(校卒)들이 승선하였다. 그때 미군 공식 사진사로 배에 있었던 사진사 베토(Felice Beato)가 촬영한 포로와 교졸 사진들이 현재 전해진다.[15] 이중에서 이목을 끄는 사진은 빈 병들을 들고 미소 짓고 있는 조선인 교졸의 사진이다.[16]

우리는 일반적으로 사진이 현장 그대로의 모습을 전달한다고 생각한다. 즉 사진은 그 존재 자체로 독자들에게 진실성의 효과를 불러일으킨다. 그러나 그 진실성은 사진 촬영의 정황에 의해, 촬영자(혹은 촬영대상자)의 의도에 의해, 그리고 사진이 실린 매체의 편집에 의해 구성되는 측면이 강함을 인지할 필요가 있다. 우리는 이 사진이 왜 어떤

〈그림 2〉 빈 병을 들고 있는 조선인

의도에서 찍혔는지를 정확하게 알 수 있는 정보를 갖고 있지 않지만 이것이 어떻게든 구성된 형태라고 짐작할 수 있다. 이와 관련해서 그리피스(William Elliot Griffis)가 이 사진에 대해 남긴 논평이 우리에게 도움이 된다.

그리피스는 일본에서 활동한 미국 선교사로, 『은자의 나라 조선』을 비롯한 한국 관련 서적을 저술한 인물로 우리에게 잘 알려져 있다. 그의 저서는 한국을 방문한 선교사들에게 당시로서는 한국에 대한 유일한 정보로서 필독서에 가까운 책으로서 상당한 영향력을 가졌다. 그는 일본에서 위의 사진을 입수하여 저술에 사용하였다.[17] 『은자의 나라 조선』에는 이 사진을 모사(摹寫)한 그림이 '문명의 틈새로 들어섬(The Entering Wedge of Civilization)'이라는 표제와 함께 수록되어 있다.(그림2)[18] 그는 이 사진에서 받은 강렬한 인상을 다음과 같이 서술하였다.

이 얼마나 기막힌 우연인가! 이 얼마나 기막힌 기독교 국가의 중요한 상징들의 조합인가! 조선인에게 처음으로 주어진 것은 술, 맥주, 포도주였다. 이 사진에서 표면적으로 나타나는 것은 빨간 삼각형 마크를 한 [바스(Bass)사의] 페일에일(pale ale) 빈 병이다. 바로 '문명의 틈새로 들어서고' 있는 것이다. 그러나 손 뒤로 병들을 감싸고 있는 것은 [보스턴에서 발행되는] 「에브리 새터데이」 신문지이고, 그 첫 면에는 인류애의 옹호자이자 '국가는 개인과 같이 행동해야 한다'는 원칙의 옹호자, 찰스 섬너(Charles Sumner)의 사진이 마치 도덕적 책무처럼 실려 있었다.[19]

그리피스의 설명을 통해 사진에 대한 추가적인 정보를 얻을 수 있다. 들고 있는 빈 병의 종류와 포장용 신문지의 종류와 기사 내용이 언급된다. 이와 함께 선교사로서의 그리피스의 견해가 제시된다. 그에게 중요한 것은 '기독교 국가'에서 조선에 무언가가 전해졌다는 것이다. 그것은 복음이 아니라 음주 문화와 문명적 가치의 기묘한 혼성물이었다. 그는 배의 여러 사진 중에서 이 사진을 조선과 서양의 만남을 상징하는 것으로 선택하였다. 그의 선택과 편집에 의해 사진 속의 교졸은 서양 문명 앞에 노출된, '문명의 틈새에' 진입하고 있는 조선의 처지를 상징하는 인물로 격상되었다.

그리피스는 사진의 정황에 대한 의미 있는 지적을 추가한다. 사진이 찍히는 순간, "웃으면서 여기 보세요"라는 전형적인 사진사 멘트가 있었을 것이고 조선인은 그에 따랐을 것이라는 것이다.[20] 지금 우리들이 "김치!"라고 하면서 사진을 찍는 순간에 형성되는 사진사와 피사체의 관계 설정과 연출이 140년 전 사진기를 매개로 한 서양인과 조선인의 만남에도 형성되었다. 이 사실은 우리가 사진 자료를 분석할 때 유념해야 할 여러 쟁점들과 연결된다. 사진은 그저 있는 것을 그대로 전해주는 미디어가 아니다. 사진이 전하는 것은 구성된 진실이다. 사진을 찍은 이의 의도가 있고, 사진 촬영을 당한 사람과 사물이 지닌 현실성이 있고, 촬영자와 피사체를 둘러싼 정황이 존재한다. 또한 사진을 자신의 글에 사용한 저자의 판단과 견해가 존재한다. 그럼에도 사진에 관련해 비어 있는 정보는 많다. 그렇기 때문에 최종적으로 독자들이 해석해야 할 몫이 방대하게 존재한다.

3. 볼 수 없음과 종교 없음

1) 초기 관찰자들의 종교 없음 공론
이제 선교사, 종교 개념, 사진에 대한 논의를 본격적으로 시작하도록 하

자. 1880년대 이후 한국을 방문한 서양인의 수가 증가하면서 선교사를 중심으로 한 서양인들의 한국에 대한 서적들이 폭발적으로 증가하였다. 이러한 책은 '종교'에 대한 내용을 포함하기 마련이었는데, 그 내용은 대부분 한국에 종교가 없다는 것이었다. 종교가 없다고 했던 이유는 복합적이긴 하지만, 표면적이면서도 간과할 수 없는 이유는 그들이 한국에서 종교에 해당하는 것을 볼 수 없다는 것이었다.

한국을 방문한 적은 없지만 선교사들에게 영향을 많이 끼친 그리피스는 한국 종교가 외적으로 화려하지 않다고 서술한 바 있다. 조선은 중국이나 일본에 비해 사원이라고 부르기 민망할 정도로 종교 건축물이 빈약하다는 것이다. 그는 불교 사원이 초가집보다 나을 게 없다고 혹평하기도 한다.[21] 이러한 평가는 한국을 방문한 선교사들에 의해 강화된다. 1885년 서울을 방문한 성공회 선교사 울프는 다음과 같이 기록하였다.

나는 이 나라 어디에도, 혹은 서울 내의 어디에도 우상이나 우상을 모신 사원을 볼 수 없다는 사실이 흥미로웠고 놀라웠다. 사람들은 우상에 대한 애정을 갖고 있지 않은 것 같았고 신들을 위한 사원을 세우지 않는 것 같았다. 도시 전체에 사원이 없었다. 한국인에겐 실질적으로 종교 체계가 전혀 없다.[22]

볼 수 없기 때문에 종교가 없다는 이러한 식의 서술은 1890년대의 선교사 저술에서 판에 박은 듯이 반복되었다. 1909년의 책에서, 이제는 그러한 '종교 없음'의 견해에서 벗어난 선교사 게일이 정리한 초기 선교사들의 인상은 다음과 같다.

한국은 유난히 종교가 없는 것처럼 보인다. 도성에는 평민들 거주지 위에 솟은 거대한 사원이 없다. 승려, 공적인 기도, 참배객, 탁발승, 돌아다니는 성스러운 동물, 예식서나 촛불의 판매, 향을 올릴 만한 그림, 부복(俯伏)하는 모습 등, 사실상 종교를 나타내는 일반적인 표식들을 찾아볼 수 없다.[23]

초기 서양인 방문자와 선교사들에게 종교를 볼 수 없는 것은 곧 종교가 없는 것을 의미했다. 여기서 우리는 아는 만큼 보인다는 명제를 정교화할 필요가 있다. 보는 것과 아는 것 사이의 상호 작용에서 사진의 역할을 논할 수 있기 때문이다.

2) 종교 없음을 보여주는 사진

퍼시벌 로웰(Percival Lowell)은 선교사는 아니었지만 초기 선교사들의 종교 없음 공론에 큰 영향을 미친 이였다. 로웰은 조선의 미국 수호통상사절단을 보좌하는 일을 하고 고종의 초대를 받아 1883년에 조선을 방문해 3개월 간 체류하였다. 그는 고종을 설득해 어사진(御寫眞)을 찍는 등 조선의 다양한 모습을 사진으로 담았다. 그는 조선 촬영 작품의 우수성을 인정받아 보스턴 아마추어사진가협회에서 최고작품상을 받기도 했다.[24]

그의 사진 중에는 서울의 원각사지 석탑을 찍은 것이 있다. 그는 사진 촬영 당시의 정황을 꽤 상세히 전한다. 그는 좁은 길을 지나 작은 공터에 혼자 버려진 탑에 접근하기 위해 악전고투했다. 접근하기도 힘들었을뿐더러 아마 사진 촬영을 위한 공간도 확보되지 않았던 모양이다. 그는 주민 한 명과 협상해서 그 집 지붕에 올라가 탑을 촬영하는데 성공했다. 민가의 지붕에 올라가는 것은 여염집 부녀자를 엿볼 수 있기 때문에 당시 조선에서 금지된

행동인데, 그는 그것을 무릅쓰고 촬영을 감행해서 석탑을 찍은 것이다.[25]

역설적이게도 로웰의 원각사 석탑 사진은 종교의 존재를 보여주기 위해서가 아니라 종교의 부재를 보여주기 위한 것이었다.(그림3)[26] 이 사진은 책에서 '종교의 부재(the want of a religion)'라는 장에 수록되어 있다. 다른 관찰자와 마찬가지로 그는 서울에서 종교 건축물을 볼 수 없기 때문에 종교가 없다고 주장한다.

> 서울에는 우리의 생각을 하늘로 인도해 줄 첨탑이 존재하지 않는다. … 서
> 울 전역에 걸쳐 종교에 관련된 건물은 단 하나도 없을 뿐만 아니라 승려들이
> 성문 내에 발을 들여놓는 것조차 허락되지 않는다. … 종교 건축물의 절대적
> 결핍 현상은 눈에 보이는 사실 이상의 무언가를 암시한다. 즉 이러한 현상은
> 한때 지배 세력을 이루었던 종교의 갑작스런 소멸을 말해준다.[27]

그가 보기에 조선은 종교를 갖지 못할 정도의 미개 민족이 아닌데 그럼에

〈그림 3〉 로웰이 촬영한 원각사 석탑

도 종교가 부재하다는 사실은 설명을 필요로 했다. 그래서 그는 이전의 조선에는 종교가 존재했다가 어떤 대격변으로 인해 종교가 소멸했다고 설명했다. 원각사 석탑 사진은 그의 이론을 뒷받침하는 역할을 한다. 이 석탑은 그가 서울에서 예외적으로 접할 수 있었던 불교의 흔적으로, 이전에 융성하였던 종교의 쇠망을 보여주는 증거인 것이다. 사진에서 석탑은 민가에 둘러싸인 섬처럼 솟아 있는 쓸쓸한 분위기를 풍긴다.

종교의 존재가 아니라 부재를 보여주는 도상의 다른 예로는 오페르트의 장승 스케치를 들 수 있다. 1868년에 남연군묘를 도굴했던 독일 상인 오페르트는 후에 저술한 책에서 한국의 종교가 전적으로 타락한 상황이라고 주장했다. "유구한 종교 관행을 준수하려는 신심과 존중의 감정, 한국인들에게 그러한 감정은 전적으로 결여되어 있다."[28] 이런 부정적인 인상이 절정에 달한 것은 '길가에 꽤 오랫동안 주목받지 못한 채 서 있는, 팔 둘레 두께의 볼품없는 여러 종류의 나무들', 즉 장승을 보았을 때였다. 그는 아마 오래된 장승은 옆에 그대로 둔 채 새로이 장승을 깎아 모시는 장승 모심 방식을 보았던 것 같다. 그는 우상조차 존중받지 못한다는 관점이 담긴 삽화를 삽입하

VILLAGE IDOLS.

〈그림 4〉 오페르트의 장승 스케치

였다.(그림 4)[29] 이 삽화에는 "마음이 아팠다"는 그의 감정이 반영되어 있다.[30]

4. 종교 이미지들

1900년대로 넘어가는 시점에 선교사들이 종교 논의는 한국 종교의 존재를 인정하는 방향으로 전환된다. 이 시기 출간된 종교 관련 저술에는 한국 종교 관련 이미지들이 빠짐없이 등장한다. 사진은 종교의 존재를 강력하게 증언하는 역할을 하였다. 여기서는 한국 종교를 찍은 세 가지 대표적인 이미지인 무당, 장승, 불상에 대해 살펴보도록 하겠다.

1) 떠다니는 무녀 이미지

근대 초기 종교 관련 이미지들은 출처가 불분명한 채 여러 저작에서 사용되는 경우가 많았다. 한국에서 제작된 사진의 수는 한정된 반면에 한국에 관련된 단행본이나 잡지 기사의 수는 폭발적으로 증가하였기 때문에 동일한 이미지가 여러 맥락에서 사용되는 일이 일어난 것이다. 굿을 하는 무당을 찍은 사진들은 한국 종교와 관련해서 가장 지속적으로 나타나는 이미지 중 하나이다. 그런데 동일한 도판이 여러 저작에서 다른 맥락으로 등장하는 것을 확인할 수 있다.

〈그림 5〉[31]의 무녀 이미지는 한국 관련 초기 저작들에 여러 번 등장한다.[32] 처음 등장하는 자료는 독일인 아르누스(H.G. Arnous)의 1893년도 저서 『한국 전래동화와 전설』에서이다. 그런데 이 책에서 이 이미지의 표제는 '무희(Tänzerin)'로, 서울 여성들의 삶을 설명하는 대목에서 글과 직접적인 연관 없이 삽입되어 있다.[33] 초기 저작에서 이 사진은 한국의 종교를 설명하고

존재를 알리는 식으로 사용된 것이 아니라 예술을 보여주는 데 사용된 것이다. 이런 용법은 비슷한 시기 다른 독일어 저작에서도 발견되며, 1890년에 출간된 프랑스어 저술에서는 이 사진을 모사한 그림이 실려 있는데 좌우 사람들을 가야금과 피리 부는 악사로 대체해 그려 넣어 무희의 이미지를 강화시키기도 했다.[34]

선교사 저술에서는 여성 선교사 블랑쉬 웹 리(Blanche Webb Lee)가 1897년에 본국 독자들, 특히 기독교 여성들을 대상으로 한 선교잡지에 쓴 글 '여성에게 전해진 기독교 메시지'에서 동일한 사진이 사용되었다. 이 글에서 사진은 전형적인 선교 내러티브 안에 배치된다. 이 이야기에서 무녀는 50년 넘게 '사탄의 종이었다가' 기독교로 개종하였다. 사진에는 다음과 같은 설명이 붙어 있다.

〈그림 5〉 앵거스 해밀턴 책에 실린 무녀 사진 (1904)

점치는 도구를 모두 들고 사진기 앞에서 포즈를 취한 이 여인의 모습은 그녀의 직업이 순전히 돈을 모으기 위한 것이었음을 보여준다. 평양의 성탄절 예배(1896년)에는 사오백 명의 인원이 참석하여 세 개종자의 짧은 이야기를 들었다. 첫째 개종자는 전직 판수(blind sorceress), 둘째 개종자는 무당(devil exorcist), 셋째 개종자는 지관(grave-site diviner)이었다.[35]

무당 출신 개종자는 이교도에서 기독교로의 전환을 극적으로 보여주는 사례였다. 여기서 사진은 암흑 속의 이교도의 가련한 모습을 전달한다. 사진 설명에 의해서 이 무당은 진실성이 결여된 행연을 수행하고 있다는 의미가 부가된다. 무속은 '종교'로 인정받기보다는 미신의 범주에 머물러 있다.

위와 같은 해에 선교사 하디(R. A. Hardie)가 선교잡지에 기고한 글 '한국의 종교'에도 동일한 사진이 삽입되었다. 앞의 저작들이 사진을 통해 공연예술, 암흑의 이교도를 보여준 것에 비해, 하디의 글은 종교를 보이고자 했다는 점에서 현재 우리가 사진을 통해 이해하는 바에 가깝다고 할 수 있다. 하디는 한국 종교에 여러 전통들이 존재한다고 서술하면서도 무속을 가장 중요한 것으로 보았다. 즉 "불교, 유교, 그리고 다른 형태의 우상숭배들이 존재하지만, 한국의 모든 종교 신앙의 뿌리에는 실제로 유일하게 모든 계층을 포괄하는 강력한 악령숭배(evil spiritism)가 존재한다." 그리고 "악령(Demon)들만이 한국인들의 예배 대상이다. 불상, 유교 신주, 조상 묘, 혹은 어떤 악령의 제단에 절하든 간에, 한국인은 이 모든 것에 대한 하나의 이름을 갖고 있다. 그것은 '귀신 예배(kwesin yaba)', 즉 악령숭배(demonolatry, or devil-worship)이다."[36]

하디의 글에서 사진을 직접 언급하지는 않았지만, 사진이 독자에게 주는 효과는 뚜렷하다. 하디는 악령숭배 혹은 귀신 예배라고 명명한 무속을 한국 종교의 핵심으로 파악하였는데, 무당 사진은 그 '귀신 예배'를 시각적으로 형상화하여 전달하고 있다. 하디의 서술은 무속을 악령, 즉 성서에서 말하는 우상을 섬기는 것으로 평가한다는 점에서 온전한 종교 개념의 적용이라기보다는 신학적 평가에서 벗어나지 못한 과도기적인 모습을 보인다. 그렇지만 종교라는 개념이 한국 전통에 사용되기 시작했고 그것이 사진을 통해 표현되었다는 점에서 의미 있는 변화를 보여준다. 이 외에도 1904년에 출판된 앵거스 해밀턴의 책 『한국』에도 이 사진이 사용되었다. 이 책에서는 사진과 직접 관련되는 내용은 없고 다만 사진에 '여성 마술사(A Fair Magician)'라는 표제만 붙어 있다.[37]

우리는 무녀 사진이 다양한 맥락에서 규정되었음을 볼 수 있었다. 이 사진이 언제 누구에 의해 어떤 상황에서 촬영되었는지에 대한 정보는 남아 있지 않다. 이 사진은 원래의 촬영 맥락에서 벗어나서 여러 글들에서 글의 목적에 맞게 사용되었다. 사진의 의미가 사진가, 촬영 대상의 의도와 상관없이 제3의 관점에 의해 재구성되는 것을 볼 수 있었다.[38] 이처럼 사진의 의미

〈그림 6〉 기퍼드 책에 실린 장승 사진

를 구성하는 여러 맥락 중에는 한국 종교의 존재를 인정하고 가시화하려는 지적인 의도도 그중 하나로 존재했다는 점에 우리는 주목할 필요가 있다.

2) 장승 사진들

장승은 대부분의 선교사들에게 한국의 첫인상에 해당하는 종교 상징물이었다. 초기 선교사들이 서울에서 종교 관련 사물을 보는 것이 쉽지 않았던 반면에, 처음 입국할 때 제물포에 도착해 서울에 오는 과정에서 길가에 서 있는 장승을 틀림없이 지나치게 되어 있었기 때문이다. 오페르트의 예처럼 처음에 장승은 종교에 속하기에는 조잡한 것으로 여겨졌지만, 점차 한국 종교를 대표하는 이미지로 자리 잡아 갔다.

북장로교 선교사 대니얼 기퍼드(Daniel L. Gifford)가 1898년에 출판한 『한국의 일상』의 '데몬의 공포'라는 장에는 '길가의 우상'이라는 표제가 달린 장승 사진이 수록되어 있다(그림6).[39] 민간신앙 대상을 두려운 우상으로 보는 초기 선교사의 관점이 반영되어 있다. 그런데 독립선교사로 활동한 진 페리(Jean

〈그림 7〉 테일러의 '악마 기둥'

Perry)가 1906년에 출간한 소설 『즐겁이』에도 동일한 사진이 수록되어 있다. 이 책에서 이 사진은 '집에 있는 석수'라는 장의 배경 사진으로 쓰인다. 석수라는 인물이 집에 있는 모습을 이 사진을 통해 형상화한 것이다.[40] 기퍼드 책이 우상으로서의 장승에 초점을 둔 반면에 페리 책에서는 사람에 초점을 두고 있으며 분위기도 전혀 어둡지 않다. 앞서 무녀 사진의 경우와 마찬가지로, 동일한 사진이 사용하는 글의 맥락에 따라 전혀 다른 정보를 담은 것으로 구성되고 있음을 볼 수 있다.

기퍼드 책에서는 '우상'이라고 명명되었지만, 선교사 저술에서 장승 사진에 달린 표제어들은 매우 다양하다. 장승을 일컫는 언어에 따라 장승을 종교 상징물로 인식하는 수준의 변화를 볼 수 있다. 선교사의 주요 저작에 등장하는 장승 사진의 표제로는 'Village Idols'(1892년), 'Devil Posts'(1898년), 'Village Devil-posts'(1906년), 'Spirit Posts'(1909) 등이 있다.[41] 장승을 부르는 명칭은 처음에는 우상(idol)이었으며 한동안 '악마 기둥(devil's post)'이라는 이름으로 정착했다. 한국 귀신에 대한 선교사들의 영어 번역이 데빌이나 데몬으로부터 스피릿으로 전환되었기 때문에, 1909년 게일의 책에서는 '정령 기둥(Spirit Posts)'이라는 수정된 명칭이 등장하였다. 그러나 이 명칭 변화가 일률적인 것은 아니어서 '악마 기둥'은 그 이후에도 선교사들 사이에서 일반적인 명칭으로 통용되었다. 1911년 무스의 저서에서 헐버트 책에 실린 것과 동일한 사진을 실으면서 '악마 기둥'이 적절한 이름이라고 소개한 바 있으며,[42] 1910년대에 충남 지역에서 활동한 감리교 선교사 테일러(Corwin Taylor)의 사진모음집에도 '악마 기둥'이라는 표제가 달린 장승 사진이 있다(그림 7).[43]

3) 보도각 백불

주로 서울에 거주했던 선교
사들이 불교를 보기 위해 처음
에 방문한 곳은 로웰의 경우처
럼 도성 내에서 접근 가능한 원
각사지였다. 원각사지 석탑과
원각사비에 대해 적지 않은 사
진과 스케치가 전해진다. 이 도
상들에는 탑골공원이 조성되
기 전 민가에 둘러싸인 석탑,
탑 주변에서 주민들과 함께 서

〈그림 8〉 길모어 책의 백불 사진

있는 모습, 원각사비에 아이들이 올라가 노는 모습 등이 등장한다.[44] 원각사
유적은 원래의 맥락을 상실하고 서울 민가 가운데 방치된 모습, 혹은 1890
년대 중반 이후에는 공원으로 조성된 모습이었기 때문에 살아 있는 불교 신
앙을 사진에 담기는 힘들었다.

서양인 방문자와 선교사들이 실제 살아 있는 불교를 보기 위해서는 사대
문 밖을 나서야 했는데, 이 경우 가장 선호된 방문지가 현재 홍은동 옥천암
에 있는 보도각 백불이었다. 서울에 거주하거나 방문한 서양인들은 주로 정
동에 머물렀는데, 정동에서 경복궁 왼편 길을 따라 북쪽으로 올라가 자하문
을 통과하여 도성 밖으로 나간 후, 세검정 근처 홍제천변에 있는 보도각 백
불을 보는 것은 한동안 서양인들이 '불교 구경'을 하는 답사 코스로 자리 잡
았다. 초기 서양인의 한국 저서에서 '백불(White Buddha)'은 한국 불교를 대표
하는 이미지가 되었다. 1886년에 내한해 1889년까지 육영학원 교사로 일했

던 길모어(George William Gilmore)는 1892년에 출판한 책 『수도 서울에서』에서 한국의 종교 건축물이 빈곤함을 강조하였는데,[45] 이 책에는 부대건물 없이 백불만 덩그러니 놓여 있는 사진이 삽입되어 서술 내용을 강화해 준다.

보도각 백불은 선교사들이 불교 신앙을 만날 수 있는 현장이기도 했다. 노블 부인(Wilcox Mattie Noble)의 일기에는 1894년 5월 26일에 점심을 싸들고 서울 북문 밖에 있는, 흰 칠이 된 6미터(30피트) 높이의 불상을 찾아간 이야기가 나온다.[46] 이곳에서 노블 부인 일행은 백불 앞에서 공양 드리는 승려와 신자를 목격할 수 있었다.

마침 우리가 도착했을 때 불쌍한 이교도들이 그 앞에서 예배(worship)하는 모습을 볼 수 있었다. 승려는 돗자리와 작고 낮은 걸상을 들고 자신의 거처에서 내려왔다. 여성 두 사람과 사내아이 하나가 승려의 뒤를 따랐다. 이들은 쌀이 담긴 그릇을 가지고 왔는데, 승려는 우상 앞에 돗자리를 깔고 그 위에 작은 상을 놓은 뒤 상 위에 쌀그릇을 올렸다. 승려는 바닥에 앉더니 어떤 악기를 두드리기 시작했다. 이어서 두 여성이 돗자리 위로 올라와 우상 앞에다 여러 차례 절을 했고, 승려는 계속 악기를 두드리며 중얼거렸다. 한 여성은 서른네 차례 절을 했고, 다른 여성은 서른 차례 절을 했다. 절을 많이 할수록 보상을 많이 받는다고 한다. 여성들이 절을 마치자 이번에는 사내아이가 스무 차례 절을 했다.[47]

노블 부인은 선교사들이 전형적으로 갖고 있는 이교 종교의 이미지, 즉 우상에게 절하는 신도들의 모습을 눈앞에서 확인할 수 있었다. 바로 이러한 광경을 담은 사진으로는 여행사진사 버튼 홈즈가 1908년에 출판한 책에 수

〈그림 9〉 홈즈 책의 보도각 백불 1   〈그림 10〉 홈즈 책의 보도각 백불 2

록된 백불 사진이 있다(그림 9, 10).[48]

홈즈는 〈그림 9〉에는 '백불', 〈그림 10〉에는 '불교 승원'이라는 표제를 달았다. 아마도 다른 절을 찍지 못한 저자가 다른 각도에서 찍은 백불 사진을 사용하여 사찰 건물 사진으로 수록한 것으로 보인다. 홈즈의 첫 번째 사진에는 다른 사진들과는 달리 불공을 드리는 승려의 모습이 함께 있다. 불상만 나오는 다른 도상들과는 달리 숭배자까지 갖춘 홈즈의 사진은 서양인들이 상상하던 이교도의 우상숭배의 이미지에 부합하는 것이었다.

서양인들 사이에서 불교 답사지로서 백불의 위상은 1910년 이후에도 유지되었다.[49] 보도각 백불은 수십 년 이상 다양한 서양인들이 방문한 사진 촬영지로서, 도상 이미지들이 축적된 보고로서 주목받을 만한 가치가 있다. 서양인들의 한국 관련 저술에 등장하는 보도각 백불 사진들을 표로 정리하면 다음과 같다.

연도	표제어	서지사항
1892	Buddhist Shrine Outside the Capital	George W. Gilmore, *Korea from Its Capital* (Philadelphia: Presbyterian Board of Publication and Sabbath-School Work, 1892), 186.
1893	Distant View of Great Buddha, Outside Seoul	*The Morning Calm* 4-35 (May 1893)
1893	Great Buddha, Outside North-east Gate, Seoul	*The Morning Calm* 4-40 (Oct. 1893)
1906	White Buddha, near Seoul	Homer B. Hulbert, *The Passing of Korea* (London: Page & company, 1906).
1908	White Buddha Buddhist monastery	Burton Holmes, *Burton Holmes Travelogues* Vol. 10 (New York: The McClure company, 1908), 86, 90.
1925	The "White Buddha" near Seoul	*Korea Mission Field* 21-11 (Nov. 1925)
1925	White Buddha, Korea	엘리자베스 키스 & 엘스펫 K. 로버트슨 스콧, 송영달 옮김, 『(영국화가 엘리자베스 키스의) 코리아 : 1920~1940』 (책과함께, 2006), 147-48.

이 글에서 충분히 다루지 못했지만, 불교는 선교사들에게 가장 많이 촬영된 한국 종교이며 사진 이미지는 선교사들의 불교 이해의 정도를 보여주는 중요한 자료라는 점을 지적하고 싶다. 선교사들은 서울 주변의 보도각 백불이외에도 북한산의 사찰들과 금강산의 사찰들을 방문하고 사진을 남겼다. 문헌을 통해 불교를 이해한 선교사들이 많지 않았기 때문에, 사찰 방문은 선교사들이 불교에 대한 정보를 얻는 주된 방법이었고, 촬영된 사진이야말로 그들이 경험한 불교를 보여주는 중요한 자료이다. 개신교 중에서 불교에 대한 이해가 높았던 것으로 평가되는 성공회 선교사들이 불교 사진을 많이 게재했다는 사실은 이 점에서 주목할 만하다. 성공회 선교 저널『모닝캄(The Morning Calm)』에는 1890년대부터 적지 않은 불교 관련 사진들이 수록되었다.[50] 우리는 성공회 선교사들과 불교와의 교류가 글로 남아 있는 것 이상으로 긴밀했음을 사진을 통해 확인할 수 있다. 서양인들에게 불교에 대한 시각적 경험을 보여주는 사진의 양이 불교 이해의 정도와 비례한다는 사실은,

여러 번의 한국 방문을 바탕으로 1918년에『한국 불교(Korean Buddhism)』라는 저서를 출판한 인류학자 프리드릭 스타(Frederick Starr)의 경우를 통해서도 확인할 수 있다. 그의 저서는 70쪽의 본문과 38장의 사진으로 구성되어, 3분의 1이 넘는 분량을 사진이 차지하고 있다.[51] 그의 주된 관심이 불교 예술이라는 점이 감안되어야 하겠지만, 그럼에도 그의 저술은 서양인 관찰자의 한국 불교 이해가 시각적인 것에서 출발했다는 점을 잘 보여준다.

5. 맺음말

19세기 말부터 개신교 선교 현장에서 사진은 필수적으로 사용되었다. 사진은 본국의 교인들에게 선교지의 성과를 시각적으로 보여주고 선교 지원을 이끌어내는 중요한 통로였다. 한국에서도 선교사들은 사진을 통해 서양의 독자들에게 한국의 모습을 전달하였고, 그중에는 한국 종교를 찍은 것도 포함되었다. 이 사진은 선교사들이 한국에서 본 바를 '종교'라는 범주 안에 포함시키는 과정을 보여주는 자료이다. 사진은 종교의 인식 과정에 대해 기존의 문헌 자료들이 보여주지 못한 측면을 밝혀주는 자료로서의 기능을 한다. 이 자료 분석을 통해 대략 두 가지 사실을 확인할 수 있었다.

첫째, 선교사들이 사용한 종교 사진은 그들이 구체적으로 어떠한 대상을 통해서 한국 종교에 대한 인식을 전개하였는지를 알려준다. 그것은 주로 서울 지역에서 활동한 이들이 비교적 용이하게 접근 가능했던 대상들이었다. 서울 경내의 원각사지, 서울 인근의 보도각 백불과 여러 사찰들, 그리고 장승과 무녀가 그들이 한국 종교를 개념화하는 데 바탕이 된 자료들이었다.

둘째, 사진이 사용된 방식을 통해 우리는 사진이라는 자료의 특수성을 볼 수 있다. 사진은 시각적 경험을 있는 그대로 전달해주는 자료가 아니다. 사진이 촬영된 맥락과 촬영자의 의도에 의해, 그리고 무엇보다도 사진과 함께 제공되는 표제어와 본문 내용에 의해, 사진은 다양한 의미를 전달한다. 무녀와 장승의 사진이 전혀 다른 본문에서 다른 내용을 전달하는 사례는 이를 잘 보여준다. 우리는 사진과 함께 그것을 사용하는 저자와 편집자의 의도를 고려하여 해석할 필요가 있다.

대공황기에 촬영된 사진들을 통해 미국 종교를 읽어내는 작업을 한 종교학자 콜린 맥다넬은, 미국의 종교 행위에 대한 사진들이 촬영된 것은 사진사들이 종교적이어서가 아니라 그것이 미국 문화의 중요한 일부였기 때문이라고 주장했다. 그에 따르면 종교는 보통 사람들의 일상에서 핵심적인 일반적 현상이다.[52] 그러나 종교를 찍는 일이 모든 사회에서 자연스럽게 이루어지는 것은 아니다. 미국 사회의 경우 종교가 일상의 필수적인 부분이라는 공감대가 존재하기 때문에 일상의 촬영이 종교의 촬영으로 자연스럽게 연결될 수 있었다. 반면에 19세기 말 20세기 초 한국에서 서양인들이 한국의 일상을 찍는 것이 종교를 찍는 것으로 자연스럽게 연결된 것은 아니었다. 초기 관찰자의 생각대로 한국이 종교가 없는 나라라면, 다시 말해 그들의 종교 개념을 한국 정황에 적용하는 데 실패한 상황에서라면, 아무리 한국인을 찍은들 거기서 종교 사진이 나올 수는 없을 것이다.

'종교'는 만남의 정황에서 출현하는 개념이다. 만남의 초기에 서양인들은 한국에 종교 개념을 적용할 수 없었고, 그 인식론적 실패가 '볼 수 없다'는 언어로 표현되었다. 그러나 그들이 종교 개념에 대한 성찰을 거쳐 종교에 해당하는 것을 보게 되었을 때, 사진은 종교에 대한 시각적 추구의 결과물로서 생성되었다. 사진에는 여러 주체들의 의도들이 복합적으로 작용한다. 어떤 사진은 선교사가 찍은 사진이 아니고, 어떤 사진은 선교사의 의도와는 상관없이 출판사의 판단으로 책에 삽입되었을 수도 있다. 그러나 의도가 어찌 되었든 간에 사진은 독자에게 진실성의 부여라는 강력한 효과를 발휘하면서 한국 종교의 존재를 증언하는 역할을 수행하였다.

우리는 사진을 통한 시각화, 종교의 대상화가 종교 개념의 형성에 기여한 측면을 주로 살펴보았다. 그러나 남는 문제는 그러한 종교 개념화가 아직 충분히 성숙한 형태가 아니라는 것이다. 다시 말해 보편적인 종교 개념에 이르기엔 미진하다는 것이다. 선교사들의 종교 서술에서 흔히 종교는 기독교와 동일시되거나(이상화된 종교 개념), 기독교와는 상관없는 것으로 이야기된다(타자적 종교 개념). 그저 남의 종교를 대상화시켜 표현하는 데 '종교'라는 말이 사용될 뿐, 자신의 종교인 기독교를 무리 없이 포함시켜 구사되는 종교 개념은 선교사들의 저술에서 거의 등장하지 않았다. 사진에 관련된 언어로 이 문제를 번역하면 이렇게 될 것이다. "우리는 한국 종교를 사진으로 찍었다. 그런데 기독교라는 종교를 사진으로 찍는 것은 가능한가?" 목사, 교회, 신자들에 대한 사진은 많다. 그러나 '남의 종교'를 찍은 것처럼 '자신의 종교'를 찍은 사진이 게시된 적은 없으며, 그런 사진의 가능성에 대한 논의조차도 아직 이루어진 바가 없다. 종교를 사진으로 찍는 것이 단순히 종교 현상에 대한 시각적 제한의 차원에 머무르기보다 시각을 통한 종교 이해의 확장의 가능성을 열어주는 작업으로 평가받기 위해서는, 종교에 대한 시각적 탐구가 보편적 종교 개념에 대한 고민과 병행해서 이루어져야 할 것이다.

신화, 유령, 잔존하는 이미지

: 아피찻퐁 위라세타쿤의 영화를 중심으로

최 화 선

1. 종교와 영화

"모든 전설, 모든 신화, 모든 종교의 창시자, 모든 종교까지도 영화를 통해 부활될 날을 기다리고 있으며 또 모든 영웅들이 영화의 문전에 몰려들고 있다."- 아벨 강스[1]

영화라는 매체가 출현한 지 얼마 되지 않아 종교는 영화의 빈번한 소재가 되었다. 1895년 뤼미에르(Lumière) 형제가 처음 관객들 앞에서 유료 영화를 상영한 이후 영화의 첫 십여 년 동안 그리스도교를 소재로 한 영화가 상당수 만들어졌다.[2] 이 맥락에서 1896년 뤼미에르 형제가 팔레스티나의 풍경을 담은 짧은 필름을 제작한 것은 주목할 만하다. 팔레스티나는 그리스도교인들이 예수의 흔적, 성서 속 흔적을 직접 두 눈으로 보기 위해 순례를 가던 곳이다. 그러나 필름에 찍혀 스크린 위에 투영된 팔레스티나는 이제 더 이상 '그곳'에 가지 않아도 그곳이 지금 '여기' 내 눈 앞에 펼쳐질 수 있다는 것을 보여주었다. 그리스도교는 역사 속에서 '그곳에 가야만' 볼 수 있고 느낄 수 있는 것을 '지금 여기에서도' 재현하기 위한 다양한 매체들과 실천들을 발전시켜 왔다. 성물, 성화상, 성지의 모형 등등.[3] 그런데 뤼미에르 형제의 「1896년의 팔레스티나(La Palestina en, 1896)」는 이제 영화가 '그곳'을 대신할 수 있음을, 그것도 이전 그 어느 매체보다도 효과적으로 그 역할을 수행할 수 있음을 보여주었다.

〈그림 1〉 뤼미에르 형제의 〈1896년의 팔레스티나〉

1902년 만들어진 조르쥬 멜리에스(Georges Méliès)의 「달나라 여행(A Trip to the Moon)」은 영화가 종교를 재현할 수 있는 또 다른 가능성을 보여주는 예시가 되었다. 이는 영화가 현실을 담을 수 있을 뿐만 아니라 인간의 상상력 또한 담을 수 있다는 것을 보여줌으로써, 종교의 상상력, 특히 비가시적인 종교의 상상력마저도 스크린 위에 펼쳐질 수 있을 것이라는 희망을 주었다. 성서의 내용을 담은 영화들이 계속 제작됨과 동시에, 영화라는 매체가 종교에 중요한 역할을 담당할 것이라는 글들이 나오기 시작했고, 서구에 와서 그리스도교 관련 영화를 보고 그 효과에 감명받은 인도의 감독 팔케(D. G. Phalke)는 힌두교의 신들을 스크린에 담을 프로젝트에 착수하기도 했다.[4] 프랑스의 감독 장 엡스탱(Jean Enpstein)은 영화가 수많은 신들과 그들의 탄생을 보여줄 수 있다고 했으며, 동물, 식물, 돌 등에서 인간이 어떻게 성스러움을 경험하는지 보려면, 우리는 그것을 영화 스크린 위에서 봐야만 한다고도 말했다.[5]

한편 1920년대 세르게이 에이젠슈타인(Sergei M. Eisenstein)은 몽타주를 통해서 따로 떨어진 이미지들이 결합되면서 새로운 의미를 창출할 수 있다는 것을 보여주었다.[6] 그에게 몽타주는 두 이미지를 단지 나란히 놓는 것에 그치는 것이 아니라 이 두 이미지들이 서로 대립하고 충돌하면서 이전의 이미지들의 의미를 넘어서는 새로운 의미를 창출하는, 열려 있는 가능성이었다. 이러한 영화에서의 몽타주와 비슷한 생각을 동시대의 다른 사상가들도 보여주고 있다는 것은 흥미로운 점인데[7], 특히 종
교/신화의 영역에서 이는 후에 레비-스트로스
(Lévi-Strauss)가 신화를 분석하며 사용한 '브리꼴라
주로서의 신화' 및 이항대립으로서의 신화적 사
고와 유비될 수 있다.[8] 신화는 이미 기존에 있던
요소들을 결합해서 새로운 의미를 만들어내는

〈그림 2〉조르쥬 멜리에스의
〈달나라 여행〉[9]

방식으로 만들어지며, 신화적 사고는 서로 대립되는 두 요소들의 이항대립
으로 구성된다고 본 레비-스트로스의 주장과 몽타주의 유비는, 영화가 단순
히 기존 신화, 종교적 이야기들을 스크린에 그대로 재현하는 데 그치는 것
이 아니라, 영화 자체가 '신화적인 방식으로', 즉 '신화가 구성되는 방식으로'
새로운 신화를 만들어 낼 수 있다는 것을 암시한다.

　이처럼 영화라는 매체는 종교적 시공간을 이 순간에 불러오고, 비가시적
종교적 상상력을 눈앞에 재현하며, 따로 떨어진 이미지들의 결합을 통해 새
로운 의미, 새로운 신화를 만들낼 수도 있는 가능성을 보여주었기에, 지난
세기 동안 우리는 종교와 ─어떠한 의미에서건─ 관련된 무수히 많은 영화들
을 갖게 되었다. 그렇지만 종교학에서 영화를 본격적으로 진지하게 연구하
기 시작한 역사는, 이러한 '종교와 영화' 자체의 역사에 비해서 상대적으로
짧은 편이다. 1960년대에서 1980년대까지 종교학에서 이야기하는 영화 논
의는, 주로 신학적 맥락에서 인간의 조건을 성찰하는 (거장들의) 영화에 대한
분석이었고, 이후 1980년대 후반 이후로는 영화와 대중문화 속에서 작동하
는 신화적 사유, 혹은 그 신화적 사유의 이데올로기적 측면에 대한 비판 등
이 주를 이루었다. 2000년대에 들어서 제기된 새로운 관점은, 기존의 내러
티브에만 집중된 분석에서 탈피하여 영화가 종교를 이야기하는 매체적 특

징에 주목하는 것, 그리고 영화를 만들고 보는 경험 전체를 종교 현상, 특히 종교의 의례적 측면과 연결해서 분석하는 것 등이다.[10]

이제부터 이 글에서 다루고자 하는 것은 지금까지 간단히 요약한 '종교와 영화'의 관계 중에서 영화가 (혹은 영화의 몽타주적인 측면이) '신화적인 방식'으로 새로운 신화를 만들어 낼 수 있다는 측면, 그리고 영화라는 매체가 종교를 이야기하는 특징에 주목하는 것과 관계있다고 할 수 있다. 이는 종교에 관한 영화의 역사 속에서도, 그리고 영화를 이야기하는 종교학의 역사 속에서도 상대적으로 다른 것들에 비해 덜 다뤄진 부분이다. 그렇지만 나는 이러한 측면에 주목해 보는 것이, 영화와 종교, 둘 다 강력한 특정한 이데올로기의 수단으로 작동하며 세계에 대한 특정한 해석을 사람들에게 불어 넣을 수도 있다는 것을 예민하게 인식하며, 나아가 그렇다면 어떻게 영화라는 매체를 통해 기존의 종교적 틀 혹은 기존의 이데올로기적 신화의 틀을 넘어서는 새로운 지평을 보여줄 수 있을까, 라는 고민을 해 볼 수 있는 계기를 마련해 준다고 생각한다.

이러한 관점에서 이 글에서 살펴볼 영화는, 태국의 영화 감독 아피찻퐁 위라세타쿤(Apichatpong Weerasethakul)의 영화들이다. 아피찻퐁은 1970년 태국의 방콕에서 태어난 후, 북동부 이산(Issan) 지방의 도시 콘캔(Khon Kaen)으로 이주해 그곳에서 자라고 건축을 전공했으며, 후에 시카고 아트 인스티튜트에서 영화를 공부했다. 90년대부터 단편영화들을 만들기 시작한 그는, 2000년 첫 장편 「정오의 낯선 물체(Mysterious Object at Noon)」[11]로 주목받기 시작했다. 이 영화는 트럭에서 생선 파는 한 아주머니가 자신의 힘들었던 어린 시절을 이야기하는 것으로 시작한다. 이 첫부분은 이 영화가 다큐멘터리가 아닌가 하는 생각이 들게 하지만, 곧이어 감독은 사실이든 거짓이든 상관없으니 아무 이야기나 하나 해 보라고 아주머니에게 요청하고, 그래서 아주머니가 이를 받아 하나의 이야기를 시작하고 뒤이어 감독이 여러 곳을 여행하며 만나는 사람들에게 이 이야기의 뒤를 계속 이어가게 하면서, 영화는 사람들이 통상적으로 다큐멘터리에서 기대했던, 혹은 극영화에서 기대했던 어떤 것과도 전혀 다른 새로운 방식으로 전개된다.[12] 많은 사람들을 당황시켰던 이 영화의 앞부분에 '옛날 옛적에 once upon a time'라는 자막이 노골적으로 등장하는 것은, 그리고 이 말이 영화의 마지막에 이야기를 만드는 아이들의 말 속에 다시 한번 등장하는 것은 (최소한 종교학적으로) 의미심장하다고 할 수 있다. 즉 이 영화는 신화 혹은 종교적인 이야기라는 것이 어떠한 방식으로 만들어지고 사람들의 입을 통해 계속 이어져오는지, 그리고 그 때 거기에 사람들의 어떠한 다양한 삶의 조건들과 기억들이 반영되는지에 대한 영화일 수도 있기 때문이다.

이후 아피찻퐁이 만든 장편 영화들, 즉 2002년의 「친애하는 당신(Blissfully Yours)」, 2004년의 「열대병(Tropical Malady)」, 2006년의 「징후와 세기(Syndromes and a Century)」, 2010년의 「엉클 분미(Uncle Boonmee: Who Can Recall His Past Lives)」 2012년의 「메콩 호텔(Mekong Hotel)」 등에는 영화의 형식적인 새로움과 더불어 첫 영화에서 암시된 신화적 종교적 요소들이 계속 나타난다. 이는 장편 영화 외에도 아피찻퐁이 만든 수많은 단편들 그리고 설치 작품 등에서도 마찬가지다. 아피찻퐁의 영화는 「엉클 분미」의 칸느 영화제 황금종려상 수상에서 알 수 있듯이, 아피찻퐁의 영화는 서구 영화 비평가들의 많은 관심과 칭찬을 받으며 새로운 영화의 출현, 영화의 미래 등으로 불려졌다. 따라서 그의 영화 전반에 대한 영화 비평가들의 관심은 상당하다. 그러나 여기서는 아피찻퐁의 전반적인 영화 세계에 대한 고찰보다는, 그의 영화 속에 등장하는 신화적 종교적 요소들에 관해서만 주목해보고자 한다. 영화 비평가들 역시 기본적으로 아피찻퐁의 영화의 바탕이 되는 불교적 세계관 그리고 태국의 신화적 배경에 대해서 언급한다. 하지만 이 글에서 이 부분을 좀 더 주의 깊게 살펴보고 그래서 그의 영화가 제기하는 신화에 대한, 종교에 대한 새로운 의미의 지평을 검토해 보는 것은, 단지 아피찻퐁의 영화에 대한 이해를 넘어서, 신화와 종교에 대한 이해를 확장하는 데도 기여하는 바가 있을 것이라 생각한다.[13]

2. 아피찻퐁 영화 속의 신화적 · 종교적 요소들

이하에서는 아피찻퐁 영화 속에 등장하는 신화적 종교적 요소를 변신, 환생, 그리고 유령으로 나누어 살펴볼 것이다. 그러나 사실 아피찻퐁의 영화 속에서 변신과 환생, 유령은 구분하기 어려울 정도로 밀접하게 연결되어 있다.

1) 변신(transformation)

영화 「정오의 낯선 물체」에서 생선 파는 아주머니가 시작한 이야기는 다리가 아픈 한 아이와 그에게 공부를 가르쳐 주는 한 선생님에 대한 이야기였다. 이 이야기는 여러 사람들의 입을 거치면서 전혀 예측할 수 없는 방향으로 전개되며, 사실상 이 이야기의 흐름을 따라가며 굳이 서사적 연속성을 찾으려고 하는 시도는 별 의미 없어 보인다. 그렇지만 이 이야기들 속에는 후에 아피찻퐁의 다른 영화들 속에서 반복되어 나타나는 몇 가지 요소들이 보이는데 그 대표적인 것이 '변신'이다. 선생님의 치마 속에서는 '이상한 둥근 물체'가 나오는데 나중에 이 이상한 물체는 한 아이로 변한다. 이 아이

〈그림 3〉 영화 〈열대병〉 포스터

는 어느 시점에서 외계인이 된다. 영화의 끝 무렵 어린 아이들이 이어가는 이야기에서 선생님은 호랑이에게 잡아먹히고, 후에 아이들은 (아마도 선생님일 수도 있고 아닐 수도 있는) 호랑이 마녀의 이야기를 한다. 매번 그 연결점을 영화가 노골적으로 말해주는 것은 아니지만, 인간과 동물, 생물과 무생물 사이를 가로지르며 다른 존재로 변하는 이들의 이야기는 이후 아피찻퐁의 다른 영화들 속에서도 자주 등장한다.

　"인간은 길들여지지 않은 짐승이다"라는 자막과 함께 시작하는 영화「열대병」의 전반부는 휴가를 나온 병사 켕이 통이라는 마을 청년과 연애하는 이야기다. 그들은 보통의 연인들처럼 함께 걷고 다정한 대화를 나누고 같이 오토바이를 탄다. 그러다 갑자기 통은 어둠 속으로 걸어가 사라져 버린다. 다음날 아침 통이 누워 있었던 빈 침대에 켕이 혼자 앉아 있고 마을 사람들은 마을의 소를 잡아가는 괴물 이야기를 한다. 켕이 통의 사진들을 보는 장면에서 화면이 어두워지며 전반부가 끝난다. '영혼의 길'이라는 부제가 달린 영화의 후반부는 다음과 같은 자막으로 시작한다. "옛날 옛적에 여러 동물로 변신할 수 있는 신통력을 지닌 크메르인 무당이 있었다. 그는 정글을 돌아다니며 마을 사람들에게 요술을 부렸다." 이어서 나무 위에 총을 들고 있는 한 군인이 보이고, 그에게 한 여자가 다가와 자신의 엄마가 열이 나고 아프다며 같이 가 달라고 말한다. 군인이 나무에서 내려와 총을 들고 따라가는데, 여자의 옷자락 뒤로 호랑이의 긴 꼬리가 보인다. 이어 다시 자막이 뜬다. "사냥꾼이 호랑이에게 총을 쏘아 호랑이 영혼 속에 무당을 가두었다. 그 호랑이 시체는 칸차나부리 박물관에 전시되어 있다. 이제는 밤마다 무당의 영혼이 호랑이로 변하여 사람들에게 출몰했다.”

「열대병」의 후반부는 총 한 자루를 들고 정글로 들어간 켕의 이야기다. 켕은 사람들이 괴물이라 한, 혹은 전설 속의 호랑이기도 한, 그리고 자신의 애인이었기도 한 존재를 만난다. 처음 꿈 속에 나타난 그 존재는–영화 속에서 그림으로 등장하는데–무당의 영혼을 안에 담은 것 같은 호랑이 괴물이었다. 그 후 켕 앞에는 몸에 호랑이 줄무늬가 그려진 벌거벗은 남자가 나타난다. 그는 통의 얼굴을 하고 있다. 그리고 영화의 끝부분에 이르러 나무 위에서 켕 앞에 나타난 존재는 완전한 동물 호랑이의 모습을 하고 있다. 켕은 호랑이 앞에서 “지금 여기서 나 자신을 보고 있다”고 말하며, “우리는 동물도 인간도 아니다”고 말한다. 그리고 “너에게 준다. 내 영혼, 내 육체, 그리고 내 기억을”이라고 말한다. 호랑이 괴물은 통이기도 하고 그리고 이제 켕이기도 하다.[14]

한편 영화 「엉클 분미」에서 오래전 집을 나갔다 다시 돌아온 분미의 아들 분쏭은 원숭이 인간(혹은 원숭이 유령(Ling Phi))이 되어 있다. 분쏭은 사진 속에 찍힌 신비한 존재, 원숭이 유령에 끌려 정글로 들어갔고, 그들과 만나고 나서는 그들과 소통하기 위해 결국 원숭이 유령과 결혼하고 자신도 이런 모습이 되었다고 말한다.[15] 흥미로운 것은 「엉클 분미」에서 원숭이 인간/유령으로 변신한 분쏭을 보고도 분미와 분미의 처제 젠, 그리고 젠과 같이 온 청년 통 등이 별로 놀라지 않는다는 것이다. 물론 이 자리에는 분미의 죽은 아내 후아이의 유령이 먼저 찾아와 있었다. 후아이의 유령을 보고도 처음에 잠깐 놀랐을 뿐 이내 일상적 대화를 주고받는 이들이 이어서 나타난 분쏭의 변한 모습을 보고도 별로 놀라지 않는 것은 그다지 이상할 것도 없다.

또한 「엉클 분미」에 이르기까지 아피찻퐁의 영화를 계속 따라오며 본 관

〈그림 4〉 영화 〈엉클 분미〉 속 원숭이 유령

객이라면 역시 이러한 변신이 그다지 놀라운 일이 아니다. 아피찻퐁의 영화들 속에서 이미 이러한 변신이 빈번히 일어났기 때문이기도 하지만, 어떻게 보면 그의 영화 자체도 이전 영화의 변신처럼 읽히기 때문이다. 즉 마을 사람들이 돌아가며 예전 태국 TV 드라마를 연기하는 「유령의 집(Haunted Houses, 2001)」은 「정오의 낯선 물체」의 변신처럼 느껴지고, 마을이라는 일상적 공간과 정글이라는 비일상적 공간이 나눠지는 「열대병」은 「친애하는 당신」의 또 다른 변신처럼 느껴지며, 이는 작은 시골 마을의 병원과 현대식 병원이 나눠지는 「징후와 세기」로 또다시 변신하는 것처럼 느껴진다. 그러므로 아피찻퐁의 영화 속에서 일어나는 종(種)을 가로지르는 '변신'은, 영화라는 매체의 차원에서도 일어나고 있으며 이는 또다른 변화의 축, 즉 환생에 대한 검토를 통해 조금 더 분명해진다.

2) 환생(reincarnation)

아피찻퐁의 영화에 태국의 불교적 세계관이 드리워져 있다는 것은 부정할 수 없는 사실이다. 비록 그 의미가 얼마나 결정적인지에 대해서는 논란이 있을 수 있겠지만 말이다. 감독 자신은 「친애하는 당신」을 찍을 무렵 아버지가 돌아가셨고 그래서 환생과 인간의 의미 등에 관심을 지니며 불교에 깊게 빠져 있었다고 한다. 그래서 「열대병」을 찍을 때 이러한 불교적 관심 즉 우리는 어떻게 고통받는가, 우리는 서로 어떻게 연결되어 있는가 등을 많이 생각했다고 말한다.[16] 그렇게 보자면 「열대병」의 '변신'은 인간이 다른 인간들과, 그리고 인간이 다른 생명체들과 서로 서로 의존하며 연결되어 있다는 생각의 일부라고도 할 수 있다. 그리고 이러한 생각은 그의 영화에 등장하는 환생이라는 주제와 맞물린다.

영화 「엉클 분미」는 「전생을 기억하는 엉클분미」라는 원제목에서 이미 전생과 환생의 주제를 드러낸다. 영화의 인트로에 등장하는 소는 이 영화의 제목 때문에 그냥 단순한 소로 보이지 않는다. 관객들은 이 소를 바라보며, 그리고 왠지 「열대병」의 정글을 연상시키는 배경을 바라보며, 아마도 「열대병」의 정글에서 죽은 소를 떠올릴 수도 있을 것이고, 그때 그 소의 몸을 빠져나오던 유령 같은 소의 영혼을 떠올릴 수도 있을 것이며, 뒤이어 곧 펼쳐질 영화와 관련해 이 소는 누군가의 전생이 아닐까 하는 생각을 하게 될 수도 있다. 영화는 이 관계를 명확하게 말해주지 않은 채 신장 질환을 앓으며 죽어 가는 분미의 이야기로 넘어간다. 죽은 아내 후아이의 유령이 찾아와 그가 죽음을 맞이하는 과정을 돕는다. 후아이는 분미를 데리고 정글을 지나 동굴로 간다. 분미는 자신이 전생에 이 동굴에서 태어난 적이 있다고 말한다. 그리고 그는 자신의 다음 생에 대한 꿈을 꾸었다고 말한다. 그러나 분미가 이야기하는 이 다음 생의 이야기는 현재 같기도 하고 꿈같기도 한 독특한 스틸컷의 몽타주와 연결되면서 과연 이것이 미래인지 현재인지 아니면 과거인지 판단하기 힘들게 만든다. 여기에는 분미의 과거-공산주의자들을 많이 잡아 죽였던 과거와, 현재-여전히 억압적이고 폭력적인 태국의 현재, 그리고 '아무리 도망가려 해도 다시 잡혀서 끌려오고 여전히 길은 알 수 없는' 미래, 이 세 가지 시간이 다 공존한다.

영화 「징후와 세기」는 「엉클 분미」처럼 명시적으로 환생이나 전생의 이야기를 드러내지는 않지만, 시간이라는 축을 중심으로 서로 겹쳐지고 대구를 이루는 두 이야기를 통해 일종의 환생의 문제를 다루고 있다고도 볼 수 있다. 「징후와 세기」는 「친애하는 당신」, 「열대병」과 마찬가지로 전반부와 후반부가 나눠지는데, 앞서 두 영화가 마을과 정글로 나눠진다면, 「징후와 세기」는 작은 시골 마을의 병원, 대도시의 현대식 병원으로 나눠진다. 그리고 이 비슷하면서도 다른, 병원이라는 공간 속에서 동일한 배우들이 비슷한 상황에 비슷한 역할-의사, 승려 등-을 연기한다. 흥미로운 것은 이 두 이야기는 비슷하면서도 완전히 동일하지는 않다는 것이다. 물론 영화는 후반부의 인물들이 앞부분의 인물들의 환생이라고 명시하지 않는다. 그러나 우리는 후반부의 인물들을 보며 전반부의 인물들을 떠올리지 않을 수 없고, 이 환생 같은 상황 속에서 '동일함'과 '반복'만이 아닌, 그 '차이'를 동시에 보게 된다. 영화 「징후와 세기」는 두 개의 서로 다른 시간 공간이 단절된 것이 아니라 서로 연결되어 있다는 것을 보여주는 동시에, 차이가 있는 반복으로서의 두 시공간-일종의 전생과 환생-의 수평적 배치를 통해, 일상적인 눈과 일상적인 시간 속에서는 드러나지 않았던 무엇인가를 징후적으로 표출해 준다.

〈그림 5〉 영화 〈징후와 세기〉의 전반부와 후반부 두 장면은 서로 대구를 이룬다.

영화 「메콩 호텔」에서도 환생은 포착된다. 남자 주인공 통은 중간에 갑자기 마사토라는 이름으로도 불리는데, 영화의 끝부분에 가면 통은 이미 죽고 마사토로 다시 태어났으며, 그래서 그 마사토는 지금 영혼이 육신 밖으로 여행하도록 도와주는 기계를 머리에 쓰고 육신을 떠나 여러 곳을 돌아다니고 있다는 생각이 든다. 이러한 통-마사토는 "이제 난 말로 환생할 거예요. 그리고 벌레로도 살아보고. 다시 인간이 되려면 얼마나 지나야 할지…. 난 필리핀 남자애로 태어날 거예요. 그리고 당신은 항상 날 따라오겠죠"라고 말한다.

한편 아피찻퐁 영화 속의 환생은 그의 필모그라피 전체 속에서도 일어난다. 「메콩 호텔」에서 통을 연기하는 배우 사크다 카에부와디(Sakda Kaewbuadee)와 젠을 연기하는 배우 제니이라 퐁파스(Jenjira Pongpas)는 아피찻퐁의 이전 영화들에서도 동일한 이름으로 출현한 적 있다. 동일한 배우들이 동일한 영화 속 이름으로 서로 다른 영화에 출현하여 이야기를 엮어가는 것은 우리에게 일종의 윤회와 환생의 느낌을 불러일으킨다. 콩 리스디(Kong

Rithdee)는 또한 아피찻퐁의 많은 영화 속의 장면들 즉「정오의 낯선 물체」의 도입부 라디오 방송,「엉클 분미」의 중간에 삽입된 어느 공주의 이야기,「유령의 집(2001)」에서 마을 사람들이 연기하는 태국의 TV 드라마,「뱀파이어(2008)」의 유령새(Nok Phi)와「메콩 호텔」의 폽 유령(Phi Pob) 등–이 모두 과거에 태국인들이 흔히 보던 드라마와 영화, 그 속의 사랑 이야기 유령 이야기들을 환기시키며, 이것은 곧 영화적 환생이라고 지적한다.[17] 즉 영화 자체가 과거에 본 기억들의 환생으로 작동하고 있다는 것이다. 영화「엉클 분미」는 아피찻퐁이 한 승려로부터 받은 소책자『전생을 기억하는 남자』라는 책에 기반을 두고 있다. 자신의 과거의 생들을 모두 기억하는, 책 속의 주인공 분미를 두고 아피찻퐁은 "그에게는 영화가 필요없을 것이다"라고 말했다.[18] 우리도 그처럼 전생을 볼 수 있는 마음을 지니게 된다면 영화가 필요없을 것이라고 말하는 아피찻퐁에게 영화는 환생과 같은 것이다.

3) 유령(ghosts)

아피찻퐁의 영화 속에서는 변신과 환생의 두 축 위로 유령들이 배회한다. 영화「엉클 분미」에서는 분미의 죽은 아내 후아이의 유령이 찾아온다. 후아이의 유령은 분미와 젠, 통의 저녁 식탁에 마치 홀로그램처럼 나타나지만 점점 그 윤곽이 진해지면서 다른 사람들과 마찬가지로 식탁에 앉아 평범한 대화를 나눈다. 후아이의 유령은 아침이 되어 사라진 후 그 다음날 밤 다시 분미를 찾아와 분미의 투석 치료를 직접 도와주고 사후에 대한 질문을 받아준다. 그리고 분미를 동굴로 데려가 그의 죽음의 길을 인도해 준다. 분미의 아들 분쏭 역시 일종의 유령이기도 하다. 영화 속에서 분쏭과 같은 존재들을 ling(원숭이) phi라고 지칭하는데, 이 phi라는 말은 태국어로 '유령'을 뜻하기 때문이다.

영화 「메콩 호텔」에는 사람의 내장을 먹고 사는 유령 폽(Phi Pob)이 등장한다.[19] 영화는 초반부에 호텔 한 구석에서 내장을 먹는 폽 유령을 보여준다. 이후 메콩 강을 바라보며 서로 호감을 지닌 두 남녀 통과 폰이 대화를 나누며 유령 폽의 이야기를 한다. 그런데 장면이 바뀌면 폰의 엄마 젠이 바로 폽 유령이라는 사실이 드러난다. "내 영혼은 깊은 물속에 갇혀 있었어. 깜깜하고 추웠어…. 미안해 우리딸, 엄마가 인간이 아닌 걸 말할 수 없었어." 그러나 잠시 뒤 카메라는 딸 폰의 내장을 게걸스럽게 먹고 있는 젠–유령 폽을 보여준다. 통은 화장실에 숨어 벌벌 떨며 이 장면을 지켜보고 있다. 이후에도 젠과 폰, 통(혹은 마사토)은 아무렇지도 않게 계속 영화 속에 등장한다. 젠은 폰에게 엄마가 딸에게 이야기하듯이 이러저러한 과거 이야기들을 들려주는데, 10대 시절 군인들에게 총쏘는 훈련을 받아야만 했던 이야기, 라오스인들이 국경을 넘어오던 시절 이야기 등이다. TV에서는 홍수가 났는데 이에 제대로 대처하지 못해 우왕좌왕 하는 이야기가 나오고, 이 모든 일들이 진행되는 영화의 처음부터 끝까지 잔잔한 기타음악이 끊이지 않고 깔리며 화면의 배경에는 메콩강이 흐른다. 어느 시점에서 통이 유령 폽처럼 내장을 먹고 있다. 폰이 다가와 "엄마, 그 남자 몸에서 나와"라고 말한다. 유령 폽이 나간 후 쓰러진 통이 다시 일어나서 폰에게 "당신, 영혼인가요"하고 묻고 폰은 그렇다고 대답한다. 통은 통이면서 마사토이고 육체를 떠나 여행하는 영혼이기도 하다. 어떻게 보면 「메콩 호텔」의 모든 등장인물들은 다 유령이기도 하다.

아피찻퐁의 단편 중에는 유령이 제목에 들어가 있는 것들도 눈에 띤다. 「유령의 집」, 「아시아의 유령(Ghost of Asia, 2005)」, 「나부아의 유령(Phantoms of

〈그림 6〉 영화 〈나부아의 유령〉[20]

Nabua, 2009)」 등. 이중 「나부아의 유령」은 10여 분의 단편 필름이다. 나부아
는 거의 대부분의 아피찻퐁의 영화의 배경이 되는 태국 북동부 이산 지역의
작은 마을로, 60년대에서 80년대 이르는 20여 년 동안 공산주의자들을 잡겠
다고 이곳에 주둔한 태국 군부의 끔찍한 만행을 겪었던 곳이다. 이 단편에
는 「엉클 분미」나 「메콩 호텔」에서와 같은 인간의 형상을 한 유령은 보이
지 않는다. 대신 여기저기 번쩍이는 빛들이 보인다. 깜깜한 밤 나무 위에 달
린 스탠드 같은 형광등 불빛, 모든 것을 파괴해 버릴 것처럼 번쩍거리는 번
개가 내려치는 「나부아」의 영상이 투영된 스크린, 그 앞에서 활활 타는 불
덩이 같은 공으로 축구를 하는 십대 아이들, 아이들의 움직임이 빨라지면서
불덩이는 검은 스크린 위를 날라다니고, 아이들이 떠드는 소리 위에 겹쳐지
는 공 차는 소리와 「나부아」 영상 속의 번개 소리는 마치 포탄이 날아다니는
전쟁터의 소리같이 들리기도 한다. 그 공은 마침내 「나부아」의 영상이 투영
된 스크린을 불태운다. 그리고 마지막 치직거리며 사그러들어가는 빛. 여기
서 유령은 날아다니는 빛이며, 번쩍거리는 빛 속에 잠시잠시 무엇인가 보였
다 사라지는 것 같은 환영이기도 하다.

이 외에도 아피찻퐁의 영화에서는 유령이 직접적으로 언급되거나 나오지
않더라도 순간순간 유령 같은 이미지와 소리들이 곳곳에서 포착된다. 「열

대병」의 정글 속 소리, 「징후와 세기」에서 병원 지하 기계실의 환풍구와도 같은 검은색 동그라미가 클로즈업 되는 순간 그리고 공사장의 망치 소리 같은 울림이 마치 절의 목탁 소리같이 울려퍼지는 순간, 「엉클 분미」의 동굴 벽 위에서 무수히 반짝거리던 작은 불빛들 등은 유령이라는 구체적 실체 없이도 유령 같은 순간을 구현한다.[21]

'어둠 속의 유령'이라는 에세이에서 아피찻퐁은 공동묘지에서 유령을 위해 영화를 상영한 사람에 관한 전설을 떠올린다. 그러면서 그는 영화를 유령에 비유한다. 스크린 위에서 움직이지만 지금 이곳에 있지 않는 스크린 위의 존재들은 모두 유령 같은 존재들이다. 또한 무엇엔가 홀린 듯 어둠 속에 앉아 스크린만을 응시하는 관객들 역시 유령 같은 존재들이다. 영화관 속에서 뿐만 아니라 영화관 밖에서도 마찬가지다. 그들도 결국은 언제가 유령이 될 것이기 때문이다. 같은 에세이에서 아피찻퐁은 베트남 전쟁 당시 남쪽에 있는 베트콩들의 물자수송 용도로 세워진 호치민 트레일을 이야기한다. 라오스와 캄보디아를 관통하는 이곳은 공중 폭격을 받았고 동굴로 숨은 사람들은 독가스로 독살되었다. 아피찻퐁은 이곳에 가면 아마도 진짜 유령을 볼지도 모르고 그러니 거기에서는 영화가 필요없을 것이라고 말한다.[22] 진짜 유령이 있는 곳에는 영화가 필요없을 것이라고 말하는 아피찻퐁에게 영화는 '유령'이다. 그러나 도대체 이 '유령'은 무엇인가. 무엇 때문에 그는 '변신'과 '환생'과 '유령'으로서의 영화 만들기에 몰두하고 있는가. 지금까지 그의 영화 속 '변신', '환생', '유령'을 검토해 보며 중간 중간 풀려진 실마리들을 이어 이제 그 의미를 생각해 봐야 할 때다.

3. 아피찻퐁의 영화가 만들어내는 유령과 잔존의 신화

1) 유령처럼 나타나는 기억(haunting memory)

단편「나부아의 유령」은 2009년 제작된 아피찻퐁의 설치 작품「프리미티브 프로젝트(The Primitive Project)」의 일부다.「프리미티브 프로젝트」는 7개의 비디오와 2편의 단편 필름, 즉「나부아의 유령」과「엉클 분미에게 보내는 편지(A Letter to Uncle Boonmee)」및 몇 장의 사진들로 구성되어 있으며, 장편 영화「엉클 분미」역시 이 프로젝트의 일부다.[23] '나부아의 기억: 프리미티브 프로젝트에 관한 노트'에서 아피찻퐁은 이 프로젝트를 기획하게 된 계기로 한 승려에게서 받은「전생을 기억하는 사람」이라는 소책자와 역시 그 승려로부터 들었던 유령 이야기를 해준다. 승려는 언젠가 사원 지붕 위에서 부유하는 빛줄기가 내려와 승려들 사이를 돌아다니다 다시 지붕 위로 올라가 유리공으로 변했다고 말해준다.「전생을 기억하는 사람」의 분미는 자신이 전생에 코끼리 사냥꾼, 버팔로, 소, 그리고 떠도는 유령이었다는 것을 기억하는데, 비록 여러 존재로 환생했지만 그가 머물렀던 곳은 언제나 똑같은 곳, 태국 북동부였다고 한다. 그 곳은 아피찻퐁이 자라난 곳이자, 거의 모든 그의 장편 영화의 배경이 된 곳이기도 했다. 아피찻퐁은 이 두 이야기에 끌려, 태국 북동부 이산 지방, 라오스와 태국의 경계 메콩 강 유역으로 일종의 답사여행을 떠난다. 그리고 그곳에서 나부아(Nabua)라는 작은 마을에 머물게 된다.[24]

나부아를 둘러싼 지역은 1960년대부터 1980년대까지 태국 군부의 공산주의 탄압이 극심했던 곳이다. 60년대 군인들은 이 마을에 기지를 두고 사람들의 일상을 감시하며 공산주의자들에 대한 정보를 얻기 위해 혹은 공산주의자들이라는 이유로 마을 사람들을 고문하고 강간하고 살해했다. 1965년 마을의 농부들과 군인들 사이의 총격전이 벌어진 후 군대의 감시와 탄압, 폭력은 더욱 더 심해졌고 마을의 남자들은 대부분 정글로 도망쳐 버렸으며, 마을에는 여자와 아이들만 남았다. 이 폭력의 시기는 20년 가까이 지속되었다. 현 태국 정부는 나부아에 새겨진 폭력의 역사를 지우려고 하며, 그 당시 죽은 수많은 이들은 점차 사람들의 머릿속에서 잊혀져 갔다.

그러나 아피찻퐁은 나부아의 이야기는 과거가 아니라 태국의 현재의 일부라 생각했으며, 그곳에서 배회하는 과거의 유령들을 비디오로 영화로 불러내 왔다. 그리고 그 유령은 이제 태국 모던 록 밴드의 노래에 맞춰 춤을 추고 노는 나부아의 십대 아이들의 몸 위에도, 마을 사람들과 아피찻퐁이 같이 만든 우주선 둘레에도, 깜깜한 밤 하늘 위로 떨어지는 포탄 같은 인공 번개가 번쩍이는 비디오 화면 위에도, 그리고 군인 옷을 입은 무표정한 십대 아이의 얼굴 위에도, 분미에게 보내는 아피찻퐁의 편지를 담은 영상 위에서도 배회한다.

나부아의 유령은 아피찻퐁의 영화마다 등장하는 유령의 의미를 찾는 실마리가 된다. 아피찻퐁의 카메라가 담는 장소들은 언젠가 끔찍한 고통과 아픔, 슬픔, 죽음이 있었던 곳이다. 이제 그곳에는 아무것도 보이지 않지만, 그리고 아무도 그들을 기억해 주지 않지만, 그러나 그들 하나하나 모두 저마다 이 땅에서의 고유한 삶이 있었던 소중한 존재들이었다. 영화는 그 유령 같은 매체의 속성을 통해 이들의 흔적을 우리 앞에 불러 세울 수 있다고 아피찻퐁은 생각한다. 메콩강 근처를 떠도는 유령 퐁, 정글 속을 돌아다니는 원숭이 유령, 호랑이 괴물, 병원의 복도와 지하를 감도는 이상한 기운, 그리고 사람들이 만들어내는 온갖 괴이한 이야기들 속에는 이처럼 잊혀지고 억압된 기억이 숨겨져 있다. 아피찻퐁은 영화라는 유령을 통해 이렇게 억압된 기억의 유령을 우리 앞에 다시 불러 내어 보여준다.[25]

이는 20세기 초의 미술사학자 아비 바르부르크(Aby Warburg)가 이미지의 역사 속에서 포착한 유령과 크게 다르지 않다. 바르부르크는 인간의 고통, 불안, 격정 등 강력한 감정이 표출된 얼굴이나 신체의 정형화된 형식을 Pathosformel(정념정형, 파토스의 정형)이라 불렀다. 고대의 도상에서부터 현대의 신문기사 사진에 이르기까지 모든 이미지에는 이렇게 유령처럼 언제나 다시 나타나는 파토스의 정형이 있다고 바르부르크는 생각했다. 그것은 곧 '아파하고 슬퍼하는 몸'[26]이며 인류의 역사 위에 뿌리 깊게 새겨진 폭력의 상처이기도 하다. 아비 바르부르크의 유령은 인류의 고통과 아픔, 슬픔, 잔인한 역사에 대한 감각이며, 이는 아피찻퐁의 유령도 마찬가지다. 바르부르크가 서구 이미지 역사 속의 온갖 흔적들을 모아 그것을 주제별로 한 패널 위에 배치하는 「므네모시네」 프로젝트를 통해 이러한 유령을 되살리려 했다면, 아피찻퐁은 영화를 통해 이를 시도한다. 「므네모시네」와 아피찻퐁의 영화의 작동원리는 기본적으로 크게 다르지 않다. 모든 것을 파괴하려는 폭력에 맞서 그 흔적을 찾는 작업은 기본적으로 '비균질적이고 불완전한 형상들'[27] 파편적인 것들, 잔존하는 것들에 의지할 수밖에 없고, 그래서 그렇게 파편적인 것들, 잔존하는 것들, 아피찻퐁의 언어로 말하자면 전생의 흔적을 찾아 그것을 연결하는 작업이 된다.

2) 잔존하는 이미지, 반딧불의 미광(l'image survivante, lucciola)

아피찻퐁은 나부아에서 작품을 만들고 있는 도중 분미의 아들이라는 사람과 만나게 된다. 그는 자신의 아버지 이름이 분미 혹은 분마(Boonma)라고 했으며, 그의 사진을 갖고 있었다. 「프리미티브 프로젝트」의 일부이자 장편 「엉클 분미」의 예고이기도 한 단편 「엉클 분미에게 보내는 편지」에는 아피 찻퐁이 분미의 아들이라는 사람을 만나고 난 후 쓴 편지가 나온다. 후에 「엉 클 분미」의 배경이 될 나부아의 집들을 훑고 지나가는 카메라 위로, "내가 만난 사람이 아마도 당신의 아들이 아니라 조카일지도 모르겠다. 당신은 경 찰이 아니라 선생님이 아니었느냐. 여기 있는 집들의 부분 부분들이 아마도 당신의 옛 집을 닮지 않았을까 생각한다." 이런 말들이 쓰어진 편지가 읽혀 진다. 그리고 중간중간 군복을 입은 남자의 무표정한 얼굴이 보인다. 편지 는 다음과 같이 이어진다. "군인들이 이곳을 점령했습니다. 그들이 마을사 람들을 죽이고 고문해서 사람들은 모두 다 정글로 도망갔습니다." 카메라는 마을의 집들 안에 걸린 옛 사람들의 사진들 하나하나를 비추고, 집 안의 구 석구석을, 창틀 너머로 내다 보이는 바깥 풍경을, 바람에 흔들리는 나무를, 그리고 쓸쓸한 들판 위의 소를 비춘다. 바람에 흔들리는 나무 소리가 들리 고, 영화의 중간쯤 어디에서는 삐걱한 문소리 같기도 하고 유령 소리 같기 도 한 소리가 들리기도 한다.

「엉클 분미에게 보내는 편지」는 왜 아피찻퐁이 「엉클 분미」의 전생의 흔 적을 찾아갔는지, 그리고 거기에서 무엇을 찾았고, 그것으로 무엇을 하는지 암시해 준다. 폭력은 모든 폭력의 흔적을 지우려 한다. 그러나 그 어떤 것도 완벽하게 지워지지는 않는다.[28] 모든 과거의 흔적이 지워진 것 같은 나부아 에서 아피찻퐁은 카메라라는 인공의 눈을 통해, 파괴된 것들의 잔해, 잊혀진 존재들의 흔적, 묻힌 기억 속의 이미지들을 찾아내고, 이것들을 연결하는 몽 타주로서의 비디오 작품들과 영화를 만들어, 억압된 기억을 환생시킨다.

아피찻퐁의 영화라는 환생은 유령 같은 기억을 지닌 조각들과 잔해들, 전생의 파편들, 이미지들의 몽타주로 만들어진다. 「엉클 분미」의 분미가 본 미래의 생은 이러한 파편들, 잔존하는 이미지들의 몽타주다. 불연속적이고 단절적이기 때문에 낯설고, 그래서 호흡을 멈추고 응시하게 하는 그 스틸컷들의 몽타주는, 그렇기 때문에 그 구멍난 틈들을 통해 사유와 기억을 불러오고, 억압된 나부아의 기억과 그 속에서 사라져 간 하나하나의 유령들의 흔적을 환기시킨다. 「엉클 분미」와 「프리미티브 프로젝트」만큼 뚜렷한 정치적 메시지를 드러내지 않는 다른 아피찻퐁의 영화들도, 잔존하는 이미지들의 몽타주를 통해 보이지 않는 역사를—그것이 개인사이든 공동체의 역사이든 간에—, 그리고 억압된 기억을 불러온다. 영화 평론가인 정성일과의 인터뷰에서 "당신은 경계를 허무는 중인가요? 아니면 그 사이를 오가는 중인가요?"라는 질문은 받은 아피찻퐁은 웃으며 "아니. 나는 일종의 DJ 같은 작업을 하는 중이에요. 말하자면 샘플링을 따서 리믹스하는 거죠"라고 대답했다고 한다.[29] 아피찻퐁의 영화라는 환생은 따로 떨어진 과거의 이미지들—TV와 같은 대중매체 속의 이미지들을 포함한 온갖 종류의 잔존하는 이미지들의 몽타주로 이루어진다.

'잔존하는 이미지'는 프랑스의 미술사학자이자 철학자인 조르주 디디-위베르만(Georges Didi-Huberman)이 쓴 아비 바르부르크에 대한 연구서의 제목이기도 하다.[30] 그는 바르부르크의 작업에서 '잔존(Nachleben)'이라는 개념에 특히 주목한다. 바르부르크가 평생 동안 천착한 주제이기도 한 '고대의 잔존(Nachleben der Antike)'은, 미술 도상에서 시간을 뛰어넘어 불쑥불쑥 나타나는 고대의 흔적이며, 그것은 앞서 살펴본 'Pathosformel'과 연결되어 있다. 바르부르크의 「므네모시네」 작업은 이러한 고대의 잔존들을 재배열하는 일종의 몽타주 작업이었다. 김홍기의 지적대로 '잔존(Nachleben)은 생명(Leben)을 벗어난(nach) 역설적인 생명'이며, 이 '역설적 생명은 연대기적 질서를 횡단하며 산발적으로 느닷없이 출몰하는 시대착오적인 존재, 유령적 존재'이기도 하다.[31] 이 '유령적 존재'는 그 자체만으로는 우리 눈에 잘 보이지 않는다. 그것은 벤야민의 말했듯이, '예전'과 '지금'이, 서로 이질적인 것들이 만났을 때 '섬광처럼 번쩍'이며 우리 눈앞에 그 모습을 드러낸다. 몽타주는 이러한 순간을 마련하기 위한 필연적 장치이며, 아피찻퐁은 이러한 메커니즘을 그 누구보다도 잘 이해하고 있는 것 같다.

디디-위베르만의 「반딧불의 잔존: 이미지의 정치학」은 '잔존'을 '반딧불'의 '희미한 빛, 약한 빛, 미광(微光, lucciola)'에 비유한다.[32] '강한 빛(luce)'이 압도적인 곳에서 그것들은 거의 보이지 않지만, 그렇다고 해서 완전히 사라진 것은 아니다. 희미하지만 그것은 여전히 미광을 발산하며, 강한 빛에 맞선다. 디디-위베르만은 "왕국의 검열과 영광의 눈부신 빛–왕국이 모든 사물을 어둠에 빠뜨릴 때, 영광이 우리를 더욱 눈멀게 하려는 일념으로 빛을 사용할 때–에도 불구하고, 그럼에도 불구하고 민중을 출현하게 하는 자유"를 말한다.[33] 그의 이 말은 아피찻퐁의 「나부아의 유령」에 대한 주석처럼 들린다. 스크린 위에 투영된 비디오 「나부아」의 번쩍이는 번개는, 우리를 눈멀게 하는 왕국의 눈부신 빛이다. 그러나 아이들은 그 스크린 앞에서 굴하지 않고 '지평을 가르는 불덩이', '나타났다 다른 곳으로 사라질 혜성'[34] 같은 공으로 축구를 하며 자유롭게 움직인다. 디디-위베르만이 이야기하는 민중의 힘, 민중의 이미지로서의 반딧불은 아피찻퐁의 모든 영화 속에 존재한다. '미광이 가로지르는 밤'은 유령들로, 정글의 소리들로, 전생과 변신의 흔적들로, 원숭이 유령의 반짝이는 붉은 눈으로 가득한 밤이며, 그 밤에 나부아의 아이들은 우리를 눈멀게 하는 강한 서치라이트와 모든 것을 파괴하려는 번개에 맞서, 춤추듯이 공을 찬다. 이것은 아피찻퐁이 영화라는 매체로 쓴, 유령과 잔존의 새로운 신화다.

4. 다시 종교와 영화

아피찻퐁의 영화를 구조영화와의 연관성 속에서 분석한 오준호의 글[35] 후반부는, 아피찻퐁 영화에 등장하는 구조적 반복을 영화적 반복에서 신화적 반복으로 확장해서 해석한다. 여기서 그는 아피찻퐁 영화의 구조적 반복을 원형적인 차원의 것이라 이야기하며, 아피찻퐁 영화 속의 대립적인 요소들-낮/밤, 도시/숲, 남성/여성 등-을 엘리아데의 성/속의 대립과 연결시키고, "아피찻퐁의 영화의 낮에서 밤으로의 이행, 도시에서 숲으로의 이행은 구체적 · 역사적인 시간에 대한 전통 사회의 저항, 달리 말하면 기원의 신화적 시간, 「위대한 시간」으로 주기적으로 회귀하고자 하는 전통 사회의 향수와 닮아있다"(111쪽)고 지적한다. 그는 아피찻퐁의 각각의 영화에 대해서 "「정오의 신비스런 대상」에서는 사람들에게 내재해 있는 사건을 범주로, 개별적인 존재를 원형으로 환원하는 의식을 드러내며, …「열대병」은 크라토파니로서 호랑이와의 대면, 범신론적 세계와의 만남을 그려내며, 「징후와 세기」를 통해 자신이 존재하기 이전의 아버지와 어머니의 이야기, 존재의 선험적 시간을 탐색한다"고 분석한다(111-112쪽). 그래서 아피찻퐁의 영화 속에서는 결국 "… 구분되던 것이 연결되고 뒤섞여, 개별적인 것은 사라지고 범례적인 것만이 남아 비역사적, 비시간적이 되며, 원형적인 시간과 만난다"(112쪽)고 해석한다.

그러나 나는 이 주장은 오히려 정반대가 되어야 한다고 생각한다. 즉 아피찻퐁이 쓰는 신화는 범례적인 것으로의 회귀가 아니라, 지극히 개별적이고 고유한 것들의 기억에 대한 환기다. 그의 영화 속 변신, 전생과 환생, 유령들은 모두 개별적이고 고유한 것들이며, 저마다의 아픔과 고통을 지닌 것들이다. 아피찻퐁은 이들을 종교와 신화의 언어로 표현하지만, 그렇다고 해서 이들의 개별성을 종교와 신화의 언어로 지워 버리고 하나로 묶어 버리는 것은 절대 아니다. 디디-위베르만은 다수를 전체 안에 묶어 버리려는 시도와 정반대되는 것이 몽타주라고 지적한다. 그는 몽타주가 우리로 하여금 시간의 개별성에 다가가게 해 줄 때, 그래서 그러한 개별성을 통해 그것의 본질적인 다수성에 접근하게 해 줄 때 가치 있는 것이라고 말한다.[36] 아피찻퐁의 몽타주는 차이를 소멸하고 유사성만을 강조하는, 그래서 결국은 이 모든 것이 하나의 중심적인 시간 속으로 수렴된다고 주장하는 원형의 신화가 아니다.[37]

그런데 이는 종교적인 요소, 신화적인 요소가 들어간 영화를 분석할 때 쉽게 일어날 수 있는 오해 중 하나이다. 영화 속에 어떠한 신화적 구도가 포착된다거나, 특정 종교의 개념이 사용되었을 경우, 우리는 쉽게 그 신화적 구도에 대한 일반적 지식이나 특정 종교에 대한 지식을, 그 영화를 분석하는 결정적인 도구로 사용할 수 있기 때문이다. 그런 점에서, 아피찻퐁의 영화 구조를 불교 설화에서 가져온 것이라고 설명하고 싶어지는 유혹에도 불구하고, 그리고 또 실제 그 설명이 아피찻퐁의 이미지 배치 방식과 구조 전략을 부분석으로는 건드리고 있을지 모름에도 불구하고, "예술을 신비주의의 영역으로 이끌고 가는 것은 좋은 일이 아니"라며 이러한 유혹을 거부하는 정성일의 말은 새겨들을 필요가 있다.[38] 그리고 덧붙여 나는 종교와 신화 역시도 신비주의의 영역으로 이끌고 가는 것은 좋은 일이 아니라고 말하고 싶다.

아피찻퐁의 영화에는 변신과 전생, 환생, 유령 등 신화적·종교적 개념들이 들어가 있지만, 이는 개별적이고 고유한 아픔과 상처의 흔적을, 종교와 신화의 언어로 뭉뚱그려 감싸안으려는 것이 아니다. 오히려 아피찻퐁의 영화는 우리가 이전에 알고 있던 신화적 종교적 개념을 재고해 볼 기회를 마련해 준다. 그가 영화라는 매체를 통해 쓴 잔존과 유령의 신화는, 사람들을 겁주고 통제하기 위해 누군가가 만들어낸 유령의 신화와는 전혀 다른 것이기에, 여기서 우리는 신화라는 개념 자체에 들어 있는 다층성, 복합성을 지적할 수 있다. 또한 이분법적 구도가 나오지만 그것이 곧 보편적인 성/속의 대립 구도 속에서 확인 원형을 지시하는 것이 아니라, 대립적인 이미지들의 충돌을 통해 잔존하는 이미지를 바라보게 하려는 시도라는 점에서, '원형' 개념과 '잔존' 개념을 대비시켜 재고찰해 볼 수도 있다.[39] 그러나 이러한 부분에 대한 자세한 논의는 아마도 이 글의 범위를 넘는 것이 될 것이다.

그런 점에서 오준호의 글이 인용하는 아피찻퐁의 단편 「Wordly Desire」의 자막은—그의 글에서와는 완전히 다른 의미에서—이 글의 마무리이자 이어지는 또다른 연구의 시작점이 될 수 있을 것 같다. "깊고 깊은 산골짜기에 그들의 지난 꿈을 축하하기 위해 사람과 짐승들이 한 자리에 모였습니다. 모든 나무에 깃든 지난 시간들을 위하여."[40] 모든 나무에 깃든 지난 시간들. 그것은 어떠한 시간인가. 원형의 시간인가 아니면 잔존의 시간인가. 원형(의 시간)과 잔존(의 시간)은 어떻게 다른가. 우리는 '신화'라는 복합적인 개념 속에서 이들을 어떻게 구분해내야 할 것인가.

근대적 문자성과
개신교 담론의 형성

도 태 수

1. 종교, 미디어 그리고 문자성

　지금까지 우리는 종교를 정신적 측면이나 영적 측면으로 인식해 왔다. 이러한 인식은 역사적으로 먼 과거로부터 그랬던 것은 아니다. 우리가 종교를 정신적 영역에 정착시키고, 현재의 신앙 형태로 이해하게 된 것은 그리 멀지 않은 과거인 근대 이후에 발생한 일이다. 우리가 지금 갖고 있는 '종교'에 대한 인식은 장기간의 역사를 통해 일관되고 지속적으로 유지되지 않았으며, 역사적인 단절과 비연속 속에서 형성되었다.[1] 그리고 이러한 단절과 비연속적 변화는 시대적인 맥락과 환경을 통해 형성되었다. 특히, 이러한 시대적인 맥락과 환경 속에서 종교를 둘러싼 물질적 조건은 종교의 변화가 단순히 정신적 측면에서만 이해될 수 없음을 나타낸다.

　우리가 종교를 단순히 정신의 영역에만 두고 이해하기에는 종교의 역동성이 너무 크다고 할 수 있다. 특히 종교를 삶의 자리에 두었을 때, 종교는 다양한 물질적 맥락과 조우하면서 인간에게 육체적이고 감각적인 변화를 불러일으킨다. 따라서 종교를 이해하고자 할 때, 물질과의 다양한 상호관계를 인식하는 것은 우선적으로 고려되어야 할 문제이다.

　최근 종교에 대한 논의를 살펴보면, 이러한 종교와 물질의 상호관계를 중심으로 종교의 이해에 주목한 연구들이 종종 눈에 띈다. 특히 종교와 물질적 관계에 관심을 가지면서, 매체의 관계에 주목한 연구들이 지속적으로 생산되고 있다. 그 가운데, 최근 출판된『디지털 종교(Digital Religion)』는 변화된 매체환경 속에서 종교를 어떻게 인식해야 하는지에 관한 물음을 제기하고 있다. 이 책의 저자들은 디지털 매체의 환경에서 발생하는 종교적 경험의 진정성과 권위에 대한 문제를 주목하면서, 이러한 변화가 종교 경험의 내용 역시 변화시킬 수 있음에 주목하고 있다. 또한 그들은 변화된 매체적 환경을 통해 종교적 경험이 기존과는 다른 결과를 야기한다고 설명한다. 계속해서 그들은 현재의 변화된 매체적 환경 속에서 생산된 종교 경험이 과거의 종교 경험과 다르다고 해서 이 경험들을 의심스럽게 바라볼 수는 없다고 전제한다.[2] 이들의 주장은 변화된 매체환경이 종교 경험의 새로운 현실(reality)을 제공하고, 이러한 현실들이 삶의 자리를 차지하고 있는 종교에 스며들어 신앙인들의 삶의 내용을 변화시킨다고 설명하고 있는 것이다. 따라서 변화된 매체적 환경 속에서 경험되는 종교적 경험이 이전과 다르다고 해서 진위성의 여부를 따지는 것은 소모적인 논쟁으로 이어질 수밖에 없다.

역사적으로 인간의 종교 경험이 단 한순간도 매체적이지 않았던 적은 없었다. 먼 옛날 동굴 벽에 그림을 그려 넣었을 때부터, 성당 벽에 그림을 그리고 창문을 스테인드글라스로 채색하던 시기를 지나 오로지 종교의 진리가 책에만 기록되었다고 믿는 종교까지, 종교는 한순간도 매체와 분리된 적이 없었으며 매체환경으로부터 자유로웠던 적이 없었다.

그리고 그러한 매체환경은 구체적인 인간 경험의 시·공간을 매개한다.[3] 다시 말해 매체는 인간과 사회를 연결하고 '매개하는(mediating)' 것이다. 인간의 경험은 감각인식을 통해 지각되고 매체를 통해 사회에 투사된다. 그러나 이러한 매체는 단순하게 인간의 지각경험을 전달하는 전달체인 것만은 아니다. 매개자로서 매체는 그 기술적 형식에 따라 인간의 감각적 지각 능력을 변화시키고 이를 통해 발생하는 사회적 현실에 새로운 환경을 제공한다. 따라서 매체는 '기술형식'으로서, 인간 개인의 삶과 사회적 삶에 변화를 일으키는 주요한 동기가 된다.

이렇게 볼 때, 매체는 개별 인간의 감각적 지각을 변화시키고 변화된 사회적 환경을 제공한다. 그리고 이러한 매체의 특성은 종교적 경험에서도 다르지 않다. 특히, 종교적 경험이 이전의 경험 방식과는 단절되어 있는 근대 종교 상황에서는 더욱 그러하다. 여기에 한국 초기 개신교의 종교 상황은 그러한 종교 경험을 알 수 있는 단적인 예가 된다. 그리고 개신교 선교사들에 의해 유입되었던, 근대적 문자성(literacy)은 문자라는 매체가 가지고 있는 '기술성'(technology)[4]이 어떻게 한국 초기 개신교의 종교성에 변화를 일으켰는지, 그 단초를 제시한다. 따라서 본고는 근대적 시기의 한국 개신교의 종교성 형성에 중요한 역할을 한 문자에 주목하고 이를 논의하고자 한다.

매체 이론가 키틀러(Friedrich A. Kittler: 1943~2011)에게 매체는 '기록체계'(Aufscreibesysteme)이다. 그에게 매체는 해당 시대의 정보를 저장·기록하는 수단이다. 하지만 이러한 매체는 단순히 정보를 저장·기록할 뿐만 아니라, 담론을 통제하고 관리하는 환경을 제공한다. 따라서 매체는 정보를 저장하고 기록하는 수단임과 동시에 매체상황을 통해 담론 상황을 제공하는 '체계'(system)인 것이다. 그리고 기록체계로서 매체는 역사적 시기에 따라 그 형식을 달리한다. 키틀러는 이러한 이해를 바탕으로 19세기 대표적인 기록체계를 문자(알파벳문자)를 통한 쓰기라고 이해했으며, 대표적인 매체를 낭만주의 문학 텍스트로 인식했다. 또한 그는 20세기를 아날로그 매체의 경쟁 시대로 인식하면서, 20세기 대표적인 기록체계로서 타자기·축음기·영화에 주목한 바 있다.[5] 그러나 19세기의 기록체계와 20세기의 기록체계는 역사적인 연속성을 지니고 있지 않다. 19세기와 20세기는 기록체계의 관점에서 보면, 파열의 시기이며 불연속적인 시기라고 볼 수 있다.[6]

여기서 흥미로운 사실은 그가 19세기의 대표적인 매체를 문학 텍스트로 바라보고 있다는 점이다. 특히, 그는 19세기 독일 낭만주의 문학 텍스트를 이 시기의 대표적인 매체로 이해하고 있다. 이는 문자를 바탕으로 한 쓰기의 '기술성'이 19세기 이전과 이후를 통해 단절적으로 나타나기 때문이다. 이 시기에 낭만주의 문학 텍스트의 쓰기의 방식은 이전의 쓰기의 방식과 질적인 차이를 나타낸다. 이는 '텍스트의 기술성(die techizität des textes)'[7] 자체가 달라지기 때문이다. 따라서 이 시기는 근대적인 문자성을 바탕으로 한 텍스트의 기술성이 변화된 시기라고 인식할 수 있다. 그리고 이러한 차이는 표의 문자를 바탕으로 한 쓰기의 기술성과 알파벳 문자를 통한 쓰기의 기술성 사이의 파열적 지점을 통해 형성된다.

본고가 한국의 초기 개신교[8] 문서의 문자성에 주목하는 지점도 같은 맥락에서 이해될 수 있다. 개항기 조선에 근대적 문자성을 보급한 것은 서양인 선교사들이었다. 이들은 알파벳 문자(한글: 표음문자)[9]를 통해 자신들의 선교 목적을 달성하고자 하였다. 따라서, 그들은 한글을 보급하고 한글을 토대로 개신교 문서선교를 진행한다. 이 과정에서 조선은 이전과 다른 '쓰기'와 '읽기'가 발생했다. 이른바 근대적 '문자성'[10]이 탄생했던 것이다. 또한 이러한 근대적인 문자성 속에서 종교는 이전과 다른 문화적 토대를 형성하였다. 따라서 본고는 이와 같은 근대적 문자성의 특징 속에서 초기 개신교의 종교성 형성에 주목하고자 한다. 이를 위해, '2장 저자를 위한 여백'에서는 근대적 '쓰기'의 문제를 집중적으로 검토하고, '3장 읽기의 테크놀로지'에서는 근대적 '읽기'에 주목한다.

2장, '저자를 위한 여백'은 '저자, 주체, 그리고 내면화'와 '근대적 쓰기로서 개신교 문서'라는 두 절로 구분되어 있다. 우선 첫 번째 절은 근대적 쓰기에서 개인 저자가 어떻게 탄생하고, 이들이 텍스트 안에서 어떻게 행위하는 주체가 되며, 이러한 행위가 왜 내면적인 사유 행위로 귀결되는지에 대해 이론적으로 탐구하고 있다. 그리고 두 번째 절은 첫 번째 절의 이론적 논의를 한국 초기 개신교 문서에 적용해서 이해하고자 하였다.

3장, '읽기의 테크놀로지'는 '근대적 읽기의 근원'과 '한국 초기 개신교의 읽기'로 구분되어 있다. 여기서 첫 번째 절은 근대적 읽기의 발생에 대한 이론적 논의이다. 특히 그러한 읽기가 어떻게 이전과는 다른 독특한 담론 체계를 형성하는지에 대해 탐구하고 있다. 이어 두 번째 절에서는 이러한 근대적 읽기의 특성이 어떻게 한국 초기 개신교의 읽기에 적용될 수 있는지를 살펴보았다.

2. 저자를 위한 여백

1) 저자, 주체, 그리고 내면화

푸코는 그의 책 『말과 사물』을 통해, 16, 17세기의 사유 체계의 불연속성에 주목한다. 그는 16세기의 사유체계와 17세기의 사유체계가 분절적으로 나타난다고 설명하면서, 인간이 사물을 인식하는 방식에 있어서 언어(문자)의 역할에 주목한다. 그에 따르면 16세기의 언어는 사물의 표지였다. 이 속에서 언어는 사물에 대한 직접적인 형상이며, 표상이 된다. 이에 반해 17세기 언어는 사물의 표지가 아니라 인간 사유의 표지로 나타난다. 따라서 이 시기의 언어는 사물에 대한 직접적인 표상과 재현이 아니라, 인간의 의식 속에서 추상화된 기호의 형식으로 나타난다. 특히, 이러한 언어적 차이는 해당 시대의 담론 상황에 결정적인 영향을 미치는데, 이러한 담론 상황은 인간의 사유체계, 이른바 에피스테메(épistémè)[11] 파열을 발생시킨다는 것이다.[12] 따라서 푸코는 인간의 사유가 고정불변하고 연속적으로 고착되기보다는 해당 시대에 형성된 담론의 질서 속에서 단절적이고도 불연속적으로 형성된다고 생각하고 있다. 푸코의 이러한 분석은 인간의 사유체계의 형성과 언어의 관계에 대한 인식의 토대를 구축했다. 하지만, 그의 분석에서 그는 해당 시대의 언어의 기술성의 문제에 주목하지 않았다.[13]

오랫동안 서구에서 언어에 대한 이해는 '음성중심주의(phonocenterism)'를 기반으로 했다. 이러한 음성중심주의는 인간의 목소리가 문자라는 기호의 로고스임을 나타내는 것이다. 로고스는 진리의 근원이다. 그리고 그 진리의 근원은 인간의 영혼에 깃든 형이상학적 전제이다. 인간의 내면에 자리하고 있는 로고스를 인간은 자신의 발화를 통해 세상 밖으로 표출한다. 따라서 "음성중심주의는 목소리와 존재의 절대적 근접성이며, 목소리와 존재의 의미에 대한 절대적 근접성을 나타내고, 음성중심주의는 목소리와 의미에 대한 관념성의 절대적 근접성을 뜻"하는 것이다.[14] 결국 음성중심주의는 세계에 대한 형이상학적 진리인 인간 내면에 대한 발화로 이해된다. 그리고 이러한 음성중심주의에는 필사 시대 쓰기의 비밀이 숨겨져 있다.

중세 서구 기독교에서 질서화된 자연은 신과 인간을 유기적으로 연결하는 매개라는 인식이 형성되었다. 또한 인간은 이런 질서화된 자연을 통해 신의 진리를 인식할 수 있다고 생각하였다. 그리고 이러한 인식을 토대로 인간은 자연에 대한 새로운 은유를 만들어낸다. 그러한 은유는 유기체적인 자연이 신과 닮았다는 유사성에 근거해서 만들어진다. 여기에 인간의 내면은 신의 정신이 깃들어 있는 장소이다. 따라서 인간은 자연을 통해 신의 진리를 발견할 수 있는 신의 대리인이다. 이에 따라 인간은 정신을 통해 자연에 깃든 신의 진리를 찾아내야만 했다. 여기에 기독교 경전은 자연의 창조적 진리가 계시적 형태로 제시되어 있다. 따라서 인간은 자연에 내재해 있는 신적인 진리를 찾고자 경전에 매달린다. 인간은 경전에 계시되어 있는 말씀과 자연에 내재해 있는 신적 진리의 표지를 끊임없이 대조하면서, 경전의 주석 달기에 집중한다. 이러한 지속적인 성서의 주석 달기는 끊임없는 수사학적 기술을 통해 이루어지고, 인간은 자연(사물)의 표면에 상징화된 표지(표의문자)를 달아놓는다.[15] 그리고 주석자는 이러한 표지와 경전에 계시된 '말씀'을 대조하여 '유사성'을 발견하려 한다. 따라서 그의 주석에는 신의 진리를 대신할 수많은 수사적 집적만 있을 뿐, 새로운 의미를 창조하고자 하는 행위는 존재하지 않는다. 이런 상황 속에서 주석자는 텍스트 겉표지에 자신의 이름을 적어 넣을 여백을 제공받지 못한다. 단지 누군가에 의해서 발화되는 경전의 내용과 격언, 금언 그리고 아포리즘을 반복적으로 받아 적으며 필사를 할 뿐이다.[16]

그러나 언어가 인간의 사유의 표지가 된 시대의 쓰기(writing)는 이전의 필사적 쓰기(dictating)와는 다르다. 더 이상 사물은 문자를 통해 자신의 내면을 드러내지 않으며, 인간은 그러한 표지를 찾으려 하지도 않는다. 오히려 인간은 자신의 사유를 나타내기 위한 문자를 고안해야 한다. 이때 알파벳이 인간의 추상적 사유를 기호로 표현할 수 있는 효과적인 기술로 등장한다.

알파벳은 인간의 소리를 저장하기 위해 만들어진 문자이다. 이러한 알파벳은 인간의 발화를 추상화한 것으로, 의미를 전제하지 않았다. 즉, 알파벳 문자는 인간의 추상적 사유방식 속에서 발생하는 '2차적 기호'에 불과하다. 따라서 저자는 의식적으로 알파벳 기호에 의미를 연결하는 2차적인 작업에 몰두해야 한다. 여기서 저자는 텍스트에 나열된 알파벳 기호를 의미에 연결 짓는 행위의 주체가 되어야 한다. 저자는 텍스트의 기표들에 기의가 미끄러지지 않도록 양자의 사이를 중재해야 하며, 기의를 기표에 고정시켜야 하는 것이다.[17] 따라서, 저자는 텍스트 안에 "태초에 신(the God)이 있었고, 태초에 말씀(the Words)이 있었다"는 반복적 경구 대신에 "태초에 '자신의' 행위(the Act)가 있었다"는 문구를 텍스트 첫 머리에 적어 넣어야 하는 것이다.[18]

여기서 저자의 행위는 기존의 텍스트에 주석을 달며 문자의 '대체(paraphrase)'[19]를 반복하던 수사학적 순환을 중지하고, 텍스트 안에서 자신의 문장을 써 내려가야 한다. 다시 말해, 저자는 텍스트의 기표들에 새로운 의미를 부여해야 하는 것이다. 따라서 아포리즘처럼 전해오는 텍스트의 낱말들에 '빗금을 치고(crossings-out)'[20] 저자의 이름이 달린 새로운 단어들을 그 자리에 적어 넣어야 한다. 이를 통해 비로소 저자는 자신의 이름을 텍스트 전면에 드러내며, 텍스트의 표면에 자신의 이름을 위한 여백을 남겨 두게 된다. 이젠 텍스트는 원본 텍스트의 반복이 아니라 저자 자신의 창조물로 나타나게 된다.[21]

그리고 이러한 쓰기는 내면적 탐색의 행위이다. 쓰기의 행위는 어떠한 소리도 내지 않으며 조용한 침묵 속에서 진행한다.[22] 저자는 자신의 쓰기를 진행하는 데 있어 소리 내어 읽지 않는다. 그저 기표와 연결할 새로운 의미를 사색하고, 그 사색의 결과로 기표를 텍스트에 적어낼 뿐이다. 그리고 이러한 사색 속에서 저자는 서사를 기하학적인 원근법의 원리에 따라 '선형적(lineary)'으로 배치한다. 다시 말해 텍스트 자체의 의미를 전달하기 위해서 저자는 소실점으로부터 의미로 접근하는 직선적 서사를 의식 내면에 기획하는 것이다.[23] 이에 따라 근대적 쓰기는 내면적 쓰기의 기획으로 나타나기 시작한다.

근대적 쓰기는 아포리즘을 반복적으로 받아 적는 필사적 쓰기와는 다르다. 특히, 이러한 차이는 근대적 공간에서 자신의 민족어를 개발하여 알파벳 문자로 텍스트를 작성하는 텍스트 기술성의 차이에서 비롯된다. 이러한 차이 속에서 저자는 끊임없이 문자와 의미 사이의 간격을 조정하여야 한다. 그리고 이러한 사유적 행위를 통해서 저자 스스로가 텍스트를 창조하는 주체임을 드러내야 한다. 따라서, 저자는 비로소 텍스트 표면에 그리고 겉표지에 자신의 이름을 적어 넣을 수 있는 여백을 배당받게 된다.

그렇다면, 한국 근대의 쓰기는 어떠했는가? 한국 초기 개신교의 문서선교는 한글(알파벳)을 토대로 이루어졌다. 따라서 한국 초기 개신교의 문서들은 한국의 근대적 쓰기의 관행을 추적할 수 있는 단서가 될 수 있지 않을까? 이러한 가정 아래, 다음 절에서는 한국 초기 개신교 문서를 통해 한국 근대 초기의 쓰기가 어떠한 형태로 진행되었는지를 살펴볼 것이다.

2) 근대적 쓰기로서 개신교 문서

필자가 판단하기에 한국의 한글 사용은 근대 초기 개신교 선교사들의 문서선교와 더불어 본격적으로 시작되었다고 생각한다. 따라서 근대적 쓰기의 특징이 알파벳 문자의 전면적 사용을 통한 텍스트 기술성의 차이에서 비롯된다고 할 때, 한국 초기 개신교의 문서선교는 근대적 쓰기에 있어 중요한 지점이다. 이에 따라 이 절에서는 초기 개신교 개신교 문서들 가운데 세 편을 선별하여 근대적 쓰기의 형태를 분석하고자 한다.

여기서 분석하는 문서는 『랑자회개』, 『해타론』, 『성산명경』 총 세 편의 개신교 문서로 1885년부터 1911년까지의 출간된 문서이다. 이렇게 세 편의 개신교 문서로 한정하는 것은 시기적으로 이 세 편이 비교적 초기 개신교 문서에 속하기 때문이며, 또한 한국인 저자들에 의해서 작성되었다는 특징을 가지고 있기 때문이다.

개신교 문서의 초기 서사 양식은 주로 문답체 양식으로 구성되었다. 이는 중국의 전통 문헌에서 종교적 진리를 깨닫는 데 활용했던 서사적 방식이다.[24] 이러한 문답체 서사양식은 근대라는 특정시기에만 사용되었던 것은 아니다. 고대로부터 문답체는 문대체(問對體)[25]라는 서사 양식을 통해 지속적으로 이용되어왔다. 이러한 문대체의 경우 글을 쓰는 화자가 글을 읽는 독자에게 정보를 전달하기 위해 문답이라는 형식으로 서술하는 것으로 해당 시대의 이데올로기를 사회적 윤리의식으로 전환하는 역할을 하였다.[26] 따라서 문답체는 고대로부터 지속적으로 서술되어 왔다. 그러나 이강화에 따르면 이러한 문답체의 경우 서술자의 개입 여부에 따라 크게는 두 부분으로, 작게는 세 부분으로 구분될 수 있다고 하였다. 다시 말해 서술에 있어 서술자가 전혀 개입하지 않는 형태와 개입하는 형태, 그리고 개입에 있어서도 글의 문답을 주고받는 누구에게도 동의하지 않고 양자에 비판적 태도를 고수하는 태도를 통해 저자의 의도를 직접적으로 표출하는 양식이 그것이다. 또한 이강화는 이러한 서술자의 개입의 형태에 따라 현대적 서사 양식과 동일한 양상으로 나아간다고 주장한다.[27] 예를 들어, 이강화는 저자가 문답에 참여하여 문답을 벌이는 이들을 모두 부정하는 형태가 지금의 '전지적 작가시점'의 서술 양식과 비슷하다고 지적한다. 따라서 문답체 서술에서 고대적 서술인가, 혹은 근대적 서술인가를 구분하는 중요한 기준점은 글쓰는 주체인 저자가 텍스트에 자신의 의도를 일관되게 관철하기 위해 서사에 직접 참여하는가의 여부에 있다고 할 수 있다. 그리고 아래서 살펴볼 세 편의 문서는 이러한 문답체의 서사적 방식으로 서술되어 있으며, 글 쓴 주체인 저자의 주장이 일관되게 서술되어 있다. 그리고 이러한 저자의 등장은 근대적 기록 저장 방식인 알파벳 문자, 한글쓰기의 기술성과 밀접한 연관이 있다.

이수정은 일본에서 1885년 『랑자회개』라는 번역 개신교 문서를 출간한다. 이 번역서는 누가복음 15장 예수의 탕자의 비유를 바탕으로 한 해석서이다. 따라서 이 문서의 서술 방식은 두 가지 방식으로 나누어진다. 첫 번째 서술 방식의 부분은 누가복음 15장의 내용을 서술한 부분이다. 그리고 두 번째 서술 방식의 부분은 이러한 누가복음의 내용을 저자가 해석한 부분이다. 여기서 주목할 부분은 첫 번째 부분의 경우 기독교 경전의 문답체 양식을 간접적으로 드러내놓고 있으며, 두 번째 부분은 저자가 서사에 참여하여 전체적인 화자로서 글을 이끌어가고 있다는 점이다. 특히, 첫 번째 부분에서 아버지와 큰아들의 대화는 문답체로 서술되어 있다.

> 큰아들이 부친다려 일너왈 아버지를 섬긴지 오래매 아버니 뜻슬 어긘배업고 아버니 말삼을 듯지 아닌배 없되… 그 부친이 대답허여 일너왈 내 아들라 나의 말을 드르라….(띄어쓰기, 강조는 필자)[28]

여기서 강조된 '~왈'과 '~대답허여 일너왈'은 유교 경서들의 문답체의 방식을 그대로 유지하고 있다. 즉 경구나 격언들을 서술할 때 쓰는 전형적인 방식인 것이다. 그리고 이러한 서사적 방식은 첫 번째 부분에만 등장하고, 이후 두 번째 부분에서는 등장하지 않는다. 특히, 첫 번째 부분에서는 저자 역할은 텍스트 안에서 서사를 직접 이끌어가는 화자가 아니라, 옛 고사를 그대로 옮겨 적는 필사자로만 한정되어 있다. 그러나 두 번째 부분에 들어가면서 서사의 방식은 달라진다. 저자가 텍스트에 화자로서 적극적으로 개입하는 것이다. 특히, 저자는 독자를 적극적으로 가정한다.

> <u>청컨대 글 보는 사람은</u> 행여 스스로 그릇치지 말찌여다… <u>이 책 보는 벗님</u>
> <u>네도</u> 또한 <u>져붓터</u> 죄가 만을진니….[29]

저자는 '청컨대 글 보는 사람은~'이라는 문장과 '이 책 보는 벗님네도~'라는 문장을 텍스트에 배치함으로써 적극적으로 독자를 가정하고 있다. 또한 '져붓터'라는 말을 적어 넣음으로써 화자를 직접적으로 노출하고 있다. 이를 통해서 저자는 스스로가 텍스트를 통해 독자에게 할 이야기가 있음을 나타내고, 자신이 쓰기의 '행위'(the act)를 하고 있음을 적극적으로 피력한다. 따라서 저자는 비로소 텍스트 외부에서 반복적인 글쓰기만을 하는 것이 아니라 내부의 행위 하는 주체인 저자로서 등장하고 있는 것이다. 더욱이 두 번째 부분에서의 글쓰기는 내면적 서사를 단적으로 보여주고 있다.

> 악의 물들어스며 또한 져도 항상 악을 행허는고로 화를 면치 모허고 바들 세밧그로 재앙과 해함긔이르며 안흐로 양심이 잇쓸 때의 붓그러워 자책허나니 오직 죄악의 보응허오 미금생의 만잇는거시아니라 금생 후의 지옥이 잇나니….[30]

> 다만 사람의 죄를 벌허시미 상제계서 죠와 허시는 닐리 아닌지라 성서에

말삼이 잇스되 상제는 사랑 아니 허시는 배업셔 잡되고 더러운듸 빠진 사람

이라도 상졔계셔는 아모죠록 졔가 머리를 도로 혀 허물을 곳쳐써 장내의 화

를 면허기를 바라시나니…사람으로 하야금 상제가 열심히 져의 들을 사랑허

시물 알게하시니이….[31]

내면적 서사는 인간의 감정·정서적 측면에 대한 적극적인 표현이다.[32] 따라서 '양심'과 '사랑'그리고 '죄'와 같은 정서적이고 감정적인 단어들은 이 문서의 내면성을 어느 정도 가늠하게 한다. 또한, 이러한 단어들이 텍스트 상에서 저자의 '번역'에 의해 설정된 단어들임을 인식할 수 있다.[33] 이 문서 에서 사랑은 비유를 통해 작가가 의도하는 의미를 수렴하는 기표로 작동한 다. 이 문서의 첫 번째 부분에서 사랑은 탕자가 되어 돌아온 작은아들에 대 한 아버지의 사랑이다. 하지만 두 번째 부분에서 나타나는 사랑은 그 의미 가 확장된다. 다시 말해, 회개하고 뉘우치는 아들에게 무조건적인 사랑으 로 용서를 해주는 아버지의 사랑을 신의 관대한 사랑과 등치 시킴으로써 사 랑의 의미를 신의 사랑으로 연장시키는 것이다. 따라서 저자는 부모에 대한 사랑으로 설정된 기표를 다시 신의 관대한 사랑이라는 의미로 고정한다.

양심이란 단어 역시, 이와 같은 저자의 번역적 작업이 드러난다. 첫 번째 부분에서 작은 아들은 자신의 방탕한 삶을 부끄러워하며, 아버지에게 돌아 가 자신의 지난날의 삶을 반성하고 용서를 구한다. 여기서 양심은 자신의 그릇된 행동에 대한 반성의 근거이다. 하지만, 두 번째 부분에서 양심의 근 원은 신이다. 양심은 육체적 욕망과 우상에 대한 믿음에 관한 부끄러움이 며, 반성의 기준이다. 이제 이 텍스트에서 양심은 개인 성찰의 근원이 아니 라 자신의 죄에 대한 고백의 근거가 되었다. 결국 저자는 텍스트를 통해서

사랑과 양심이라는 기표에 자신의 의미를 고정했다. 텍스트 안에서 이 두 단어는 다른 텍스트에서 사용되는 의미와는 변별성을 갖게 되었고, 저자는 기표와 기의를 조정하는 창조자로 자리하게 되었다.

이러한 저자의 창조적 행위는 길선주가 저술한 문서인 『해타론』에도 반영된다. 이 문서는 전형적인 내면적 양식의 서사를 보여준다. 특히 게으름을 나타내는 추상적 단어 해타(懈惰)를 짐승으로 은유하면서, 저자는 자신이 의도한 의미를 해타라는 기표에 달라붙게 한다.

> 이 길가 온대 한 큰 괴악한 즘생이 잇스니 그 형상이 괴괴망측하고 그 성품이 흉악하며 허리는 길고 그 몸과 그 머리는 심히 크고 그 입이 대단히 넓어 큰 사람이라도 능히 통으로 삼키는지라 그러나 그 네 발은 힘히 짧으니 힘써 빨니 다라 나는 사람은 따르지 못 하여 먹지 못 하는 고로 … 이 즘생이 일홈은 해타라.[34](띄어쓰기 필자)

또한, 저자는 이러한 은유를 기독교 경전의 창조 신화와 연결 지으면서, 해타라는 것이 인간의 본성임을 강조한다.

> 하나님께서 천지만물을 창조하시고 아담 이와를 내신 후에 하나님의 명을 순이 직히면 억만년 태평한 안락과 무궁한 복록을 누리게 하셧더니 이 두 사람이 명을 어기고 죄를 범한 후에 이 세상에 여러 가지 괴로온 일이 생긴 중에 이 과악한 해타 즘생이 모안로에 비로소 생겻는지라[35]

이러한 서사를 통해 저자는 해타(게으름)가 인간 타락의 원인이라는 점을 명시하는 동시에 이러한 해타를 극복하기 위한 근면함을 신에 대한 충실하고도 부지런한 믿음으로 제시하고 있다.

> 예수께서는 십자가에 목 박히기 전날 밤에 산에 가서 귀도 하시고 도라와서 제자들이 게을너 잠자는 거슬 보시고 심이 근심하여 갈아사대 항상 깨여 귀도하여 위태함을 면하라 하서스니 이 모든 이으 사적은 성위국으로 드러간 사적이라[36]

결국, 저자는 텍스트 속에서 게으름을 해타라는 짐승으로 전환하고, 해타를 인간의 충실한 믿음과 부지런한 신앙생활의 부족으로 발생하는 것으로 설명한다. 그렇게 해서 저자는 해타라는 기표를 개인의 나태함뿐만 아니라 신앙생활의 나태함으로까지 의미를 확장한다. 더욱이 저자는 텍스트 상에서 스스로 화자가 자신임을 명백하게 드러내기까지 한다.

> 해타라 하는 즘생은 엇더한 즘생이기에 능히 사람을 먹는고 하야 심이 아혹하더니 내가 몇 날을 궁구하여…[37]

이와 같이 개별 기표에 저자의 의도를 고정하는 번역적 글쓰기는 『성산명경』[38]에도 그대로 나타난다. 이 문서는 기독교도인 신천옹(信天翁)과 유교 선비 진도(眞道)와 불교 도승 원각(圓覺) 그리고 도교의 선사 백운(白雲)이 모여 토론을 하는 문답체 양식으로 되어 있다. 저자는 당시의 대표 종교들의 교리를 기독교 변증론에 따라 논파하는 내용으로 글을 진행하고 있다.

텍스트 안에서 이 문서의 서사를 이끌어가는 화자는 기독교도인 신천옹이다. 이 신천옹은 자신의 이름을 '짧은 꼬리 앨버트로스'라는 새의 학명인 '신천옹'이라는 새의 모습에 감명을 받아 개명한 이름이라고 설명한다.[39]

> 오리갓치 물우헤 떠단니되 입은 항샹 하날노 우러러 물속에 고개들이 공에 뛰놀다가 우연이 입으로 드러오면 주린 챵자를 요긔하고 일호도 해물지심이 업서 샤욕을 거절하고 텬명을 슈하난지라[40]

그러나 이러한 새의 명칭으로서 '신천옹'은 이 텍스트 안에서는 다른 의미로 전도되어 명사화된다. 다시 말해 신천옹이 입을 벌리고 천명을 기다리는 것처럼, 기독교의 수용을 자연스럽게 받아들여야 한다는 저자의 의도가 반영된 이름인 것이다.[41] 따라서 저자는 새의 학명 '신천옹'이라는 기표에 '천명(기독교)를 기다리는 자'라는 새로운 기의를 연결함으로써 텍스트 안에서 새로운 명칭으로 탄생시킨다. 이러한 저자의 기표와 기의의 조정은 제목에 부여된 '셩산'에도 동일하게 작용하고 있다. 이 셩산은 텍스트 안에서 토론자 네 명이 토론을 진행하는 장소이다. 이들은 아시아 동방의 명산인 '셩산'에 있는 영대에서 토론을 하고 있는 것이다. 그러나 이러한 셩산은 단순히 지명으로만 한정되는 것은 아니다.[42] 저자는 셩산을 "셩산(聖山)은 곳 밋난쟈의 몸이오 령대(靈臺)는 곳 밋난쟈의 마암"이라고 문서의 마지막 부분에 기술하고 있다. 따라서 저자는 토론을 진행하는 장소마저 기독교적 의미로 전환함으로써 기표를 능수능란하게 변형하는 창조적 행위자로 역할하고 있는 것이다. 결국, 저자는 기표와 기의 간의 간격을 조정하고 자신의 의미를 고정함으로써 텍스트의 주체로 등장하고 있으며, 추상화된 기표 형식에 의미를 배치하고자 하는 사유적인 행위를 하고 있다.

이렇게 기표와 기의의 간격을 조정하고 알파벳 문자에 의미를 고정하는 것은 저자의 의식적인 노력이다. 그리고 이러한 의미 심연에는 자아로서 저자가 존재하고 있으며, 저자 자신의 정체성이 숨겨져 있다. 이러한 내면성의 형성은 『성산명경』의 저자인 최병헌에게도 동일하게 나타난다. 그는 기독교인이기 이전에 유학자로서 유교에 조예가 깊은 지식인이었다. 그러나 한국 사회가 개항으로 비롯된 서구의 충격으로부터 자신의 유교적 정체성이 균열에 이르렀던 것으로 보인다.[44] 따라서 『성산명경』 안에서 유 · 불 · 선 가운데 유독 유교에 대해 집착하는 모습은 이런 자기 정체성의 균열을 통한 새로운 기독교적 정체성의 고정에 따른 것으로 보인다. 그리고 이러한 정체성의 고정은 쇠락해가는 조선의 모습과 그를 지탱하던 유교의 모습 속에서 조선을 다시 부국강병의 국가로 만들기 위한 정신의 강조인 기독교적 정체성 확립으로 이어진다.

> 그러나 우리의 토론함은 정치샹 관계가 아니오 슌젼한 도덕계의 말삼이라 … 진도가 청파에 놀나 갈아대 셔국의 문명함이 실노 예수교 덕화의 밋친 바라 하고 용단함 마음으로 예수교 밋기를 쟉뎡하거날[45]

여기서 진도는 서양의 문명이 기독교 안에 있으므로 기독교로 개종하기를 작정한다. 그러나 신천옹은 이 토론이 정치(부국)와는 관련 없는 도덕(정신)에 관한 것임을 주장한다. 결국 신천옹이 주장한 바와 진도가 느낀 바가 다른 것이다. 이는 부국을 위해 유교를 버리고 기독교를 선택하는 것이 아니라 정신을 달리함으로써 세계를 바라보는 정체성 자체를 달리해야 한다는 저자의 의도가 반영된 결과라고 할 것이다. 결국 이것은 물질에 대한 인간 정신의 승리를 주장한 근대적 세계관이며, 저자에게 이러한 근대적 세계 관의 정신이 바로 기독교적 세계관임을 주장하는 것이다. 따라서 저자는 인 간의 영혼(정신)이 바로 서야 세계가 바로 설 수 있음을 주장한다.

> 물톄란 거슨 일월성신과 금목슈화토 갓흔 거시니 아모 지각도 업고 영위
> 도 업셔 사람의 일용하난 물건이 되고 령혼이란 것슨 형상이 업난 중에 허령
> 감각과 량지량능이 잇셔 능히 물건을 졔조도 하고 능히 텬디일원을 츄측하
> 야 헤아릴 수도 잇고 초모금슈를 능히 부리며 배양할 수도 잇나니[46]

결국 저자는 인간의 정신이 세계를 다스리는 바탕이며, 이러한 정신의 핵 심에는 기독교 정신이 있음을 선언하고 새로운 내면적 정체성으로서 기독 교 정신을 강조하고 있는 것이다.

이 세 편의 개신교 문서는 한글 문서로서 저자들이 텍스트 안의 기표들에 의미를 열결 짓는 창조적 행위를 하고 있다. 이러한 작업은 개별 단어에 자 신의 의미를 달아 놓는 작업에만 한정되는 것이 아니라, 저자의 의도에 따 라 기표들을 배열하고 이런 기표에 기의를 달면서 점차적으로 자신의 의도 에 일관되게 접근하는 직선적인 서사 방식을 채택하여 글을 원근법적인 묘 사에 따른 내면적인 서사로 나아가고 있다.

3. 읽기의 테크놀로지

1) 근대적 읽기의 근원

쓰기는 읽기로부터 시작된다. 그리고 그러한 읽기는 말하기로부터 시작

된다. 문자라는 것은 말하여진 소리를 시각적으로 저장하기 위해 만들어진 것이다. 따라서 쓰여진 문자는 텍스트라는 평면에 사라지는 음성을 붙잡아 저장한다. 그리고 그러한 음성은 인간의 소리이며, 인간의 입을 통해 말하여진 말이다. 구어성, 이것은 인간의 쓰기의 근원이며, 문자의 시작이다. 하지만, 월터 옹(Walter J. Ong, 1912~2003)은 현재의 문자성이 이전의 문자성과 다르다고 보면서, 이전의 문자성은 구술성을 바탕으로 한 필사적 읽기 방식으로 이루어졌다고 설명하고 근대의 문자성은 구술성이 제거된 시각화된 읽기의 형식으로 전환되었다고 주장한다. 이에 따라 이전의 읽기와 현재의 읽기는 엄밀하게 다른 감각경험을 동반한다고 가정한다.[47] 그리고 이런 주장의 이면에는 근대 세계에 있어 구어성을 바탕으로 한 청각경험보다는 시각경험인 문자성이 더 우위에 있음을 주장하는 것이다.

하지만, 인간의 발화는 사라진 적도 축소된 적도 없다. 구술을 받아 적는 필사적 쓰기의 방식이 사라진 현재에도 구술성은 읽기의 시작이며, 쓰기의 목적이다. 특히, 알파벳 문자를 통해 형성된 근대적 읽기에서는 더욱 그러하다. 알파벳 문자는 소리를 변환해 시각적인 언어로 표현한 것이다. 다시 말해, 알파벳의 철자적 체계는 음성을 기록하기 위해 탄생한 기록 테크놀로지인 것이다.[48] 이에 따라 근대적 쓰기 역시 한번도 인간의 구어성을 배제하고 쓰인 적이 없다. 인간이 읽지 않는다면, 인간은 그 무엇도 쓰지 않는다.[49] 그러나 이전의 문자성과 근대적 문자성이 불연속적이라고 가정할 때,[50] 양자 사이에는 '차연(différance)'이 존재한다. 이 둘 사이의 차연은 기록체계의 저장 방식의 차이에서 비롯되는 문화적 담론의 차이에서 발생한다.

신은 세계를 창조하였고, 개별 자연 하나하나에 창조적 진리를 숨겨두었다. 문자는 그 개별 자연을 나타내는 형상으로 추상화되었다. 그리고 신의 영혼이 깃든 인간은 이러한 자연을 해석해야 하고, 세계 창조의 진실을 밝혀야 한다. 하지만 인간에게는 자연에 대한 신의 진리와 창조의 비밀을 밝혀 줄 절대적 기준이 필요하다. 그 기준은 신의 '말씀(the Words)'으로 이루어진다. 그리고 그 말씀은 텍스트 안에 기록된다. 신의 말씀으로 쓰인 텍스트, 다시 말해 신의 언어로 쓰인 경전은 인간이 자연을 통해 세계 창조의 비밀을 밝혀 낼 수 있는 수많은 단서들을 문자들로 제시하고 있다. 인간은 그러한 문자들과 자연의 표지들을 '대체(paraphrase)'하여, 창조적 진리에 접근한다. 이렇게 경전 안의 문자는 신의 창조적 진리를 해석할 수 있는 지표이며, 절대적 로고스가 된다. 이제 인간은 이 절대적 진리인 문자, 하나하나에 주석을 달면서 소리 내어 읽고 기억에 몰두한다. 여기에 의미는 없다. 단지, 계속적인 반복을 통한 기억만이 존재할 뿐이다. 그리고 그러한 기억을 위해 효과적인 기억술이 필요하다. 따라서 소리를 내어 읽는다는 것, 다시 말해 '음독'하는 것은 기억을 위한 효과적인 방식이며, 쓰여진 문자를 몸에 새겨 넣는 체득적 방식인 것이다. 하지만 알파벳을 중심으로 한 근대적 기록 체계는 더 이상 소리 내어 읽지 않는다. 단지, 침묵 속에서 의미를 반추할 뿐이다. 그리고 의미는 하나의 기표가 구체적 대상과 일탈된 상태에서 인간에 의해 인위적으로 연결된다.[51]

의미란, 알파벳 문자에서 인간의 사유적인 노력 속에서 탄생한 것이다. 기표와 기의 사이의 간격을 조정하는 인간의 끊임없는 노력이 없다면, 알파벳 문자는 텅 빈 기표만이 남게 된다. 이에 따라, 알파벳 문자는 텅 빈 기표를 채워줄 행위자가 필요했으며, 이를 지속적으로 유지하기 위한 제도적 장치가 필요했다. 이는 한 시대의 의미들이 고스란히 통용되기 위한 문화적 담론 체계가 형성되어야 했음을 의미하는 것이다. 그리고 그러한 담론 체계의 형성과 유지는 근대 국가의 표준어 정책을 통해 이루어진다.

근대 국가의 표준어 정책은 지역적 방언을 해당 지역의 표준어로 설정하는 것을 의미했다. 이것은 이전의 문자 표기와 결정적인 차별화를 이루어낸다. 지역 방언이란 것은 한 지역에서 쓰던 말이다. 하지만 근대 이전에는 지역 말과 문자 표기는 달랐다. 이는 지역에서 하는 말과 쓰이는 문자가 차별화되어 있었음을 의미하는 것이다. 그러나 근대국가는 지역에서 사용하는 말을 표준어로 설정하고 이를 민족어라고 규정한다. 그리고 이 민족어는 지역에서 말하여진 음성을 그대로 표기할 수 있는 문자를 요구한다. 이에 따라 알파벳 문자체계가 근대국가의 보편적 문자체계로 등장한다.[52] 근대적 국가는 이러한 언어체계 아래 제도적으로 표준어 교육을 실시했다. 제도적 국어교육이 시작된 것이다. 이 속에서 국가는 자국의 알파벳 문자의 읽기 교육을 실시한다.

그렇지만, 한국의 근대는 왜곡된 근대이다. 일본에 의해 국권이 침탈당하고, 독립적인 근대국가로 나아가지 못한 식민지 근대였다. 따라서, 식민지 근대 국가인 한국의 담론 체계 형성은 이러한 역사적인 맥락과 조밀하게 조우되어 있다. 특히, 담론 체계를 생산하는 기록체계방식 자체가 주체적인 인식을 바탕으로 해서 형성된 것이 아니라 특정 목적에 의해서 기능적으로 선택되었다. 다시 말해, 조선의 민족어인 한글(알파벳)은 근대국가를 통한 조선이라는 국가의 독립적인 관료주의 시스템에 의해서 탄생한 표준어 정책과는 거리가 멀다. 오히려, 한글은 초기 개신교 서양 선교사들의 전도 목적으로 선택된 기록·저장 방식이었던 것이다. 이런 상황 속에서 문화적 담론 체계의 근원적 역할을 했던 발화자는 '우리'가 아닌 외부자였다. 이에 따라 한국의 근대 초기 개신교의 문화담론은 서양인 선교사들에 의해 형성되었을 가능성이 농후하다. 이러한 가정 아래 다음 절에서는 한국의 근대적 읽기가 어떻게 형성되었고 읽기의 근원이 어디로부터 발생하였는지, 한국 초기 개신교의 사경회(查經會)를 통해 살펴볼 것이다.

2) 한국 초기 개신교의 읽기

키틀러는 각 시대의 기록 체계의 방식이 그 시대의 대표적 담론 체계를 형성한다고 설명하고 있다. 다시 말해 해당 시대의 대표적인 저장 매체의 기록방식이 그 사회의 지식체계와 사유 방식을 결정한다는 것이다. 이에 따라 그는 19세기의 대표적인 기록 방식을 알파벳 문자로 이해하고 있으며, 대표적인 기록매체의 형태를 낭만주의 문학 텍스트로 인식하고 있다. 그가 생각하기에, 19세기의 낭만주의 문학 텍스트는 알파벳 문자 체계를 이용한 기록매체이며, 당시의 담론 체계를 형성했던 주요한 동기이다.[53] 특히 그는 알파벳 문자의 기록 체계 속에서 형성되는 담론 체계의 구성 방식에 대해 관심을 가지고 있었다. 이 속에서 의미가 제거된 알파벳 문자가 어떻게 의미를 획득하고, 이것이 사회적으로 어떻게 담론들로 형성되는지에 관심을 가졌던 것이다. 따라서 그는 기표와 기의를 조정하는 자로서 저자에 주목하고, 저자가 그런 의미들을 획득할 수 있었던 문화적 기원으로서 여성의 역할에 집중한다. 여기서 여성은 '저자'(auther) 자신에게 초등 언어 교육을 담당했던 어머니이다. 19세기 독일은 근대국가로 전환하면서, 민족어에 기반을 둔 표준어 정책을 실시한다. 그리고 사회적으로 어머니에게 아이들의 초등 언어 교육을 담당하게 했다. 이러한 교육의 방식은 독일어 읽기였다. 이런 읽기를 통한 아이들의 초등 언어 교육은 단어에 의미를 연결하려는 노력과 어려움들을 자연스럽게 해소하였다. 따라서 아이들은 어머니의 초등 교육

을 벗어나, 제도 교육에 진입했을 때 자연스럽게 문자의 의미를 체득할 수 있었던 것이다.[54]

그러나 이러한 어머니의 읽기 교육은 곧 잊혀진다. 초등 문자 교육을 진행했던 어머니는 공적으로 확립된 선생님이 아니라, 단지 말을 가르쳐주는 어머니에 불과하다. 따라서 아이들은 공교육이라는 제도 교육에 진입하면서, 어머니의 음성은 사적인 아이에 대한 사랑으로만 기억된다. 하지만 언어 체계, 다시 말해 문자 텍스트라는 저장 체계 속에서 어머니의 목소리는 잊혀지지 않고 기억된다. 아이는 성장해서 자기 이름의 텍스트를 작성하지만, 텍스트 안에 쓰여지는 문자의 의미는 어머니를 통해 형성된 것이다. 그는 텍스트에 문자 하나하나를 기입하며 의식 저변에서 들려오는 목소리에 귀를 기울인다. 또박또박 읽는 친숙한 소리, 그의 내면으로부터 들려오는 발화는 그의 문자에 의미를 연결하고 나아가 전체 텍스트의 의미로 확장된다. 결국 남성의 쓰기는 어린 시절 문자와 의미를 연결해 주던 어머니의 숨겨진 소리이며, 그 결과물이 19세기 낭만주의 문학 텍스트인 것이다. 따라서 숨겨진 어머니의 음성은 낭만주의 시대 문화적 담론을 형성하는 결정적인 발화이다.[55]

낭만적 감성주의는 알파벳 문자가 정서적인 언어라는 것에서 발현된다. 남성 중심적 언어로서 표의 문자는 지적·도덕적이고 어떤 의미에서 이론적·개념적인 언어라고 인식되어 왔지만 낭만주의 문자 알파벳은 정서적이며 감정적인 언어로 인식되었다.[56] 이는 독일 19세기 언어교육에서 기의와 기표를 연결해 주는 초등 언어 교육자가 어머니였기 때문이다. 다시 말해, 공식적 제도 교육을 받은 아이들은 이전의 어머니의 말하기를 통해 배웠던 언어의 의미를 '자연스럽게' 기억해 낸다. 하지만 아이에게 있어, 어머니의 읽기 교육은 제도 교육과는 다른 사적인 사랑으로 인식된다. 따라서 어머니의 음성을 통해 배운 알파벳은 어머니의 사랑이 숨겨져 있는 정서적인 언어인 것이다. 이를 통해, 19세기의 낭만주의 문화적 담론은 정서적이고 감성적인 의미를 담게 되었다. 그리고 그런 의미의 근원에는 어머니의 읽기 교육이 존재하고 있었다.

그렇다면, '근대 초 조선의 문화적 담론'[57]은 어떻게 형성된 것인가? 좀 더 구체적으로 당시 개신교의 종교적 담론들은 어떤 방식을 통해서 형성되었는가? 이는 무엇보다도 한글이라는 알파벳 문자를 사용함으로써 비롯되었다. 한글 역시, 소리를 저장하기 위한 시각적인 기록 방식으로 기표와 기의 사이의 간격 조정은 인간의 사유적 노력 없이는 불가능한 일이다. 하지만 근대 초, 조선사회는 근대적 교육 체계가 부족했다.[58] 또한 체계적으로 민족어를 바탕으로 한 국어교육이 진행될 수 있는 공교육이 있었다고 해도 그 사회적 파급효과는 그다지 크지 않았다. 이런 상황 속에서, 한글의 중요성에 주목했던 것은 서양인 개신교 선교사들이었다. 그들은 문서를 통한 개신교 전도를 중요하게 생각하였고, 지역어의 소리를 저장할 수 있는 알파벳 문자인 한글에 주목하였다. 따라서 개신교 선교 초기부터 기독교 경전의 한글 번역이 지속적으로 이루어졌으며, 조선인에 대한 한글교육도 꾸준히 이루어졌다. 특히, 당시 '성서' 공부 모임이었던 사경회(查經會)는 기독교 경전 읽기와 한글교육에 지속적으로 관심을 두었다. 또한 이러한 사경회는 근대 초기 제도화된 공교육이 부족한 상태에서 제도 교육을 대체하는 역할도 하였던 것으로 보인다.[59]

이러한 사경회는 1891년 처음으로 시작되었다. 이는 네비우스 선교 정책에 따라 실시되었는데, 이 선교 정책의 제 5항과 6항에 선교사들이 우선적으로 사경회를 열어 영수들을 교육하라고 제시되어 있다. 특히 6항의 내용은 자세하게 사경회의 목적과 운영 방식에 대해 설명하고 있다.

1) 지교회에서 상시로 진행되는 교육 외에도 지교회의 영수들을 수시로 선교 기지에 모아 집중적인 훈련을 실시함으로써 그들에게 교인들을 인도할 수 있는 역량을 배양시켜 주는 것이 대단히 바람직하다.

2) 이 성경 모임은 1년 중 선교사가 읍내에 체류할 수 있는 기간, 특히 겨울과 여름에 6주나 두 달 동안 걸쳐 실시되어야 한다.

3) 학습자들이 공부하는 동안에 여행비와 식비를 자비로 지출하면 좋다. 그러나 필요하다면 교인들의 가난한 사정을 감안하여 식비와 귀향 여행 경비를 일부라도 대 주도록 하라.

4) 이 성경 연구 모임에서 주석과 기타 보조 책들도 입수할 수 있는 대로 사용하되, 주교재는 어디까지나 성경이어야 한다.

5) 이러한 성경 연구 모임이 결국에는 목회자 배출을 위한 정규 신학 수업으로 이어지기 기대하라.[60]

이러한 지침들을 볼 때, 최초 사경회는 전도를 위한 조선인 지도자를 교육하기 위한 경전 공부 모임이었던 것으로 보인다. 그러나 1892년에 들어, 사경회는 소수 선발된 인원만이 아닌 전 교인을 대상으로 하는 방향으로 전환되었다.[61] 이러한 사경회는 일 년에 두 번 실시되었으며, 8월과 1월에 한 달에서 2주 가량 집중적인 경전 교육을 실시했다. 특히, 1월에 2주 동안 열리는 사경회는 평신도를 중심으로 한 사경회였다. 이 사경회의 교육 프로그램은 이른 아침부터 밤늦은 시간까지 이루어졌다. 먼저 새벽 4시에서 5시사이에 여는 기도회를 시작으로 오전 시간에는 보통 경전 공부를 했다. 오후에는 30분에서 1시간 동안 찬송을 익혔고, 2~3시까지 경전공부를 계속하거나, 여러 종류의 회의나 토론회, 또는 상식적인 강연회 등을 개최하기도 하였다. 그러나 오후에는 주로 집집마다 찾아가 개인 전도를 하는 시간으로 활용되었다. 그리고 저녁시간은 낮에 전도한 사람과, 이웃의 비신도들을 초청하여 지역의 한 교회에서 전도 집회를 열었다.[62]

사경회에서 하는 경전 교육은 매우 집중적이고 조직적으로 이루어졌다.[63] 특히, 경전의 어떤 부분을 읽고 교리 공부를 하면서 교리 내용에 대한 질의와 응답 토론 등이 이루어졌다. 여기에 참석하는 이들도 적극적으로 참여하였다. 참석자들은 교회에서 일정한 보조를 받는 자도 있었으나 스스로가 자비를 부담하여 참석하는 자도 많았다. 특히, 스스로 양식을 짊어지고 와 사경회에 참석하는 적극적인 사람도 많았다. 이러한 사경회는 점차 확대되어 규모가 큰 도사경회(都査經會)의 경우에는 한 해 평균 남성 8,000명, 여성 9,000명 정도가 참석하였다. 1914년 사경회 참석 인원의 경우에는 세례교인 수 46,804명을 넘어서는 72,947명이 사경회에 참석하였고, 비율로 따지자면 156%의 참석률을 기록하기도 하였다.[64] 이렇게 많은 조선인들이 사경회에 참석하여 집중적인 훈련을 받음으로써, 당시 개신교는 폭발적인 성장을 거듭하게 된다.

앞서 지적한 대로, 사경회는 2주에서 한 달 가량 이른 아침에서 밤늦은 시간까지 매우 집중적으로 진행되었다. 또한 참여하는 사람들도 양식을 짊어지고 오거나, 자신의 사비를 털어 몇 천리 길을 마다하지 않고 적극적으로 참여하는 이들도 많았다.[65] 이를 통해 볼 때, 사경회의 학습 효과는 매우 높았을 것이라고 생각된다. 이렇게 집중력 높은 사경회는 개신교 자체에서 많은 영향력을 가졌던 것으로 여겨진다. 그리고 이러한 파급효과는 당시 사회의 개신교에 대한 인식 자체에 중대한 변화를 일으켰고,[66] 이는 한국 개신교의 전환의 계기가 되었던 평양대부흥회로 연결되었다. 특히, 1903년 스칸디나비아 선교 연맹 소속 스웨덴 목사 프란슨(F. Franson)이 원산에서 감리교 신자들과 사경회를 개최하였고, 이것이 곧 하디의 사경회로 확장되어 평양대부흥운동의 불씨가 되었다.[67] 그리고 그러한 사경회는 우리 사회의 개신교 종교 담론을 형성시키는 중요한 수단이 되었다.

그렇다면, 이러한 담론의 체계는 어떤 지형 속에서 구성되었을까? 우리는 앞에서 19세기 독일 사회의 낭만주의 문화 담론의 근원성으로서 여성의 역할을 살펴보았다. 즉 읽기를 통해서 의미를 자연스럽게 기표에 붙여주는 매개로서의 어머니, 그들은 이후 저자로서 남성이 집필하는 텍스트의 정신적 근원이 되었다. 하지만, 조선의 여성들은 그런 발화자가 될 수 없었다. 조선의 여성은 가부장적 사회에서 묵종의 삶을 강요받았고, 언어는 남성의 전유물이었다.[68] 따라서, 발화자는 자연스럽게 남성이었다. 그리고 그러한 남성의 수직 끝에는 서양인 선교사들이 있었다.

서양인 선교사들의 발화는 성서와 다양한 개신교 문서들의 한글 번역으로부터 시작된다. 그들은 선교 초창기부터 문서선교의 중요성을 인식하고, 한글에 주목해 왔다. 이에 따라 그들은 지속적으로 성서와 개신교 문서의 한글 번역을 시도하였다. 하지만 이러한 한글 번역은 서양어의 의미를 전제로 한 번역이었다. 이는 '나'라는 주체를 텍스트 안에서 설정하는 것에서부터 큰 차이를 드러낸다.

서양어의 주어는 항상 계사인 be와 연결되어 있다. 예를 들어 서양 언어에서 '있다'라는 의미의 be 동사는 being이라는 개념이 된다. 즉 "A is"가 "A is being"으로 바뀐다. 게다가 어떤 문장도 'be'를 포함한 것으로 바뀔 수 있다. "I think"는 "I am thinking"으로 전환되는 것이다. 따라서 주어(주체)로서 '나는' 항상 존재를 의미하는 계사인 be를 전제한 개념이라고 할 수 있다. 이를 토대로 서양에서 존재론이라고 불렸던 것은 서구의 문법적 체계를 반영한 것이라고 할 수 있다.[69] 이에 반해, 한국어 주어는 be 동사를 포함하고 있지 않다. 한국어 주어는 조사와 연결된 교착어이다. 이런 사실에 미루어, 한국어에는 서구와 같은 주어의 개념은 존재하지 않는다. 즉 존재로서의 주체는 존재하지 않는 것이다. 이에 따라 "나는 생각한다. 고로 존재한다"와 같은 근대적 주체는 한국어 개념 속에서 성립할 수 없다. 그러나 우리는 존재로서 주체를 가정하고 텍스트 안에 주어를 명시한다. 한때, 유(有)라고 가정했던, be 또는 being을 '나'라는 개별 주체로 판단하고 있는 것이다. 이는 서구의 주어적 개념으로 한국어의 주어를 설정했기 때문이다. 다시 말해, 존재를 나타내는 'be'나 'being'이 존재하지 않는 교착어 주어에 존재를 가정했던 것이다. 이를 통해 '나는', '나+는'이 아니라 존재로서 '나'가 되었고, '생각하는' '나'가 되었다. 다시 말해, 생각하는 이성적 주체로서 '내가' 설정된 것이다. 그리고 그런 '나는' 서구의 이성적 주체였으며, 서구의 인식적 토대 속에서 탄생한 존재로서 '나'였던 것이다.

이렇게 번역된 한글 번역서들은 고스란히 사경회에 참석한 조선인들에게 읽기의 대상이었고, 토론의 대상이었다. 초기 주로 경전 읽기와 토론을 주관한 사람들은 주로 서양 남녀 선교사들이었으며, 때로는 조선인 조사와 장로들도 있었다. 하지만 후대에 갈수록 조선인이 사경회를 지도해가기 시작했고, '권서'(勸書)들도 사경회 소모임 집회를 인도하기도 하였다.[70]

특히, 선교사들은 기독교 경전이 새로 번역되고 권서들에 의해서 보급되면서 한국인 신자들의 경전 공부에 대한 요구가 있음을 알게 되었다. 따라서 그들은 이러한 요구에 부응하기 위해 한국 교회 지도자들을 양성할 필요를 느끼게 되었다. 이에 따라 1888년 스크랜튼(mary Scranton)의 경전 공부반과 1890년 언더우드(H. G. Underwood)의 경전 연구반이 본격적으로 실행되었고, 1891년에는 각 선교부가 경전 학습에 대한 세칙들을 마련되었다.[71] 이렇게 서양 선교사들에게 교육받은 한국인들은 사경회에 한국인 인도자로 참여했고, 개신교 경전 읽기를 지도하였다. 특히, 서양 선교사들과 집중적인 성경 학습을 한 한국인들은 자연스럽게 서양인들의 시각에서 의미를 조정 받은 자들이었다고 볼 수 있는 것이다.[72]

이렇게 볼 때, 한국 초기 개신의 종교 담론은 서구적인 기독교적 담론으로 형성되었다고 판단할 수 있다. 이미 사경회의 조선인 교육을 담당했던 조선인들이 읽고 말하는 기독교적 담론은 서구적 기의가 전제된 기표의 전달이었다고 볼 수 있다.

이에 따라, 의미의 정신적 근원이라고 할 수 있는 발화자는 조선인이 아니었으며, 조선의 어머니는 더욱 아니었다. 물론 사경회의 경전 학습을 이끌었던 이들이 조선인 전도인이라고 하더라도 이들은 이미 서양인 선교사들의 발화에 익숙해진 자들이었다. 따라서 기표의 의미는 자연스럽게 서양 선교사들의 기의를 바탕으로 형성되었을 것이다.

4. 저자의 자리 그리고 숨겨진 발화자

지금까지 본고는 근대적 쓰기와 읽기를 통해서, 한국 초기 개신교 담론 체계가 어떻게 형성되는가를 살펴보았다. 특히, 이러한 쓰기와 읽기의 핵심적인 기록 방식으로서 알파벳 문자에 주목하였다. 이러한 알파벳 문자의 쓰기와 읽기의 방식은 이전의 표의 문자체계에서 사용되던 읽기, 쓰기와는 많은 차이를 나타낸다. 다시 말해, 의미를 내포하지 못한 기표로서 알파벳은 인간의 의식적인 노력이 없다면, 텅 빈 기호에 불과하다. 이에 따라 근대적 저자들은 끊임없이 자신의 텍스트 안에서 기표와 기의 간의 간격을 조정하고자 했다. 이러한 노력 속에서 근대적 글쓰기는 저자의 의식적 사유의 결과물이었고, 주체(저자)의 창조적인 행위였던 것이다.

근대적 읽기 역시, 문자의 기록 방식의 단절에 따른 변화 속에서 의미를 상실한 기표들 가운데 저자가 상정한 의미들을 추적하는 방식으로 읽혀졌다. 그리고 이러한 의미는 단어들의 연속적인 배열과 행의 이동 속에서 점차 저자의 의도에 접근하는 원근법적 기획으로 구성되었다. 이 속에서 읽기는 조용한 침묵 속에서 의미를 반추하려는 사유적 노력으로 귀결된다. 그리고 그러한 사색은 기표에 기의를 고정하고 그렇게 고정된 의미들이 쌓여 한 사회의 담론을 형성한다. 여기서 알파벳 문자가 한 사회의 담론 체계로 유지되는 것은 지식 체계를 유지하고자 하는 사회적 노력이다. 근대 국가는 이를 위해 제도화된 공교육을 설립하고, 언어교육을 통해 축적된 지식을 지속적으로 유지한다. 결국 한 사회의 담론은 지속성을 획득하며, 일관된 소통을 형성하는 것이다.

위와 같은 근대적 문자성의 특성을 전제로 본고는 한국 초기 개신교의 문자성 성립과 종교성의 형성의 관계를 살펴보고자 했다. 먼저, 개신교 문서를 바탕으로 해서 근대 초, 개신교의 쓰기 형식을 분석하였다. 이를 통해 본고는 왜 한국 초기 개신교가 경전(텍스트)을 바탕으로 한 사유적 종교로 형성되었는지를 탐구하고자 했다. 문자의 의미를 반추하려는 작업은 앞에서도 설명하였듯이 저자의 사유적 작업이다. 또한 저자의 이러한 행위는 단어와 단어의 연속적인 연결과 행의 이동 속에서 점차 자신이 주장하고자 하는 의미로 접근하는 내면적 서사 방식으로 연결된다. 따라서 저자는 기록만을 위한 반복적인 쓰기를 중단하고, 텍스트 안에 의미를 새겨 넣으려고 노력한다. 이를 위해 저자는 끊임없이 텍스트 평면 위에서 사유적인 창조적 행위를 계속하는 행위자로 거듭나는 것이다.

또한, 근대적 읽기는 텍스트의 의미를 포착하고자 하는 노력의 산물이다. 더 이상 독자는 소리 내어 읽지 않으며, 침묵 속에서 조용히 텍스트의 의미를 반추한다. 따라서 텍스트는 이전의 아포리즘을 반복적으로 기록하는 매체에서 벗어나, 새로운 의미를 파생하는 창조적인 매체로 탈바꿈한다. 그리고 그러한 의미들은 그 사회의 문화적인 담론을 형성하고 기록한다. 하지만 이러한 문화적인 담론 저변에서는 그것의 근원적인 정신이 존재한다. 다시 말해 텍스트를 읽으며 기표의 기본적인 의미를 전달하는 발화자는 한 사회의 문화적 담론 체계의 근원적인 정신으로서 나타나는 것이다. 한국 초기 개신교에서 이러한 발화자는 서양인 선교사들이었다. 따라서 본고는 한국 초기 개신교의 종교적 담론이 조선인들의 발화를 통해 형성된 것이 아니라 서양인 선교사들의 발화를 통해 형성되었을 가능성을 탐구하였다.

예술이라는 종교의 미디어

: 반 데르 레이우의 예술신학

이 창 익

1. 예술, 미디어, 테크놀로지

지금까지 종교와 예술의 문제는 주로 예술 작품의 종교적 내용이나 구조를 분석하는 것에 집중되었다. 예술의 종교성을 입증하면서 우리는 세상 모든 것의 기저에 종교적 충동이 내재해 있다는 것을 확인하곤 한다. 또한 예술이야말로 종교를 표현하는 가장 훌륭한 도구라는 생각을 하기도 한다. 게다가 이러한 분석은 '아름다운 성스러움'이나 '성스러운 아름다움'을 이야기함으로써 종교와 예술의 상호 공모에 기여하기도 한다. 물론 종교가 예술을 자기 표현의 수단으로 이용했던 긴 역사가 있고, 예술이 종교보다 더 종교적으로 기능하면서 종교의 존재를 위협했던 시대도 있었다. 그러나 종교와 예술의 관계에 대한 이러한 논의는 전제된 종교 개념의 동선을 맴돌면서, 세상의 모든 것은 종교를 품고 있다는 '범종교주의'의 주장만을 반복할 가능성이 농후하다. 세상의 어떤 것도 종교적 해석을 피할 수는 없다.

이 글은 종교와 예술의 문제를 통해 '종교의 미디어'에 대한 논의를 전개하기 위한 것이다. 우리는 예술의 물질적, 감각적 차원을 부각시키기 위해 예술 각 장르의 매체적 독특성을 해명하기 위해 노력할 것이다. 그리고 각 예술 장르의 독특한 물질성이 어떻게 서로 다른 메시지를 전달하는지를 이해하고자 할 것이다. 즉 이 글은 미디어 이론의 관점에서 예술의 각 장르가 발신하는 독특한 종교적 메시지를 검토하는 것을 목적으로 한다. 이를 위해 우리는 헤라르뒤스 반 데르 레이우(Gerardus van der Leeuw)가 펼친 '종교와 예술'에 대한 논의에 많은 부분을 의존할 것이다. 그러나 우리는 반 데르 레이우의 신학적 미학을 그대로 답습하지는 않을 것이다. 그보다 우리는 신화와 의례, 언어와 몸짓 같은 이원적인 구도 속에서 논의되는 종교 개념이 얼마나 빈약한 것인지를 이야기할 것이다. 군이 이 글에서 예술을 거론하는 것은 종교를 이야기하는 어휘, 개념, 시각을 전환하기 위한 것이다.

간단한 예에서부터 논의를 진행해 보자. 춤은 춤의 신을 만나기 위한 매체이다. 따라서 춤이라는 매체를 상실한 종교는 춤의 신도 상실할 수밖에 없다. 이러한 맥락에서 우리는 춤을 잃은 종교가 어떤 종교적 메시지를 잃게 되는지를 이야기할 수 있다. 나아가 춤은 몸이라는 물질성에 근거한 것이기 때문에, 춤의 신은 몸을 통하지 않고서는 만날 수 없는 신이다. 춤의 신은 언어의 신과 같지 않다. 같은 신을 만나기 위해 춤을 출 수도 있고 글을 읽을 수도 있는 것이 아니라, 춤과 언어는 각기 다른 신을 만나기 위한 통로가 되거나, 적어도 하나의 신의 다른 측면에 접근하는 통로가 된다. 그러므로 춤을 추는 종교에서 책을 읽는 종교로 전환된다는 것은 그저 종교적 미디어가 춤에서 책으로 이동했다는 것만을 의미하지 않는다. 미디어의 변화는 필연적으로 메시지의 변화를 수반한다. 춤의 신은 책의 신과 다르고, 춤의 종교는 책의 종교와 다르다.

예컨대 같은 종교의 신자들이 각자 체험하는 신들이 같은 신이라는 것을 보증하는 수단은 없다. 신자들이 이야기하는 신의 모습은 차이로 얼룩져 있다. 그럼에도 불구하고 같은 신을 만났다고 말할 수 있는 것은 미디어의 동일성 때문이다. 적어도 모두가 같은 춤을 추어 신을 만났기 때문에 우리는 그들이 같은 신을 만났을 것이라고 짐작한다. 또는 모두가 종교 공동체의 같은 언어로 신을 명명하고 묘사하기 때문에 우리는 그들이 같은 신을 경험했을 것이라고 짐작한다. 역으로 춤이라는, 또는 책이라는 똑같은 미디어를 사용하기 때문에 그들이 같은 신, 적어도 비슷한 신을 만나게 된 것이라고 말할 수도 있다. 이러한 방식의 논의는 우리가 알고 있는 것과는 상당히 다른 예술 개념과 종교 개념을 자극할 것이다. 어쩌면 종교와 예술에 대한 세밀한 논의를 전개하기 위해서는 우선 우리가 갇혀 있는 종교 개념과 예술 개념부터 벗어던지는 것이 필요할 것 같다.

이를 위해 먼저 종교와 예술을 잇는 작은 고리 하나를 만들어 보자. 이케가미 에이코(池上英子)는 일본의 예법과 미학에 관한 저서에서 예술에 대해 다음과 같은 흥미로운 언급을 한 바 있다.

> 고대와 중세의 일본인들은 예술 일반을 자연의 제어와 변형을 위한 테크놀로지라고 이해했다. 예술(芸, 芸能)에 대한 이러한 이해는 영어 어법의 어감과 약간 비슷하다. 영어 어법에서 "예술"은 미학적 실천뿐만 아니라 또한 의학("치료의 기술")이나 정치학("가능성의 기술") 같은 기술 영역을 가리킬 수 있다. 과거의 일본인들에게 공연을 위한 예술과 시는 자연을 움직이거나 자연에 영향을 주고, 현재의 이 세계를 보이지 않는 저 세계에 연결시키는 주술적인 테크놀로지였다. 이러한 의미에서 일본의 예술가, 장인, 상인은 모두 변형 능력을 보유한 직인(職人)으로 여겨졌다. 석공이나 목수는 원자재를 사용이나 장식을 위한 완성품으로 변형시킬 수 있었고, 상인은 시장 교환을 통해 한 물품을 다른 물품으로 변형시킬 수 있었다. 예술과 시 역시 주술적인 변형력에 근거했다. 그것들은 각각의 방식으로 세계를 빚는 테크놀로지였다.[1]

이케가미는 고대와 중세의 일본 예술은 자연을 변형시키는 기술, 즉 테크놀로지였다고 말한다. 시(詩) 속에 들어온 자연은 더 이상 이전의 자연이 아니다. 자연 자체가 변한 것은 아니지만, 인간은 시를 통해 전혀 다른 자연을 만난다. 시는 이러한 의미에서 주술적 테크놀로지가 된다. 시는 눈에 보이는 자연뿐만 아니라 눈에 보이지 않는 자연을 이야기하며, 자연을 움직이는 힘을 인식하고, 자연 안에서 인간을 본다. 시에 의해 자연은 보이는 자연과 보이지 않는 자연으로 이중화되면서 두꺼워진다. 이처럼 예술은 얇은 자연을 두꺼운 자연으로 변형시킨다. 또한 상인은 하나의 사물을 다른 사물로 교환함으로써 사물을 변형시킨다. 이로 인해 하나의 사물은 자신과 교환될 수 있는 모든 사물의 집합을 자신의 '존재 가능성'으로 지니게 된다. 마찬가지로 나무는 목수가 만들어낼 수 있는 모든 제품의 집합체를 자신의 존재 가능성으로 확보하게 된다. 나무가 더 이상 나무로만 머물지 않는다. 나무에 상상력이 덧입혀진다고 말할 수도 있다.

이처럼 예술은 사물을 더 이상 사물일 수 없게 하는 테크놀로지이다. 그런데 이것은 비단 해석학의 문제가 아니라 테크놀로지가 확보하는 사물의 존재 가능성의 문제이다. 우리는 춤, 드라마, 문학, 회화, 음악, 건축 같은 기본적인 예술 장르를 이러한 관점에서 이해할 필요가 있다. 예술은 자연을 변용시키는 문화적인 테크닉이다. 예술에 의해 모든 사물은 존재 가능성으로 두꺼워지고, 보이지 않는 잠재성의 무게를 지니게 된다. 예술이 종교와 만나는 지점도 이렇게 해서 확보된다. 문화는 망각의 바다 위에 떠 있는 섬과도 같다. 모든 문화는 망각과의 투쟁이다.[2] 예술 역시 사물의 존재 가능성에 대한 기억을 보존하는 투쟁이다.

2. 종교의 예술적 구조

앞서 말한 바 있듯이 우리는 예술의 종교적 구조를 이야기하는 데 익숙하다. 그러나 예술을 통해 종교에 대한 다른 이해를 도모하고자 한다면 '종교의 예술적 구조'라는 역방향의 이야기를 전개할 필요가 있다. 이를 위해 스토아 학파의 비극 비판과 페르소나에 대한 이야기부터 시작해 보자.

북아메리카의 누트카족(Nootka)이나 알래스카 북부의 틀링기트족(Tlingit)은 이중 삼중으로 개폐할 수 있는 가면, 즉 여러 개의 가면이 겹쳐진 가면을 사용했다. 이것은 가면 착용자가 둘이나 셋의 존재를 동시에 인격화하고 있다는 것을 의미했다.[3] 또한 서양에서 페르소나(persona) 또는 프로소폰(prosopon)은 비극과 희극의 배우가 쓰는 가면을 가리키는 말이었다. 우리는 사회적 삶을 일종의 드라마적 구조로 파악하는 데 익숙하다. 인간은 사회적 드라마 안에서 일정한 배역을 맡는다. 즉 모든 인간은 사회적 역할과 정체성이라는 사회적 가면을 할당받는다. 예컨대 로마에서 모든 귀족 가문은 집에 밀랍으로 만든 조상의 가면, 즉 페르소나를 보관했으며, 이 가면에 의해 사회 생활의 드라마와 의례에서 개인이 차지하는 자리가 결정되었다. 그래서 자연스럽게 페르소나는 '인격(personality)'이라는 의미를 갖게 되었다. 조상의 가면에 의해 개인의 사회적 인격, 법률적 인격이 인지된 것이다. 그러나 노예는 조상도 가면도 이름도 없기 때문에 페르소나, 즉 법률적 인격을 가질 수 없었다. 노예는 가면 없는 자를 의미했다. 노예는 사회적 드라마의 캐릭터가 아니라 배경으로만 존재했다.[4]

그런데 차후 페르소나는 도덕적 인격도 의미하게 되었다. 특히 이러한 생각은 스토아 학파의 비극 비판과 '배우의 은유'를 통해 발전했다. 스토아 학파는 배우와 가면의 관계에 입각하여 그들의 윤리학을 주장했다. 그들에 따르면, 인간의 삶은 드라마 연기와도 같은 것이며, 인간은 인생에서 하나의 배역, 즉 프로소폰 또는 페르소나를 할당받은 배우일 뿐이다. 배역은 인간이 사는 동안 잠시 쓰는 가면일 뿐이다. 그러므로 배우는 작가가 그에게 할당한 역할을 선택하거나 거부하려고 해서도 안 되고, 역할과 자신을 동일시해서도 안 된다. 도덕적인 사람은 사회적인 가면을 수용하지만 그것으로부터 거리를 둔다. 가면과 자기 사이에 '윤리적 거리'가 발생하는 것이다. 에픽테투스(Epictetus)는 이렇게 말한다.

당신은 연극의 저자가 당신에게 주기로 한 배역을 맡은 배우라는 것을 기억하라. 그가 배역을 짧게 하고자 하면 짧아질 것이고, 길게 하고자 하면 길어질 것이다. 그가 당신이 거지의 역할을 맡기를 원한다면, 능숙하게 역할을 수행하도록 하라. 불구자나 공무원이나 사적 시민의 역할이라도 똑같이 하라. 당신의 역할을 선택한 것은 당신의 책임이 아니다. 당신이 해야 할 일은 당신에게 할당된 페르소나를 능숙하게 연기하는 것이다.[5]

그러므로 삶의 비극은 배우가 쓰는 '가면' 때문이 아니라, 가면과 자기를 동일시하는 배우의 '태도' 때문에 발생한다. 우리는 자기가 맡은 배역을 사랑하기도 하고 혐오하기도 한다. 그런데 우리가 맡은 우연한 배역을 바로 진정한 자기라고 착각할 때 비극의 싹이 자란다. 그래서 에픽테투스는 비극적인 상황의 본질을 배우와 캐릭터의 혼동에서 찾는다. 그러므로 현명한 사람은 운명이 자신에게 할당한 모든 가면을 받아들이지만, 가면과 하나가 되기를 거부하는 자이다.[6] 우리는 우리의 몸, 부모, 형제, 조국, 계급을 선택한

적이 없다. 물론 언젠가는 배우가 자신이 쓴 가면과 자기를 동일시할 수 있는 날, 즉 가면과 자기의 '윤리적 거리'가 사라지는 날이 올지도 모른다. 그러나 지금 우리가 사는 세계는 아직 그렇지 않다. 바로 여기에서 삶에 대한 희극적인 태도가 생겨난다. 세계 속에서 살아가는 '나'는 진정한 자기가 잠시 벌이는 놀이일 뿐이라는 생각, 그래서 얼마든지 현실에 웃음을 던질 수 있다는 생각이 바로 희극적인 태도의 핵심이다. 희극은 항상 구원 가능성에 의해 작동한다. 우리는 가면을 벗고 진정한 자기를 회복하고자 하는 의식에서 새로운 '종교적 기대'의 탄생을 목격할 수 있다.

중요한 점은 인생을 희극이나 비극 같은 드라마적 구조로 파악할 때, 비로소 삶이 종교적 구조를 갖추기 시작한다는 점이다. 즉 드라마는 삶을 종교로 변환시키기 위한 기초적인 테크놀로지라고 할 수 있다. 배우와 캐릭터의 거리가 확보된다면 삶은 희극일 수 있다. 그러나 배우와 캐릭터의 혼동이 일어날 때, 즉 배우가 자신의 배역을 진정한 자기라고 인식할 때 비극이 발생한다. 그러므로 근대문화의 도덕적 인격이나 주체라는 개념은 배우의 비극적 태도의 산물이라고 할 수 있다. 세계의 외부나 세계의 시작과 끝에 '다른 자기'가 존재하는 것이 아니라 바로 지금 여기에서 맡은 배역이 자기라고 하는 인식은 '비극적'이다. 내가 아무리 도덕적으로 올바르게 살더라도, 나와는 무관하게 나에게 불행이 닥칠 수밖에 없다면 삶은 비극이다. 내가 아무리 멋지게 배역을 연기하더라도 나는 언젠가 비극적인 죽음을 맞이할 것이다.

비극과 희극은 죄와 무죄라는 개념과 밀접히 연관되어 있다. 비극은 의로운 자의 죄와 관련되고, 희극은 죄인의 정당화와 관련된다. 즉 비극은 무죄에서 죄로 향하는 여정을, 희극은 죄에서 무죄로 향하는 여정을 그린다. 비극의 끝에는 지옥이 있지만, 희극의 끝에는 천국이 있다. 자신의 눈알을 뽑은 오이디푸스는 비극의 주인공이다. 그러나 오이디푸스는 개인적인 죄를 저지른 것이 아니라, 운명에 의해 죄를 저지를 수밖에 없었다. 개인적으로는 무죄이지만 운명에 의해 그는 유죄가 된다. 그러므로 비극적인 세계 속에서는 아무리 선하게 살더라도 비극적인 운명을 맞이할 수밖에 없다. 이에 반해 희극적인 세계에서 개인적인 죄는 얼마든지 쉽게 정화될 수 있다. 심지어 아무리 큰 죄를 저질렀더라도 구원의 길은 여전히 열려 있다.

그렇다면 기독교가 어떻게 구원사에 드라마적 도식을 적용하는지를 살펴보자. 아담의 경우 본래의 자기와 페르소나가 완벽하게 일치한다. 즉 아담은 가면을 쓰지 않는다. 그러나 타락 이후에 페르소나와 진정한 자기가 분리되며, 이 둘은 육체가 부활하는 최후의 날에 다시 일치할 것이다. 타락 이후의 세계는 비극이나 희극의 도식으로 이해될 수밖에 없으며, 모든 인간은 본래의 자기 얼굴을 찾지 못한 채 가면을 쓰고 살아간다. 인간의 삶이 이야기로, 비극이나 희극으로 파악되는 것은 이 때문이다.[7] 그런데 근대 학자들은 종종 기독교적 세계에서는 비극적인 갈등이 가능하지 않다고 주장한다. 즉 기독교는 반(反)-비극적이라는 것이다. 그러나 원죄 개념에서 보듯 기독교에도 비극적인 죄 개념이 존재한다. 아담의 죄는 개인적인 죄였지만, 그를 통해 모든 인간의 본성이 죄를 짓게 되었다. 그러므로 원죄는 개인의 의지와는 무관하게 존재하는 객관적이고 자연적인 '존재의 얼룩' 같은 것이다. 그래서 인간은 타락의 결과물인 욕정과 원죄를 전달하는 생식기에 대해 '수치심'을 느낀다. 개인적인 차원에서 아무리 선하게 살더라도 인간은 원죄의 속박에서 벗어나지 못한다.[8]

그러나 그리스도의 수난은 기독교의 비극적인 구조를 전복시켰다. 그리스도는 자연적인 죄를 개인적인 죄로 변형시켰다. 자연적인 죄와 개인적인 무죄라는 갈등 도식을 자연적인 무죄와 개인적인 죄의 문제로 전환시킨 것이다. 그러므로 그리스도의 죽음은 인간을 비극에서 해방시킴으로써 희극을 가능하게 했다. 개인적인 차원에서 죄를 속죄할 수 있는 길이 열린 것이다. 그러나 나는 나의 죄를 속죄할 수 있을 뿐이다. 누구도 다른 사람의 죄를 속죄할 수 없다. 즉 이제 모든 인간이 제각기 개별적으로 죄를 속죄해야 하는 상황이 벌어진 것이다. 그러므로 그리스도의 구원은 자연적인 것이 아니라 개인적인 구원이다. 그래서 토마스 아퀴나스는 세례 후에도 죽음과 정욕이 여전히 몸에 남아 있는 것은 원죄 때문이라고 말한다. 열등한 영혼과 몸은 여전히 원죄에 물들어 있다. 오로지 영혼의 고귀한 부분만이 그리스도의 기적에 참여할 수 있다는 것이다.[9] 그러므로 그리스도 이후에 구원사는 '영혼의 구원사'와 '몸의 구원사'로 양분되면서 이중적인 형태를 취하게 된다. 그리고 영혼의 구원사는 희극의 형태를, 몸의 구원사는 비극의 형태를 취한다. 설령 최후의 날에 모든 죽은 몸이 부활의 희극에 참여할 수 있다고 하더라도 그렇다.

19세기 중반 이후에 인간의 정체성 개념에 일대 전환이 일어난다. 1870년 말쯤 파리 경찰서의 알퐁스 베르티용(Alphonse Bertillon)은 인체 측정과 상반신 사진(mug shot)에 근거한 범죄자 식별 체계를 확립한다. 어떤 이유에서든 체포되거나 구금된 모든 사람의 두개골, 팔, 손가락, 발가락, 귀, 얼굴을 측정하였으며, 옆모습과 앞모습이 찍힌 사진이 신원 확인 자료에 포함되었다. 비슷한 시기에 찰스 다윈(Charles Darwin)의 사촌인 프랜시스 골턴(Francis Galton)은 오류 없이 상습범을 확인할 수 있는 지문 분류 체계에 대해 연구한다. 골턴은 베르티용의 지지자였지만, 유럽인의 시선으로는 외모를 식별하기가 힘든 식민지 원주민에게는 지문 채취가 더 적합하다고 주장했다. 또한 긴 머리카락이나 성적 편견으로 인해 인체 측정이 곤란했던 매춘부에게도 지문 채취가 적용되었다. 그러나 1920년 무렵 지문 채취의 방법이 세계적으로 확산되었다. 조르조 아감벤은 이를 두고 인류 역사상 처음으로 인간의 정체성이 사회적 페르소나에 의해서가 아니라 생물학적 자료에 의해 파악되었다고 평가한다.[10] 드라마적 도식으로는 인간과 사회를 파악할 수 없는 시대가 도래한 것이다. 이제 인간이 사회적 역할, 캐릭터, 도덕적 인격이 아니라, 생물학적 자료에 의해 정의되기 시작한 것이다.

1943년에 미국 의회는 모든 시민의 지문을 담은 신분증을 발급하려고 했던 '시민 신원 확인법'을 거부했다. 그러나 범인, 외국인, 유대인에게 적용됐던 신원확인 방법이 20세기를 거치면서 점차 모든 시민에게 적용되었다. 지문을 담은 상반신 사진이 신분증의 필수 요소가 된 것이다. 21세기에는 지문과 망막과 홍채의 모양을 광스캐너로 채취하는 생체 측정 기술의 발달로 인해, 이러한 신원확인 방법이 경찰서와 출입국 관리소를 넘어 점차 일상화되고 있다. 심지어는 공중 위생과 안보 및 범죄 예방을 위해 모든 시민의 DNA를 담은 아카이브를 세우려는 움직임조차 일고 있다. 분명히 이러한 생물학적 신원 확인이 인간의 주체 구성의 문제에 미칠 영향은 막대하다. 모든 시민이 잠재적인 범죄자로 취급되며, 인간의 정체성이 생체 측정 자료에 의해 정의된다. 이러한 세계에서는 삶이 더 이상 비극이나 희극의 구조로 파악될 수 없다. 윤리학이나 구원의 문제가 들어설 자리도 없다. 나는 독특한 모양이나 크기나 속성을 지닌 생물체일 뿐이다.

물론 여기에서 우리는 도덕적이고 사법적인 책무와 페르소나의 무게로부터 탈주하려는 의지를 확인할 수도 있다. 그러나 드라마가 제거된 삶은 이제 가면의 무한 증식을 겪게 된다. 순수한 생물학적 정체성만을 지닌 채, 우리는 인터넷을 배회하며 가상세계에서 이용할 수 있는 온갖 가면을 쓰고 또 다른 인생을 살 수 있다. 또한 이제 우리는 매일 기계에 의해 나의 정체성이 인지되는 세계를 살고 있다. 지하철 출입구, 현금 자동 입출금기(ATM), 나를 확인하는 수많은 비디오 카메라와 신분증 카드 인식기가 그러하다. 기계가 나를 인식하고 본다면 나는 여기에 존재한다. 기계가 내가 살아 있다는 것을 보증한다면 나는 살아 있다. 거대한 기계 기억 장치가 나의 디지털 자료를 기록했다면 나는 망각되지 않는다.[12]

그러므로 현대 세계의 인간은 드라마가 없는 세계에서 살거나, 아니면 기계가 만들어내는 드라마의 무한 증식을 경험하며 살아간다. 페이스북, 블로그, 트위터의 나는 또 다른 나일 뿐이다. 페이스북에서 일어나는 드라마가 문제가 되면, 우리는 계정을 삭제한다. 우리는 이제 더 이상 비극이나 희극이 존재할 수 없는 세계를 살고 있다. 그리고 비극도 희극도 없는 세계에는 종교가 들어설 자리도 없다. 바로 이 지점에서 우리는 '종교의 예술적 구조'를 확인할 수 있다. 삶의 드라마적 구조가 와해될 때, 즉 삶이 더 이상 비극도 희극도 아닐 때 종교의 공간도 사라지기 때문이다. 예술 없이는 종교도 없다. 예술은 종교를 가능하게 하는 기본적인 테크놀로지이기 때문이다. 예술은 종교를 표현하는 도구에 불과한 것이 아니라, 종교의 중심 자리를 차지하면서 삶과 세계를 종교적 도식으로 파악할 수 있게 하는 기본 장치이다. 그러므로 종교와 예술의 관계는 종교 안에서 작동하는 예술적 도식을 통해 이해되어야 한다. 예술은 종교를 표현하는 미디어가 아니라 종교를 가능하게 하는 미디어이기 때문이다.

3. 의례와 경전

현재 우리의 종교 개념에 '미학적 차원'이라고 부를 수 있는 것이 존재하는가? 이것은 '종교적 예술'이 아니라 '예술적 종교'에 대한 물음이다. 이를 위해서 먼저 종교 안에 존재하는 예술적 미디어에 시선을 돌려 보자.

종교 의례는 성스러움을 세상 속에 가시적으로 드러내는 다양한 미디어에 의존한다. 얀 아스만은 이러한 미디어의 예로 성스러운 장소, 나무, 샘, 돌, 동굴, 숲, 이미지, 조각상, 신전, 피라미드, 탑 등을 거론한다. 텍스트 역시 여기에 포함될 수 있다. 우리는 '문자 종교'와 '구술 종교', 또는 '신화의 종교'와 '의례의 종교'라는 표현에 익숙하다. 그러나 문자 기록의 존재 여부만으로 우리가 종교성의 차이를 주장하기는 힘들다. 신화 텍스트가 의례적 구술을 위해서만 이용된다면, 텍스트는 여전히 의례의 도구일 뿐이기 때문이다. 예컨대 이집트 사제는 성스러운 텍스트를 읽기 전에 나트륨을 씹어 입을 청결하게 했다. 성스러운 텍스트를 읽는 소리는 비밀주의 규칙에 의해 보호되었다. 이집트에서 성스러운 텍스트는 성스러움의 언어적 저장소로 간주되었고, 성스러운 이미지와 똑같이 일정한 제약과 규칙에 종속되었다. 성스러운 이미지처럼 성스러운 텍스트의 암송도 신적인 것의 가시적이고 물질적인 현존을 야기했던 것이다. 이때 성스러운 텍스트는 '의미의 저장소'가 아니라 '소리의 저장소'였다.[13]

그러므로 종교 미디어의 역사에서 중요한 것은 '문자의 유무'가 아니라 '문자의 이용 방식'의 문제였다. 소리 내어 읽는 텍스트는 여전히 의례적 이용의 대상이었기 때문에 '책의 종교'가 갖는 독특한 효과를 생산할 수 없었다. 우리는 흔히 기독교, 특히 프로테스탄티즘이 의례의 흔적을 제거했다고 말한다. 인쇄술의 발명과 경전 편집을 통해 이때부터 경전에 대한 지식을 가진 해석자나 설교자가 종교 생활의 중심을 차지하게 되었다. 그는 경전을 읽는 법을 알았고, 경전을 암기했으며, 한 구절을 해명하기 위해 다른 구절을 이용할 수 있었다. 또한 그는 경전의 내용이 현재의 특수한 상황에 적합성을 갖게 하는 해석자였다.

이와 달리 의례의 종교(cult religion)에서는 의례가 정연한 방식으로 수행되지 않는다면 세계가 고통을 겪거나 붕괴될 것이라고 가정한다. 의례는 세계를 유지하고 갱신하는 장치이다. 그러나 초월적인 신의 역할이 강조되면서 세계는 인간과 무관하게 존재하는 살아 있는 총체로 여겨지게 되었다. 의례를 통해 세계를 유지하는 종교는 사제를 필요로 한다. 그러나 텍스트 해석을 강조하는 책의 종교(book religion)는 해석자나 학자를 필요로 한다. 사제는 엄격한 규칙에 의해 공동체로부터 분리되며, 목욕, 단식, 성적 금욕 같은 주술적 고행에 의해 의례적 정결함을 유지한다. 즉 몸을 강조한다. 또한 사제는 특수한 행동이 언제 어디에서 어떻게 수행되어야 하는지, 어떤 말을 발언하고 어떤 노래를 불러야 하는지를 알고 있다. 그러므로 사제와 관련된 성스러운 영역은 이 세상에 존재하며, 높은 담장에 의해 일상의 세속적인 세계로부터 분리되었다. 이때 성스러움은 특정한 장소에 새겨져 있거나 감각적으로 존재했다.

그러나 해석자나 설교자와 관련된 성스러운 영역은 이 세계로부터 근본적으로 단절된다. 이 세상에서 성스러움은 오로지 책 안에 존재한다. 책은 이 세계에서 저 세계로 넘어가는 통로의 역할을 했다. 그러므로 여전히 유대교나 이슬람교에서는 경전에 의례적 규칙을 적용한다. 유대인은 마루에 성서를 놓지 않으며, 이슬람교도는 아랍어로 쓰인 글을 폐기하지 못한다.

그는 심지어 신문조차도 부적합한 장소에서는 읽지 않는다. 여전히 '책의 의례'라고 할 만한 것이 준수되고 있는 것이다. 이것은 성스러움을 담고 있는 유일한 매체인 경전을 세속적인 맥락에 물들지 않게 하려는 필사적인 노력이다. '책의 의례'를 통해 일정 정도 종교가 '의례의 미학'을 보존할 수는 있다.[14]

그러나 유대교와 이슬람교에서도 성스러움은 세상으로부터 추방되어 초월적인 영역으로 이동하거나 경전 안에 응축된다. '의례의 종교'에서는 시선이 성스러움을 드러내는 세상의 모든 사물을 향해 집중된다. 그러나 '책의 종교'에서 시선은 배타적으로 경전에 집중된다. 다른 모든 것은 우상숭배로 낙인 찍히게 된다. 이 세상의 모든 사물은, 특히 이미지는 경전으로부터 시선을 강탈하는 올가미이자 함정으로 간주된다. 이미지와 시각적인 것에 대한 비난을 통해 종교가 탈감각화되고 의례의 연극성이 해체된다. 이렇게 해서 종교의 미학적·예술적 차원이 사라지게 되는 것이다. 이러한 맥락에서 우리는 종교와 예술의 관계를 비판적으로 검토할 수 있다. 책의 종교는 세상에 존재하는 시각적 이미지가 아니라 경전 해석을 통해 생성되는 마음의 이미지를 강조한다.[15]

로버트 매럿(Robert Ranulph Marett)은 "원시종교는 사유되기보다 춤추어진다"라고 말한 적이 있다. 매럿을 따르면서 베른하르트 랑(Bernhard Lang)은 '춤추어지는 의례'에서 '말만 여전히 춤추고 있는 의례'로의 근본적인 변화에 주목한다. 말이 춤추는 이러한 '지적 의례(intellectual ritual)'에서 참여자는 말을 암송하고 경청하고 마음에 새긴다. 의례가 점점 더 많은 글을 생산하여, 성스러운 저술의 도서관이 만들어질 수도 있다. 그러나 텍스트가 만들어진다고 해서 곧장 '책의 종교'가 등장하는 것은 아니다. '지적 의례', 즉 '책의 의례'에서 책은 여전히 해석되기보다는 암송된다. 텍스트의 문자가 소리가 되어 춤을 추면서 의례적 사물로 이용될 뿐인 것이다.[16]

그러나 유대교에서는 텍스트와 의례의 관계가 역전된다. 경전이 의례를 대체해 버린 것이다. 그래서 아스만은 기원 후 70년에 티투스가 유대교 신전을 파괴했지만, 이미 유대교는 신전을 필요로 하지 않는 종교가 되어 버린 상태였다고 말한다. 굳이 티투스가 신전을 파괴하지 않았더라도 유대인 스스로가 신전의 문을 닫을 수밖에 없었다는 것이다. 유대교에서는 이미 경전이 의례를 대체해 버린 상태였기 때문에, 신전은 이미 용도 폐기된 유물에 불과했다. 유대교의 유일신론은 글쓰기의 정신이 낳은 산물이었고, 계시는 글쓰기라는 새로운 매체가 낳은 새로운 종교적 요소였다. 글쓰기와 계시에 의해 종교가 세계 밖으로 탈주했다. 이때부터 경전은 세계를 대체하고 예술을 대체한다. 세계와 예술은 모두 우상숭배로 비난받는다. 경전을 통해 계시를 내리는 신은 글 저편에, 즉 세계 밖에 위치하는 존재가 된다.

기독교의 성서와 이슬람교의 코란에서는 '의미'가 중심적인 역할을 하기 때문에 끝없는 해석과 주석의 전통이 존재한다. 그런데 성서와 코란의 율법과 이야기는 의례적 실천이 아니라 일상적인 인간 행동을 위한 토대를 형성한다. 텍스트가 의례가 아니라 일상행동을 위한 지침이 될 때, 텍스트가 경전이 된다고 말할 수도 있다. 얀 아스만은 글쓰기에 근거한 '계시의 인위성'에 대해 이야기한다. 계시는 자연스러운 것이 아니다. 의례는 행위, 연기, 시각에 근거하지만, 계시에 의한 신앙은 텍스트, 계약, 율법에 근거한 것이다. 이처럼 글쓰기는 점차 종교의 탈의례화와 탈연극화, 즉 종교의 탈예술화를 야기한다. 그러나 경전과 의례의 대립 구도만으로는 '종교의 미디어'에 대한 설명을 다할 수 없다. 이제 '예술이라는 종교의 미디어'에 대해 살펴보자.

4. 예술의 시작과 끝: 예술의 자기 폐기 현상

반 데르 레이우는 순수 관념보다는 예술이 성스러움을 더 잘 전달할 수 있다고 주장한다. 왜냐하면 예술의 출발점은 몸과 영혼의 나눌 수 없는 통일성, 즉 전인(全人)에 있기 때문이다. 성스러움은 물질적인 몸에 의해 저지될 수 있는 추상적인 정신이 아니라 전인과 관계한다. 또한 종교는 물질적인 수단 없이는 스스로를 표현할 수 없다. "신화 없이, 상징 없이, 말과 운동과 음조 없이는 종교가 존재할 수 없다." 그리고 종교가 추구하는 힘을 전달하는 것은 항상 성스러운 사물, 성스러운 음식, 성스러운 행위, 성스러운 인간 같은 가시적인 장치이다. 청각과 시각에 대한 의존 없이는 드라마도 의례도 존재할 수 없다.[17] 이처럼 종교는 형태 없이는 존재할 수 없기 때문에 항상 예술을 찾는다. 예술은 스스로 흘러넘쳐 항상 종교에 이른다. 반 데르 레이우의 입장에서 종교적인 예술작품, 즉 미를 통한 성의 표현은 몽상이 아니라 실재이다. 왜냐하면 예술은 '삶의 모방'이 아니라 '삶의 형식'이기 때문이다. 즉 예술은 삶이 무의식적으로 회귀하는 틀 같은 것이다. 따라서 종교가 삶을 일탈하지 않는 한, 종교는 예술적일 수밖에 없다.[18]

이처럼 표현 매체, 즉 '미디어'라는 개념은 종교와 예술을 자연스럽게 근접시킨다. 예술은 삶과 종교의 미디어이기 때문이다. 이 글에서 계속 우리는 예술이 종교의 미디어라는 것, 예술 없이는 종교가 아무것도 전달할 수 없다는 것, 예술 없이는 종교도 없다는 것, 예술의 끝은 종교의 끝이기도 하다는 것을 주장할 것이다.

반 데르 레이우는 예술이란 세계를 경작지로 만드는 인간의 고된 노동 같은 것이라고 말한다. 예술은 노동이다. 농부가 땅을 경작하듯, 장인이 나무나 돌로 도구를 만들 듯, 예술가는 주변 세계를 재창조한다. 중세시대는 예술가와 장인의 차이를 몰랐다. 예술은 인간이 사건을 소유하기 위해 사용하는 '마음의 도구' 같은 것이다. 예술을 통해 인간은 사물, 사건, 시간, 공간, 자연 등을 소유하기 때문이다.[19] 따라서 우리는 예술가가 어떤 세계를 창조하는지를 살펴야 한다.

반 데르 레이우의 예술신학

A	춤	신의 운동	성부	리듬	창조
B	드라마	신의 놀이		운동과 반운동	
C	말	신의 찬양	성자	말하기	구원
D	이미지	신의 이미지		형상화 하기	
E	건축	신의 집		새로운 창조, 거주하기	
F	음악	신의 영(靈)	성령	파괴하기	종말

우리는 반 데르 레이우가 각각의 예술 장르의 미디어적 특성을 어떻게 서술하는지를 체계적으로 이해할 필요가 있다. 슐라이어마허(Schleiermacher)는 "종교와 예술은 친밀한 두 영혼처럼 서로의 곁에 서 있다. 그러나 둘의 내적 관계는 짐작만 될 뿐 여전히 서로에게 알려져 있지 않다."라고 말한다.[20] 반 데르 레이우는 이 둘의 관계를 해명하기 위해 매우 체계적인 '예술 신학'을 전개하고 있다. 위의 표에서 보듯이 그는 전체 예술을 삼위일체의 도식에 따라 분할하면서 각각의 예술 장르의 신학적 · 유기적 연속성을 탐색한다. 그는 춤과 드라마를 성부(창조)에, 말과 이미지와 건축을 성자(구원)에, 음악을 성령(종말)에 배당하고 있다.[21] 이 도식을 따라 사유하면서 우리는 반 데르 레이우의 예술신학을 비신학적으로 전유할 수 방법을 고민해 볼 필요가 있다.

위의 표처럼 반 데르 레이우는 회화가 예술신학의 중심 자리를 차지한다고 말한다. 왜냐하면 모든 예술은 어떻게든 표상 예술이기 때문이다. 그런데 회화에서 건축을 거쳐 음악으로 갈수록(D→E→F) 예술은 표상, 즉 형태를 점점 상실하게 된다. 또한 드라마는 이원론적으로 삶을 축약하고, 춤은 개체가 자신의 형태를 상실하면서 우주의 리듬에 합류하게 한다. 춤을 추는 모든 존재는 엑스터시에 빠져든다. 그러나 춤은 모든 것이 하나인 세계를, 드라마는 모든 것이 둘로 나누어진 세계를, 이미지는 모든 것이 다른 것의 표상인 세계를 가리킨다는 점에서, 우리는 춤, 드라마, 말, 그림으로 진행되는 과정을(A→B→C→D) 창조의 과정으로 보아야 한다. 또한 말, 이미지, 건축은 구원을 기다리고 추구한다는 점에서, 인간의 현재 모습을 가장 잘 반영하고 있다. 우리는 말을 하고, 이미지를 만들고, 집을 지으면서 신과 만나기 위해 분투한다. 그리고 이 모든 것이 최종적으로 음악에 이를 때 예술은 모든 형태를 상실한다. 따라서 음악은 예술이 스스로를 제거하는 '종말론적 예술', 또는 '예술의 끝'인 셈이다. 이것은 종교가 신비주의가 될 때 더 이상 종교가 필요 없는 것과도 같다. 반 데르 레이우의 논리에 의하면, 종교가 가장 종교적이 될 때 종교는 사라진다. 그래서 살아남기 위해서라도 종교는 결코 종교적이 될 수가 없다. 신비주의는 신화도 의례도 경전도 예술도 필요로 하지 않는다는 점에서 '종교의 끝'을 가리킨다. 그래서 음악과 신비주의의 자연스러운 유비가 만들어지는 것이다.

1) 회화

반 데르 레이우에 따르면 모든 예술은 운동이다. 예술에서는 생명을 지닌 사물들이 특유한 리듬을 따른다. 그러나 그림, 조각, 건축에서는 이러한 리듬이 고정되고 운동이 저지된다. 말도 이미지를 만들지만, 언어 예술에서는 하나의 이미지가 다른 이미지에 의해 계속 대체된다는 점에서 '운동하는 이미지'를 보존한다. 춤도 이미지를 만들지만, 춤의 이미지는 부단히 해체되고 다시 만들어진다. 하지만 그림, 조각, 건축에서는 운동이 유체 상태에서 고체 상태로 변형된다. 그러나 영화는 고체 상태가 된 운동(이미지)이 다시 움직인다는 점에서 시간을 잃어버린 이미지에 다시 시간을 부여한다고 말할 수 있다. 이렇게 영화는 드라마, 춤, 말, 음악, 그림, 건축을 모두 포용하는 종합 예술이 되는 것이다. 반 데르 레이우는 예술 장르 각각이 어떻게 자체의 물질적 속성에 의해 '운동과 이미지'의 관계를 구조화하는가에 따라 각 장르의 독특성을 파악하고자 한다.[22]

반 데르 레이우는 "그림을 이용한 고정에 의해 생명이 살해되지는 않는다. 새로운 등급의 생명에 도달한다. 또한 표상하는 사람은 새로운 생명을 불러일으키기 위해 살아 있는 실재를 살해한다고 말할 수 있을 것이다. 표상되는 모든 생명은 죽어서 부활한다."라고 말한다.[23] 즉 그림은 모든 사물이 새롭게 부활하는 '컬트의 공간'이 된다. 사물은 이미지가 될 때 신에 조금 더 가까워지기 때문이다. 그러므로 이미지는 사물의 본질을 추출하는 작업이기도 하고, 사물의 가면을 벗기는 작업이기도 하고, 사물의 세속적인 껍질을 벗기는 작업이기도 하다. 이미지는 성스러움에 더욱 근접하는 '존재의 알몸'을 드러낸다. 그는 그림에 대해 "어떻게 움직일 수 있는 실재의 고정물인 이미지가 움직이는 일이 가능한가? 어떻게 그림이 살아 있을 수 있는가?"라고 되묻는다.[24] 이미지는 운동의 소거가 만드는 또 다른 운동이 된다.

이렇게 사물이 마음의 공간 안에서 자리를 차지할 때, 즉 사물이 표상될 때, 사물은 새로운 차원의 존재를 획득한다. 반 데르 레이우는 이렇게 모든 사물이 이미지로 존재하는 차원을 '제2의 실재'라고 부른다.[25] 그에 의하면 예술가는 존재하지 않는 것을 존재하는 것으로 변형시킨다. 즉 이미지가 될 때 사물은 새로운 생명을 얻는다. 그래서 그는 이미지가 초래하는 '이중적인 형태 경험'을 이야기한다.

> 우리는 두 번에 걸쳐 사물을 형태로서 경험한다. 처음에는 직접적이며 실제적으로, 두 번째로는 이미지 안에서 경험한다. 처음에는 해석되지 않는 생명으로, 두 번째에는 변형된 생명으로 경험한다. 우리의 눈앞에서 이미지, 형태, 형상으로 서 있는 것만이 우리에게 의미 있는 것이 되며, 오로지 그것만이 힘으로서 우리와 마주친다.[26]

그래서 그는 같은 단락에서 "우리는 눈앞에 이미지가 되어 나타나지 않는 것을 이 세계 안에서 힘 있는 것으로 인지하지 않는다."라고 말한다. 이미지가 될 때 비로소 사물은 '힘'을 갖는다고 말할 수 있다. 종교는 세상의 모든 사물을 다른 무언가의 이미지로 볼 때 생겨난다. 지상의 사물은 천상의 사물이 남긴 그림자, 흔적, 메아리로 인지된다. 이처럼 사물은 다른 존재의 이미지로 지각할 때 힘을 발휘할 수 있다. 따라서 회화는 모든 사물이 다른 무언가로 복귀하려고 하는 '구원의 공간'을 창조한다.

이렇게 반 데르 레이우는 예술 안에서 회화에 특권적인 지위를 부여한다. 사물을 이미지로 만든다는 것은 사물을 시간 밖으로 꺼낸다는 것, 즉 사물을 시간에서 구원한다는 것을 의미한다. 마치 가면이 '얼굴의 죽음'을 의미하듯, 이미지가 된 사물은 사물의 휴식, 사물의 죽음을 의미한다. 이미지 안에서는 모든 생명의 운동이 정지하기 때문이다. 그런데 이미지는 죽어 있는 듯 보이지만 살아 있다는 점에서 생명과 죽음의 경계선을 넘나든다. 이미지 안에서 다시 운동을 복원시킬 때 '이미지의 구원'이 일어나기 때문이다. 그래서 반 데르 레이우는 형상과 형태는 구원의 시간이자 장소라고 말한다. 반면에 음악과 신비주의에서는 시간과 공간이 모두 부정된다. 기독교의 맥락에서 신은 자신의 이미지에 따라 인간을 창조했다. 즉 인간은 신을 가두고 있는 신의 이미지이다. 또는 인간은 신의 기호, 즉 '신의 그림'이다. 그러므로 이미지는 항상 무언가를 가두고 있는 장소, 구원이 임박한 장소가 된다.

반 데르 레이우가 특히 회화를 '구원의 시작점'으로 삼는 것은 회화가 기독교의 인카네이션(Incarnation) 신학과 겹쳐지기 때문이다. 인카네이션은 신이 인간 안에서 자기를 드러낸 불가능한 사건이다. 인간이 '신의 표상'이 된 것이다. 반 데르 레이우는 '회화 표상의 폭력성'에 대해 이야기한다. 회화 예술과 언어 예술이 성스러움에 가장 저항적이며, 거의 표상적이지 않은 음악은 성스러움에 가장 유순하다. 왜냐하면 모든 이미지는 정복, 침해, 과시를 의미하기 때문이다. 운동을 정지시킨다는 것은 그림이나 조각의 본질과도 같다. 그러므로 논리적으로 회화는 가장 종교적이기 힘든 미디어일 수도 있다. 이미지에 대한 그토록 많은 반대가 종교 내부에 존재하는 것도 이러한 이유 때문이다. 그래서 반 데르 레이우는 "이미지의 금지는 종교의 본질에 깊이 뿌리박혀 있다."라고 말한다.[27] 말, 음악, 춤, 드라마는 자체의 운동성을 갖고 있다. 그러나 회화에서는 운동이 고정되고 표상은 그 자체로 완결되어 있다.

우리는 있는 그대로 표상하는 것이 아니라, 우리가 보는 대로 표상한다. 그러므로 이미지는 사물 자체가 아니라 '내가 사물을 보는 방식'을 드러낸다. 이것이 바로 이미지의 일차적인 함정이다. 이미지는 사물 자체를 주장하지만, 거기에 투영되어 있는 것은 사물을 바라보는 나의 시선이기 때문이다. 따라서 그림은 신성보다는 인간성의 표현이기 쉽다. 그러므로 성스러움을 인간화한다는 이유로 종교에서는 흔히 이미지 제작을 반대한다. 회화 예술은 신을 이미지 안에 가두어 신의 힘을 제약하는 행위로 인식된다. 이 때문에 회화는 '반종교적' 예술일 수밖에 없다. 헤라클레이토스(Heraclitus)는 이미지에 기도하는 자는 건물에 말을 거는 자와 같다고 말한다. 헤로도토스(Herodotus)는 침이나 가래를 뱉는 그릇인 타구(唾具), 발을 씻는 대야, 요강으로 신의 이미지를 만든 이집트 왕 아마시스에 대해 이야기한다. 로마 역사가인 바로(Varro)는 이미지가 없을 때 종교가 더 순수하며, 이미지의 도입으로 종교의 몰락이 시작된다고 말한다. 이미지는 자유로운 상상력을 제약하고, 표상 너머에 대해 생각할 수 있는 여지를 남겨 놓지 않는다. 인간의 시선도, 표현되는 사물도 이미지 안에 갇히고 마는 것이다. 이처럼 표상 예술은 사물의 너머나 뒤나 옆에 대한 여지를 남기지 않는다.[28]

따라서 반 데르 레이우는 "가장 중요한 것, 즉 보이지 않는 것에 대한 암시를 망각한 것이 바로 회화 예술이다"라고 말한다. 그러므로 완전한 표상 예술은 마치 '전망 없는 계곡, 창문 없는 집'처럼 폐쇄되며, 따라서 성스러움을 담지 못한다. 이 때문에 종교에서는 이미지보다는 목소리가 선호되며, 회화보다는 음악이 더 오래 보존된다. 종교개혁 시기에 칼뱅에게 이미지 금지는 절대적 요청 사항이었다. 칼뱅은 조각과 그림 모두를 금지했다. 종교의 본질은 인간을 향한 신의 부단한 운동이자 신을 향한 인간의 부단한 운동이므로, 종교는 필연적으로 이미지에 반대할 수밖에 없는 것이다. 그러므로 성상 금지(iconomachy)는 성상 숭배(iconolatry)만큼 종교적인 행위이다. 종교는 보이는 것과 보이지 않는 것의 긴장 속에서 형성된다. 그러나 회화는 보이지 않는 것조차도 보이게 함으로써 종교를 '가시성의 놀이'로 전락시킬 수 있다. 그래서 반 데르 레이우는 종교와 회화의 갈등을 '종교와 예술의 갈등'이

아니라 '종교와 종교의 갈등', 즉 '회화의 종교'와 '반(反)회화의 종교'의 갈등이라고 말한다.[29]

8세기와 9세기에 그리스 정교회에서 발생한 성성 파괴의 문제도 마찬가지다. 726년에서 730년 사이에 비잔틴 제국의 황제 레오 3세(Leo the Isaurian)는 이슬람교의 강력한 영향력하에서 모든 이미지의 제거를 명했다. 754년에 콘스탄티노플 종교회의에서는 성체성사의 빵과 포도주만이 구세주를 표상할 수 있다고 결정하면서 모든 이미지 숭배를 금지했다. 그러나 이레네(Irene) 황후가 787년에 니케아 공의회를 열어 이미지 숭배의 길을 다시 열어놓는다. 이때 등장한 논리가 바로 성상 파괴는 인카네이션 신학과 배치된다는 것이었다. 832년에 다시 이미지 금지가 공포되고, 843년 종교회의를 통해 다시 성상 숭배의 길이 열린다. 이러한 과정에서 서방교회가 동방교회로부터 등을 돌리게 된다. 계속해서 반 데르 레이우는 종교와 이미지의 갈등은 '서로 다른 종교들의 갈등'이자, 이미지를 폐기할 수도 없고 이미지의 함정을 의식하지 않을 수도 없는 "종교 내적 대립"이라고 말한다. 이처럼 종교는 한 겹이 아니라 여러 겹의 '종교들'로 이루어져 있다.[30]

우리는 불교, 프로테스탄티즘, 로마 가톨릭, 이슬람교, 유대교, 그리스 정교회 등 어디서나 이미지에 대한 혐오감을 발견할 수 있다. 예컨대 이슬람교에서 이미지의 금지는 아라베스크를 낳는다. 이미지가 글을 모르는 무식한 자의 서책이라고 보는 교육학적 이유에도 그러한 혐오감은 내재해 있다. 우리는 하나의 종교가 단일한 실체라고 상상하는 경향이 있다. 그래서 자연스럽게 기독교와 불교를 비교한다. 그러나 기독교와 불교의 차이보다는 한 종교 안에 내재한 '성상 파괴의 종교'와 '성상 숭배의 종교' 사이의 차이가 훨씬 크다. 반 데르 레이우는 기독교의 핵심이 인간을 통해 신을 표상할 수 있다는 인카네이션에 있으며, 회화야말로 인카네이션의 가장 좋은 본보기라고 생각한다. 어떤 신학자의 말에 따르면 성상을 파괴하는 자도 어차피 자신만의 또 다른 그림을 만들게 된다. 예컨대 성상을 파괴한 프로테스탄티즘은 스스로를 하나의 이미지로 만들고 말았다. 어쨌든 이미지를 피하는 것은 불가능하다.[31]

어떤 종교도 추상적인 개념만으로 말하지 않는다. 종교는 신화, 즉 이미지의 언어로 말한다. 그러므로 종교는 결코 이미지를 제거하지 못한다. 그러나 회화가 종교에 이르려면 우리는 이미지 안에서 '또 다른 실재'나 '제2의 형태'를 볼 수 있어야 한다. 색채와 캔버스를 통해 또 다른 이미지를 볼 수 있어야 하는 것이다. 그런데 이와 관련해 반 데르 레이우는 매우 흥미로운 언급을 한다. "진정한 화가는 항상 결코 창조된 적 없는 걸작을 만들기 위해 작업한다. 그 일이 성공하더라도 그 걸작을 볼 수는 없을 것이다. 왜냐하면 완벽한 이미지는 아무것도 보여주지 않기 때문이다… 그러나 완벽한 그림은 없다."[32] 아마도 종교가 된 그림은 보이지 않는 그림, 보여주는 순간 사라지는 그림일 것이다. 완전한 그림은 이미지라는 미디어를 통해 전달되는 것이 아니라, 아무런 중간 매개물 없이 그냥 우리의 마음속으로 들어올 것이기 때문이다.

우리는 인간이 사물을 이미지로 만들어 지배했던 주술적 역사에 대해 알고 있다. 주술은 사본을 조작함으로써 원본에 영향을 미치려는 시도이다. 보이지 않는 것을 시각화하는 것은 가장 기초적인 종교적 행위이다. 또한 실재와 다를수록 이미지는 더욱 종교적인 것이 된다. 원본과 사본의 거리가 멀어질수록 종교적 강도가 증가하기 때문이다.[33] 의인주의(anthropomorphism)는 종교에 별로 도움이 되지 않는다. 인간과 신의 거리 조절 문제 때문이다.

그림은 운동을 이미지로 응결시킨다. 응결의 강도가 무한대로 팽창하면, 모든 이미지는 점이 되어 사라질 것이다. 반 데르 레이우가 완벽한 그림은 보이지 않는다고 말한 것도 이러한 이유 때문일 것이다. 심지어 그는 죽음이 생명보다 더 살아 있을 수도 있다고 말한다. 죽음의 경직은 모든 운동의 가능성을 응축하고 있기 때문이다.[34]

그는 '추한 성스러움'에 대해 말하면서, 매력적이지도 인간적이지도 아름답지도 않은 신상이 가장 성스러운 경향성을 지닌다고 말한다. 원시적인 신상이 철저히 인간적인 형태를 띠는 경우는 거의 없다. 그러므로 '이미지 종교'의 관점에서 볼 때 신을 인간적으로 표현하는 것은 '무신론'을 의미했다. 이스라엘의 야훼는 결코 이미지로 표상되지 않았다. 불교도 원래는 부처의 이미지를 만들지 않았다. 회화에서도 부처의 모습은 생략되었다. 헬레니즘의 영향으로 불상을 제작하면서부터, 간다라 학파는 인간적 아름다움을 강조한 불상을 만들었고, 마투라 학파는 추한 불상을 만들었다. 마투라 학파에서 불상은 영혼을 정화하고 고행을 실천하기 위한 얀트라(yantra), 즉 명상의 도구였다.[35] 아름다움이 성스러움을 죽일 수도 있는 것이다.[36]

반 데르 레이우는 서구문화에서 회화는 일차적으로 자기 표상의 문제였다고 말하면서, 풍경은 근대적인 발명품이라고 말한다. 원래 풍경은 배경이나 장식으로 기능했으나, 풍경화의 등장으로 풍경 자체가 '아름다운 자연'으로 그려지게 되었다는 것이다. 원래 종교에서 자연은 님프나 사티로스 같은 정령에 의해 표상되었다. 그러나 자연의 아름다운 거주자들이 제거되면서 자연 자체가 예술적 대상이 되었다. 그러므로 풍경의 발견은 '자연의 발견'이기도 했다.[37]

이상의 논의에서 알 수 있듯이 회화는 가장 반종교적인 예술, 즉 '종교의 죽음'을 가리킨다. 따라서 회화라는 반종교성에서 종교성이 표출된다면 그것만큼 종교적인 것도 없을 것이다. 그러나 회화적 요소 이외의 것은 모두 배제된 '절대 회화'는 없다. 종교는 시각, 청각, 촉각 등의 감각에 의지할 수밖에 없다. 완전히 초감각적이고 영적인 종교는 없기 때문이다. 이미지 없이 오직 청각만을 필요로 하는 음악조차도 물질적인 예술이다.[38] 종교는 물질에서 피어나는 정신, 또는 지상에 존재하는 하늘처럼, 특정 표상이 형성하는 '기표와 기의의 거대한 낙폭(落幅)'에서 생기기 때문이다. 그러므로 종교와 예술의 결합은 회화에서 가장 극적이며 기적적이다. 회화는 가장 인간적인 '구원의 예술'이기 때문이다.

2) 건축

쇼펜하우어는 음악을 진정한 종교적 예술이라고 부르면서도, 건축은 가장 무겁고 가장 제한적이며 가장 신성하지 않은 예술이라고 생각했다.[39] 또한 어떤 이집트학 학자는 피라미드 건축을 두고 '재료의 무한 낭비'라는 표현을 썼다. 그러나 우리는 피라미드를 두고 왕의 신성한 생명의 죽음에 대한 거대한 저항이라는 해석을 내놓을 수도 있다. 피라미드는 '신과 신의 전투'를 상징하는 기념비라는 것이다. 또한 이집트 기자 지역의 스핑크스는 우리가 '다른 세계'에 와 있다는 착각에 빠지게 만든다. 사실 거대하고 육중한 기념비가 성스러운 힘을 소유한다는 것은 전혀 이상하지 않다. 또한 보로부두르 사원은 똑같은 탑의 무한 반복을 통해 성스러움을 표출한다. 종교에서 같은 것의 무한 반복을 통해 성스러움을 표현하는 일은 매우 흔하다. 불교 사찰에서 비슷한 불상의 무한 반복을 통해 공간의 신성을 표현하는 것도 같은 맥락이다. 반대로 신전은 '텅 빔'을 통해 성스러움을 표현하기도 한다. 그래서 반 데르 레이우는 가톨릭과 프로테스탄트 교회가 신도석과 의자와 가구로 가득 차 있는 것이 건축물의 성스러움을 저해한다고 말한다.[40]

인간은 집, 도시, 신전을 지어 특정한 장소에 신성한 힘을 저장한다. 그래서 반 데르 레이우는 '집은 힘의 울타리'라고 말한다. 건축은 가장 역사가 짧은 예술이다. 왜냐하면 자연에는 인간의 행위 없이도 성스러운 것으로 존재하는 성스러운 공지(空地)나 성스러운 산이 있기 때문이다. 굳이 집을 짓지 않아도 자연이 이미 성스러운 장소를 내장하고 있었던 것이다.[41] 다른 예술들은 유용성이 없는 사치품이 되기 쉽다. 그러나 건축물은 유용하면서도 성스럽다. 그만큼 건축은 비용이 많이 드는 예술이기도 하다. 그리고 건축은 어떤 예술 이상으로 운동을 응결시킨다. 예컨대 괴테는 건축을 '결빙된 음악'이라고 부른다.[42] 그런데 역사 속에서 어느 순간 신전이 더 이상 존재할 수 없는 시대가 열리게 된다. 인간의 손으로 만든 집에 거주하기에는 신이 너무 크다는 종교적 인식이 등장하게 된 것이다. 어떤 인간 건축물도 성스러움을 수용할 수 없다는 분명한 인식이 등장하면서, 신의 거주지는 집이 아니라 하늘에 위치하게 된다. 이때부터 종교는 '신의 집'이 아니라 '기도의 집'을 필요로 하게 된다. 인간은 이제 성스러운 장소를 만드는 것이 아니라, 평화롭게 신에게 기도할 수 있는 집을 짓는다. 프로테스탄티즘의 경우에는 자기만의 교회 건축이란 게 없다. 그러므로 '신의 집'을 어떻게 짓는지, 신이 어디에서 살고 있는지, 인간이 신을 어디에서 만나고 있는지를 관찰함으로써 해당 종교의 신관을 짐작할 수도 있다.

반 데르 레이우는 네덜란드 흐로닝언(Groningen)에는 마치 교회처럼 보이는 연구소가 있다고 말한다. 거기에 서 있는 과학을 표상하는 입상들은 마치 마돈나 상처럼 보인다. 그런데 사람들은 연구소는 연구소처럼 보여야 하고, 공장은 공장처럼 보여야지 교회처럼 보여서는 안 된다고 생각한다. 그러나 교회처럼 보이는 연구소 건물에서 우리는 '다른 무언가가 되려는 욕망'을 읽을 수 있다. 반 데르 레이우는 르네상스 시대 이후로 유럽인은 신의 집을 짓는 법을 망각해 버렸다고 말한다. 원시인은 신에게도 집이 필요하다고 생각하기 때문에 신의 집을 짓는다. 그러나 어느 순간 어떤 집도 신을 담을 수 없게 된다. 근대인은 신을 개인적인 만남 속에서만 인지하기 때문이다.[43]

과거에는 집이 '가족의 신전'일 수 있었지만, 근대적인 집은 성스러움도 화로도 가정의 수호신도 없는 집, 즉 '신이 삭제된 집'이다. 인간이 집에서 신을 삭제하는 데 매우 오랜 시간이 걸렸다. 특히 아파트와 중앙난방의 발명은 신 없는 집, 즉 인간의 집을 가능하게 했다. 신을 위해 집을 짓지 않는 세계 속에서 어떤 신이 존재할 수 있는가? 반 데르 레이우는 근대적인 건축은 신비주의와 관련성을 갖는다고 말한다. 쇼펜하우어가 건축을 딱딱하고 무겁고 뻣뻣한 저급한 예술이라고 말한 것도 그의 신 관념 때문일 것이다. 왜냐하면 신비주의의 신은 집을 필요로 하지 않기 때문이다. 이때 각 개인은 마음 가장 깊은 곳에 있는 지성소에서 절대 타자와 대면한다. 신과 인간의 교신에는 더 이상 공간도 집도 필요하지 않다. 그래서 이슬람 신비가는 진정한 카바 신전은 신자의 마음속에 건축될 것이라고 말한다. 인간의 마음이 신의 진정한 신전이 된다. 그러나 신비주의적이지 않은 신자는 건축물의 과잉 속에서 종말론적 경계선을 인지한다. 왜냐하면 신의 도시, 새로운 예루살렘에서는 신전이 필요 없기 때문이다. 오로지 낡은 예루살렘에서만 건축이 계속된다.[44]

신이 없는 세계 속에서 인간은 신을 만나기 위해 계속해서 신전을 짓는다. 그러므로 인간은 신전 없는 세계를 위해 신전을 짓는다. 신전은 스스로를 폐기하기 위해 존재한다. 완전한 신전은 '신전 없는 신전'이기 때문이다. 우리가 '신전 있는 종교'와 '신전 없는 종교'라는 관점에서 종교사를 살펴야 하는 것도 이 때문이다. 건축은 자연의 사물을 재료로 삼아 거주지를 만드는 기술이다. 그러나 건물이란 '텅 빈 형태' 혹은 '내용 없는 형식'이다. 그러므로 건축은 어떤 내용물이 담기느냐에 따라 쉽게 성스러움을 상실하여 빈 껍질로 전락할 수 있다.[45]

3) 말

키르케고르(Kierkegaard)는 모든 예술 가운데 시(詩)가 가장 상위에 있다는 흥미로운 주장을 한 적이 있다. 예술 발전의 역사를 추적할 때 예술은 공간에서 시간을 향해 진보하며, 따라서 예술의 완성은 우리가 계속해서 공간으로부터 자기를 해방시켜 시간의 법칙으로 나아가는 것이라고 그는 말한다. 예컨대 그림은 조각보다 '덜 공간적'이다. 음악의 기본 요소는 시간이다. 그러나 음악은 안정적으로 시간 속에 존재하지 못하며, 듣는 순간 곧장 침묵에 빠져들고, 단지 한 순간만 존재할 뿐이다. 그런데 시는 모든 예술 가운데 가장 잘 시간의 의미를 입증하기 때문에 가장 완벽한 예술이다. 시는 그림과 달리 순간에 한정되지 않으며, 음악과 달리 시간과 함께 사라지지 않는다.[46] 시에서는 모든 시간적·공간적 제약이 사라진다. 그림은 시간을 멈추고, 음악은 시간 안에서 스스로를 멈추지만, 시는 흐르는 시간을 담은 채, 스스로 시간 속을 흘러간다. 키르케고르의 주장에 따르면 모든 예술은 결국 시가 되어야 한다.[47] 물론 반 데르 레이우는 이러한 입장에 동의하지 않는다.

언어에 대한 논의부터 시작해 보기로 하자. 살아있는 말은 이미지를 불러일으킨다. 이처럼 말이 이미지를 불러낼 때, 말은 미토스(mythos)가 된다. 신화는 미토스로 만들어진다. 말은 눈앞에서 하나의 존재를 창조한다. 또한 우리는 사물에 이름을 붙여 말로 사물을 정복한다. 이런 식으로 인간은 말로 새로운 세계를 창조한다. 고백의 말을 통해 우리는 몸과 마음속에 있는 무언가를 끄집어낸다. 우리의 내부를 언어화하여 정화하는 것이다. 말은 힘을 갖는다. 말은 힘을 분출하는 것이며, 힘을 행사하는 것이다. 그런데 말을 고정된 엄격한 공식 안에 집어넣으면 말의 힘이 더욱 증가한다. 리듬을 갖춘 주문(carmen)이 만들어지는 것이다. 이로써 말이 음악이 되는 길이 열리게 된다. 리듬, 음조, 각운, 두운, 음색으로 인해 말은 쉽게 음악에 근접한다. 이처럼 말은 원칙상 '자기 파괴적'이다. 그래서 올바로 말하는 것은 어려운 일이다. 여기저기서 음악이 말 속으로 끼어든다. 음악을 물리치려면 선명한 윤곽을 가진 이미지를 불러내야 한다. 우리는 말의 깊은 곳에서 솟아오르려 하는 리듬을 누르고, 음악의 흐름에 저항하면서 말을 한다. 말은 쉽게 음악으로 미끄러진다.[48] 반 데르 레이우는 이것을 '음악의 제국주의'라고 부른다.[49] 그러므로 어쩌면 노래하는 것보다 말하는 것이 더 어렵다. 노래가 되려는 말의 힘을 간신히 억누르면서, 우리는 말을 한다. '말하는 인간'은 우리가 일반적으로 생각하는 것만큼 자연스럽지 않다.

예컨대 누군가에게 화가 나거나 행복할 때 성인은 목소리를 높여 말하지만, 아이는 춤을 추며 노래한다. 아이는 쉽게 춤과 음악 속으로 미끄러진다. 그러므로 말의 흐름 속에는 음악뿐만 아니라 춤이 역류하고 있다. 말은 입뿐만 아니라 전 존재에 의해 발언되기 때문이다. 말과 리듬, 말과 음은 같이 가는 것이다. 그런데 말이 이미지를 잃을 때, 말은 소리와 리듬이 된다. 운동이 이미지를 추방하면 말은 춤이 된다. 말 속에 춤이 들어오면, 말의 이미지가 흩어진다. 리듬이 말을 휩쓸어 파괴하는 것이다. 우리는 말이 이미지나

의미 없이 이용되는 것을 종종 목격한다. 이것이 반 데르 레이우가 말하는 말의 '자기 폐기 현상'이다. 그래서 영국의 종교개혁가들은 사도 서간과 복음서를 노래함으로써 말과 의미가 사라질 것을 걱정했다. 말은 이미지를 창조하기 위해 존재하는 것이라고 생각하는 비음악적인 사람에게 똑같은 말의 끝없는 무의미한 반복, 무수한 음표를 통한 음절의 확장은 부조리한 것이었다.[50] 그러나 반 데르 레이우는 말은 음악의 출발점이라고 말한다.[51]

프리드리히 슐레겔(Friedrich Schlegel)은 "모든 예술가는 종교적이다"라고 말한다. 왜냐하면 자기 자신의 생명을 바치고 다른 세계에 완전히 몰입할 때만 아름다움을 창조하고 모방할 수 있기 때문이다.[52] 마치 예언자가 신의 송화구(mouthpiece)이듯, 영감을 받은 시인은 다른 누군가가 자기 안에서 행동하면서 자기를 통해 말하고 있다고 느낀다. 사회 또는 신이 시인을 통해 말을 한다. 시인은 전화기의 송화구 역할을 한다. 따라서 그의 말은 초개인적인 것이 된다.[53] 사실 모든 진정하고 고귀한 예술은 자기 너머를 가리킨다. 즉 완전히 예술의 직무를 수행해서 더 이상 예술이 아니게 된 예술을 가리킨다. 그래서 예술의 끝에서 인간의 말은 신의 말을 가리키게 된다.[54] 예술이 끝난 지점에서 예술은 종교가 된다. 그러나 예술이라는 미디어를 상실하자마자 곧장 종교도 스스로를 지울 수밖에 없다. 그래서 예술의 끝은 '종교 없는 종교'를 가리킨다.

반 데르 레이우는 원시적이고 주술적인 단계에서는 언어 예술이 존재하지 않았으며, 오로지 '리듬 예술'이 존재했다고 말한다. 즉 말과 음악과 춤사이의 경계선이 그려질 수 없었다는 것이다. 마치 주문처럼 초기의 언어는 리듬을 통해 힘을 보유하고 있었다. 니체는 리듬이 신의 영혼을 강제한다고 말한다.[55] 리듬 있는 말은 그만큼 강력한 말이다. 그러므로 '말의 역사'는 말이 리듬을 상실하는 과정의 역사일 수밖에 없다. 지금 우리에게 리듬은 음악적이고 미학적인 수단이지만, 원래 리듬은 주술종교적인 것이었다. 그러므로 말이 리듬을 상실한다는 것은 말이 주술과 종교로부터 분리된다는 것을 의미한다. 말은 힘을 불러일으키기 때문에 금기의 대상이 되기도 한다. 그래서 죽은 자의 이름, 신의 이름을 직접 부르는 것은 회피된다. 예컨대 '죽었다'는 것을 '돌아가셨다', '잠들었다', '세상과 하직했다' 등으로 표현하는 것도 말의 힘 때문이다. 섹슈얼리티와 관련한 언어 금기도 수치심이 아니라 성적 에너지의 힘에 대한 두려움 때문에 생겨났다.[56]

반 데르 레이우는 '다른 언어로 말하기'가 시의 기원일 수 있다고 말한다. 시는 주술적·종교적 금기의 산물이라는 것이다. 은유는 한 사물을 표현하는 언어의 증식일 수 있지만, 은유라는 '다른 언어'의 등장은 터부 의식의 산물일 수 있다는 것이다. 시인은 신화작가이자 말의 창조자이다. 시인이 창조한 말은 살아 있는 이미지가 된다. 그러므로 여전히 이것은 우리가 알고 있는 언어학적 언어, 즉 '절대 언어'가 아니다. 삶의 원시적인 단계에서 시인은 의사이자 무당이자 연대기 작가였다.[57] 원시적인 노래에서는 저자가 사라진다. 즉 모호하게 '집단'이 저자로 인지된다. 예술이 '가장 개인적인 감정의 가장 개인적인 표현'이 된 것은 근대적인 현상이다. 근대문화에서 모든 사람들은 자기 자신의 감정과 생각을 표현하려 한다. 마찬가지로 근대인은 천국에 있는 사적인 왕국에 도달하기 위해 전적으로 개인적인 신에게 전적으로 개인적인 방식으로 기도해야 한다고 생각한다. 특히 신학은 인간과 신의 관계에서 말에 독보적인 위치를 부여하려 한다. 그러나 반 데르 레이우는 "최초의 말은 몸짓이었다"고 말한다. 몸짓은 말의 선구자이며, 말은 몸짓에 종속된 부차적인 것이었다. 그는 말을 성스러움을 표현하는 독특한 방식으로 만들지 않아야 한다고 강조한다.[58] 그만큼 현재 우리의 종교는 말 중심적이고 말에 속박되어 있다.

시간 속에서 주문은 서서히 서정시가 되고, 시는 산문이 된다. 원래는 시, 노래, 춤이 하나로 결합되어 있었지만, 먼저 춤이 사라지고, 다음에는 노래가 분리되어 따로 음악이 되고, 결국 박자만 홀로 남게 된다. 마침내 시에서 박자가 사라지면 말은 산문이 된다. 산문은 인간과 세계를 대립시키면서 개인주의를 탄생시킨다. 왜냐하면 각 개인을 묶어 주는 리듬이 언어에서 사라졌기 때문이다. 그러므로 본래 시는 노래였다. 노래가 사라지고 언어만 남은 것이다. 이처럼 운문의 상실로 인해 우리는 이제 노래하는 호흡을 잃어버렸고, 고대인처럼 오랫동안 노래를 부를 수도 없게 되었다.[59]

근대적인 문학은 민담에서 탄생한다. 민담에서는 말조차도 행위자이고, 사물은 살아 있으며, 인간은 종의 대표자로 그려진다. 그러나 문학은 정확히 사전에서 찾을 수 있는 의미를 가진 말들로 이야기를 한다. 사물은 사물이고 인간은 인간일 뿐이다. 개인의 심리와 캐릭터에 대한 묘사가 정치해질수록, 상황과 사물에 대한 묘사가 사실에 가까울수록, 문학은 점점 더 종교적인 맥락에서 멀어진다. 이렇게 해서 리듬, 춤, 이미지를 상실한 순수한 언어 예술, 즉 '절대 문학(absolute literature)'이 만들어진다. 그리고 절대 문학은 '문학의 끝'을 의미한다. 극단적인 자연주의나 심리주의는 그러한 '문학의 끝'의 징후이다. 언어가 언어로만 존재할 때 문학은 끝에 이른다고 할 수 있다. 프랑스 자연주의의 황금기에는 하루 동안의 한 사람의 삶을 모두 묘사하는 책이 있었다고 한다. 이 책은 그가 화장실에 간 일, 그가 식사를 하는 장면 등 일상의 가장 세부적인 특징까지도 묘사하고 있었다. 이런 책은 그저 예술일 뿐 아무것도 될 수 없기 때문에 더 이상 예술이 아니다. 즉 언어 예술과 종교의 내적 연결이 깨질 때 문학은 사라진다.

언어 예술은 신뿐만 아니라 성스러운 모든 것을 인간화한다. 신이 말을 한다는 것은 기적이지만, 신은 말을 하자마자 인간화된다. 말하는 순간 신은 모든 인간적인 결점까지도 떠맡게 된다. 그래서 플라톤은 자신의 이상국가에서 시인과 비극작가를 추방한다. 또한 시인은 신통기를 통해 많은 신들을 가족 관계로 결합함으로써 신들의 관계 속에 인간적인 약점과 악을 도입시켰다. 이렇게 시인은 신들에게 인간적인 형태를 주었다. 이처럼 종교의 언어화 과정은 필연적으로 '종교의 자기 폐기 현상'을 수반했다.

4) 드라마

드라마는 세계사를 신과 인간의 놀이, 즉 지상에서 펼쳐지는 주인공과 적대자의 운동과 반운동의 구조로 파악한다. 드라마적 도식에 의해 파악될 때 삶은 가장 단순한 형식, 즉 삶의 특수한 내용과 핵심으로 축소된다. 드라마는 축소의 기술이다. 드라마에서는 삶 전체가 통일성을 띠며, 이로 인해 성스러움의 낌새가 삶을 감싸안는다. 또한 드라마를 통해 드러나는 삶의 통일성은 극히 개인적인 것이다. 그런데 드라마는 인간의 모든 삶을 압축하는 하나의 드라마를 지향한다. 하나의 이야기가 모든 사람의 이야기가 되는 것이다.[60] 그래서 훌륭한 드라마 예술일수록 전형적인 이야기를 담으며, 독특한 심리학적 사건을 더 적게 표상한다. 바로 이 지점에서 드라마 예술은 '드라마의 끝'에 도달하면서 의례가 된다. 즉 모든 사람의 이야기가 된 하나의 이야기로서 등장하는 '완벽한 드라마'는 '드라마의 끝'이면서 동시에 '종교의 시작'이 된다. 반 데르 레이우가 강조하듯 '예술의 끝'은 '종교의 시작'이기 때문이다.

예컨대 배우는 다른 캐릭터 속에 들어가 그의 내부에서 말하고 행동한다는 점에서 일종의 엑스터시 상태에 빠지게 된다. 다른 사람의 몸 속에 들어가는 빙의의 체험이라고 말할 수도 있다. 그러므로 배우는 예언자나 사제처럼 자신의 개별성을 상실한다. 그는 다른 사람의 몸 속에 들어가면서 자신이 변형되는 것을 느낀다. 보통 배우가 맡은 역할은 배우의 가면이 된다. 배우는 많은 역할을 맡을 수 있으며, 따라서 여러 개의 영혼을 가진 하나의 몸으로 존재할 수 있다. 반 데르 레이우는 바로 여기에서 종교적인 의미의 '사랑'에 도달할 수 있다고 말한다. 배우의 비밀은 모든 사람 안에 들어갈 수 있는 능력에 있다. 그리고 자아의 경계선을 넘도록 하는 사랑을 통해 배우는 이렇게 다른 사람 안에 들어가는 일종의 '종교적 의식'을 수행한다. 반 데르 레이우는 배우의 비밀을 가리켜 '우리 모두의 드라마적 비밀, 또는 배우의 종교적 비밀'이라고 말한다. 배우는 몸과 영혼으로 신을 섬기는 사제이며, 자기가 없는 사람이며, 신의 입이다.[61] 중요한 것은 배우든 관객이든 드라마를 통해 모든 인간 삶의 통일성을 경험할 수 있다는 것이다. 그렇게도 다른 나의 삶과 너의 삶이 하나로 겹쳐지는 경험을 하는 것이다. 드라마를 통해 우리는 모든 인간의 삶이 같은 리듬을 갖는다는 것을 깨닫는다.

춤의 본질이 운동에 있는 것처럼, 드라마의 본질도 운동과 반운동에 있다. 예컨대 신이 움직여 지상에 내려왔기 때문에 신의 인형인 인간들도 움직인다. 그러므로 가장 고대적인 드라마는 신과 인간의 만남을 그린다. 신은 주인공으로, 인간은 신의 적대자로 그려진다. 그래서 반 데르 레이우는 드라마적인 것이 우리 삶에서 사라질 때, 인간의 반운동을 야기하는 신의 운동이 사라지기 때문에 우리는 '죽은 꼭두각시'가 된다고 말한다. 드라마는 인간의 삶을 신과 벌이는 한 판의 게임, 즉 성스러운 놀이로 치환시킨다. 닫힌 질서 안에서 제한된 운동이 펼쳐지는 것이다.[62] 드라마를 통해 인간은 삶 속에 내재한 가장 단순한 질서를 찾아내고, 이를 통해 신을 발견할 수 있다. 신과의 만남이 이루어지려면 먼저 삶이 드라마로 파악되어야 한다. 드라마는 제한된 공간 안에서 작은 땅, 작은 민족, 특수한 시기, 단 한 명의 인간과 관계하며 펼쳐진다. '드라마의 끝'에서 인간은 신을 발견할 수밖에 없다.

5) 춤

반 데르 레이우에게 춤은 가장 기초적이고 가장 오래된 예술이다. 춤을 추면서 리듬 안에서 인간은 자신을 발견하고 신을 발견한다. 춤을 추면서 인간은 춤추는 자기를 느낀다. 그리고 춤 속에서 인간은 제2의 정신(second spirit), 또는 새로운 본질을 발견함으로써 신을 만난다. 또한 춤은 몸과 영혼의 경계선이 열리게 하며, 모든 경계선이 사라지게 한다. 반 데르 레이우는 "성서 안에서는 운동이 모든 것이다. 신은 운동이다… 신이 사랑, 즉 운동이라는 것을 항상 망각하는 것은 신학이 내린 저주이다. 춤은 그 사실을 상기시킨다… 춤추지 않는 자는 달리고, 질주하고, 뒤뚱거리고, 절뚝거린다. 다시 말해 그는 나쁜 춤을 춘다."라고 말한다.[63] 그에게 더 이상 춤을 추지 않는 근대인의 몸은 영혼을 잃어버린 시체와도 같은 것이었다.

지상에 존재하는 모든 것은 움직인다. 즉 모든 사물은 각자의 리듬을 가지고 있다. 같은 춤을 춤다는 것은 같은 리듬을 갖는다는 것이다. 그러므로 인간은 같은 리듬으로 춤을 추면서 다른 사물과, 다른 인간과 하나가 된다. 결국 춤은 리듬으로 하나가 되는 기술이다. 세상에 존재하는 모든 춤은 결국 신이나 우주와 하나가 되는 운동을 지향한다. 그런데 다른 사물과 하나가 된다는 것은 자기를 상실한다는 것을 의미한다. 그래서 춤은 자기 상실이다. 이것이 바로 인간의 역설이다. 인간에게는 '자기 상실' 없이는 '자기 구원'도 없기 때문이다. 춤의 끝에서 기다리고 있는 것은 '춤을 추지 않아도 되는 세계'일 것이다. 이처럼 인간은 더 이상 춤을 추지 않기 위해 춤을 춘다.

6) 음악

음악은 말을 살해한다. 음악은 말로 표현할 수 없는 무언가를 표현한다. 우리는 그것을 원시 부족의 북소리에서 들을 수 있다. 반 데르 레이우는 말과 음악이 물과 기름 같다고 말한다. 음악은 관계의 질서에 관한 예술이며, 수(數)로 표현될 수 있는 예술이다. 음악은 비율의 관점에서 묘사될 수 있으며, 말은 그 안에서 어떤 자리도 발견하지 못한다. 말은 기껏해야 음악의 건물 위에 새겨진 비명(碑銘)일 뿐이다. 비명이 사라져도 건물은 남는다. 음악에서 말은 군더더기일 뿐이다. 그러므로 양식 있는 해석자는 음악을 개념이나 말로 번역하지 않아야 한다. 우리는 음악이 말처럼 무언가를 표현해야 한다거나, 음악이 이미지를 불러 일으켜야 한다거나, 음악에서 어떤 생각을 얻을 수 있다는 잘못된 판단을 한다. 그러나 음악에서 우리는 아무것도 상상하지 못하거나, 모든 것을 상상할 수 있다. 음악은 삶의 실재에 대해 아무것도 말하지 않는다. 음악은 또 다른 실재에 대한 표현이다.[64] 그러나 말은 모든 것을 제약한다. 신조차도 말해지는 순간 말의 이미지 안에 갇히게 된다. 그런데 말, 이미지, 건물은 상징이 될 수 있지만, 소리는 그렇지 않다. 음악에서는 말과 이미지에 의한 제약이 사라진다.

음악은 공간을 차지하지 않으며, 형태도 갖지 않는다. 음악은 예술신학의 종말론을 표상한다. 모든 예술은 종말론적 성격, 즉 끝을 지향하는 성격을 갖고 있지만, '예술의 종말론'이 가장 두드러지는 것은 음악이다. 음악은 모든 예술의 끝일 뿐만 아니라, 음악은 음악 속에서 소멸한다. 그래서 반 데르 레이우는 모든 예술이 음악적인 구성 요소를 갖고 있는 것처럼, 모든 신학은 신비적인 요소를 갖고 있다고 말한다. 신학이 신비주의가 될 때, 모든 말이 정지되기 때문에 모든 신학이 불가능해진다. 신비주의는 말 없는 신학, 신학 없는 신학, 그래서 '신학의 종말론'이기 때문이다. 마찬가지로 완벽한 음악은 더 이상 들을 수 없는 음악이다. 가장 음악적인 음악은 어떤 것도 표상하지 않기 때문이다.[65]

반 데르 레이우의 예술신학의 핵심은 예술의 창조에서 신의 창조를 인지하는 문제이다. 그런데 그는 신비주의는 '절대 종교(absolute religion)'라고 말한다. 그가 말하는 '절대 종교'는 완전한 종교, 진정한 종교, 자율적인 종교, 비종교가 섞이지 않은 종교를 의미한다. 그러나 '절대 종교'가 반드시 참된 종교, 바람직한 종교를 의미하는 것은 아니다. 신비주의가 '절대 종교'라는 그의 말은 종교가 종교가 아닐 때 종교가 가장 종교적이라는 것을 의미한다. 마찬가지로 예술은 예술이 아닐 때 가장 예술적이 된다. 그래서 그는 '절대 예술(absolute art)'은 볼 수도 들을 수도 없는 예술이라고 말한다. 진정한 예술은 '종말론적 예술(eschatological art)', 즉 음이 없는 음악, 보이지 않는 이미지, 침묵하는 말, 사그라드는 춤, 무한한 풍경에 잠겨 있는 건물이다.

반 데르 레이우는 계속해서 모든 예술은 사라지고자 하며, 다른 것이 되고자 한다고 말한다. 바로 이 예술의 종말론에 위치한 것이 종교 또는 신일 것이다. 그렇게 예술은 예술의 끝에서, 즉 더 이상 예술이 아닐 때 종교가 된다. 그는 모든 진정한 예술 작품은 어떤 의미에서 종교적이라고 말한다. 모든 진정한 예술은 '자기 폐기의 싹(germ of self-abolishment)'을 지니고 있다. 모든 선은 지워지고자 하며, 모든 색은 희미해지고자 한다.[66] 이런 방식으로 아름다움은 그 끝에서 성스러움이 된다. 예술이 절대적인 것을 지향하는 지점에서 종교와 예술이 교차한다. 즉 거기에서 모든 예술은 절대 타자를 가리킨다. 역으로 성스러움은 어떤 다른 의미도 폐기한다. 루돌프 오토(Rudolf Otto)처럼 반 데르 레이우는 절대 타자로 경험되는 예술 작품에서는 매혹과 공포를 동시에 경험할 수 있다고 말한다. 깊은 강이 멀리 흐르듯 깊은 예술은 종교까지 흘러간다고 말할 수 있다.

최상의 예술작품에서 우리는 다른 이미지가 되고자 하는 이미지, 다른 노래가 되고자 하는 노래, 더 이상 예술이 아니고자 하는 예술을 발견한다. 수많은 말을 듣고 사용하는 사람이라면 누구나 신과 함께 하는 말에 대한 갈망을 느끼게 된다. 모든 말에는 '완전한 말'을 지향하는 충동이 내재해 있다. 이런 '절대적인 말'을 내뱉는 순간 이제 모든 말이 불필요해진다. 더 이상 언어가 필요 없는 지점에 도달했기 때문이다. 종교만이 절대성과 완전한 타자를 추구한다. 그러므로 모든 절대적인 것은 종교적인 것이 된다.[67] 자크 마리탱(Jacques Maritain)은 "기독교적 예술 작품을 만들려면 기독교인이 되고 나서 모든 마음이 담긴 아름다운 작품을 만들려고 하라. 예술작품을 기독교적인 것으로 만들려고 하지 마라."라고 말한다.[68] 예술을 종교적으로 만들 필요는 없다. 좋은 예술작품은 필연적으로 종교적이 될 수밖에 없기 때문이다.

5. 예술가 없는 예술, 종교인 없는 종교

일반적으로 종교와 예술에 대한 논의는 진정한 예술은 종교적일 수밖에 없다는 주장으로 귀결한다. 반 데르 레이우는 "아름다움은 성스러움이다. 그러나 성스러움이 오로지 아름다움인 것은 아니다. 성스러움은 그 이상의 것이다. '성스럽다'는 것은 궁극적인 말이다. '아름답다'는 것은 그 다음이다. '성스럽다'고 말하는 자는 모든 것을 말한 셈이다. '아름답다'고 말하는 자는 많은 것을 말한 셈이다."라고 말한다. 그런데 그에게 종교는 '삶의 통일성에 관심을 갖는 것'이다.[69] 우리는 보통 삶을 부분적이며 파편적으로 바라본다. 그러나 종교는 출생에서 죽음까지 삶의 모든 시간을 한 덩어리로 인식하는 데서, 나의 삶과 너의 삶의 근본적인 통일성을 인식하는 데서 비롯한다. 이 처럼 종교는 전체성에 대한 응시에서 발생한다. 반 데르 레이우에게 종교는 양립할 수 없는 모든 것을 껴안는 것이다. 종교와 예술의 관계도 같은 맥락에서 살펴야 한다. 그는 종교와 예술의 위계를 설정하고 있다. 그에게 예술은 성스러움을 표현하는 도구이다. 그러나 우리는 성스러움이라는 범주가 갖는 미묘한 특성에 주의할 필요가 있다. 성스러움 자체를 발언한 자는 아무도 없다. 궁극성은 발언 너머의 것이다. 우리는 항상 성스러움을 가리키는 언어만을 발언할 뿐이다. 성스러움은 미끄러운 범주이다. 즉 성스러움은 성스럽지 않은 것만을 남긴 채 사라진다. 따라서 우리는 반 데르 레이우의 말에서 아름다움은 성스러움에 다가가기 위한 좋은 언어일 뿐이라는 주장을 읽어낼 필요가 있다.

　종교가 지배하는 세상이라고 해서 예술이 종교적이 되는 것은 아니다. 교회가 여전히 삶의 전 영역을 지배하고 모든 가치가 기독교적 기준에 의해 판단되었더라도 르네상스 예술은 거의 종교적이지 않았다. 성스러운 재료를 사용한다고 해서 종교적인 예술인 것도 아니다. 종교적인 음악을 예로 들어 보자. 어떤 이는 음악의 시작이나 끝부분에 기도가 등장할 때 해당 음악이 종교적이라고 생각한다. 어떤 이는 음악의 성격이나 노래의 가사가 성스러움을 표현해야 한다고 생각한다. 어떤 이는 하느님, 그리스도, 죽음, 필멸성이 몇 차례 언급되면 종교적이라고 생각한다. 어떤 이는 피아노는 세속적이고 오르간은 종교적이라고 생각한다. 어떤 이는 심벌즈와 탬버린이 진정한 종교적 악기였던 때가 있었다고 주장한다. 어떤 이는 느린 템포야말로 성스러움을 가리키는 기호라고 생각한다. 종교는 느리다. 그래서 느림은 항상 훌륭한 종교적 기호로 기능한다. 어떤 이는 모든 종교적인 묵상은 고요하고 경건한 명상이며, 따라서 종교는 운동, 긴장, 놀라움으로 이루어진 드라마틱한 진행과는 반대되는 것이라고 생각한다. 침묵은 종교의 또 다른 기호로 기능한다.[70]

반 데르 레이우에 의하면 성스러움의 기호에 대한 이러한 환상들이 '종교적 예술'에 대한 선입견을 지배한다. 종교가 느리거나 고요할 수는 있지만, 느림과 침묵이 모범적인 종교성인 것은 아니다. 또한 종교적인 주제나 성스러운 재료를 사용한다고 해서 반드시 종교적 예술이 되는 것도 아니다. '절대 음악(absolute music)', 즉 다른 요소가 배제된 순수 음악이기만 하다면 모든 음악은 종교적이다. 순수한 그림은 종교적 주제를 다루지 않더라도 종교적이며, 진정한 건축은 교회를 짓지 않아도 종교적이며, 진정한 학문이라면 신학이 아니라 기체, 별, 언어를 다루더라도 종교적일 수 있다. 교회적 양식을 충족시키더라도 종교적인 음악이 아닐 수 있다. 역으로 성스러움으로 채워져 있더라도 교회 음악이 되지 못할 수 있다. 우리는 분위기가 있고 느린 음악이 예배에 적합하다고 생각한다. 그러나 이 모든 것은 종교적 편견에 불과하다. '성상 파괴 논쟁'에서 보듯 종교와 예술의 대립은 아주 오래된 것이다. 예술작품이 갖는 시공간적, 물질적, 감각적 제약성은 종교가 추구하는 무한성에 대립하는 것으로 인식된다. 또한 예술은 예술적인 눈과 귀가 없다는 이유로 종교를 비난한다. 종교는 가시적인 세계를 모르며 아름다움

보다는 주로 추함에서 성스러움을 발견한다는 것이다.[71]

반 데르 레이우에 의하면 자율적이고 독재적인 예술만이 '예술가'를 갖는다. 예컨대 우리 사회는 '긴 머리칼, 이상한 옷, 교만함, 무일푼' 등으로 표현되는 상투적인 예술가 관념을 갖고 있다. 예술가는 흔히 사회적 질서에 어울리지 않는 사람으로 그려진다. 사회에는 예술가를 위한 자리가 없다. 재능 있는 장인과 건축가는 부유하게 살지만, 시인, 작곡가, 화가는 특별한 사회적 기능을 갖지 않는다. 예술가는 특별한 행사를 위해 쓰는 시를 경멸하고, 그저 빵 값을 벌기 위해 초상화를 그릴 뿐이다. 그러나 바흐의 작품은 대부분 특별한 행사를 위해 작곡되었다. 옛 거장의 그림은 보통 주문 제작되었다. 셰익스피어는 공연을 목적으로 작품을 썼다. 그래서 반 데르 레이우는 "성스러운 모든 것이 그러하듯 예술은 자신이 예술이라는 것을 몰랐을 때만 예술이다"라고 말한다. 오늘날에는 줄타기 곡예사조차도 예술가이고자 한다. 근대적인 의미의 예술가는 영감이 생겼을 때 작품을 만들며, 영원성을 위해 글을 쓰고자 한다. 젊은 예술가는 자신이 걸작을 창조하고 있다는 허세를 즐기며, 누구도 자기에게 귀 기울이지 않을 때 화를 내거나 상처를 받는다. 근대의 예술가는 매우 예외적인 인물이며, 도덕적이거나 과학적이거나 종교적인 것과는 무관하게 오로지 예술을 위해서만 살고자 한다. 예술가가 된다는 것은 아름다움에 의해 먹히는 것이다. 모든 예술가는 종교적이며, 지하세계의 신에게 자기를 바친다.

그러나 예술, 종교, 도덕, 학문, 노동이 분화되지 않은 사회에서 예술가는 다른 사람들 곁에서 자기 직무를 수행하는 평범한 인간일 뿐이었다. 예술가라는 독립적인 지위도 없었다. 문화가 분화되고 예술이 자율적인 영역으로 분리되면서 비정상인으로서의 예술가가 탄생하는 것이다. 이것은 종교인의 탄생 과정과도 비슷하다. 종교가 독자적인 영역을 구축하면서 비정상인으로서의 종교인이 탄생했기 때문이다. 예술가가 더 이상 보통의 인간이 아닐 때 예술가로서의 인간이라는 문제가 나타난다. 이때 예술가는 자신의 삶을 예술 작품으로 만들기 위해 모든 힘을 예술에 쏟아붓는다. 자기 존재와 삶의 매순간 예술가로 존재해야 진정한 예술가라는 것이다.[72] 그러므로 우리는 종교인이 존재하지 않았을 때 종교가 어떻게 존재했는지를 물어야 하는 것처럼, 예술가가 존재하지 않았을 때 예술이 어떻게 존재했는지를 물어야 한다. 예술가와 종교인은 모두 근대적인 개념이기 때문이다.

 '예술을 위한 예술(l'art pour l'art)'이란 종교가 예술을 통한 성스러움의 표현을 필요로 하지 않을 때, 그리고 예술이 아름다움을 제외한 다른 자리를 필요로 하지 않을 때 발생한다. 그러나 반 데르 레이우에 따르면 예술은 위대한 관념, 위대한 신념, 위대한 초개인적 감정에 봉사할 때 가장 위대했다. 이것은 '예술을 위한 예술'이 아니라, 예술 형식과 삶의 내용의 상호침투를 가리킨다. 그러므로 종교적인, 애국적인, 혁명적인 예술이 비참하게 실패한다는 것은 우리 시대를 위한 건강한 징후는 아니다. 피와 눈물, 열광과 희생, 증오와 성스러운 분노 속에서 새로운 노래가 태어난다. 문학 모임보다는 감옥과 강제수용소가 시를 위한 더 좋은 학교가 된다. 근대 예술의 많은 것은 삶으로부터 멀리 떨어져 있고, 게임의 규칙에 따라 구성된다. 그리고 근대적인 삶의 많은 것은 거의 완전히 예술적 형식으로부터 일탈해 있다.[73] 이러한 이야기를 통해 반 데르 레이우는 예술이 삶에 뿌리박고 있는 세계, 즉 예술가가 존재하지 않는 예술적 세계, 또는 예술이 예술을 위해서만 존재하지 않는 세계를 그리고 있다.

 이상의 논의를 통해 우리는 춤의 종교, 드라마의 종교, 말의 종교, 그림의 종교, 건축의 종교, 음악의 종교가 만들어내는 각각의 독특한 종교적 메시지를 해석하고자 했다. 종교는 신화와 의례, 말과 행위로 이분되는 것이 아니라 춤, 드라마, 말, 그림, 건축, 음악 같은 좀 더 세밀한 층위로 분할될 수 있다. 종교 개념 역시 이러한 복잡한 층위에 대한 종합적인 검토 속에서만 도출될 수 있다. 종교는 이러한 여러 겹의 종교들이 형성하는 갈등과 통합 속에서 구성되는 것이기 때문이다. 예술과 단절될 때 종교는 스스로를 표현할 매체를 상실하게 된다. 오로지 언어만으로 말하는 종교는 '절대 언어'를 말해야 한다는 강박증 속에서 해체될 수밖에 없다. 따라서 '언어의 종교'는 필경 '침묵하는 종교'에 이를 것이다. 우리는 우리 시대의 종교가 침묵하는 현상을 그러한 맥락에서 이해할 수도 있다.

종교와 예술에 대한 논의를 통해 반 데르 레이우는 끊임없이 '삶의 통일성'이라는 관념을 강조한다. 그리고 '삶의 통일성'은 결국 그의 인카네이션 신학으로 연결된다. 그는 항상 "모든 것은 신 앞에 영구히 서 있지 않으면 안 된다."라는 원리를 고수했다.[74] 그리고 그는 "어떤 영화든 영화보다는 인형극을, 지식인보다는 예술가를, 무도장 탱고보다는 민속춤을 좋아했다"고 한다. 그에게 모든 문화는 세속화된 컬트였으며, 그의 문화 비평은 결국 컬처(culture)를 컬트(cult)로 환원하는 작업이었는지도 모른다. 반 데르 레이우는 "만약 당신이 인간을 충분히 깊게 파고들면, 당신은 종국에 하느님 아니면 악마를 발견할 것이다."라고 말한다.[75] 그에게 문화는 종교의 부산물이었다. 그는 "구조적으로뿐만 아니라 역사적으로 쿨투스(cultus)가 컬처에 선행한다."라고 주장했다. 그러므로 종교는 문화의 한 요소이면서도 문화의 기원이라는 역설적인 자리를 차지한다.[76] 그에게 종교는 문화를 외부에서 볼 수 있게 하는 유일한 문화 내적 요소인지도 모른다.

분명히 반 데르 레이우는 '과거 시대에 대한 향수와 애도'의 감정을 가지고 있다는 점에서 일정 정도 낭만주의적 속성을 견지하고 있다. 그리고 모든 사람은 어느 정도 낭만적이고, 모든 낭만주의자는 종교적인 측면을 갖는다. 왜냐하면 종교 역시 다른 세계에 대한 갈망이며, 현재와는 다른 어떤 것을 지향하기 때문이다. 종교와 낭만주의는 닮아 있다. 그러므로 반 데르 레이우의 논의는 낭만주의적이어서 종교적이라고 말할 수도 있다.[77] 분명히 그는 근대적인 삶의 파편화와 비교하여 원시적인 삶의 전체성과 통일성에 대한 향수를 느꼈다. 그러나 그는 '원시심성(primitive mentality)'을 역사적인 것으로 보지 않았다. 그는 원시심성이 비문명화된 민족뿐만 아니라, 근대적인 정신 안에서도 발견되는 인간 정신의 구조라고 생각했다.[78] 이제는 서로 분리된 종교와 예술을 겹치면서 그가 보고자 했던 것도 이런 것이었다.

2부

종교, 감각, 의례

소노 시온 영화와 '응시'의 종교

: 환상·욕망·사랑

박규태

"나는 내가 생각하지 않는 곳에서 존재하고, 내가 존재하지 않는 곳에서 생각한다."(라캉)[1]

"나는 비추기만 할 뿐 보지는 못하는/거울들처럼 불쌍하다/내 눈은 거울들처럼 텅 비어 있고/내 눈에는 거울들을 눈멀게 하는 그대의 부재가 깃들어 있다."(아라공)[2]

1984년도 1Q84년도 근본적으로는 같은 구성요소를 가지고 있어. 자네가 그 세계를 믿지 않는다면, 또한 그곳에 사랑이 없다면, 모든 건 가짜에 지나지 않아."(무라카미 하루키, 『1Q84』)

우리에게는 아직 생소한 일본의 영화감독 소노 시온(園子溫, 1961~현재)은 17세 때 시인으로 등단하였고 호세이(法政)대학을 중퇴할 무렵부터 8미리 영화를 제작하기 시작했다. 1985년 30분짜리 실험적 단편영화 「나는 소노 시온이다!」로 PIA영화제에 데뷔했으며, 1990년 PIA 스칼라십으로 제작한 「자전거 한숨」은 그를 일본에서 촉망받는 감독으로 부상시켰다. 그 후 「자살클럽」(2001)의 대성공 이래 그 속편인 「노리코의 식탁」(2005)을 비롯하여 「기묘한 서커스」(2005) 및 '증오 3부작'이라 칭해지는 「사랑의 노출」(2008), 「차가운

열대어」(2010), 「사랑의 죄」(2011) 등 시적이고 철학적인 메시지를 수반하는 충격적이고 자극적인 폭력과 독창적이고 도전적인 터치의 섹슈얼리티 묘사를 거쳐, 3.11 동일본대진재 이후 내놓은 「두더쥐」(2011)와 「희망의 나라」(2013)에서는 좀 더 직접적인 방식으로 현실참여적인 비전을 제시하고 있다.

본고의 목적은 응시와 대상a, 환상과 욕망, 상상계-상징계-실재계,[3] 주이상스(jouissance)[4] 등의 라캉(Jacques Lacan, 1901~1981)적 개념들을 도구 삼아 소노 시온의 영화 가운데 「사랑의 노출(愛のむきだし)」에 대한 정신분석학적 해석을 시도하는 데에 있다. 그 과정에서 특히 사랑 담론에 주목하는 한편, 라캉으로 영화 또는 종교를 말한다는 것이 종교연구자에게 어떤 새로운 전망을 제시해 줄 수 있는지를 모색하고자 한다.

1. 소노 시온 영화 속의 종교

소노 영화 속에 등장하는 여러 유형의 종교단체는 컬트와 거의 동의어로 간주되고 있다.[5] 거기서 소노의 관심은 일본사회의 컬트적 측면 및 가족을 비롯한 다양한 집단들의 폐쇄적인 거미망 속에 갇힌 개인들의 아이덴티티 문제에 초점이 맞추어져 있다. 가령 「차가운 열대어」에서 열대어 상점에 모이는 소녀들의 세계, 또는 「노리코의 식탁」에서 렌탈가족회사와 그 구성원들의 세계는 개인적 아이덴티티의 위기감을 견인하는 일종의 컬트라 할 수 있다. 일본에서는 직장과 학교 및 기타 사회적 집단에의 소속에 대한 강박관념이 만연해 있으며, 그것은 복장이나 말투 혹은 정형적인 의례를 중시하는 이른바 '가타(型)의 문화'적 풍토 속에서 더욱 강력한 구속력을 발휘한다. 소노 영화는 기본적으로 그런 일본 사회를 풍자와 비판의 대상으로 삼으면서 제3의 대안을 시사하고 있다.

소노 영화 속에서 개인을 종교(컬트)에 빠지게 하는 것은 무엇보다 아이덴티티의 변화와 탈출에 대한 원망이다. 가령 「자살클럽」의 주인공인 하이틴 학생들, 「노리코의 식탁」의 노리코와 유카 등이 그렇다. 이들은 모두 트라우마로 가득 찬 잔혹한 현실 혹은 자신이 거기에 어울리지 않는다고 느끼는 세계로부터의 출구를 찾고 있다. 그러나 그들은 결국 탈출구로서의 종교 세계 또한 그들이 도망치고자 했던 현실과 크게 다르지 않다는 사실을 깨닫게 된다.

요컨대 소노 영화에서 종교(컬트)라는 장치는 대체로 사람을 기만하여 사로잡는 기계, 사람을 말려들게 하는 톱니바퀴, 윤곽이 분명치 않은 채 애매한 자유를 구속하면서 결국은 사람을 그 안에 감금하고 질식시키는 그물 같은 것을 상징한다. 그것은 마치 자발적인 것인 양 상처받은 사람들의 욕망을 사로잡는 장치로 기능한다. 「노리코의 식탁」에서 노리코의 가출(자살클럽 및 렌탈가족 회사에의 가입), 「사랑의 노출」에서 데쓰와 가오리의 도망(제로교회에의 가입)이라든가 유의 변신(죄를 짓기 위한 몰카 명인으로의 변신), 「차가운 열대어」에서 사에코의 도망(무라타와의 돌발적인 섹스와 마조키스트로서의 자각) 등은 견딜 수 없는 삶의 환경으로부터의 도피를 잘 보여준다. 다른 한편 종교라는 장치는 또한 개인을 억압하고 파괴시키는 집단의 권력을 보여주는 것이기도 하다. 그것은 좋든 나쁘든 일본사회가 의거해 온 중요한 지주를 표현하고 있다. 즉 거기서 종교는 집단을 위한 개인의 희생을 강조하는 무사(無私)의 마코토(誠)적 가치관과 개인을 속박하는 행동윤리를 강요하는 억압적인 사회권력의 상징이라 할 수 있다.

그런데 전술했듯이 만일 일본사회 자체를 하나의 거대한 컬트 집단으로 지각하는 개인의 경우 그의 선택지는 어떤 것이 될 수 있을까? 이를테면 「해저드」(2005)의 주인공 신이 일본을 탈출하여 미국으로 도피하고, 「꿈속으로」(2005)의 주인공 스즈키는 과거와 꿈속으로 퇴행하며, 「사랑의 죄」의 이즈미와 미쓰코는 성적 욕망의 세계로 도피한다. 또한 「기묘한 서커스」의 미쓰코는 소설 속 혹은 첼로케이스 속에 스스로를 유폐시키면서 작은 구멍을 통해 세상을 엿본다. 공통적으로 이들은 자신이 속한 난폭하고 억압적인 현실로부터 벗어나고자 혼신의 힘을 다해 몸부림친다. 하지만 현실이란 이들의 성공적인 탈출을 용인할 만큼 그렇게 간단치 않다. 그럼에도 소노 작품의 주인공들은 자신을 해방시키고 싶다는 강렬한 욕망에 사로잡혀 있고, 그런 추구는 견고한 현실의 벽 앞에서 종종 폭력적 도착이나 타락이라는 형태로 나타날 수밖에 없다.

다른 한편으로 소노 영화 전반에 걸쳐 등장하는 해방의 움직임으로서의 질주 장면은 자기 자신과 그 고뇌를 초월하여 영화적 구원론의 가능성을 시사한다. 다시 말해 소노 영화에서는 그런 구원론적 모티브가 퇴폐적이고 도착적인 폭력이라든가 섹슈얼리티의 기호들과 결부되어 표현되고 있는 것이다. 이때 소노는 '현대의 트릭스터'로서의 모습을 드러내면서, 아무런 죄의식이나 도덕의식 없이 자각적으로 악을 행하는 인물들을 등장시킨다. 「차가운 열대어」의 무라타는 그 전형적인 사례라 할 수 있다. 그런데 흥미롭게도 마쓰에 데쓰아키(松江哲明)[6]의 말대로 거기서 "소노가 묘사하는 '악'은 어딘가 생생한 활기가 돈다"(松江哲明·モルモット吉田, 2012:139). 소노의 최초의 작품인 「나는 소노 시온이다!」(1985)에서부터 이런 경향이 두드러지게 나타난다. 거기서 청년 소노는 또 하나의 자기 자신으로 변장하여 모든 광란 속에 몸을 던진다. 그럼으로써 모든 범주화 혹은 카탈로그화를 피하여 카오스를 만

들어내고자 하는 것이다. 하지만 그의 카오스는 우주창생신화에 보편적으로 등장하는 창조의 원질로서의 카오스처럼 우리에게 무언가 근원적인 반성과 변화를 촉구하는 듯이 보인다. 이와 같은 카오스의 장치가 소노 영화의 구원론적 모티브를 구현하는 데에 중요한 역할을 하고 있는 것이다.

　그렇다면 본고가 특히 주목하는 「사랑의 노출」의 경우는 어떨까? 이 작품의 남자 주인공인 고교생 유는 모친이 임종시 마리아상을 건네주면서 "마리아 같은 여성을 찾거라"고 한 말을 마음속 깊이 새긴다. 부친 데쓰는 모친 사망 후 신부가 되지만, 가오리라는 여성의 열정적인 구애에 압도당한 그는 그녀와 동거를 시작한다. 하지만 결혼을 요구하는 가오리에게 부응하지 못하자 그녀는 신부 곁을 떠난다. 그 후 강박적으로 변한 신부 데쓰는 아들 유에게 죄를 고백하라고 날마다 강요한다. 벌레 하나 죽이지 못하는 성격의 유는 부친을 위해 정말로 죄를 짓고자 마음먹고 몰카의 달인이 되어 여자들의 치마 속을 닥치는 대로 찍어댄다. 그러던 어느 날 사소리(70년대 일본영화의 여주인공)로 여장한 유는 불량배들에게서 한 여고생을 구해냈고, 그녀와 마리아를 동일시하여 사랑에 빠지게 된다. 요코라는 이름의 그 소녀는 어릴 때 친부로부터 성희롱을 당한 이래 남자들을 증오하게 되었고, 자신을 구해준 사소리에게 동성애적인 애정을 느낀다. 그녀는 실은 가오리의 수양딸인데, 가오리와 신부가 다시금 동거하게 되자 그녀와 유는 이복 오누이 관계가 되어 한 지붕 아래 같이 살게 된다. 하지만 요코는 유가 사소리임을 알지 못한다. 한편 제로교회의 고위급 임원인 고이케는 계획적으로 데쓰, 가오리, 요코를 제로교회 신자로 만드는데 성공한다. 이에 절망한 유는 온갖 방법을 동원하여 제로교회로부터 요코를 빼내기 위해 애쓰지만 결국 실패하고 정신병원에 수용된다. 거기서 유는 사소리로서의 아이덴티티만을 가진다. 그린 유의 사랑의 진실을 깨닫게 된 요코가 정신병원을 찾아오고 이에 유는 본래의 자기 자신을 되찾는다.

소노 영화 중에서도 가장 복잡하고 다양한 서사들이 뒤섞여 있는 이 대작(러닝타임 4시간)은 특히 종교(컬트) 문제를 중요한 배경으로 깔고 있다. 가령 유의 모친은 독실한 가톨릭 신자로서 임종 직전 어린 아들에게 성모 마리아에 대한 환상을 고착시켜 주며, 이후 가톨릭 신부가 된 유의 부친은 성속의 경계를 넘나들

영화 〈사랑의 노출〉

면서 결국 가톨릭을 떠나 제로교회라는 컬트집단에 들어간다. 이 제로교회는 통일교회 혹은 옴진리교를 연상케 한다. 여기서 '제로'는 "일본사회를 지배하는 집단적 논리의 밑그림이라 할 만한 광신의 명백한 메타포"(ダリオー・トマージ 외 편, 2012:207)일 수도 있다. 이런 밑그림 위에다 소노는 작품 곳곳에 죄와 사랑(고린도전서 13장의 아가페)이라는 근원적인 종교적 모티브를 비롯하여 다양한 종교적 상징들을 삽입시키고 있다. 가령 가오리, 데쓰, 유, 요코가 거대한 흰색 십자가에 눌려 있는 장면은 마치 종교 시스템에 의한 모든 억압을 표현하는 듯이 보이기도 한다. 또한 요코가 십자가 자세로 탄환을 피하는 상상의 장면에서는 종교적 구원의 모티브가 참을 수 없는 가벼움의 감각으로 처리되고 있다. 하지만 이것이 전부가 아니다.

이 작품의 주인공인 3인의 틴에이저(유, 요코, 고이케)들은 모두 부성적 폭력

의 피해자라는 공통점을 가지고 있다. 가령 요코는 친부에 의한 성희롱의 트라우마로 인해 남자들에 대한 증오심과 동성애적 성향을 지니게 된다. 마찬가지로 근친상간의 악몽으로 인해 심각한 정신적 외상을 입은 고이케는 「감각의 제국」의 충격적인 장면에서처럼 페니스를 잘라 부친에게 복수한 후, 제로교회의 고위간부가 되어 종교라는 이름으로 세상에 대한 복수를 감행한다. 또한 유는 신부로서의 정결서약을 파기한 부친의 강박신경증으로 인해 끊임없이 죄를 고해성사하도록 강요받으면서 없는 죄를 일부러 만들기 위해 몰카, 변태적 포르노 등의 도착적인 세계로 빠져든다.

요컨대 「사랑의 노출」 속의 종교(컬트)를 말하고자 할 때, 우리는 무엇보다 먼저 이와 같은 근친상간, 거세, 몰카, 발기, 자위, 변태, 포르노 등 도착적인 섹슈얼리티의 차원이 가톨릭교회, 제로교회, 성모 마리아, 십자가, 원죄, 고해성사 등의 종교적 차원과 동일한 크기의 강박관념으로 묘사되고 있다는 점에 주목하지 않으면 안 된다. 이런 두드러진 특징은 「사랑의 노출」에 대한 정신분석학적 해석의 필요성을 말해준다. 이하에서는 주로 라캉의 정신분석학적 개념틀에 입각하여 「사랑의 노출」에 있어 '종교적인 것'의 영화적 표현들이 어떤 방식으로 드러날 수 있는지를 고찰해 보기로 하자.

2. 응시 : "나는 나 자신을 바라보는 나를 바라본다"

「사랑의 노출」의 남주인공 유는 어릴 때 모친이 임종시 성모 마리아상을 건네주면서 "이 마리아 같은 여성을 찾거라"는 말을 마음에 깊이 새긴다. 이리하여 마리아는 어머니의 죽음이 그에게 남긴 깊은 트라우마 속에, 혹은 트라우마를 통해 존재하게 되었다. 영화 속에서 어머니와의 분리가 초래한 근본적인 트라우마는 유의 불능(impotence)을 낳았고 그 불능은 상상적인 마리아 이미지가 현실 속의 요코와 겹쳐지면서 새로운 증상으로 전개된다. 즉 그는 오직 마리아와 동일시된 요코에게만 성적 욕망을 느끼게 된 것이다. 마리아(요코)에게만 발기한다는 이런 발상에서 마리아와 동일시된 어머니에 대한 외디푸스 콤플렉스를 엿보기란 그리 어렵지 않을 것이다. 이와 같은 근친상간의 모티브는 「사랑의 노출」에서 요코와 고이케의 트라우마에서도 나타난다. 하지만 유의 마리아 환상에 대한 본고의 해석에서 외디푸스 콤플렉스는 부차적 의미만 차지할 뿐이다. 유의 마리아 이미지와 관련하여 본고가 주목하는 핵심적인 의미는 다른 데에 있다. 처음에 그것은 어머니의 이미지 속에 숨어 있다. 유의 어머니는 죽음으로써 존재의 결여가 되어 유 안에 마리아 환상으로 자리 잡게 된다. 그 마리아 환상은 순수하고 관념적인 이미지라기보다는 남근 이미지와 결합된 몸적이고 성적인 이미지로서의 요코라는 소녀 속으로 전이되며, 이후의 내러티브는 모두 유와 요코의 관계를 중심으로 전개된다. 이 점에서 「사랑의 노출」은 잃어버린 마리아(어머니=요코)를 찾기 위한 소년의 탐험여행이라 할 수 있다. 그러나 그것은 일면 실패할 수밖에 없는 여행이었다. 유의 어머니는 현실 속에 더 이상 존재하지 않으며, 남성혐오주의자인 요코는 유를 도착적인 변태로만 볼 뿐이기 때문이다. "당신은 결코 내가 당신을 보는(see) 곳에서 나를 바라보지(look at) 않는다"(Lacan, 1977:103)는 라캉의 표현을 빌자면, 요코는 결코 유가 요코(마리아=어머니)를 보는 곳에서 유를 바라보지 않는다. 이리하여 유의 마리아는 하나의 불가능한 대상(타자) 즉 '대상a(objet petit a)'로서의 '응시(gaze)'임이 드러난다. 이때의 '대상a'라든가 '응시'와 같은 라캉적 개념이 무엇을 가리키는지 살피기에 앞서 먼저 트라우마가 무엇인지부터 생각해 볼 필요가 있다.

「사랑의 노출」에 대한 정신분석학적 이해는 유, 요코, 고이케에게 공통된 체험인 트라우마를 출발점으로 삼아야 할 것이다. 정신분석학에서 말하는 트라우마는 흔히 이야기하듯이 현실 속에서 사람들에게 일어나는 외상적 사건이나 사고 또는 그로 인한 심리적 상처만을 뜻하지 않는다. 그것은 외적 자극과 그런 자극을 이해하고 극복하는 주체의 무능력 사이의 갈등으로부터 비롯된다. 이해할 수 없는 현실적 경험이나 혹은 상상적 경험에 대해 주체는 망각이라는 방어기제를 통해 불쾌한 기억들을 억압되지만 그것들은 훗날 다양한 방식으로 다시금 의식 표면에 귀환한다. 프로이트식으로 말하자면, 트라우마에는 의미화(signification) 과정에서의 어떤 방해나 강박적 고착으로 인해 생겨나는 강력한 정신적 장애와 고통이 수반된다. 아무리 트라우마의 기억을 합리적으로 생각하고 표현하려 해도 고통이 귀환하고 반복되는 것이다. 한편 라캉에게 트라우마는 상징화되지 않는 어떤 것으로서 주체의 한가운데에 영속적인 혼란 혹은 전위(dislocation)를 초래한다. 이와 같은 트라우마 경험은 실재가 결코 상징계(the Symbolic) 안에 완전히 흡수될 수 없다는 점을 보여준다. 우리가 아무리 우리의 고통을 언어로 표현하려(상징화하려) 노력한다 해도 항상 거기서 빠져나가는 것이 있다. 즉 언어로 변형될 수 없는 어떤 잔여 혹은 잉여가 남는다. 라캉은 이런 잉여를 실재(the Real)라고 부르면서 그런 실재와의 직접적인 만남은 불가능하다는 점을 강조한다(Homer, 2005:83-84).

영화 담론의 맥락에서 볼 때 라캉의 트라우마 및 실재 이해에서 무엇보다 주목할 것은 응시(gaze) 개념이다. 널리 알려진 '거울단계'에 관한 라캉의 논문[7]을 중심으로 1970년대의 라캉주의적 영화이론가들이 이해한 응시는 한마디로 '관객의 잘못된 시선'을 가리키는 말이었다.[8] 하지만 8,90년대 이후의 라캉주의적 영화이론가들은 응시에 대해 이전과는 전혀 다른 관점에서 접근하고 있다. 이들은 응시를 주체로서의 관객과 무관한 것으로 보았다. 즉 거울단계에 관한 논문 이후 라캉은 주체가 대상 안에서 조우하는 어떤 것을 응시로 간주했다는 것이다. 다시 말해 응시는 주체와 관련된 것이 아니라 대상적인 어떤 것(objective gaze)이라는 말이다. 라캉에 의하면 '시각(eye)에 앞서 존재'하는 응시는 "나는 한 곳만을 바라보지만, 나는 모든 방향에서 보여진다"는 통찰과 밀접한 관계가 있으며, '신비로운 우연의 형태로 갑작스럽게 조우하는 경험'이자 '결여로서 우리에게 제시되는 것' 또는 '사물과의 관계가 시각을 통해 구성되고 재현의 여러 형상들로 배치될 때, 무언가가 빠져나가고 사라지고 단계별로 전달되며 혹은 숨겨져 드러나지 않는 것이 있게 마련'인데 그것이 곧 응시라는 것이다(Lacan, 1977:72-73).

> "시각 영역에서는 응시가 외부에 존재하고 나는 보여진다. 즉 나는 보여지는 그림이다. 이는 주체가 시각의 영역에 편입될 때 나타나는 기능이다. 시각 영역에서 근본적으로 나를 결정하는 것은 외부에 존재하는 응시이다."(같은 책, 106)

요컨대 라캉은 응시를 '우리의 눈(eye)을 교묘히 피해가는 어떤 것'(같은 책, 74), '우리를 규정하면서도 그런 사실을 드러내지 않은 채 우리를 보여지는 존재로 만들어 버리는 것'(같은 책, 75)으로 이해하면서, '보는 존재'가 아닌 '보여지는 존재'로서의 인간에 초점을 맞춘다. 그러니까 라캉이 말하는 응시는 우리가 통상 사용하는 응시(능동적인 과정으로서의) 개념과는 반대인 셈이다. 거기서 하나의 대상으로서의 응시는 시각적으로 우리의 욕망을 불러일으키는 작용을 한다. 말하자면 "사물 쪽에 응시가 존재한다. 즉 사물들이 내게 시선을 던지고(look at) 나는 그것들을 바라본다(see)"(같은 책, 109)는 것이다.

그런데 라캉은 「세미나11」에서 '시각적 영역에서의 대상a는 응시'(같은 책, 105)라고 적고 있다. '욕망의 중심에 놓여 있는 결여를 상징'(같은 책)하는 기능을 가진 이 대상a를 규정하기란 매우 어렵다. 그것은 일단 '욕망의 대상-원인' 즉 욕망을 불러일으키는 근본적인 원인으로서의 대상으로 말해진다. 그러니까 대상a로서의 응시는 일종의 대상이다. 하지만 그것은 통상적 의미에서의 대상이 아닌, 어떤 잃어버린 대상이라 할 수 있다. 그것은 주체가 스스로를 욕망하는 주체로서 구성하기 위해 자신과 분리시킨 어떤 대상이다. 그래서 응시 안에는 항상 트라우마가 붙어 다닌다. 응시는 대상의 상실인데, 주체는 이와 같은 상실에 입각하여 비로소 욕망하게 된다는 것이다. 이런 주체는 근본적으로 불완전하고 결여된 주체이다. 왜냐하면 주체는 이 대상a를 가지고 있지 않기 때문이다. 주체는 특정 욕망의 대상을 손에 넣을 수는 있겠지만, 대상a는 어떤 실체적 위상이 결여된 것이므로 결코 획득할 수 없다.

나아가 '대상a'라는 특수한 용어는 이 대상이 실증적인 실체가 아니라 시각영역에서의 하나의 구멍 혹은 공백(lacuna)을 가리킨다.[9] 그것은 어떤 대상에 대한 주체의 보기(look) 안에 내재하는 틈새인데, 우리의 시각(eye) 안에 존재하는 이 틈새는 우리가 보는 것들 안에서 우리의 욕망이 스스로를 드러내는 지점이다. 욕망이 이 시각 영역을 비틀고 왜곡할 때, 우리는 그런 왜곡을 대상a로서의 응시를 통해 느낄 수 있다. 시각 영역에서의 대상a인 응시는 시각이 스스로를 조직하는 지점이다. 만일 어떤 특정한 시각 영역이 주체의 욕망을 불러일으킨다면, 거기에는 반드시 의미가 부재하는 지점(a point of an absence of sense)으로서 응시가 현존한다. 응시는 우리의 시각을 강제한다. 왜냐하면 그것은 가시적인 것의 반대측면인 불가시적인 것(the unseen)에 대한 접근을 제공하기 때문이다(McGowan, 2007:6).

이 점을 설명하기 위해 라캉은 「세미나11」에서 응시의 사례로 한스 홀바인(Hans Holbein)의 「대사들」(1533)이라는 그림을 제시한다(Lacan, 1977:88-89). 이 그림은 두 명의 세계 여행가들과 그들이 여행에서 모아들인 부를 묘사한다. 그런데 그림 하단부에는 무언지 알아 볼 수 없는 왜곡된 무정형적 형상이 있다. 그냥 보면 그게 무언지 알 수 없다. 하지만 밑으로부터 그리고 왼쪽으로부터 보면 그것이 해골임을 알 수 있다. 라캉은 이 해골이야말로 응시의 자리라고 강조한다. 그곳은 이미지 안에 내재하는 하나의 텅 빈 지점이자, 보는 자가 그림과의 거리를 상실해 버리고 그들이 보는 것 안에 연루되어 버리게 하는 지점이다. 해골은 보는 자의 관점에 따라 다르게 보이기 때문이다. 이처럼 응시는 보는 자의 관점이 가시적인 것의 영역을 왜곡시키는 방식 안에 존재한다. 그럼으로써 보는 자가 그 이미지 안에 포함되어 있음을 나타낸다. 하지만 실은 보는 자는 그 이미지 안에서 배제되어 있다. 본다는 것은 결코 객관적이고 중립적인 행위가 아니며, 응시는 그림 속에서 하나의 얼룩 혹은 방해물로서 존재한다. 보는 자는 이런 얼룩의 형식으로 그림 속에 있는 것이다. 요컨대 응시는 주체가 모든 특권을 빼앗기고 온전히 대상이 되고 마는 그런 지점이라 할 수 있다.

지젝에 의하면, 대상a는 정면으로 바라볼 때는 아무것도 아닌 공허 혹은 무의미한 얼룩처럼 보이다가 위치를 바꾸어서 비스듬히 바라보면 그 윤곽이 드러난다. 라캉의 용어를 빌리자면 그것은 하나의 왜상(歪像, anamorphosis)이다. 대상a는 어떠한 실체적 일관성도 가지고 있지 않으며, 그 자체로는

'혼돈' 외에 아무것도 아닌 어떤 것이다. 그것은 주체의 욕망과 두려움에 의해 왜곡된 입장에서 볼 때만 확정적인 형태를 가지게 되는 것, '실체가 아닌 것의 그림자'이다(슬라보예 지젝, 2007:106-107).

응시와 시각 영역은 단순하게 공존할 수 없다. 한쪽의 출현은 다른 쪽의 파괴를 의미한다. 「대사들」에 등장하는 해골은 이런 관계를 잘 보여준다. 우리는 이 그림에서 해골을 두 명의 대사들 발밑에 있는 얼룩으로 보든가 아니면 해골만 보고 다른 것은 보지 않든가 둘 중의 하나이다. 이때 응시를 포착한다는 것은 시각 영역과의 관계를 상실하고 대상 자체에 주체가 함몰되는 것을 뜻한다(McGowan, 2007:166). 심지어 주체가 완전한 이미지를 볼 때조차 무언가가 불분명한 채로 남아 있다. 우리는 자신의 욕망이 어떻게 우리가 보는 것을 왜곡시키는지 볼 수 없다. 대상의 응시는 주체가 보는 것 안에 주체를 포함한다. 하지만 이 응시는 가시적 영역 안에 현존하지 않는다(같은 책, 11). 그럼에도 응시는 끊임없이 우리의 경험 안에 나타난다. 응시는 의식의 기초이자 가시성의 토대이기 때문이다. 바로 이로 인해 우리는 응시와 시각 영역에서의 왜곡을 당연하고 자명한 것으로 여기면서 그것 대신에 모든 것이 다 제자리에 있다고 가정되는 그런 현실을 보는 것이다.[10]

소노 시온의 영화는 모든 것이 제자리에 있다고 가정되는 그런 현실이 허구에 불과하다는 점을 여실히 노출시켜 보여준다. 「사랑의 노출」은 유가 도착적 변태로 몰려 집과 학교에서 쫓겨나고 부친 데쓰와 그의 애인 가오리 및 그녀의 수양딸인 요코가 컬트집단인 제로교회에 의해 포섭되면서 한 가정이 순식간에 흔적도 없이 와해되는 모습을 묘사하고 있다. 그 과정에서 대상a로서의 마리아가 요코라는 몸적 대상으로 가시화되어 나타나는 것이다. 이는 "습관 아래 있는 것, 우리가 육체라고 부르는 것은 아마도 대상a의 잔여분일 것이다. 이때 대상a는 욕망 안의 잔여분 즉 욕망의 원인으로서 불만족과 불가능성을 통해 욕망을 유지시킨다"(Lacan, 1998:6)는 라캉의 말을 떠올리게 한다. 요코와의 만남은 상실된 어머니[11]를 대체하는 마리아를 향한 유의 불가능한 욕망을 유지시킨 원천이었으며, 유의 욕망은 끊임없이 요코에게 마리아 환상을 투영했지만[12] 그것은 실패할 수밖에 없는 환상이었다. 그러나 사랑은 무엇보다 실패 안에서 그리고 실패를 통해 나타난다. 환상과 욕망의 실패에서 비로소 가능해지는 불가능한 사랑, 이것이야말로 「사랑의 노출」이 보여주는 응시와의 우연한 조우이다. 이하의 논의는 이 점을 둘러싸고 전개될 것이다.

3. 환상과 욕망 : "나는 언제나 불가능한 것을 욕망한다"

1) 환상의 윤리학 : 마리아 환상과 도착적 욕망의 교차

유의 마리아 환상이 요코에 대한 도착적 욕망과 결합할 때, 우리는 거기서 '환상의 윤리학'이라 이름 붙일 만한 역설과 만나게 된다. 유는 신부가 된 부친이 애인 가오리의 변심으로 인해 강박적으로 변하여 날마다 자신에게 죄를 고해성사하라고 강요하자, 부친을 향한 사랑의 요구로서 능동적인 '죄 만들기'에 몰두한다. 그리하여 도착적인 남근적 주이상스를 신성시하는 컬트집단에 가입한 유는 그 집단의 교주인 '마스터'로부터 "죄와 마리아 모두 여자 가랑이 사이에 있다", "따라서 여자 가랑이 사이를 찍는 '판치라'(팬티 몰카)는 신성한 행위다", "마음으로부터 발기하라"는 등의 도착적인 교의를 전수받는다. 이후 제로교회에 입신한 요코를 빼내기 위해 제로교회 산하의 포르노(AV) 업계인 '붓가케회사'[13]에 입사한 유는 '판치라계의 왕'으로서 변태들의 숭앙을 받게 된다. 나아가 유는 변태들을 위한 퍼포먼스를 주관하면서 지금은 제로교회의 신자가 된 전직 신부였던 부친을 모방하여 변태계의 신부 행세를 한다. 거기서 유가 변태 삼위일체(변태 성부, 변태 성자, 변태 성령)의 이름으로 온갖 변태들의 죄(테러와 살인죄를 제외한)를 용서하는 장면은 "난 변태지만 가짜는 아니야"라는 유의 항변과 함께 가히 웃지 못할 희극의 불편한 진실을 전해준다. "엄밀히 말해서 도착은 환상의 전도된 효과이다. 자신의 분열과 대면하는 가운데 주체는 자신을 하나의 대상으로 규정한다"(Lacan, 1977:185)는 정신분석학적 진실이 그것이다.

우리는 타자의 욕망과 대면함으로써 야기되는 불안에 어떻게 대처할 수 있을까? 라캉은 환상을 그 대답으로 제공한다. 환상은 우리에게 어떻게 욕망할 것인지를 가르쳐준다는 것이다. 환상이란 내가 딸기 케이크를 원하지만 현실에서 구할 수 없을 때 딸기 케이크 먹는 환상을 꿈꾸는 것을 의미하는 게 아니다. 오히려 문제는 어떻게 나는 다른 무엇보다 딸기 케이크를 원하는지 아는 데에 있다. 그런데 환상에서 상연되는 욕망은 주체의 것이 아니다. 그것은 타자의 욕망이다(슬라보예 지젝, 2007:76-77). 욕망은 육체적 차원의 욕구(need)를 언어학적 차원의 요구(demand)로 대체할 때 생기는 '잉여의미'이다(임진수, 2011:16). 욕망하는 주체의 출현은 사회질서로의 진입(상징계로의 진입, 상징적 법의 요구에 대한 복종, 결여를 통한 주체 형성의 과정)을 통해 이루어진다. 우리가 언어습득을 통해 주체가 될 때, 욕구는 욕망으로 전환된다. 대상을 획득함으로써 직접적인 충족을 얻는 욕구(need)와는 달리, 욕망은 대타자 및 대타자의 욕망을 둘러싸고 발생한다. 욕망은 대타자의 욕망인 것이다. 이런 욕망의 길은 무한하다. 시각적 영역에 있어 주체는 대타자 안에서 불가시적인 것을 보고자 욕망한다. 그 결과 주체는 끊임없이 추구하지만 결코 찾아내지 못한다. 욕망의 경험 안에서 응시는 동기를 부여하는 부재로서 남아있다. 응시는 욕망의 운동을 유발하지만, 시각의 영역 안에서 불가능한 대상으로 남아 있다. 시각적으로 욕망은 우리가 보는 것이 아니라 보지 못하는 것에 관심을 가진다.

이처럼 타자의 욕망을 욕망하는 주체는 환상 안에서 하나의 대상이 된다. 이와 같은 주체의 대상화는 응시의 본질과 떼려야 뗄 수 없는 관계에 있다. 우리는 타자가 지각하는 나 자신의 목소리에 접근할 수 없듯이, 타자를 바라보는 나 자신의 시선(gaze)에 결코 접근할 수 없다. 따라서 "나는 나 자신을 바라보는 나를 바라본다"는 의식은 하나의 환영(illusion)일 뿐이다. 그것은 안팎이 뒤바뀐 응시의 구조에 기초하고 있다. 즉 시각적 관계에서 주체가 끊임없이 머뭇거리면서 사로잡혀 있는 환상은 응시라는 대상에 의존하고 있다(Lacan, 1977:82-83). 지젝이 "환상은 '객관적으로 주관적'이라는 이상한 범주에 속한다"(슬라보예 지젝, 2007:82)고 지적한 것은 바로 이처럼 응시에 의존하는 환상의 성격 때문이다.

그런데 라캉에게 환상이란 하나의 위장(semblance)된 외관(appearance)이다. 이 점을 보여주기 위해 라캉이 제시한 제우시스와 파라시오스의 사례[14](Lacan, 1977:103)가 잘 말해주듯이, 환상은 근본적으로 안쪽의 실재를 은폐하는 가면이 아니라 가면 뒤에 뭔가 숨겨져 있다는 착각을 가리킨다. 이런 착각은 이데올로기와 관련하여 양면성을 함축하고 있다. 그것은 한편으로 이데올로기를 보완하는가 하면 다른 한편으로 이데올로기에 대한 도전으로 작동하기도 한다.

첫째, 우리가 시니피앙(언어와 이데올로기)의 차원에 머물러 있는 한, 우리는 결코 영원한 결여에서 벗어날 수 없다. 그 결과 이데올로기의 주체는 불만족스러운 주체일 수밖에 없다. 하지만 이때 환상이 개입함으로써 주체로 하여금 시니피앙을 넘어서는 영역에 접근하도록 도와준다. 환상은 주체가 불가능한 대상을 가짐으로써 얻게 되는 만족, 즉 법적으로 거부된 것을 가질 수 있음을 주체에게 확신시켜 준다. 즉 환상은 불가능한 대상(대상a)과의 관계를 주체에게 제공할 수 있다. 이때 환상은 주체에게 욕망의 대상을 부여하는 것이 아니다. 대신에 환상은 주체가 그 불가능한 대상과의 관계를 취할 수 있는 장면을 제공한다. 한마디로 환상 시나리오는 욕망이 위치할 수 있는 미장센(무대 세트 혹은 무대배치)을 제공해준다. 그럼으로써 환상은 불만족스러운 욕망의 주체를 상상적인 주이상스에 만족하는 이데올로기적 주체로 전환시키는 것이다. 환상은 기본적으로 '실재가 일상적 경험 안으로 침투해 들어오는 것을 막아주는 방어기제'(Homer, 2005:89)인데, 라캉은 환상의 이런 방어기능을 '환상 가로지르기'라고 불렀다. 이데올로기적 주체로의 전환은 이런 '환상 가로지르기'를 통해 이루어진다. 이는 곧 환상이 이데올로기의 직접적이고 필요한 보완으로서 기능한다는 것을 의미한다.

이데올로기는 환상을 통해 이데올로기의 구성적 불완전성을 보상받고자 한다. 어떤 이데올로기도 주체에게 모든 대답을 제공할 수는 없다. 환상은 이런 빈 틈새를 채워준다. 가령 기독교의 정통 이데올로기는 십자가 상징을 통해 예수에 의한 원죄의 대속과 영생 혹은 천국이라는 영원한 지복을 주장하지만, 그런 영원한 지복이 구체적으로 어떤 것인지에 대해서는 결코 상세하게 묘사하지 못한다. 그러나 「사랑의 노출」에 빈번히 삽입된 십자가 환상은 그것이 우리가 만족할 수 없는 주이상스를 약속하는 한에 있어 기독교 이데올로기 안에 뚫려 있는 텅 빈 구멍을 보여준다. 가령 유, 요코, 데쓰, 가오리의 4인이 거대한 흰색 십자가에 눌려 있는 장면, 요코가 십자가 자세로 탄환을 피하는 장면, 또는 고이케가 황야에 세워져 있는 거대한 십자가를 쓰러뜨리는 장면 등은 이런 텅 빈 구멍의 숨겨진 현존을 느끼게 해준다. 종교는 이런 구멍을 메우기 위해 다양한 종교언어와 종교상징들 안에 무수한 종류의 환상 바이러스를 배양해 왔다.

둘째, 그러나 가장 강력한 전염성을 가진 이 바이러스들은 질병을 일으키는 만큼이나 질병을 치유하는 힘을 내장하고 있기도 하다. 통상 주체는 상징적 질서가 그에게 부과하는 불만족을 더 이상 견딜 수 없게 될 때 강력한 환상을 찾게 된다. 맥고완에 의하면, 이때 환상은 공공세계에는 존재하지 않는 어떤 위험(실재계 안의 타자)을 상상하게 함으로써 주체에게 주이상스를 제공한다. 그리하여 환상은 타자의 실재적 차원에 접근하게 해 주며, 동시에 주체의 실재적 차원을 폭로해 준다. 이런 환상의 능력으로 인해 주체는 윤리의 영역에 참여할 수 있게 되는 것이다(McGowan, 2007:196-97). 이때 환상 시나리오는 상징적 질서 안에 보이지 않는 방식으로 내재되어 있는 잉여 주이상스[15]를 노출시키기도 한다. "환상은 분쇄하고 어지럽히며 우리의 현실과 동화할 수 없게 한다(Žižek, 2002:18)." 우리가 환상에 빠질 때, 우리는 우리의 일상적 경험의 토대이면서도 우리가 결코 직면할 수 없는 그런 '혼란의 잉여'(disturbing excess)를 경험하게 된다. 그런 환상은 우리에게 너무 많은 것들, 즉 지배적인 이데올로기의 작동 안에 내재하는 외설적이고 억압된 잉여를 보여준다.

요컨대 영화의 환상적 차원은 종종 이데올로기적 방식으로 작용하지만, 그것은 또한 외상적 잉여(이데올로기에 핵심적이지만, 이데올로기가 공공연하게 인정할 수 없는)를 노출시킴으로써 이데올로기의 작동을 손상시키는 능력을 가지고 있다. 영화 속 환상의 정치적 가치는 그 영화가 얼마만큼 이런 잉여(과잉)

를 묘사하느냐에 달려 있다. 만일 영화가 이데올로기적 갭을 메우고 관객을 진정시키기 위해 잉여를 사용한다면, 그것은 이데올로기적 보완으로서 기능할 것이다. 그러나 만일 그것이 관객의 시선을 비틀기 위해 잉여를 사용한다면, 그것은 이데올로기에 대한 도전으로서 기능할 것이다(MacGowan, 2007:37-38). 물론 소노의 영화는 후자에 가깝다. 「사랑의 노출」은 특히 상징적 질서가 강박적인 방식으로 고착되어 있는 일본사회의 음화(陰畵)인 도착적인 성문화와 관련된 환상과 욕망의 장치(판치라, 변태컬트, 포르노, 붓가케회사 등)를 종교적인 것의 잉여(대상a=응시로서의 마리아, 제로교회 등)와 결부시킴으로써 관객의 시선을 비틀어 버린다.

이를테면 유의 도착적 욕망은 그의 마리아 환상과 별개의 것이 아니다. 양자는 현실과 반대되면서(변태는 사회적으로 용인받지 못하며, 유는 요코에게 끊임없이 거부당한다) 동시에 그 현실을 유지시켜 주는(유에게 판치라는 마리아와의 만남을 현실화하기 위한 유일한 수단이다) 어떤 것이다. 유는 응시로서의 대상a인 마리아를 보지 못한다. 주체는 직접 응시(=대상a)를 포착할 수 없다. 응시는 주체가 결코 가져본 적이 없는 잃어버린 대상이며, 주체가 응시를 직접 보는 순간 응시는 더 이상 응시가 아니게 되기 때문이다. 전술했듯이 「사랑의 노출」은 다양한 환상과 욕망의 장치를 통해 응시의 과잉[16]이 가시적인 것으로 드러나게 함으로써 감추어진 주이상스를 노출시킨다. 거기서 우리는 우리의 현실 경험에 수반되지만 그 경험 안에 숨어 있는 대상a로서의 응시의 과잉을 볼 수 있다고 느끼게 된다. 다시 말해 이런 과잉이 초래하는 왜곡과의 조우를 기대하는 것이다. 이 점에서 소노 영화는 정치적, 윤리적, 실존적 힘을 지니게 된다.

그런데 「사랑의 노출」은 이런 과잉을 여러 가지 방식으로 표현하지만 그것을 결코 직접적으로 표현하지는 못한다. 철저한 직접적 노출은 불가능하다. 만일 영화가 과잉을 직접적으로 묘사하고자 한다면, 그 영화는 완전히 과잉을 놓쳐 버리게 되기 때문이다. 너무 많은 것을 보여주기 때문에 오히려 아무것도 보여주지 못하는 포르노의 사례는 이런 딜레마를 잘 보여준다.[17] 마찬가지로 유의 마리아 환상과 도착적 욕망의 결합 또한 실패할 수밖에 없다. 왜냐하면 응시(시각 영역에서의 대상a)는 결국 가시적인 것의 영역으로 환원될 수 없기 때문이다. 이와 같은 결정적 한계와의 봉착은 소노 영화에서 종종 공격적인 폭력성으로 표현되어 나타난다. 지젝에 의하면 "환상은 욕망의 내재적인 고착에 하나의 근거를 제공한다. 환상은 대타자가 우리에게 훔쳐갔다고 여겨지는 주이상스에 집중되는 장면을 구성한다(Žižek, 1997:32)". 환상에는 필연적으로 우리 자신의 주이상스가 타자에게서 비롯된 것이라고 여기게 하는 편집증적인 차원이 존재한다. 전형적인 환상 시나리오에는 타자가 우리 대신 향유한다는 생각이 깔려 있다. 이때 우리는 타자가 우리 몫의 주이상스를 빼앗아갔다는 환상에 빠져듦으로써 종종 타자를 파괴하고 싶어 한다. 거기서 라캉(Lacan, 1992:197)이 범죄의 특이한 미덕, 악을 위한 악, 사악한 지고신 등의 관념과 관련하여 언급한 '파괴의 주이상스(jouissance of destruction)'에서 비롯된 타자에 대한 공격성이 극적으로 노출되는 것이다. 「사랑의 노출」에서 "더 부서져 버려"라고 외치는 고이케는 바로 이런 '파괴의 주이상스'의 화신이라 할 만한 캐릭터이다. 영화 후반부에 고이케가 일본도로 자결하면서 수차 "Give it to me"라고 내뱉는 장면은 마치 "너희들이 빼앗아간 주이상스를 내게 돌려줘"라고 말하는 듯하다.

2) 응시, 환상, 욕망의 삼각형

앞에서 언급한 응시(=대상a), 환상, 욕망 담론은 「사랑의 노출」의 세 명의 틴에이저 주인공(유, 요코, 고이케)이 전개하는 내러티브의 동선과 관련하여 삼각형의 복선을 보여준다. 그 삼각형의 중심에는 라캉적인 '분열된 주체'($)가 위치한다. 〈그림〉에서 응시와 환상의 관계(A)는 응시가 환상을 통해 주체를 유지시켜주는 메커니즘을 가리킨다. 또한 응시와 욕망의 관계(B)는 욕망의 대상-원인으로서의 응시가 욕망의 중심에 있는 결여임을 나타내고, 환상과 욕망의 관계(C)는 욕망의 미장센으로서의 환상이 주체가 욕망을 구조화(조직화)하는 방식을 지시한다. 한편 주체와의 관계에서 유, 요코, 고이케에게 대상a(응시)가 각각 마리아, 예수,[18] 제로[19]에 해당된다(①). 또한 이들과 관련된 중심 환상이 각각 판치라, 불가능한 사랑,[20] 파괴의 주이상스[21]로 상정될 수 있다면(②), 그 환상들은 주체에게 있어 각각 팔루스[22], 사소리[23], 카나리아라는 시니피앙[24]을 통해 욕망의 미장센으로 기능한다(③).

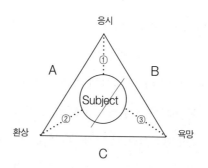

〈그림〉 응시, 환상, 욕망의 삼각형

이와 같은 응시, 환상, 욕망의 삼각형에서 문제는 응시와의 조우가 어떤 지점에서 성립되느냐 하는 데에 있다. 이는 「사랑의 노출」이 응시와의 조우를 어떤 식으로 처리하고 있는가 하는 문제, 즉 유와 마리아(요코)의 궁극적인 만남이 이루어지는 방식에 관한 물음이 될 것이다. 응시의 직접적인 경험은 주체와 대상의 거리를 붕괴시킨다. 그것은 우리를 응시의 지점, 즉 대상이 우리를 뒤돌아보는 지점으로 끌고 들어가기 때문이다. 단적으로 말해 이런 경험은 환상과 욕망의 분리를 통해 가능해진다. 다시 말하자면 응시와의 만남은 오직 우리가 환상과 욕망을 분리된 영역으로 유지할 때에만 일어난다. 일상 속에서 우리는 결코 이와 같은 환상과 욕망의 분리를 경험하지 못한다. 하지만 영화는 그것을 가능케 한다. 응시를 길들이고 그 균열을 제거하기 위해 「사랑의 노출」은 특별한 방식으로 환상과 욕망을 배치한다. 즉 욕망의 기능과 환상의 기능을 분리시킴으로써 응시의 환상적 왜곡이라든가 욕망에 있어 응시의 부재를 강조하고 그럼으로써 이데올로기 구조 안에 있는 구멍으로서의 응시를 드러내는 것이다.[25]

「사랑의 노출」은 욕망을 만족시키는 대상의 부재를 통해 응시를 드러낸다. 즉 응시(대상a)는 욕망의 대상의 부재를 통해 스스로를 드러내며, 그것 없이는 어떤 내러티브도 구조를 가지지 못하는 그런 부재가 관객의 욕망을 끌어당기는 것이다. 다시 말해 「사랑의 노출」은 부재의 조작을 통해 관객의 욕망을 지배한다. 그럼으로써 대상a와 욕망의 대상 사이의 차이를 드러낸다. 대상a는 주체의 욕망을 야기하지만, 욕망의 대상은 그렇지 못하다. 욕망의 대상은 그것을 획득하는 주체에게 만족을 약속한다. 하지만 대상a는 단순히 욕망하는 주체가 되어 욕동의 길을 따르는 것에서 비롯하는 만족을 제공할 따름이다. 우리는 대상a가 주체를 만족시키는 욕망의 대상의 실패를 구현한다고 말할 수 있다. 대상a는 주체가 그 주위를 움직이는 방식을 통해 만족을 제공한다. 그것은 오직 부재로서만 만족을 준다.

왜냐하면 전술했듯이 응시는 실제로 존재하는 대상이 아니라, 주체의 보는 지점(perspective)에 의해 야기되는 가시영역에서의 왜곡(distortion)을 가리키기 때문이다. 영화는 이미지의 왜곡을 통해 이런 응시를 간접적으로 우리에게 보여주거나 혹은 응시와의 우연한 조우를 경험하게 한다(McGowan, 2007:165-67). 이때 응시와의 만남이 지시하는 것은 성공이 아니라 실패에 있다는 사실을 간과해서는 안 될 것이다. 예컨대 「세미나5」에서 라캉은 "우리가 욕망의 분석적 탐구의 근저에서 발견하는 것은 매저키즘이다"라고 말한다. 욕망은 이런 매저키즘적인 속성을 가진다. 왜냐하면 욕망의 목적은 그 대상의 발견이 아니라 욕망을 지속시키는 데에 있기 때문이다. 그 결과 주체는 환상이라는 미장센을 통한 욕망하기의 과정으로부터 주이상스를 끌어내는 능력을 가지게 된다. 욕망은 성공(대상의 획득)에 의해서가 아니라 실패(스스로를 대상에 종속시킴)에 의해 스스로를 지속시킨다(McGowan, 2007:9).

뒤집어 말하자면 주이상스는 욕망하는 주체의 실패를 말해주는 일종의 징표라 할 수 있다. 성적 주이상스(남근적 주이상스)를 비롯한 모든 유형의 주이상스는 결코 그 자체로 욕망하는 주체의 최종적인 목표가 될 수 없다. 왜 그런가? 욕망은 욕망하는 주체로 하여금 대상이 자신을 컨트롤하도록 허용하게 한다. 욕망은 대상a라는 신비한 대상에 의해 동기지워진다. 욕망은 이 대상a로 하여금 대상의 신비를 유지하도록 관련시킨다. 따라서 대상a는 하나의 불가능한 대상이다. 그것이 존재하기 위해서는 알려져 있으면서 동시에 알려지지 않아야 한다. 주체는 대상a를 대문자 타자의 비밀스러운 주이상스의 지점에 위치시킨다. 하지만 주체는 이 대상a에 의해 구현된 주이상스를 손에 넣을 수 없다. 왜냐하면 대상a는 그렇게 손에 닿지 않는 곳에 있음으로써만 존재하기 때문이다. 이와 관련하여 라캉은 "주체가 보려는 것은 무엇인가? 그가 보려는 것은 부재로서의 대상이다(Lacan, 1977:182)"라고 말한다. 그러니까 우리의 욕망이 원하는 것은 지배하는 힘이 전적으로 결여되어 있는 지점, 곧 외상적인 주이상스의 지점이라는 말이다. 이 주이상스는 그것이 우리에게 권력을 빼앗으면서도 그럼에도 불구하고 우리를 굴복시키는 한에 있어서 외상적이다.

라캉의 욕망 개념에서 응시는 그것을 통해 주체가 대상을 지배하는 도구가 아니라, 보는 것을 지배하기를 거부하는 대문자 타자 안에 있는 한 지점이다. 그것은 주체의 봄 안에 있는 텅 빈 지점이다. 그것은 주체가 보는 것을 통해 지배하려는 감각을 위협하는 텅 빈 지점이다. 주체는 그것을 직접 볼 수 없다. 왜냐하면 응시는 '결여된 어떤 것'으로서 시각적인 이미지로 파악될 수 있는 것이 아니기 때문이다. 응시와 연관된 주이상스는 주체의 욕망의 원인으로 작용한다. 하지만 주이상스는 욕망으로 환원되지 않는다. 욕망은 부재의 경험으로 가득 차 있는 반면, 주이상스는 아무 것도 결여되어 있지 않기 때문이다.[26] 그렇다면 사랑의 주이상스는 욕망하는 주체의 실패와 그 욕망의 미장센으로서의 환상에 지친 주체에게 무엇을 의미하는 것일까? 「사랑의 노출」이 우리에게 궁극적으로 던지는 물음은 바로 이것이다.

4. 사랑 : "당신은 결코 내가 당신을 바라보는 곳에서 나를 바라보지 않는다."[27]

제로교회에 입신한 요코를 빼내기 위해 유가 요코를 외딴 바닷가에 납치했을 때 우리는 의외의 장면에 직면하게 된다. 소노 자신이 이 작품의 클라

이맥스라고 말한 장면, 즉 요코가 다음과 같은 바울의 「고린도전서」 13장 전문을 음송하는 장면이 그것이다.

"내가 사람의 여러 언어를 말하고 천사의 말까지 한다 해도 사랑이 없으면 나는 울리는 징과 요란한 꽹가리와 다를 것이 없습니다/내가 예언의 은사를 받고 모든 신비(mystery)와 모든 지식(knowledge)을 이해한다 해도, 또한 내가 산을 옮길 만한 완전한 믿음(faith)을 가지고 있다 해도, 사랑이 없으면 나는 아무것도 아닙니다(nothing)/내가 모든 재산을 남에게 나누어주고 심지어 남을 위하여 불속에 뛰어든다 해도, 사랑이 없으면 모두 아무 소용이 없습니다/사랑은 오래 참고 친절하며 시기도 자랑도 하지 않고 교만하지도 않습니다/사랑은 무례하지 않으며, 자기 것을 추구하지 않으며, 악한 것을 생각하지 않으며, 불법과 죄악(iniquity)을 기뻐하지 않고 진리를 기뻐합니다/사랑은 모든 것을 품어 안고(bear) 모든 것을 믿으며(believe) 모든 것을 희망하고(hope) 모든 것을 참고 견디어 냅니다/ 예언도 끊어지고 사람의 말도 끝이 있으며 지식도 없어지겠지만, 사랑은 결코 실패하지 않습니다(never fail)/우리의 지식과 예언은 불완전한(in part) 것이기 때문입니다/하지만 완전한 것이 오면 불완전한 것은 사라질 것입니다/내가 어릴 때는 어린아이로서 말하고 이해하고 생각했지만, 어른이 되어서는 어린애 같은 것들을 버렸습니다/왜냐하면 우리가 지금은 희미하게 거울 속을 보고 있지만, 때가 되면 얼굴과 얼굴을 맞대고 볼 것이기 때문입니다. 지금은 내가 불완전하게 알지만, 때가 되면 내가 또한 보여지고 알려진 것처럼(as I also am known) 그렇게 알게 될 것입니다/그러므로 믿음과 희망과 사랑 이 세 가지는 계속 머물 것이지만(abide), 그 중에 가장 위대한 것은 사랑입니다."[28]

이 장면은 옴진리교의 그것을 연상시키는 제로교회의 마인드컨트롤 조작[29]으로 인해 마치 무표정한 인형처럼 멍해져 있던 요코에 의해 너무도 갑자기 돌출한 반전인 만큼 내러티브의 연속성을 단절시키면서 보는 이를 당황케 만든다. 그럼에도 그것은 미쓰시마 히카리(滿島ひかり, 요코역)의 격한 얼굴 표정과 고통에 찬 아름다운 목소리에서 발산되는 에너지로 생동감에 차 있으며, 사랑의 언어가 가지는 힘과 소녀 얼굴의 변용에 의해 무언가 신비스러운 흥분을 자아내기까지 한다. 카메라 앵글이 푸른 하늘과 바다를 배경으로 요코의 강렬한 눈빛과 얼굴을 클로즈업할 때 그녀의 모습은 마치 울부짖는 현대의 마리아상처럼 보이기까지 한다. 배경음악으로 흐르는 베토벤 심포니7번 제2악장의 주이상스적 선율은 이런 느낌을 더욱 고조시킨다. 대상a로서의 마리아가 범상한 욕망의 대상으로서의 요코와 겹쳐지는 이 장면은 '평범한 대상을 숭고하게 만드는 불가해한 어떤 것'(슬라보예 지젝, 2007:103)으로서 대상a를 이해한 지젝을 떠올리게 한다. 그런데 이 장면에 고린도전서13장이 등장해야 할 필연적인 이유가 있었을까? '사람의 여러 언어를 말하'는 상징계의 한계성이라든가 '내가 또한 보여지고 알려진 것처럼' '때가 되면 얼굴과 얼굴을 맞대고 볼' 실재계적 응시와의 조우 가능성을 암시하는 이 구절에 소노 감독이 집착한 이유는 무엇일까? 이런 물음에 대한 실마리를 찾기 위해 다시 지젝에게 기대어 보자.

지젝은 라캉이 『정신분석의 윤리』(세미나7)에서 다룬 법과 위반에 대한 바울식의 변증법[30]을 「고린도전서」 13장에 대한 분석으로써 보완한다. 지젝에 의하면 「고린도전서」 13장의 핵심은 '전부'(all, 완결된 일련의 지식이나 예언들)와 관련된 '사랑의 역설적인 장소'에 있다. 바울은 우리가 '모든'(all) 지식을 소유한다 해도 거기에 사랑이 존재하고 또 그래야만 한다고 주장한다. 이와 더불어 바울은 사랑은 오직 불완전한 지식을 소유한 불완전한 존재를 위해 서만 거기에 존재한다고 주장한다. 이 지점에서 지젝은 "만일 우리가 완전한 지식을 가지게 된다면 거기에도 여전히 사랑이 존재할까?"라고 묻는다. 바울에 의하면 지식과는 대조적으로 사랑은 결코 끝나지 않을 것이다. 하지만 설령 그렇다 해도 '믿음과 희망과 사랑이 머무는 곳'은 오직 우리가 아직 불완전한 존재로 있는 '지금 여기'이다. 이런 딜레마에서 벗어나기 위해 지젝은 라캉을 끌어들인다.

지식의 영역은 그것이 완전하고 예외가 없는 '전부(all)'일 때조차 어느 면에서는 '비-전체(non-all)' 즉 불완전함으로 남아 있다. 예컨대 사랑은 완전한 지식의 영역조차 불완전하게 만드는 '무(nothing)'라는 말이다. 다시 말해 "모든 지식(knowledge)을 이해한다 해도… 사랑이 없으면 나는 아무것도 아닙니다(nothing)"라는 말의 요점은 단순히 "사랑이 있으면 나는 의미 있는 어떤 것(something)이 된다"는 것을 뜻하지 않는다. 그러니까 사랑 안에서도 "나는 또한 아무 것도 아닌 무(nothing)"이지만, 그것은 사랑 자체를 겸허하게 자각하는 '무'이며, 바로 그런 사랑의 결여에 대한 자각을 통해 더 풍요로워지는 '무'라는 것이다. 이것이 사랑의 역설이다. 오직 불완전하고 결여되고 상처받기 쉬운 취약한 존재만이 사랑할 수 있다. 우리는 '전부'를 모르기 때문에 사랑하는 것이다. 설령 우리가 모든 것을 안다 해도 사랑은 여전히 완전한 지식보다 더 고귀한 것으로 남아 있다. 불완전성이 어느 면에서는 완전성보다 더 고귀하다는 말이다. 이것이 사랑의 궁극적인 신비이다. 따라서 라캉이 『앙코르』(세미나20)에서 제시한 사랑의 담론은 바울적 의미(법과 위반의 변증법)에 대립되는 것으로 읽어야 한다. 요컨대 법과 위반의 변증법이 '전부'(보편적 법)와 그것이 구성하는 예외 사이의 긴장을 포함하는 남성적(남근적)인 것이라면, 사랑은 '비-전체'의 역설을 포함하는 여성적인 것이라는 말이다(Žižek, 2000:145-47).

라캉이 『앙코르』에서 펼친 사랑 담론은 다양한 영역에 걸쳐 있지만, 지젝과의 비교 관점에서 볼 때 주목할 만한 주장은 다음과 같이 집약될 수 있다. (1) 사랑은 사랑을 요구한다. 사랑은 결코 이런 요구를 멈추지 않는다. (2) 사랑은 상호적이지만 불능(impotent)이다. 왜냐하면 사랑은 그것이 하나가 되려는 욕망일 뿐이라는 사실을 알지 못하기 때문이다. (3) 사랑은 본질적으로 나르시시즘적이다. (4) 사랑에 관해 이야기하는 것 자체가 주이상스이다. (5) 여성에게만 있는 고유한 주이상스가 있다. 하지만 여성은 그것에 관해 아무 것도 모른다. 다만 그것을 경험할 뿐이다. 이 여성적 주이상스[31]는 우리를 실존의 길 위에 올려 놓는 어떤 것으로, 그것은 타자의 한쪽 얼굴, 즉 신의 얼굴이다. 여성적 주이상스는 남근을 넘어서는 주이상스, 신비한 주이상스이다(Lacan, 1998:4-6, 74-83).

라캉은 지식과 진리,[32] 사랑과 주이상스를 대비시켜 논하지만, 지젝은 「고린도전서」 13장에 주목하면서 무엇보다 지식과 사랑의 대비에 주목하고 있다. 양자가 바라보는 자리는 살짝 어긋나지만 양자의 시선은 두 가지 측면에서 서로 교차한다. 가령 지젝이 사랑의 본질을 여성적인 것으로 이해한 것은 여성적 주이상스에 대해 특권을 부여하는 라캉의 입장과 접속 지점을 공유한다. 한편 지젝이 바울의 사랑 담론을 사랑의 불완전성에 입각하여 사랑의 역설과 신비로 읽어냈다면, 라캉은 사랑의 불능성과 불가능성에 입각하여 그것을 주이상스의 관점에서 재해석하고 있다. 양자 모두 사랑을 완전한 어떤 것으로 보는 입장과는 거리가 멀다. 여기서 더 나아가 우리는 「사랑의 노출」과 관련하여 이와 같은 사랑의 불완전성, 불능성, 불가능성에 대한 담론에 사랑과 폭력, 사랑과 증오, 사랑과 죄의 공모적 관계를 추가하지 않으면 안 된다.

첫째, 지젝에 의하면, '사랑은 자신이 가지고 있지 않은 어떤 것을 주는 것'이라는 사랑에 대한 라캉의 정의는 '그것을 원하지 않는 사람에게'라는 말로 보충되어야 한다. 누군가에게 사랑을 고백하는 것은 하나의 폭력일 수도 있다.[33] 왜냐하면 그 고백이 상대방으로 하여금 욕망을 불러일으키게 하기 때문이다(슬라보예 지젝, 2007:71). 사랑에 빠진다는 것은 상상계의 '이상적 자아'가 대상에게 투영되고 동시에 그 대상이 상징계의 '자아이상'의 위치에 놓일 때 비로소 가능해진다. 이처럼 사랑은 이중적인 동일시의 복합성 위에 세워지는 것인데, 그 배후에는 대상a에 의해 촉발된 욕망이 작용한다(임진수, 2011:26). 그러나 라캉의 지적대로 이와 같은 사랑의 요구는 욕망의 한가운데 나 있는 구멍, 즉 결여로 인해 실패할 수밖에 없다.

> "요구(demand)는 욕구(need) 충족의 대상을 사랑하는 사람의 현전이나 부재로 바꾼다. 그리하여 욕구 충족은 다만 사랑의 형태로 나타나는 요구의 차원으로 변화된다. 욕망(desire)은 요구가 미처 환원시키지 못한 잔여물로 자신의 모습을 드러낸다. 욕망은 순수한 결핍이 가지는 힘인 것이다. 한편 사랑의 요구는 특정한 욕구의 만족을 거부한다. 그러므로 욕망은 만족을 위한 욕구도 아니고 사랑에의 요구도 아닌, 요구에서 욕구를 뺀 차이로부터 발생하는 것이며, 동시에 욕구와 요구가 분열되는 현상 그 자체를 가리키기도 한다. 성적 관계는 성적 욕구 충족을 목표로 하는 주체에게 사랑을 요구하게 되고, 욕구를 넘어 요구 속에서 상대방의 사랑의 증거를 구하려 함으로써 애매모호함을 발생시킨다. 서로에게 인정받고 싶어 하는 사랑의 요구는 서로의 요

구를 채워주기는커녕 오히려 주체를 욕망의 회로 속으로 밀어 넣는다. 그런 욕망의 한가운데에는 끝없는 결핍상태가 존재한다."(Lacan, 1996:579-80)

「사랑의 노출」의 후반부에서 요코가 목을 조르자 유는 피눈물을 흘리며 "사랑한다"고 고백하는 장면이 나온다. 그 옆에는 유가 항상 몸에 지니고 다니던 마리아상이 떨어져 있었는데, 고이케가 그것을 짓밟고 벽에 던져 깨뜨린다. 이는 마리아에 대한 유의 환상이 깨져버리고 요코에 대한 유의 사랑이 실패할 운명에 처해 있음을 암시한다. 이처럼 환상의 베일이 걷히자 유는 정신병을 앓게 되어 정신병원에 수감된다. 그러면서도 유는 자신을 사소리라고 믿음으로써, 즉 자신을 사소리와 동일시함으로써 무의식적으로 요코의 동성애적 욕망에 마지막 희망을 건다. 유의 사랑의 요구는 실패에도 불구하고 결코 끝날 줄 모른다.

둘째, 사랑과 증오의 공모관계는 "증오를 알지 못하는 것은 사랑에 관해서도 알지 못하는 것이다. 즉 증오 없이는 사랑도 없다. 증오를 모른다면 그것은 덜 사랑하는 것이다(Lacan, 1998:89)"라는 라캉의 지적에 가장 적나라하게 표현되고 있다. 「사랑의 노출」의 경우, 친부로부터 받은 성폭력의 트라우마로 인해 남자를 증오하게 된 요코는 자신에 대한 유의 사랑이 도착적 변태이자 거짓이라고 여겨 혐오감을 품는다. 한편 세상을 증오하는 고이케의 유에 대한 사랑에는 정작 증오의 자리가 없다. 거기에는 다만 자신과 유가 닮은꼴(원죄의 향기)이라는 착각이 있을 뿐이다. 공권력에 의해 제로교회가 해산된 후 친척집에서 지내게 된 요코는 어느 날 유가 제작한 판치라 비디오를 보다가 "판치라의 포인트는 수많은 여자 중에 유일한 여자를 찾아내기에 있다"는 유의 해설을 마음에 새기게 되고, '정말 울고 싶을 때는 눈물에서 피가

나'라고 말하는 친척 동생의 말에 피눈물을 흘리던 유의 모습을 떠올린다.

그 순간 요코는 오열하면서 "난 뭐든지 알고 있다고 생각했어. 하지만 아무것도 모르고 있었어. 내가 아무것도 모르는 인간이라는 것도 몰랐어"라고 신음처럼 내뱉는다. 증오가 사랑으로 바뀌는, 아니 증오의 이면에 감추어져 있던 사랑이 노출되는 순간이다. 내가 알지 못한다는 사실을 알지 못하는 것. 모르는 무지(unkown unknowns). 이것은 정확히 프로이트가 말한 무의식, 즉 '알려지지 않은 지식'이다. 라캉은 이런 지식의 핵심을 환상이라고 불렀다(슬라보예 지젝, 2007:82). 환상에서 깨어난 요코는 비로소 유의 도착적 욕망이 무엇을 의미하는지를 알게 된다. 그것은 '욕망하는 주체'란 실패할 수밖에 없는 운명을 타고 났을지도 모른다는 자각, 그리고 모든 운명적인 것의 실패 끝에서 실타래처럼 풀려 나오는 사랑의 끈이 실은 증오의 끈과 함께 뫼비우스의 띠를 구성한다는 자각에 다름 아니었을 것이다.

셋째, 「사랑의 노출」은 무엇보다 사랑과 죄의 공모관계를 탁월한 방식으로 묘사하는 데에 성공한 영화라 할 수 있다. 유는 모친과의 외상적인 분리 후 '아버지의 이름'에 의지하여 상징적 질서에 안착하고자 했지만, 신부가 된 아버지는 애인 가오리의 가출 이후 아들에게 강박적으로 고해성사를 강요한다. "아무리 노력해도 넌 나쁜 아이야. 그러니 죄를 인정해라." 이렇게 집요하게 몰아붙이는 아버지를 만족시키기 위해 유는 "더 많은 죄를 짓자"고 결심하고 판치라의 달인이 되면서 만나는 사람마다 "나는 죄가 좋다"고 입버릇처럼 말하게 된다. '원죄의 향기'를 풍겨 '원죄 양'이라 불리는 제로교회의 제2인자 고이케는 이런 유에게 자신을 투영시키면서 그의 일거수일투족을 관찰하고 감시한 끝에 '기적'(유와 요코의 첫만남)을 조작하고 데쓰(유의 부친)와 가오리(부친의 애인), 요코와 유를 제로교회의 신자로 포섭한다.

유와 고이케에게서 엿볼 수 있는 사랑과 죄의 이런 공모관계와 관련하여 사랑과 주이상스를 윤리적 경험의 중심에 배치하는 라캉은 어떤 입장을 제시하고 있을까? 기본적으로 그는 정신분석학이 모든 죄의식으로부터 인간을 해방시킬 수 있다고는 생각지 않았다. 하지만 라캉은 정신분석학에 있어 죄의식의 중요성에 주목한다. 욕망 자체의 요구와 관련하여 우리는 죄가 있을 수 있다는 것이다. 이는 새로운 형태의 죄라 할 수 있다(Kesel, 2009:52). 예컨대 「세미나7」에서 라캉은 정신분석의 근본적 윤리를 이렇게 정식화한다. "우리가 유죄가 되는 유일한 것은 우리의 욕망과 관련하여 근거를 부여하는 것이다(Lacan, 1992:321)." 여기서 "우리의 욕망과 관련하여 근거를 부여한다"는 것은 대상a의 불가능한 차원을 받아들일 수 없다는 점과 관계가 있다. 이는 우리가 거기서 만족을 발견하거나 획득하는 욕망의 대상을 보게 하는 환상 안에 우리 자신을 던진다는 것을 뜻한다. 다른 한편 이런 윤리를 따르는 주체는 그 불가능성 안에서 대상a를 포착하며 그것을 불가능한 대상으로서 관련시킨다. 즉 욕망의 대상을 보게 하는 환상 안에 우리 자신을 던지는 것이 곧 죄라는 것이다.

이로써 우리는 「사랑의 노출」에서의 '노출(exposure)'이 사랑의 불완전성, 불능성, 불가능성에 대한 폭로라는 사실을 짐작할 수 있게 된다. 하지만 아직 그 노출이 다 드러난 것은 아니다. 모든 것이 다 노출이 되면 오히려 정말 보고 싶은 것이 보이지 않게 되기 때문에, 진정한 노출을 욕망하는 소노 감독은 또 하나의 구멍을 파 놓았다. 동굴의 사랑 혹은 사랑의 동굴이 그것이다. 이 동굴이라는 은유는 제로교회의 위계적 계층구조 안에 숨겨져 있다. 제로교회의 신자집단은 케이브, 액터, 프롬프터라는 세 그룹으로 구성되어 있다. 이중 최고위 간부인 프롬프터는 무대에서 배우가 대사를 까먹었을 때 옆에서 알려주는 후견 역할에서 온 용어이며, 중간계급인 액터는 무대위 배우처럼 주어진 시나리오에 따라 충실하게 자기 역할을 연출하는 신자집단을 가리킨다. 액터가 자발적으로 마인드컨트롤을 수용한 숙련된 신자라면, 프롬프터는 그런 수동적인 액터를 능동적으로 조정하는 위치에 서 있다. 이에 비해 아직 마인드컨트롤이 되지 않은 최하위 신자집단인 케이브는 플라톤의 비유처럼 동굴에서 빛에 반사된 벽의 그림자만 보는 자를 뜻한다. 제로교회의 '제로'는 어쩌면 이 케이브를 가리키는 은유일지도 모르겠다. 그러니까 제로교회는 '제로', 즉 '아무것도 아닌'(nothing) 동굴(케이브)에서 배우(액터)로 만들어져 후견인(프롬프터)으로 거듭나는 것을 종교적 구원의 과정으로 제시하고 있는 셈이다. 라캉식으로 확대해석하자면 그것은 각각 상상계(그림자)-상징계(연기)-실재계(구원)에 상응한다.

「세미나7」에서 라캉은 하이덱거의 꽃병의 비유를 예로 들면서 물(das Ding)과 그것이 표상하는 사물의 이름(시니피앙/시니피에) 사이에 존재하는 '구멍'을 설명한다. 상식적으로 말하자면 꽃병은 재료에 의해 만들어진다. 무에서 만들어지는 것은 없다. 그러나 분석적 측면에서 볼 때 꽃병은 실재계의 중심에 놓여 있는 '무(nothing)'를 표상한다. 다시 말해 물의 표상 안에 나타나는 이 빈 공간(꽃병의 빈 공간)은 '무'이다. 토기장이는 손으로 이 빈 공간의 둘레에 꽃병을 만들고 그 구멍으로부터 그리고 그 구멍 저편에 창조자처럼 꽃병을 만든다(Lacan, 1992:120-21). 이 비유에 나오는 꽃병의 빈 공간(구멍, 동굴)이 곧 사랑의 자리이다. 사랑이란 주체가 대상 안에 있는 부재의 대상(대상a)을 상대로 행하는 것이다(강응섭, 2005:99).

그런데 "사랑은 동굴이다!"라고 선포한 것은 바로 유이다. '아무것도 아닌 것'이 곧 사랑이라는 말이다. 그렇다면 케이브, 액터, 프롬프터는 다시 각각 사랑-무관심-증오의 삼각형으로 재배치될 수 있을 것이다. 이 중 유, 요코, 고이케의 자리는 어디가 될까? 케이브인 유와 요코는 사랑(상상계)에, 그리고 프롬프터인 고이케는 증오(실재계)의 지점에 위치할 것인가? 이들이 제로교회의 위계질서 안에 있는 한 그럴 것이다. 하지만 제로교회가 해체되었을 때 이들의 위치는 새롭게 바뀌었을 수도 있다. 설령 그렇다 해도 사랑만큼이나 증오 또한 인간적이지만 무관심이야말로 비인간적이라는 사실은 바뀌지 않을 것이다. 이런 의미에서 실패할 수밖에 없는 사랑의 주이상스와 종종 성공하는 듯이 보이는 증오의 주이상스는 선택의 문제가 아니라 애증의 변증법으로 묶여진 운명이라고 말할 수 있겠다. 그런 운명을 받아들일 때 비로소 우리에게 사랑이 하나의 응시로 노출되는 것이 아닐까? 「사랑의 노출」의 해피엔딩 결말이 말해주는 것은 단지 이데올로기의 보완만이 아니다. 그것은 틈새와 불완전함과 실패의 가능성에 대한 새로운 사랑의 발견이기도 하다. 사랑은 무수한 실패로 다시 빚어지는 '동굴', 곧 '꽃병의 빈 공간' 같은 것이다.

5. 라캉으로 영화 또는 종교를 말한다는 것

70년대 영화이론가들이 라캉에 주목할 때 그들의 논의는 거의 전적으로 '거울 단계'에 관한 라캉의 논문에 의존하고 있었다. 이 논문에서 라캉은 유아가 최초의 자기 아이덴티티(에고 형성) 감각을 거울에 비친 자기 신체를 보는 경험을 통해 획득한다고 주장했다. 그때 유아의 조각난 신체는 거울 이미지 안에서 전체적인 것으로 받아들여진다. 유아는 그 거울 이미지 속의 신체를 지배할 수 있는 것으로 오인하는데, 이는 거울 경험을 통해 생겨난 환영이라는 것이다. 유아가 이상화한 자기 신체의 통합성은 실제로는 경험되지 않은 것이기 때문이다. 이 점에서 라캉은 자아가 오인의 구조를 가지고 있다는 사실로부터 출발해야 한다고 주장했다(Lacan, 2002:75-81). 메츠(Christian Metz), 보드리(Jean-Louis Baudry), 멀비(Laura Mulvey) 등 초기 이론가들은 이런 라캉의 주장을 영화 관객의 관점에서 수용하여 영화의 환상적 특성과 주체가 이데올로기에 포섭되어 상징적 질서(사회질서)의 속박을 따르게 되는 과정을 연관시켜 이해하고자 했다.[34]

이는 알튀세르(Louis Althusser)가 '주체의 이데올로기적 호명'(ideological interpellation of the subject)이라고 부른 과정을 가리킨다. 알튀세르에 의하면, 사회 구성원들은 사회적으로 주어진 아이덴티티를 받아들이고 그 아이덴티티 안에서 자신을 보게 된다. 다시 말해 자신을 주체라고 오인한다는 것이다(Althusser, 1971:127-186). 초기 이론가들에게 알튀세르는 라캉의 거울 단계 이론과 영화 경험 사이를 연결시켜 주는 결정적인 연결고리였다. 왜냐하면 알튀세르는 거울 단계에서의 오인으로부터 비롯된 사회적 오인 구조를 강조했기 때문이다.

이리하여 초기 라캉주의적 이론은 영화의 이데올로기적 기능을 폭로하고 비판하는 데에 집중되었다. 즉 영화의 일차적 기능은 관객으로 하여금 권력 관계를 받아들이도록 강제하는 능력에 있다는 것이다. 이 능력은 관객으로 하여금 영화 바깥의 삶을 특징짓는 현실적 부재의 감각으로부터 탈출하도록 도와주는 기능을 포함한다. 영화 경험은 관객으로 하여금 세상 속에서 주체로서 존재한다는 그 사실만으로도 우리가 견뎌내야만 하는 결여의 감각을 일시적으로 극복할 수 있게 해 준다는 것이다. 이런 경험은 전적으로 상상계적인 쾌락을 제공한다. 이는 거울 단계의 상상적 쾌락을 반복하는 것이다. 요컨대 영화는 관객으로 하여금 자기기만에 빠지게 한다. 이 점에서 영화는 이데올로기의 영속화를 위한 기계라 할 수 있다(McGowan, 2007:1-2).

앞에서 잠깐 언급했듯이, 실은 「사랑의 노출」도 이런 이데올로기적 비판에서 자유롭지 못하다. 「사랑의 노출」의 끝부분 장면에서 요코는 유가 수감되어 있는 정신병원으로 면회를 가지만 유는 요코를 몰라본다. "이번엔 내 차례야, 내가 유를 구해 줄게. 너는 유야. 너의 모든 것을 사랑해, 유." 이렇게 외치는 요코와의 만남을 통해 마침내 유는 자신의 이름을 되찾는다. 이때 영화 첫 부분의 마리아상 장면이 회상되고 「고린도전서」 13장을 독송하던 장면에서의 베토벤 심포니7번 제2악장이 흐르면서 고이케에 의해 쓰러졌던 황야의 십자가가 다시 일어서는 환상이 유의 발기와 함께 오버랩된다. 그 십자가 옆에는 마리아(요코)가 손을 내밀고 있다. 이리하여 영화는 요코와 유가 서로의 손을 잡는 장면으로 막을 내린다. 이런 통속적인 순애적 결말이 관객들의 눈물샘을 자극하여 모종의 카타르시스를 느끼게 하리라는 것은 상상하기 어렵지 않다. 그러나 앞서 살펴보았듯이 「사랑의 노출」에서는 응시, 환상, 욕망의 삼각형 구도 안에서 사랑이라는 테마를 구조적으로 표현함으로써 상상계와 상징계의 틈새를 노출시켜 실재계를 부각시키는 전략이 구사되고 있다. 사실 소노 영화에 대한 해석은 90년대에 등장한 새로운 형태의 라캉주의적 영화이론을 적용할 만한 여지가 많이 있다.

콥젝(Joan Copjec)이라든가 지젝 등의 새로운 이론가들은 영화의 일차적 기능이 상징계 내부의 실패와 틈새를 드러내는 데에 있다고 주장한다. 이들은 상징적 감옥을 받아들이도록 우리를 유인하는 대신 오히려 우리에게 그 감옥 안의 실재적 틈새를 보여주는 영화에 관심을 기울인다. 요컨대 영화는 무엇보다 응시의 드러남을 위한 장소로서, 응시를 배치하는 능력으로 인해 실재와의 만남을 용이하게 한다는 것이다. 초기 이론이 강조한 상상계적 특징 대신 영화의 실재계적 차원에 초점을 맞춤으로서, 새로운 라캉주의 이론은 영화가 이데올로기를 지지하기보다는 오히려 이데올로기적 호명에 도전한다고 주장하는 경향이 있다(MacGowan, 2007:171).

사회 속에서 영화의 역할은 무엇인가? 초기 이론가들에 의하면 우리는 상상적인 쾌락을 얻기 위해 영화를 본다는 것이었다. 이런 상상적 쾌락은 부당하고 불공평한 사회질서 내의 존재에 수반되는 불만족을 완화시켜 준다. 따라서 이런 이유로 영화를 보려는 욕망은 이데올로기에 의해 우리에게 주어진 욕망이므로 잘못된 욕망이라는 것이다. 그러나 새로운 이론에 의하면, 우리는 이데올로기 구조에 구속받지 않는 주이상스를 추구하여 영화를 본다. 영화의 매력은 우리 안에 생채기를 내고 균열시키는 파괴적인 응시의 경험으로부터 비롯된다는 말이다.

이런 응시의 경험이 때로 우리를 자유롭게 할 수 있다. 달리 말하자면 외상적 실재와의 만남 즉 대타자 안에서 아무런 의미도 보지 못하는 지점과의 만남이 우리에게 해방감을 줄 수 있다. 그런 만남의 순간에 주체는 대타자 및 그 대타자가 지탱하는 상징적 세계의 근거없음과 터무니없음을 경험하게 된다. 그 만남이 우리의 주인인 시니피앙의 비의미 상태를 드러내기 때문이다.[35] 이때 상징적 질서가 실패하는 지점은 우리로 하여금 자유로운 주체로 서게 하는 지반이 된다. 우리는 이데올로기라는 우두머리 시니피앙의 실패 안에서 내 존재의 근거를 본다. 이데올로기 구조에 대항하는 우리의 능력은 이데올로기에 의해 은폐된 틈새가 스스로를 드러내는 지점을 인식하는 능력에 달려 있다. 영화는 어느 정도 이런 외상적 실재와의 만남을 용이하게 해준다.

이상과 같은 영화의 양면성이 종교의 양면성과 일치한다는 식의 언급은 어쩌면 진부하게 들릴지도 모르겠다. 그렇다면 영화와 응시 또는 종교와 응시의 관계로 바꾸어 말해 보자. 맥고완은 영화와 응시의 관계를 다음 네 가지로 제시하고 있다: (1) 환상을 통해 응시의 현존을 가능케 하는 영화. (2) 근본적인 부재로서의 응시를 보여주는 영화. (3) 환상에의 전환을 통해 응시를 알기 어렵게 만드는 영화. (4) 응시와의 외상적 조우를 연출하는 영화(McGowan, 2007:18). 여기서 '영화' 대신 '종교'를 대입시켜 보면 어떨까? 적어도 「사랑의 노출」에 대한 라캉적 분석의 도상에서 보자면 전혀 어색하지는 않아 보인다. 아직은 비록 막연한 제안이기는 하지만, 이는 종교 연구의 방향성에 하나의 작은 이정표를 제시해 줄 수도 있을 것 같다. 종래의 종교 연구 대상이 '시각'의 종교였다면, 이제 '응시'의 종교에 대해 고민해 보자는 제안이 그것이다.

이런 과제적 전망과 관련하여 혹 라캉의 종교 담론이 참고가 될지 모르겠다. 라캉은 종교에 대해 말하지 않는 듯하면서도 실은 곳곳에 종교적 대상을 표기하는 장치를 내장하고 있다. 가령 '무(nothing)', '물(das Ding)', 대상a, 주이상스[36] 등의 개념은 매우 풍부한 종교담론의 아우라를 풍긴다. 나아가 강응섭에 의하면 「세미나17」에서의 '네 가지 담론' 중 히스테리 담론 또한 종교 담론과 유사하다. 즉 자신이 누구인지 궁금해하는 히스테리 주체의 모습은 자신의 기원을 찾는 종교적 인간의 모습과 유사하다는 것이다(강응섭, 2009:103). 한편 전술한 꽃병의 예화에서 라캉이 말하는 구멍은 '물'로서의 꽃병에서 생기는 것이 아니라, '물'로서의 꽃병에 '이름'을 붙임으로써 생기는 '물과 그것의 이름 간에 생기는 구멍'을 가리킨다. 이때 라캉은 (1) 이 꽃병의 구멍이 채워지는 것을 피하거나(예술담론에서의 억압. 따라서 승화가 요청된다) (2) 그 구멍을 채우거나(학문담론에서의 부인. 학문의 글쓰기는 그 구멍을 메움으로써 구멍의 실존을 부인한다) (3) 다시 그 구멍을 비우거나(종교담론에서의 전치. 종교 경험은 구멍의 빈 공간에서 발생한다) 할 수 있는 세 가지 가능성을 제시한다(강응섭, 2006:195).

이처럼 라캉으로 영화 또는 종교를 말할 때 무엇을 새롭게 볼 수 있는지를 탐색하는 일 또한 이제부터의 과제라 할 수 있다. 다만, 그런 과제의 구체화를 위해 다음과 같은 라캉의 세 가지 문제의식, 즉 (1) 오인의 구조로부터 출발하자는 제안 (2) 틈새(간극, 잉여, 구멍, 공백)와 부재(결여, 결핍) 또는 실패의 적극적인 의미를 수용하는 자세 (3) 시각(eye, 주체가 대상을 보는 것)으로부터 응시(gaze, 대상이 주체를 보는 것)로 전환하자는 문제의식 등으로부터 적지 않은 시사를 받을 수 있으리라고 기대된다.

중세 후기의 '열리는 성모상'과 그리스도교 신앙의 물질적 상상력

안연희

1. 중세 그리스도교의 물성

"중세는 탈색된 무색의 암흑기가 아니라, 형형색색의 오색찬란한 시기였다.": 자크 르 고프는 중세인들의 눈부신 색상에 대한 취향, 장정된 책표지에 박아 넣은 보석, 번쩍이는 금은 세공품, 울긋불긋한 조각품, 교회와 유력자들의 저택 벽을 장식한 그림, 유창 그림의 신비로운 색상의 현란함 뒤에서 어둠에 대한 공포와 빛의 추구를 발견했다.[1] 중세인의 심성에 그러한 불안과 희망, 두려움과 열망의 복합적 무늬를 아로새긴 것은 단연 그리스도교적 정서와 문화일 것이다.

그러나 중세 문화는 그리스도교의 가장 두드러지고 창조적인 특징을 비물질적인 영성(spirituality)으로 이해하는 근대적 시각에 의해 주로 평가되어 왔다. 이는 그리스도교가 제의적이고 형식적이며 다신교의 이미지들로 가득 찬 고대종교를 개혁한 측면을 강조하지만, 중세 그리스도교 문화의 창조적이고 역동적인 다른 한 측면을 간과하게 한다. 중세 그리스도교의 기괴하고 선연한 성스러움의 표현들, 활력 넘치는 물질적이고 감각적 신심들이 종교개혁자들이 주장하듯 우상숭배나 유럽 토착종교와의 타협, 이교주의로의 타락으로만 이해되는 것은 과연 타당할까? 그러한 영향들을 흡수하여 새롭게 표출시킨 중세 문화에는 그리스도교 신앙이 불어넣은 새로운 숨결이 스며 있다. 그것은 '영성'뿐 아니라 '물성'의 재발견이라 할 만한 것이었다.

'물적 종교', '감각의 종교', '종교미학', '미디어와 종교' 등을 표제로 하는 새로운 종교 연구 경향들[2]은 이러한 문제의식과 관련하여 중세 그리스도교 문화를 균형 있게 이해하는 데 좋은 관점을 제공한다. 특히 저명한 중세사가 캐롤라인 워커 바이넘(Caroline Walker Bynum)의 작업들과 최근 저작들은 주목할 만하다. 텍스트보다는 감각적인 자료들을 통해서 그간 제대로 다루어지지 않은 '그리스도교의 물성(christian materiality)'을 다채롭게 보여주고, 그 생생한 물질적 상상력의 그리스도교적 의미를 분석하고 있기 때문이다.[3]

특히 중세 후기는 그리스도교적 이상을 형상화한 대성당들의 웅장하고 장엄한 빛의 세계뿐 아니라, 크고 작은 성상들, 기도서, 성물함, 제단화에 이르기까지, 신심을 매개하고 표현하는 친밀하고 다양한 성물들로 가득 찬 세계였다. 그것들은 공적인 예배와 공동체 상징에서만이 아니라 사적인 예배와 개인적인 신심 생활에서도 중요한 비중을 차지하게 되었고 비판과 논쟁을 불러올 만큼 크게 성행했다.

성모상(성모자상)은 중세의 성화상과 조각상 모두가 매우 애호하던 주제였다. 그중 13세기경부터 스페인, 프랑스, 독일, 이탈리아 등에서 만들어진 '열리는 성모상(Vierge ouvrante)'은 중세 그리스도교의 역동적인 물질적 상상력을 보여주는 독특한 형태의 성모상이다. 마리아의 몸을 수직으로 관통하는 양문 내부 공간에 또 다른 도상학적 주제가 배치된 이중 구조의 이 '열리는 성모상'은 평면적 도상이나 고정된 조각상과 유사하면서도 차별화된 성상의 형태다. 이러한 성모상은 현재 그리스도교에서 공인된 형태가 아니기 때문에 널리 알려지지 않았지만 중세 후기부터 근대 초까지 상당 기간에 걸쳐 서유럽 지역에서 광범위하게 만들어졌다. 무엇보다 내부와 외부의 도상학적 주제가 삼위일체 교리 및 중세 성모신심과 관련될 뿐 아니라, 그 독특한 형태와 구조가 시사하는 새로운 감각적 경험의 장은 우리에게 중세 그리스도교의 물질적 상상력을 환기시켜 준다.

이 글은 기존의 도상학적 자료와 연구들[4]을 참조하여, 국내에 아직 잘 알려지지 않은 이 '열리는 성모상'의 특징을 소개하고, 이 성모상이 어떤 점에서 그것을 만들고, 숭배하고, 비판하고, 또 변형시킨 사람들의 종교적 삶을 구성하는 물질적이고 감각적인 표현으로 읽힐 수 있는지 살펴보고자 한다. 열리는 성모상은 중세 그리스도교 신앙의 물질적 상상력, 교리에 대한 믿음이나 공적인 의례 참여에 국한되지 않는 다양한 감각적 신심의 차원을 보여주는 유용한 사례이다. 성모상이라는 특수한 사례라 할지라도, 이에 대한 연구는 중세 중기에서 말기로의 변화를 근대 종교개혁과 관련하여 영성과 내적 경건으로의 점진적 이행으로만 이해하는 기존의 관점을 보완하는 데도 기여할 것이다.

2. 성체, 성유물, 성스러운 이미지

열리는 성모상이 만들어진 중세 그리스도교는 성스러운 물질과 이미지에 대해 어떤 관점과 태도를 보였을까? 신의 구체적 형상을 거부하는 유대교의 우상숭배 금지 전통을 이어받은 그리스도교에서 성스러운 이미지와 물질적 표현은 근본적으로 부정되거나 적어도 의혹의 대상이었다. 그러나 그리스도교사에서 축성된 성체(host)와 성유물(relic)[5]뿐 아니라 성스러운 이미지들(icon, cult image, holy image)은 종교적 삶과 신심의 일부로서, 거듭 쟁점이 된 까다로운 문제이기도 했다. 그리스도교 공동체가 예수의 죽음과 부활을 기넘하고 그에 참여하며 사도들과 순교성인들의 성덕을 공유하고 개개인에게 각인시키는 데, 그러한 물질과 이미지가 완전히 배제되지 않았으며 결코 배제할 수도 없었기 때문이다. 흥미롭게도 이러한 난제 때문에 그리스도교에서 물질과 이미지에 대한 관심과 논란은 지속되었다. 그렇다면 그리스도교는 물질과 이미지를 불가피하게 수용하거나 타협적으로 차용한 것이 아니라, 오히려 적극적으로 변용한 것으로 볼 수도 있지 않을까?

〈그림 1〉 사도의 팔 성유물함(Arm Reliquary of the Apostles, 독일, 약 1190년경)[6]

그리스도교사에서 구원의 음식인 예수의 성체, 십자가와 성유물에 이어 성화상과 성상(조각상), 제단화 등이 등장하여 각각의 용례와 의미를 신학적으로 확립하고 확산시킨 과정에 대해서는 오래된 복잡한 논의가 있다. 그러나 성스러움의 지도에서 중심이 되는 제단의 발전사와 관련해 볼 때, 성체와 성유골 숭배가 선행했고 성체를 보관하는 성합과 성유물함으로부터 그리스도교의 성스러운 이미지가 유래했다는 관점을 일반적으로 수용할 수 있다.[7] 이는 중세 그리스도교 예술에서 물질적 재료와 도상학이 서로 별개가 아니라 주제와 재료의 복합적인 작용을 활용해 왔다는 사실과 무관하지 않다. 그리스도교의 성스러운 이미지는 성스러운 물질과의 연관성을 떼어놓고 이해할 수 없을 것이다.[8]

성만찬에서 조각조각 나누어지는 성체는 모든 성도들이 그리스도의 파괴될 수 없는 온전한 몸에 참여하게 하는 것으로서, 상징 이상의 실제적인 의미를 가진다고 믿어졌다. 떡이 성체로 '실체변화'하는 축성을 통해, 천상에 있는 그리스도교의 부활한 몸이 성체 속에도 온전하게 존재한다는 것이다. 부활한 그리스도의 온전한 몸은 나누어질 수 없는 전체인데 성스러운 조각들(성만찬의 빵)이 곧 온전한 그리스도의 성체가 된다면, 성체의 조각(부분)이 곧 전체가 될 수 있는 가능성이 확보된다. 그러므로 부분적이고 부패되는 물질로 이루어진 성체가 그리스도교의 성스러움을 가지게 된다. 그리스도교에서 '성스러운 물질'의 가능성은 흔히 거론되는 성육신 신학뿐 아니라 이처럼 몸의 부활신앙과도 긴밀하게 연결되어 있는 것이다. 그리스도의 온전한 몸의 부활에 대한 신앙이 성체에 대한 신앙의 근거가 되었으며, 마찬가지로 성유물의 조각들에도 상징을 넘어선 실제적인 힘을 불어넣었다.[9]

4세기 무렵부터 순교자, 성인 숭배와 함께 열렬한 관심사가 된 성유물은 그리스도와 마리아, 사도들, 성인들의 신체 일부 혹은 그와 접촉했던 모든 것을 포괄한다. 어떤 파편이나 형체없는 조각들이 성유물로 입증된 것은 주로 기적적 치료와 특별한 능력에 의해서였다. 패트릭 기어리(Patrick J. Geary)의 연구에 따르면, 중세 사회가 형성되는 과정에서 특정한 사도나 성인의 성유물 발굴과 이전의식은 지역 사회에서 성대하게 거행된 공동체의 관심사였다. 또한 그것은 성인의 몸의 구원에 참여하고 신적 보호와 은혜를 간직하려는 이들의 사적인 열망과 충돌하고 긴장을 불러일으켰기 때문에, 수적으로 제한된 성인의 유해를 조각조각 나누는 방식이 용인되었다. 물론 그에 대한 비판도 있었지만 심지어 유골 도둑질, 유골 장사 등의 파렴치한 행위조차 (만약 성인이 자신의 의지로 용인한다면) 열렬하고 정당한 신심의 표현으로 받아들여지기도 했다. 카를로스 왕조가 401년 제5차 카르타고공의회의 성유골에 대한 규정을 재정립해 모든 제단에 성유골을 안치해야 한다는 법을 제정했고 성유골에 서약하는 관습과 성인묘역에 대한 순례를 공식적으로 권장했던 까닭에, 9세기 후반부터 서유럽 각지의 종교기관과 지역사회에서 성유골에 대한 수요가 급증했다.[10]

그리스도교의 이미지 사용에 권위 있는 신학적 근거를 제공했던 것은 6세기의 그레고리우스 교황(재위 590-604)이었다: "글을 읽을 줄 아는 이들이 글에서 배울 수 있는 것을 무지한 이들은 이미지를 통해 읽을 수 있다."[11] 책을 보완하는 대체물로서 이미지의 교육적, 훈육적 기능을 인정한 그레고리우스의 관점은 중세 성상 옹호자들이 즐겨 의지한 표준적인 고대의 전거였다. 신심생활에서 이미지가 발휘하는 정서적(affective) 효과와 보이지 않는 신에 대해 관조하는 과정에서 이미지의 신비적(anagogic) 기능도 덧붙여 거론되었다.[12] 그러한 입장들은 이미지에 대해 기본적으로 부정적인 관점에도 불구하고 그리스도교 내외적 요인에 의해 표출된 성스러운 물질과 이미지와 관련된 신앙 관행을 신학적으로 체계화한 것이라고 할 수 있다.

그러나 그리스도, 성인들, 성모 마리아를 묘사하는 성스러운 이미지들을 대할 때, 보통 사람들이 이미지가 지시하는 대상이 아닌 이미지 자체를 숭배할 지도 모른다는 의혹과 불안은 계속해서 표출되었다.[13] 그것은 8-9세기의 성화상논쟁에서 격렬한 형태로 나타났으나 결국 동서방 모두 성상 숭배가 공식적으로 인정되는 방향으로 일단락되었다. 논쟁의 결과 오히려 하느님이 예수 그리스도의 몸을 입어 실제 인간의 형상으로 나타났기 때문에, 하느님을 그림으로도 나타낼 수 있고 하느님이 참조한 물질로도 나타낼 수 있다는 신학적인 논리가 더 정교하게 다듬어지고 이미지 공경의 면밀한 기준이 마련되었던 것이다.

성유물, 특히 성유골은 서유럽 지역 그리스도교에서 더 결정적인 역할을 하기는 했지만, 동서방 그리스도교의 공통된 관심사에 속했다. 비잔틴의 이콘(icon)이나 서방에서 두드러진 성상(조각상)이 찬반논쟁을 겪은 것에 비한다면, 성체와 성유물 숭배는 그리스도교의 성스러운 물질에 대한 상상력의 공동의 원천이었다. 한편에서는 성상 숭배가 성유물과 관련된 그리스도교적 기원보다는 정치적 프로그램의 일부로 도입된 것이라는 비판도 있다. 그러한 정치적 기획은 물론 성상 숭배의 확산에 중요한 영향을 미쳤다. 그렇지만 그것은 그리스도교에서 이미지가 성체와 성유골과의 인접성이나 대체 가능성을 통해서 그 성스러움을 획득하고 확장해 갔다는 것과 꼭 양립할 수 없는 것은 아니다.

중세 그리스도교의 성스러운 이미지는 그리스도의 성육신, 죽음과 부활이라는 구원의 드라마에서 비롯된 성체와 성유골에 대한 숭배와 밀접한 연관을 통해 형성되었다. 성유골이 성체와 함께 그리스도교 제단의 가장 성스러운 중심에 배치되다가 십자가가 제단 위에 놓여졌으며, 그리스도와 성모 마리아, 사도들, 성인들의 모습을 그림으로 표현한 성상도 공식 의례와 교회 장식에서 비중을 차지하다가 점차 제단 위에 놓일 수 있게 되었던 것이다. 성유골이 성체와의 상호작용을 통해 성스러움을 강화한 것처럼, 성상도 성체, 성유골과의 접촉과 연상작용을 통해 더 성스러운 의미를 획득하고 정당성을 확보했다. 그 결과 중세 중기로 접어들면 성체와 성유골뿐만 아니라 성스러운 이미지와 성상도 교회의 필수적인 부분이며 특별한 대상으로 인식되기 시작했다. 그것은 이미지가 제단 위를 장식하기 시작한 데서 가시화되었다.

그러나 12세기와 13세기에도 여전히 이미지를 제단 위에 두어도 되는지, 만약 된다면 어떤 이미지를 놓아야 하는지는 논란거리였다. 벽을 장식하는 이미지나 교회 외부의 이미지와 달리, 제단 위의 이미지는 그곳에서 숭배되는 성유물(relic)을 침해할 수 있다고 여겨졌기 때문이다. 이런 이유로 제단화에 대한 논쟁은 중세 후기 이미지 숭배에 관한 논쟁과 비판의 가장 핵심적인 부분이었다. 그리스도의 희생의 내용을 가리키는 십자가는 제단 위에 올려 놓을 수 있지만, '실체가 없는 이미지'는 진리에 전혀 참여하지 않으므로 제단에 놓이는 것이 금지되기도 했다. 일부 교회에서 높은 제단이나 성단소 위에 성인들의 이미지를 놓는 것이 인정되다가 마침내 1310년 트리어 교회회의(Trier Synod)가 모든 제단에는 수호성인의 조각이나 이미지가 있어야 한다고 규정했다.[14] 그러므로 그리스도교의 성스러운 이미지는 항상 제단을 중심으로 성체, 성유물과의 긴장과 상호 침투를 통해 기능했다고 볼 수 있다.

3. 중세 후기 '열리는 성모상'

1) 성모신심의 발달과 '열리는 성모상'

앞에서 살펴본 그리스도교 성상의 발전과 더불어 중세 중기 융성한 성모신심을 배경으로, 성모상은 중세 그리스도교의 생생한 종교생활의 초점이 되었다. 미사에서 분유받는 그리스도의 성체야말로 구원의 명백한 중심 신비였지만, 가시적이고 직접적인 보호와 능력을 추구하며 성스러움의 조각들을 확대 생산할 수 있었던 성유물 신앙도 순교자/성인 숭배의 맥락에서 나란히 발전했다. 그러나 그리

〈그림 2〉 성모자(聖母子) (Virgin and Child, 하기아 소피아 성당의 모자이크, 6세기경)[15]

스도와 성모 마리아의 경우 그 예외적 고유성과 부활 혹은 승천의 교리 때문에 성유골 혹은 유해의 존재가 아예 불가능하거나 희박할 수밖에 없었다. 그리스도의 경우 성만찬의 성체와 십자가 상징이 있었지만, 성모 마리아에 대한 신앙은 성모상에 집중되었던 것이다.

　마리아신학과 성모신심의 발달도 다양한 성모상의 출현을 촉진했다. 5세기 에페소스 공의회(431년)에서 '하느님의 어머니(테오토코스)'라는 호칭이 공식적인 신조로 고백된 이래, 성모 마리아는 중세 그리스도교 세계 성스러움의 지형에서 상당히 특별한 지위를 누렸다. 신의 어머니 마리아는 비잔틴 제국에서 새로운 도시들의 수호자로 지역여신들을 대체했고, 황실의 정치적 수사에도 동원되었다. 그리스도의 인간적 어머니로서의 친근함과 하느님의 어머니로서의 신적 위엄의 양면을 가진 존재로서 성모 마리아는 비잔틴 성화상에서 어김없이 재현되는 중요한 테마였다. 성모(자)상은 황실의 강력한 정치적 선전도구이기도 했지만, 한편으로 성스러움을 직접적으로 경험하고 가까이 두려고 하는 신심의 소박한 대중적 표현 속에서도 기적·신적 은총의 빛과 향기, 치유의 능력을 가지는 것으로 고백되며 아낌없는 관심과 사랑을 차지했다. 성모자와 성모의 조각상들은 성인상과 함께 특히 중세 서방의 여러 지역에서도 크게 증가했다. 많은 신자들은 성상 앞에 기도했고, 그 앞에 촛불을 밝혔으며, 그것이 기적을 행한다고 여기기도 했다. 서방 지역의 장엄한 종교행사 때는 마치 비잔틴 세계의 이콘처럼 성상을 짊어지고 행진하기도 했다.[16]

　12세기 '마리아의 무죄한 잉태'에 대해 활발하게 논한 마리아신학[17]의 발달은 성모호칭기도(Marian litany), 마리아 찬가, 다양한 도상들과 함께, 동서방 전체에서 마리아 공경이 교회와 황실뿐 아니라 대중적 신심생활의 구석구석으로 확산된 것을 보여준다. 마리아 공경은 중세 초기부터 꾸준히 발전하여 왔지만, 특히 중세 성기로 접어들면 위와 같은 신학적 논의에 힘입어 지역 수호신의 역할을 하던 여러 성인들에 대한 숭배를 능가하는 위치를 가지게 된다. 성인들이 공경지례(dulia, veneratio)의 대상이라면, 마리아는 하느님에 대한 흠숭지례(adoratio)와는 구별되지만 가장 높은 수준의 공경인 상경지례(hyperdulia)의 대상이 되었다. 인간이면서도 신적 구원에 가장 근접한 마리아가 성스러움의 위계에서 성인들을 능가하고 더 강력한 신적인 매개 역할을 할 수 있게 된 것이다.

시토수도회와 탁발수도회의 영성이 그러한 변화의 한 원인으로 제기되기도 하지만 그 배경과 원인은 더 복합적이었을 것이다. 그것은 여기서 논할수 있는 범위를 넘어서므로, 도시와 상업이 발전하면서 각 지방으로 분산되었던 중세 유럽이 12세기를 전후해 중앙집권적 제도를 등장시키며 새로운 시대로 진입한 것과 그러한 시대적 상황들이 교황수위권에 의해 뒷받침되는 사도들과 성모 마리아를 비롯한 보편적 성인들의 매력을 증대시켰으리라는 것 정도를 언급하고 넘어가겠다.[18]

신의 협력자, 신의 어머니, 하늘의 여왕, 인간 예수의 어머니로서 마리아의 다면성은 삶의 다양한 요구와 필요에 부응하면서 다양한 형태의 성모상으로 표현되었다. 특히 옥좌에 앉은 황후의 초상화와 같이 신의 어머니로서의 초월적 평온함과 위엄을 드러내는 도상과 더불어 아기 예수를 보여주듯이 안고 쓰다듬거나 젖을 먹이는 마리아 도상이 성모의 위상에 적절한 형태로 자리잡았다. 모정을 형상화는 애정어린 몸짓의 인간미가 드러난 성모상은 다정하고 자비로운 중재자로서의 마리아의 역할과 그에 대한 신심을 잘보여준다.[19]

946년경 클레르몽페랑 대성당을 위해 만들어진 것으로 추정되는 대표적인 초기 성모 조각상은 「지혜의 보좌」(Sedes Sapientiae)로 불린다. 성모가 왕좌에 앉아 있고 무릎에 아기 예수를 안고 있는 형태였다. 「지혜의 보좌」 유형은 '테오토코스'로서의 마리아를 표상하는 성모상의 한 형태로 자리 잡는다. 성모자 성화상(그림2 참고)의 유사한 모티브를 조각상으로 구현한 12-13세기의 전형적인 성모자상(Virgin and

〈그림 3〉 지혜의 보좌(Sedes Sapientiae, 독일, 12세기경)[20]

Child)으로는 마리아가 아기예수를 안고 정면을 향하고 있는 유형과 마리아가 아기예수를 한쪽 팔에 안고 있거나 바라보고 있는 유형이 있다. 13세기 무렵 등장한 '열리는 성모상(Vierge Ouvrante)'은 그러한 일반적인 성모상들의 변형된 형태이다.[21] '열리는 성모상'의 외부는 당시의 전형적 성모자상과 거의 동일하다. 그러나 내부에 또 다른 조각이나 부조가 있고, 신체의(두부 제외한 전신이나 흉부, 혹은 전신) 절개선 사이로 양문을 열어 내부를 볼 수 있는 이중 구조가 다른 조각상들과 차별적이다.

열리는 성모상은 오늘날 가톨릭교회의 공식적인 성모상에 속하지 않으며, 중세에도 역시 일반적으로 널리 퍼진 형태는 아닌 것으로 보인다. 멜리사 카츠(Melissa R. Katz)의 최근 조사에 의하면, 현재 확인된 조각상은 72점이다. 그중 60점은 13세기부터 17세기까지 속한 것이고, 12점은 19세기에 만들어진 복제품, 위조품, 상납물이다. 13세기에 프랑스, 독일, 스페인 등지의 공방에서 처음 조각된 이래 17세기까지 지속적으로 만들어졌고, 19세기 유럽 등지에서 다시 유행했던 것으로 추정된다. 상아로 만든 고급 성모상부터 목재로 만든 후 금박을 입히고 채색을 한 형태까지 재질과 완성도는 다양하다. 크기는 30~50cm 정도 되는 것이 주종을 이루지만 인체와 거의 흡사한 정도의 크기도 존재한다.[22] 총 72점 중 44점이 도록으로 출판되어 있다.

　이러한 성모상은 많은 숫자는 아니지만 현재 발견된 것만을 보아도 결코 무시할 정도로 적지도 않다. 성격상 아직 공개되지 않은 상들이 더 있을 가능성도 배제할 수 없다. 열리는 성모상은 폭넓은 대중성을 얻지 못했다 할지라도, 한 시기나 특정 지역에만 국한된 사례가 아니라 중세 중·후기 서유럽의 넓은 지역에서 지속적으로 만들어진 신심 성물이라고 할 수 있다. 그런 점에서 중세 그리스도교사, 나아가 중세 종교사를 이야기할 때 주목해 볼 가치가 있다.

2) 명칭과 형태

　'열리는 성모상'은 프랑스와 독일에서 각각 Vierge ouvrante 또는 Schreinmadonna로 알려졌다. 이탈리아에서는 Madonne scrigno, 스페인에서는 Vírgenes abrideras 또는 Víergenes trípticas로 불렸지만, 영어권의 공식 표기는 없다. 발견된 지역도 주로 프랑스와 독일, 스페인, 스위스, 벨기에 등이다. '삼면 성모상(Triptych Virgin)'이라는 명칭이 날개 달린 세폭 제단화와 경신상(cult image)과의 관련성을 암시하기 때문에 선호되기도 한다.[23] 그러나 이 성모상이 삼위일체 교리를 연상시킨다는 점에서 기능적, 의미론적으로 세폭 제단화와 유사하다는 것을 제외하면, 열고 닫는 형태를 묘사하는 '열리는

〈그림 4〉 성모 성물함(Shrine of Virgin, 독일, 1300년경)[25]

성모상'이 포괄적인 명칭으로 더 적절한 것으로 보인다. 이때 열린다는 것은 닫힌다는 것, 나아가 열(리)고 닫(히)는 작용을 의미한다.[24]

열리는 성모상은 형태도 특이하지만 20세기 후반까지도 확인된 작품수가 부족하고 독자적 작품군으로 분류되지도 않아 유럽 외에서는 그다지 알려지지 못했다. 내부 공간 때문에 간혹 성물함의 일종으로 간주되기도 했다. 그러다가 여러 지역에서 유사한 조각상들이 새롭게 공개되거나 발견되고 1990년 군드룬 라들러(Gundrun Radler)에 의해 도록집과 목록[26]이 나오면서 체계적인 연구가 시작되었다. 현재까지도 이에 대한 연구는 연대와 지역 분포, 몇몇 사례에 대한 진위 논란 등 미술사적 검토와 내부 모티브 중심의 유형화 작업에 더 치우쳐 있으나, 점차 그리스도교 신학이나 신심생활, 여신상징 등과 관련한 입체적이고 다각적인 연구도 이루어지고 있다.[27] 그러한 연구들은 고정된 3차원 조각상의 전통적인 개념에 확장을 요청하는, 이 성모상의 이중구조, 문과 내부 공간, 여닫는 작용의 동적 측면에 주목한다.

내부 모티브는 열리는 성모상 도상군 전체를 구조화하는 구성 원리로 간주되어 왔다. 이 성모상의 목록을 작성하고 도록을 만들어 연구의 토대를 마련한 라들러는 이러한 성모상들을 내부 모티브에 따라서, 삼위일체 계열(Trinity group), 수난 계열(Passion group), 성모 마리아의 생애 계열(a Life of Virgin group)의 세 유형으로 분류하였다.[28] 라들러가 가장 관심을 기울인 것은 삼위일체 계열의 성모상으로 내부에 성부, 성자와 비둘기로 형상화된 성령의 세 위격이 수직으로 표현된 도상이 들어있는 성모상이었다. 라들러는 이 성모상을 열리는 성모상의 원형 혹은 대표적인 유형으로 평가했다. 또한 이 유형의 성모상은 삼위일체 교리의 시각적이고 삼차원적 재현으로 해석되어 먼저 주목을 받았다. 성모의 생애나 수난 계열은 삼위일체형이 규제를 받으면서 생긴 변형이나 이형으로 추정되었다. 라들러는 전형적으로 열리는 성모상의 의미를 감추어진 내부에서 찾는 관점을 취하고 있다. 그러한 관점은 성스러운 이미지의 기능을 그리스도교의 신비와 교리를 시각화하는 교육적이고 도구적인 수단으로 보는 시각과 연장선상에 있다고 볼 수 있다.

그러나 이미지의 기능과 의미는 그에 국한되지 않는다. 성스러운 이미지는 공식적인 그리스도교의 신비나 교리를 시각화함으로써 글을 모르는 이들에게 교육하는 수단, 신심의 매체로 기능한다. 그러나 그러한 제한적 기능을 넘어서 이미지 자체에서 분출되는 의미의 역동적인 힘을 내포한다. 이미지가 물질적인 재료들과 상호작용할 뿐 아니라, 텍스트와 달리 의미 작용에서 상대적으로 개방적이기 때문이다. 열리는 성모상도 한편으로 매우 정형화된 교리의 시각적 재현처럼 보이지만, 이미지의 열린 의미 작용과 물질적 형태의 가시적 효과로 인해 교리적 제한을 넘어서는 대담한 상상력과 감각 경험의 가능성을 드러낸다.

멜리사 카츠는 '열리는 성모상'에 대한 본격적인 연구로 이 흥미로운 도상을 이해할 수 있는 더 폭넓은 시야를 열어주었다. 카츠는 현존하는 형태들을 치밀하게 조사하여 라들러의 작업보다 수정 보완된 목록과 도록을 제공하였으며, 내부 도상 중심으로 분석해 온 기존의 연구방법에서 한 걸음 나아가 열리는 성모상의 구조적 측면과 열리고 닫히는 문, 열고 닫는 작용에

〈그림 5〉 (좌) 닫힌 모습. 열리는 삼면 성모상(Opening Madonna Triptych, 프랑스, 1180-1220년경)[30]
〈그림 6〉 (우) 열린 모습. 열리는 삼면 성모상(Opening Madonna Triptych, 프랑스, 1180-1220년경)[31]

주목한 새로운 해석을 제시했다.[29]

카츠는 라들러와 달리 열리는 성모상을 크게 아래와 같이 서사형과 삼위
일체형으로 분류하고, 무염시태형을 보완적으로 제시한다. 여전히 내부 모
티브를 중심한 분류지만, 외부와 내부의 상호작용을 염두에 두면서 변형들
도 언급하고 있다.[32]

a. 서사형(narrative figures): 성모자상의 내부의 7칸 혹은 9칸으로 분할된 작
은 패널 속에 신약 성서의 서사 모티브가 조각되거나 그려진 형태이다. 내부
서사의 핵심 주제는 예수를 수태하고 낳아 삼위일체로서의 신이 지상에 강
림할 수 있게 한 동정녀 마리아의 생애이다. 주로 성모칠락[33]이 묘사되어 있

으나, 좀 더 후대의 서사형에는 수난 이야기로 대체되기도 한다. 현존하는 가장 초기 형태인 스페인의 산타클라라 수도원에 있는 열리는 성모상(Virxe abrideira, ca.1270)이 이 유형을 대표하며, 13세기부터 이베리아 반도와 스페인 등지에서 제작된 것들도 주로 이에 속한다. 서사적 내부는 단번에 파악되기보다는 보는 이들이 그 세부의 조각들을 오래 주의 깊게 들여다보게 만든다.[35]

〈그림 7〉 열리는 성모상(Virgen Abridera, 스페인, 약 1600년경)[34]

삼위일체형과 달리 획일적인 질서보다는 분할된 여러 주제의 연결에 의해 의미를 암시하면서 신적인 구원의 신비에 대한 경외감을 불러일으킨다는 특징을 지닌다.

b. **삼위일체형**(Trinity figures): 성모자상 내부에 삼위일체의 세 위격이 수직적으로 배치된 그냐덴슈툴(Gnadenstuhl) 상이 안치된 형태로 피레네 산맥 북쪽인 프랑스와 독일 쪽에서 주로 제작되었다. 열리는 성모상 가운데 가장 잘 알려져 있고 주목을 받은 뉴욕 메트로폴리탄 미술관의 성모상(Shrine of the Virgin, ca.1300, 그림4)이 대표적이다. 삼위일체형의 내부는 서사형에 비해 세 위격의 신성에 대한 엄숙한 경외감을 직접적으로 유도한다. 그러나 대부분의 삼위일체형 성모상은 양문의 날개부분에 서사적 주제가 회화나 부조로 표현된 경우가 많아, 서사형과 복합된 형태이기도 하다.

c. **무염시태형**(Immaculate-narrative figures): 외부 조각이 특이하게 성모단독상

이며 그 외부에 또 다른 상자가 있는 형태이다. 성모상의 몸에서 열리는 공간이 흉부의 좁은 부위에 한정되며, 열면 최후의 만찬의 주제가 나타난다. 스페인 톨레도에 있는 열리는 성모상(Virgen abridera, ca. 1520)이 가장 대표적이며 성만찬 주제와의 연관성이 인상적이다. 주로 이베리아반도 지역에서 만들어졌다. 16세기의 무염시태 신학에 관련된 것으로 추정되지만, 그 배경에 대해서는 더 많은 연구가 필요하다.

위와 같은 분류와 분석을 통해 카츠는 삼위일체형을 원형으로, 서사형을 그 변형으로 보는 종래의 관점을 비판한다. 특히 이베리아 반도에서 제작된 열리는 성모상들을 세심하게 연구한 결과, 13세기에 서사형 성모상(narrative figures)이 값비싼 상아로 먼저 제작되었고, 이어 목재에 채색 도금된 삼위일체형 성모상(Trinity figures)이 14세기부터 계속해서 만들어졌을 것이라고 주장했다.

그리스도교의 이미지는 단일한 이미지나 초상의 형태, 수태고지와 예수탄생부터 십자가 수난, 부활로 이어지는 구원의 드라마(신비)를 여러 이미지나 장면으로 나열하는 도상들에 이르기까지 다양하게 발전해 나왔다. 그것은 '말없는 말'로서 교리를 가르칠 뿐 아니라, 더 나아가 시각적 사유, 이미지의 신학적 주석 수준에까지 이르기도 한다.[36] 열리는 성모상의 다양한 형태와 장면 배치도 이 독특한 성모상이 물질적 수단, 형태, 표현, 공간의 분할과 배치, 세부 묘사와 효과에까지 세심한 주의를 기울이며, 이미지를 통한 시각적 사유와 신학적 주석에 근접하고 있음을 보여준다. 그것은 교리의 시각적 재현의 효과와 역효과, 이미지의 신학적 주석 가능성을 논의할 수 있는 장을 제공한다.

3) 교리의 시각적 재현과 이미지의 사유

열리는 성모상과 관련된 이미지의 이러한 주석학적 함의는 이 성모상이 중세 후기까지 명맥을 유지했음에도 불구하고 결국 사라진 이유와 어떤 관련이 있을까? 현대와 마찬가지로 중세에도 삼위일체에 대한 고백을 물질적이고 감각적으로 재현하는 듯한 삼위일체형 성모상이 더 이목을 끌었다. 그것은 명확한 시각적 효과를 주는 이 성모상에 대한 우려와 비판에서 확인할 수 있다.

위에서 제시하였듯이 삼위일체형 성모상은 두상 아래의 몸통 전체가 열리고 내부 중앙에 그냐덴스툴(Gnadensthul), 즉 수직적인 성부, 성자, 성령의 단일 조각상이 들어 있다. 가운데 수염이 있는 형상은 성부 하느님인데, 십자가나 그리스도의 몸, 성령을 뜻하는 비둘기가 파손되어 없어진 경우, 그리스도로 오인되기도 했다.[37] 이 성모상의 교리적 문제에 대해 먼저 지적했던 것은 파리 대학의 신학자 장 제르송(Jean Gerson)이었다. 제르송은 기괴하고 때론 외설적일 정도로 표현주의적인 중세 그리스도교의 이미지들을 '수치심 없는' 표현이라고 비판하기도 했던 도덕론자였다. 그는 1402년의 설교에서 "마치 전체 삼위일체가 동정녀 마리아의 배 속에서 육체를 취하고 있었던 것을 암시라도 하듯, 복부 안쪽에 삼위일체상이 배치된 이러한 형태의 이미지(성모상)"[38]이 야기할 수 있는 혼동의 가능성에 대해 지적하면서 열리는 성모상에 대해 비판했다.

삼위일체 교리를 시각적으로 재현하자, 아이러니하게도 곧바로 정확하지 않은 삼위일체 신학으로 비쳐졌던 것이다. 열리는 성모상이 비판자들을 곤혹스럽게 한 것은 마리아가 예수를 잉태하고 있었을 때, 삼위일체의 세 위격이 모두 성모의 몸 속에 들어 있다는 관념이 아니다. 그것은 테오토코스 교리에서 일정 부분 추론 가능한 것이었다. 오히려 문제는 성모상의 직접적 표현과 그것이 불러일으키는 이미지의 감각적인 연상효과였을지도 모른다.

바이넘은 제르송의 비난으로 유럽 전역에서 '열리는 성모상'의 제작이 큰 타격을 받았고 난잡한(inordinatum) 이미지들과 특이한(ullam insolitam) 이미지들을 규제한 트리엔트 공의회(프로테스탄트의 공격에 대응하여 가톨릭교회를 공고화하고자 했던)에 의해 이러한 '열리는 성모상'이 공식적으로 금지되었을 것이라고 보았다.[39] 열리는 성모상의 형태와 감각적 표현은 새롭고 특수한 이미지에 해당될 수 있기 때문이다. 그러나 멜리사 카츠는 이에 대하여 15세기 이후 더 많은 열리는 삼면 성모상이 만들어졌으며 트리엔트 공의회 이후에도 한참 유지되다 교황 1745년 베네딕투스 14세(재위 1740~1758) 때에 이르러서야 삼위 일체형 열리는 성모상의 사용이 명시적이고 공식적으로 금지[40]되었다고 지적했다.[41]

카츠는 제르송의 우려와 비판 이후에도 실제 열리는 성모상이 계속 제작될 수 있었던 분위기는 중세의 마리아 신심이 애호하던 수사학적 어구들에서도 확인된다고 한다. 제르송은 마리아가 삼위일체의 모든 위격이 아니라 단지 성자 예수만을 그의 복중에 품을 수 있다고 지적했지만, 널리 받아들여진 중세의 마리아 찬가들을 보면 삼위일체 전체의 전(chamber)으로서의 마리아 개념은 특별한 것은 아니었다는 것이다.

예를 들면 12세기 성 빅토르의 아담(Adam of St. Victor)은 '신심의 어머니 그리고 전체 트리니티의 어머니, 고귀한 식탁…(salve, mater pietatis, et totius Trinitatis, nobile triclinium, Maria…)'이라는 표현으로 거룩한 삼위일체를 담을 만큼 흠 없는 아름다움을 가진 마리아를 칭송한다. 1450년 프라 안젤리코의 「수태고지」의 테두리에 있는 '전체 트리니티의'라는 글귀도 바로 성모의 발밑에 가도록 배치되었다. 그러한 표현들을 수도원적 맥락에서 문제 삼지도 않았고, 교회의 어떤 공식적인 규제도 없었다는 것이다.[42]

카츠의 지적대로 마리아가 트리니티 전체를 품고 있었다는 시적 표현이나 찬가는 당시의 마리아 신심 속에서 문제가 되지 않았을 수도 있다. 오히려 문제가 된 것은 언어적 표현보다도 더 함축적이지만 직접적인 효과를 자아내는 독특한 이미지의 현존이었고, 그 안에 잠재된 역동적인 힘과 물질적 상상력이었다고 할 수 있을 것이다. 따라서 열리는 성모상에 대한 제르송의 비판은 마리아가 삼위일체 전체의 어머니라는 개념 자체보다는 그것을 재현한 이미지를 겨냥한 것이었다. 그와 상응하는 성모신심과 마리아신학에도 불구하고 결국 18세기에 이 성모상이 금지된 것도 교리적 개념을 재현한 이미지의 주석학적 함의가 신학적 개념으로 된 주석보다도 더 급진적인 해석 가능성과 연결되기 때문이었던 것으로 보인다.

4. 마리아의 몸과 '열리는 성모상'의 의미

그렇다면 이러한 '열리는 성모상'은 중세 그리스도교의 신심과 종교적 경험의 측면에서 구체적으로 어떻게 작용하고 활용되었으며, 어떤 의미를 가진다고 볼 수 있을까? 첫째 열리는 성모상의 형태와 물질적 이미지와 관련해서, 외부와 내부를 연결하는 '문'(door, gateway)의 상징과 내부 공간이 마련하는 '용기'(vessel, container)로서의 마리아의 몸에 대한 감각적 인식이 고려되어야 한다. 둘째, 열리는 성모상이 활용되던 방식과 수용의 맥락을 추정하여 재구성해 볼 때, 더 사적이고 친밀한 신심의 영역에서 이 성모상의 개폐형 구조가 만들어내는 다차원인 효과에 주목할 필요가 있다.

1) 통로와 용기로서의 마리아의 몸

열리는 성모상의 특징은 마리아의 몸이 곧 문이라는 데 있다. 통로이며 문턱인 모든 문은 서로 상반되는 의미로 가득 차 있다. 동일한 문이 안전한 보호도, 불안한 위험도, 불온한 의심도 함축할 수 있다. 그것은 접근을 가능하고 용이하게 하지만, 진입을 보증하지는 않는다. 또한 문 내부에 주어진 대상을 더 유혹적인 것으로 만들고 그 중요성을 증폭시킨다. 문에 의한 '은폐'는 닫힌 문 안쪽에서만 밝혀질 '그것'을 문 밖에 드러난 것들보다 더 진정한 것으로 만드는 기제다. 그러므로 문은 종교 예술, 특히 건축물에서 가장 중요하고 역동적인 구성요소다.

'영원히 봉인된 문'이자 '낙원의 열린 문'이라는 양면성으로 특징지어지는 동정녀/성모 마리아의 개념은 그러한 문 자체의 이중성과 잘 부합한다. 지상에 도래한 천국의 문으로서 마리아의 개방성을 언급할 때 중세인들이 거론하곤 한 전거들–솔로몬의 찬가, 에스겔서, 성 암브로시우스의 주석–은 침입할 수 없는 마리아의 동정성을 강조할 때도 동일하게 인용되곤 했다. 특히 에스겔서(44:2)에 있는 지성소의 '굳게 닫힌 문(porta clausa)'에 빗대어 마리아를 '모두에게 닫혀 있고 열리지 않았던 위대한 문, 그리스도가 열지 않고 통과한 위대한 문'[43]으로 칭송한 암브로시우스의 구절은 중세에 줄기차게 되풀이 되었다.

봉인된 샘, 담장이 에워싼 정원, 굳게 닫힌 문으로 마리아의 영원한 동정을 강조하는 12세기의 성모축일 찬가는 마리아의 무염시태(conceptio immaculata, 원죄없이 잉태되신 성모) 신학으로 발전되었다. 마리아의 무염시태 신학은 '열리는 성모상'의 열 수 있는 문, 구멍이 있는 몸과 모순되는 것처럼 보인다. 마리아의 복합적 상징성에도 불구하고, 우리가 열리는 성모상의 내부를 보게 될 때, 성모상의 분열된 몸과 노출된 내부에게 제공받는 시각적 경험은 마리아의 영원한 동정성의 개념과 충돌하며 긴장을 일으킨다. 열린 상태의 성모상에서 성모의 몸은 아기 예수를 안고 있는 손이 파편처럼 해체되어 옆면과 뒷면에서 볼 때, 그리고 앞에서조차 기묘한 분위기를 자아낸다.

그러면서도 내부 이미지의 의미는 그것이 온전한 몸인 외부 조각 안에 봉인되어 있다는 사실에 의해 고양된다. 영원한 동정녀의 흠 없는 몸이 파열되는 형태로 내부의 신적 구원의 모티브가 전시되지만, 열려 있을 때조차 굳게 닫힌 문으로서의 마리아의 온전성이 전제된다. 그러한 부정합성은 오히려 처녀/어머니, 어머니/신부, 열린 문/닫힌 문과 같은 매우 역설적인 마리아에 대한 범례적 표현들과 어울린다. 시각 예술품이자 신심성물로서의 열리는 성모상 특유의 분위기를 만들어내는 것은 열리는 문으로서의 마리아의 몸이며, 그 문/몸의 이중성을 시각적으로 재현하고 물리적으로 구현한데 있다. 열리는 성모상은 그와 같이 내부와 외부의 양가적이고, 애매한 지위를 시각적으로 노출하면서 그 위계를 교란시키고 동시에 화해시키려고 한다.

이와 관련해 카츠는 "열리는 성모상이 현실적인 여성의 몸이 아니라 사실은 여성의 몸 안에 신적 형상과 구원의 서사를 삽입함으로써 실상 부재하는 몸을 보여준다"고 지적하고 열리는 성모상의 의미가 '자궁의 무한한 산출보다는 육체성의 소거(erasure of physicality)[44]에 있다고 주장하였다. 그리스도교적 구원의 틀 속에서 육화 교리가 몸에 대한 시각에 준 긍정적 영향에도 불구하고, 이 성모상의 닫힌 문 뒤에 있는 이미지는 마리아의 육체적 몸과 그녀의 신적 태아를 응시하게 하기 보다는 신자들이 소망하는 신적 구원을 엿볼 수 있도록 기획되었다는 것이다.

그러나 열리는 성모상의 도상학적 기획과 특징을 관념적인 육체성의 소거(erasure of physicality)로 보는 것은 재고의 여지가 있다. 첫째, 카츠 자신이 육체성의 소거 개념에 대한 예외로 드는 '성전성모상(Schreinmadonnen)'과 '수호망토성모상(Shutzmantlemadonna)'[45]은 내부의 신적인 형상이나 드라마를 위해 부재하는 몸이 아니라, 이중의 몸의 효과를 잘 보여주기 때문이다. 중앙에 삼위일체상이 있고 성모의 망토 아래 양쪽으로 벌린 팔이 신자들을 품고 있는 이 유형의 성모상에는 외부뿐 아니라 내부에도 다시 마리아의 가슴, 팔, 손이 그려져 있다. 요람 속의 아기 예수를 안고 있는 외부의 팔과 신자들을 보호하고 있는 내부의 팔이 있다. 그러한 형태는 열리는 성모상 전체 목록의 1/6 정도로 예외적일 수 없다. 이러한 성모상이 표현하는 명백한 이중의 몸은 마리아의 육체가 단지 빈 용기가 아니라, 용기이자 동시에 몸이라는 것을 보여준다. 하나의 용기이면서 동시에 구체적인 몸으로 존재하는 마리아의 형상을 볼 때, 마리아의 모성이나 자궁에 대한 암시가 완전히 배제된다고 볼 수는 없을 것이다.[46]

둘째, 일종의 용기로서의 마리아의 몸도 단지 구원의 내용을 담기 위해 비어있는 공간보다는 몸의 육체성과 용기의 물질성이 서로 침투하고 교환하는 몸-용기의 형식으로 보인다. 열리는 성모상을 통해 독실한 신자들이 보는 것은 단지 마리아 안에 있는 삼위일체상이나 구원의 서사만이 아니다. 마리아의 몸이 일종의 상자, 즉 성물함이나 날개 달린 제단화와 같이 열리고 닫히는 물질적인 용기로서 전시된 것을 본다. 실제로 서방에서 나타난 「지혜의 보좌」상 뿐 아니라 초기 성모상이 때로 성유물함의 기능을 했으며, 열리는 성모상 중에도 사실상 축성된 성체를 보관하는 감실의 역할을 한 것으로 보이는 형태가 있다.[47] 그러나 열리는 성모상이 실질적으로 용기(함)으로 기능하지 않더라도, 하나의 용기로서의 물질성은 보란 듯이 표현된다.

그것은 「지혜의 보좌」가 보여주는 마리아의 몸의 물질성과 흡사하다. 이 성모상에서 성모는 보좌에 앉아 있는 몸이며, 세상을 다스릴 아들이 좌정해 있는 한 점의 가구, 즉 물체다. 여기서 강조되는 것은 마리아의 몸 뿐 아니라, 그녀의 물질성, 즉 물리적 지지대로서의 마리아의 역할이다. 눈에 보이는 것은 어머니의 형상만큼이나 주름과 팔걸이를 가진 의자의 형상이다.[48] 중세의 신심 성물의 두드러진 특징이 바로 이러한 몸과 물질의 교환과 융합이었다.

열리는 성모상의 경우도, 마리아의 몸은 물리적 문이며 동시에 육체적 몸이고, 몸을 담고 있는 또 다른 몸, 물체로서의 용기이기도 하다. 그런 함의는 서사형보다는 삼위일체형에서 더 극적으로 표현된다. 마리아의 몸은 십자가에 매달린 몸(조각된 십자가상)을 담고 있다. 때로는 축성된 성체나 성인들의 유골을 담고 있었을 가능성도 배제할 수 없다. 열리는 성모상이 이처럼 몸-용기, 몸-문으로서 가지는 의미는 제의에서나 사적인 신심의 장에서 실제 사용될 때 더욱 그 생명력을 부여받았을 것이다. 「지혜의 보좌」 성모상처럼 열리는 성모상도 의례적 행렬에서 운반되기도 했다. '열리는 성모상'은 부활절 전례나 출산과 같은 사적인 신심의 장에서도 열리고 닫혔다. 몸이 시각적으로 물체가 되는 것처럼 물체는 의례와 기도 속에서 온전한 몸, 지속적인 몸이 되는 것이다. 바이넘의 탁월한 지적처럼, 중세 그리스도교에서 물질화하는 것(materialize)이 곧 역설적으로 활동과 생명을 불어넣는 것(animate)이었다.[49]

위와 같은 관점에서 볼 때 열리는 성모상의 내부, 용기로서의 몸은 육체성의 소거보다는 물질성의 전시로 읽힌다. 또 그것은 내부와 외부의 공존과 교환, 몸으로서의 물질이며 물질로서의 몸을 구현하는 이미지의 역동적 존재방식을 보여주고 있다.

2) 친밀한 신심과 다차원적 경험

앞에서 열리는 성모상의 내부가 단지 도구로서의 그릇, 용기만은 아니라는 것을 살펴보았다. 그것은 잉태하고 젖먹이는 성모와 성체의 용기, 어머니의 무릎과 그리스도의 보좌처럼 내부와 외부, 몸과 물질이 계속해서 의미를 교환할 수 있게 함으로써, 몸/물질과 비물질적 신성의 교환마저 상상하게 하는 형태인 것이다. 그렇게 마리아는 신적인 것의 용기이자 계시자가 된다. 그러한 융합/혼동은 신비와 기적을 일으키는 신적인 충만으로 묘사된다. 그런데 흥미롭게도 열리는 성모상은 그러한 신적 충만의 신비가 드러나는 과정에 보는 자의 동작과 시선의 참여를 요청한다.

열리는 성모상은 마치 신전 혹은 대성당의 문과 같이 신적인 그 내부로 안내하는 문을 가지고 있지만 물리적 진입이 아니라 내부를 응시할 수는 있을 뿐이다. 그러나 문을 열고 내부를 응시하려면, 성모의 몸, 특히 기도자세로 손을 모은 흉부 쪽을 건드려야 한다. 그러한 동작의 친밀한 접촉성은 너무나 분명하다.[50] 열리는 성모상은 언제나 열리지는 않지만 분명히 열 수 있었다. 또한 그 내부를 볼 수 있는 사람에 대한 공식적인 규제가 존재하지 않다는 점에서 비교적 친근한 신심성물이었다. 마치 중세 기도서가 책장을 넘기고 그 안에 시각적 이미지를 바라보며 기도하게 함으로써 사람들을 경건한 삶으로 인도하듯이, 이러한 성모상은 눈의 움직임, 머무는 눈길, 손의 물리적 동작과 그 앞에 무릎 꿇고 바라보는 자세 등에 의해 그것을 보는 신자들의 경험을 친밀하게 안내한다.[51] 이러한 열리는 성모상이 시사하는 접촉의 인접성, 접촉을 통해 생기는 움직임, 내부와 외부의 상호작용은 열리는 성모상이 친밀한 신심과 다차원적 감각을 불러일으킬 수 있음을 보여준다.

보는 사람의 조작에 의해 경이롭게 변형될 수 있는 이 신심성물의 독창성은 바로 그 움직일 수 있는 가능성에 있다. 성모상을 열고 마리아의 몸이 새로운 장면으로 변형될 때, 그것을 응시하는 이들도 신심의 한 상태에서 다른 더 높은 상태로의 전이를 경험한다. 그것은 결코 인간의 참여 없이는 일어나지 않는 변형이다. 이처럼 중요한 것은 열리는 성모상이 신심의 장에서 작용하는 방식이 항상 변화와 교환, 그것을 주관하는 행위 주체인 예배자(보는 자) 사이의 상호작용을 통해 경험된다는 점이다.[52]

또한 내부와 외부의 상호작용에서 내부만큼 외부도 역시 중요하다는 것이 특징이다. 성유물이 없다면 그 자체로는 무의미한 성물함과 달리 열리는 성모상은 닫혔을 때의 외부도 그 자체로 온전한 의미를 가지고 내부를 함축한다. 그것은 열리는 성모상의 의미 작용이 개념적으로는 침투할 수 없는 그리스도교의 가장 거룩한 여성인 성모의 몸 내부에서 발생한다는 사실에 의해 더 고조된다.[53] 그러한 이미지는 통상적인 내부와 외부의 위계적인 의미 분할에 저항한다. 비록 변칙적인 형태지만 이처럼 대담하게 물질적 상상력을 자극하는 열리는 성모상의 역동적 이미지가 사람들을 매료시키지 않았을까?

물론 이 성물이 구체적으로 어떤 전례나 신심생활의 장에서 어떤 방식으로 활용되었는지 명확하지는 않다. 그것을 명시적으로 설명해주는 텍스트가 거의 발견되지 않아, 누가 이러한 성모상을 애호하고 전례나 신심생활에서 사용하였으며, 어떻게 구체적으로 활용하였는지 재구성하는 데는 많은 한계가 있다. 그러나 이 독특하고 흥미로운 성모상이 비판적인 시선과 논평에도 불구하고 13세기부터 주로 성직자, 귀족, 수도회 등에 의해 주문제작되었고 15세기까지는 성, 수도원, 대성당뿐 아니라 지역 성소(rural shrines), 경당, 본당, 가정 제단에서도 발견되었음을 추정할 만한 근거들이 일부 존재한다.[54]

멜리사 카츠의 연구는 근대 초의 몇몇 텍스트와 이베리아 반도의 민간전승을 통해 제한적으로 중세 열리는 성모상의 수용 맥락을 추정하고 있다. 가장 중요하게 거론된 첫 번째 자료는 17세기 모뷔송(Maubuisson) 수녀원의 수녀 깡디드(Candide)가 수녀원 제단에서 열리는 성모상을 없애려 한 수녀원장을 설득하려고 쓴 글이다. 깡디드는 수녀원 제단의 이 성모상이 열려졌을 때 그 내부를 보고 느꼈던 흥분과 감동을 묘사하고 그것이 신심생활에 미친 긍정적 효과를 옹호했다. 깡디드 수녀의 성모상에 대한 열정적 신심은 중세 후기 신자들이 이 성모상을 보고 어떻게 정서적으로 반응했는지 미루어보게 한다.[55] 두 번째, 더햄 대성당의 북쪽 제단에 있던 열리는 성모상(Boulton의 Our Lady)에 대해 1593년에 쓰여진 기록도 언급된다. 그에 따르면 열리는 성모상은 세폭 제단화와 같이 부활절과 성주간 등 전례주년 속에 통합되어 중요한 축일에 이용되었고, 그 내부는 특별한 필요에 따라서만 열었던 것 같다. 가뭄 때 마리아에게 비를 간청하기 위해 혹은 출산 의례에서 난산을 돕기 위해 열리기도 했다. 이베리아의 칸타브리아 구전전승에서는 홍수가 났을 때 주민들이 이 삼면 성모상 앞에 기도와 미사를 바치면서 신적인 개입을 탄원했다는 기록도 있다고 한다.[56] 이 열리는 성모상이 그것을 소유하거나 선물로 받은 귀족이나 왕족들의 유품 중에 다수 섞여 있는 것으로 보아 그들의 이동식 제단의 기능을 했을 가능성도 제기된다.

이런 기록들은 상대적으로 모두 후대에 속한다는 한계가 있지만, 열리는 성모상이 전례에 통합되거나, 축일 행렬에 임의로 활용되거나, 공동체나 개인의 위기 순간 전구의 힘을 요청하기 위해서 열리는 등 다양한 맥락에서 유연하게 이용되었으리라는 것을 짐작하게 한다. 공식적 의례보다는 비공식적이고 사적인 신심의 장에서 다양하게 친밀한 성물로서 기능했을 가능성에 무게를 실어주는 것이다. 때로 종교적 행렬에서 운반되더라도 열리는 성모상의 시각성은 일상적으로 볼 수 없는 그 내부의 이미지를 공동체에게 보이는 순간에 의해 고양되었다. 그 배경에는 열고 닫는 움직임이 전구(intercession)의 능력을 촉발한다는 믿음이 있었고, 그 믿음은 대중이 그 성모상을 움직일 수 있다는 사실에 의해 더 효과적으로 작동한다. 그러한 조우, 상호작용 속에서는 열리는 성모상의 이미지도 그것을 대하는 신자들도 결코 수동적이지 않다.[57]

열리는 성모상과 동일한 형태는 아니지만, 구조적으로 흡사한 다양한 성물과 성상의 사례도 이러한 성모상이 중세 그리스도교적 삶에서 어떻게 기능하였는지 가늠하는 데 유용하다. 앞에서 살펴본 성체와 성유물, 전통적 성모상('지혜의 보좌' 및 성모자상) 외에 특히 중세 후기의 세폭 제단화와 기도서(채색도판의 시간전례서)가 비교할 만하다.[58] 둘 다 부분적으로 열리는 성모상의 구조와 기능을 공유하지만, 열리는 성모상의 특수성을 더 부각시켜주는 상응물이다. 열리는 성모상과 마찬가지로 열고 닫을 수 있는 세폭 제단화의 경우, 제단화로서 좀 더 공식 의례와 연결되어 있었으며, 내부와 외부의 상호작용이 열리는 성모상만큼 대담하지는 않다. 내부 그림을 보호하고 여닫을 수 있게 한 날개형 제단화(winged altarpiece, triptych)의 겉면은 내부를 보호하고 내부의 의미를 강조하는 은폐의 기능이 강하다.[59] 그러나 열리는 성모상은 완전한 외부의 성모상과 그것이 열리고 분해되면서 드러나는 완전한 내부의 또 다른 도상이 역설적으로 공존한다. 닫혀 있을 때조차도 내부의 의미가 감각적으로 상상을 불러일으킨다. 유사한 친밀한 신심의 영역에 속하는 시간전례서는 책장을 열고 넘기는 기능의 촉각적 유사성, 열리는 책장 내부의 분할과 서사적 기획 등에서 열리는 성모상과 접점이 있지만, 시각적 응시의 방식이나 방향에서 차이가 난다.

이러한 사례들은 모두 중세 후기의 성스러운 이미지, 특히 물질성과 상호 작용하고 움직임(의 기능)을 내포한 성물로서, 열리는 성모상과 함께 중세 후기의 그리스도교 신앙의 물질적이고 역동적인 상상력을 보여준다고 할 수 있다.

5. 움직이는 성물과 그리스도교 신앙의 물질적 상상력[60]

앞에서 살펴본 것처럼 열리는 성모상은 물질과 마리아의 몸이 상호교환 되고 구조적으로 동작 가능성을 내포한 '움직이는 성물'로서, 고정된 조각상의 개념에 도전하고 '움직이는 물체'라는 신적인 성격에 근접한다. 그러나 저절로 움직이는 자동인형이 아니라, 보는 이가 접촉하고 참여하도록 기획된 것이 특징적이다. 그것은 서로 공존할 수 없는 두 시공간이 동시에 존재하는 이중구조를 만든다. 열리는 성모상은 우리에게 내부와 외부의 물질적 현존과 공존을 보여주고, 움직이지 않는 사물에 활력을 불어넣으며 신적인 것을 암시하는 것이다.

그것은 육체성의 소거를 추구하는 관념적 기획이 아니라, 철저히 물질성으로 환원되는 육체성과 교감하고 상호작용하는 중세 그리스도교의 물질적 상상력을 보여준다. 열리는 성모상에서 물질화는 중세의 다른 감각적 성물들에 비해 비교적 함축적인 방식으로 드러난다. 그러나 성모의 몸이 완전한 육체적 몸이면서 동시에 문이자 용기로서 물질적으로 전시된 것이 발휘하는 시각적 효과는 적지 않다.

바이넘은 중세 신학에서 '몸'은 곧 생성과 소멸의 기반인 사물(물질)이었으며, 그러한 물질의 무한한 가능성과 변화의 잠재력, 부패의 위험성에 대한 양면적 인식이 중세 그리스도교 문화의 저변에 자리잡고 있다고 지적했다. 중세 그리스도교를 특징짓는 성스러운 물질과 성스러운 이미지에 대한 열렬한 관심과 열렬한 비판의 공존은 물질(과 물질로서의 몸)에 대한 그러한 양가적 인식에 기인한다는 것이다. 그러한 분석은 열리는 성모상을 포함한 기타 중세의 '움직이는 성물'들을 이해하는 데 매우 유효하다. 중세의 역동적이고 변화무쌍한(때론 생물적인) 물질 개념 속에서 신을 물질화하고 사물화하는 것은 곧 신에게 활동과 생명을 부여하는 것이기도 했다.

신학적인 용어로 바꾸어 말하면, 그러한 중세의 물질관은 성육신 신학뿐 아니라, 물질을 창조하고 변형시키고 재창조하는 신의 능력에 대한 창조의 신학에 의해 재탄생된 것이다. 움직이는 성물이 시사하는 물질의 변형, 생명이 깃드는 육체로서의 몸과 물질의 교차는 창조의 신학을 끝까지 밀고나간 중세 그리스도교의 문화 속에서 '물질에 대한 물질의 승리', 즉 신적인 신비와 능력을 드러내는 것으로 간주될 수 있었다.[61]

그리스도의 육화(인간 안에 있는 신)만이 아니라, 신적 창조(자신으로부터 무한히 떨어져 있는 모든 것 안에 신이 임재하는 것)와 재창조로서 '몸의 부활'의 역설로 인해, 그리스도교에서 물질은 구원을 위협하면서 동시에 구원을 제공할 수 있게 된다. 물질 안에 내재된 생성과 소멸의 가능성, 변화에의 예속은 구원을 위협하지만, 물질은 바로 그 안에 있는 변화의 능력을 통해서 구원을 시사하기도 한다. 그리스도교 안에서, 진정한 물질의 변형은 오직 신적 기적과 신비로만 가능한 것으로 여겨졌기 때문이다. 고정된 사물이 움직이고, 조각상이나 성체에서 피가 흐르는 것은, 마치 예수의 시신에서 흘러내린 생명과 구원의 뜨거운 피처럼, 죽어있는 사물이 살아있는 생명과 움직임을 가지게 하는 신적인 것으로 경험되었다. 중세 그리스도교인들은 그러한 가능성을 완전히 부정하기보다는 그것을 두려워하고 통제하고자 했으며, 동시에 희구했다. 그것은 중세 그리스도교의 물질적인 종교문화에 고스란히 녹아 있다.

열리는 성모상을 만들고 숭배하고 두려워하고 이용했던 중세 후기 그리스도교인들에게 성스러운 물질과 이미지는 단순히 물질 너머의 어떤 것을 표현하거나 그것으로 인도하고 버리기 위한 수단만은 아니었다. 중세의 성스러운 이미지나 성유물은 성스러운 물질 자체였으며, 이따금 그것은 '우리와 함께 있는 신'을 암시하기도 했다.[62] 이처럼 중세 그리스도교 문화는 형태로서의 이미지 뿐 아니라, 물질로서의 이미지가 성스러움을 부여받게 될 때, 종교적 삶에 벌어지게 된 갖가지 풍경을 보여준다.

물질과 이미지에 대한 열광적 집착과 표현의 과잉, 고전적 아름다움을 파괴하는 부정합적인 이미지의 충돌에서 우리는 그러한 그리스도교 신앙에 바탕을 둔 물질적 상상력을 읽어낼 수 있다. 또한 그러한 다양한 성물들이 생산되고, 욕망과 사랑의 대상이 되며 신심과 순례의 초점을 제공했던 중세 그리스도교 문화는 쉽사리 말해지듯 단순히 순수한 영적 그리스도교의 타락된 모습으로 묘사될 수 없다. 그것은 물질에 대한 양가적 태도의 한 축에 있는 물질의 그리스도교적 의미가 확산되고 극대화된 것으로 볼 수도 있을 것이다.

이미지와 응시:
고대 그리스도교의 시각적 신심

최화선

1. 1519년 레겐스부르크 단상

1519년 레겐스부르크의 한 교회로 수많은 사람들이 찾아왔다. 교회 앞에는 성모자 상이 세워져 있었고, 교회의 높은 첨탑에는 성모자가 그려진 깃발이 휘날리고 있었다. 이 교회가 있는 장소는 원래 유대교 시나고그가 있던 장소였다. 그해 2월 시행된 대대적인 유대인 축출작업 가운데 이 시나고그는 파괴되었다. 당시 그 현장에 가담했던 한 인부가 심하게 부상을 입고 죽을 지경에 이르렀다가 성모에게 기도하고 살아났다는 이야기가 퍼졌다. 이 일을

〈그림 1〉 미하엘 오스덴도르퍼, 레겐스부르크의 〈아름다운 성모〉로의 순례 (1520년경)[1]

계기로 성모에 대한 신심에 불이 붙었고, 시의회에서는 바로 같은 장소에 성모에게 바치는 목조 교회를 지었다. 그리고 시에서 소장하고 있다고 전해지는 전설의 그림, 성 루카가 직접 그렸다는 성모자 도상의 복사본인「아름다운 성모(Shöne Maria)」를 가져다 교회에 걸었고, 또 다른 복사본도 만들었

다. 1519년 여름 교황 레오 10세는 이곳을 다녀오는 순례를 행한 이들은 대사(大赦, indulgentia)를 받을 수 있다고 말했고, 연말까지 오만 명 가량의 사람들이 이곳을 찾아왔다고 한다. 미하엘 오스텐도르퍼(Michael Ostendorfer)의 목판화는 당시 교회 앞에 진을 치고 있던 어마어마한 숫자의 순례자 무리들, 그리고 그들의 열광상태를 잘 보여준다. 그러나 이 열광적인 순례는 그리 오래가지 못했다. 곳곳에서 순례자들의 신앙을 우상숭배라 비난하는 소리가 나왔으며, 결국 1525년, 시작된 지 불과 6년 만에 순례는 금지되고 성당은 파괴되었으며, 이후 이 자리에는 1542년 레겐스부르크 최초의 프로테스탄트 교회가 들어서게 된다.[2]

이 짧지만 강렬했던 순례의 열풍 중심에 있었던 도상, 즉 성 루카가 직접 성모와 아기 예수를 '보고' 그렸다는 그림은, 호데게트리아(hodegetria, '길을 보여주시는 분')라 불리는 것으로서 성모가 한 팔로 아기예수를 안고 다른 한 손으로는 아기예수를 가리키는 자세를 묘사한 것이다.[3] 이러한 자세의 성모와 아기예수 도상은 7세기경부터 나타난다. 루카가 예수의 생애에 대해 편지를 쓴 것뿐만 아니라 자신이 직접 성모와 아기 예수를 보고 그림도 그렸다는 전설이 언제부터 생겨났는지는 확실하지 않다. 전해지는 말에 따르자면 테오도시우스 2세의 부인 테오도라가 5세기 예루살렘에서 콘스탄티노플로 이 그림을 가져와 테오도시우스 2세의 누이 풀케리아에게 주었고, 이후 풀케리아의 개인 예배당에 안치되어 있었다고 한다. 8세기 초반 성화상공경을 옹호하는 교부들의 글에서는 콘스탄티노플이 아닌 로마에 있는, 성 루카가 직접 그린 성모자 이콘에 대한 이야기가 등장한다.[4] 중세로 넘어가면서 호데게트리아라 주장되는 도상은 콘스탄티노플과 로마뿐만 아니라 러시아, 이디오피아, 그리고 독일의 레겐스부르크 등지에서도 나타나게 된다.

신학적 도상 분류에서 보자면 호데게트리아는 '인간의 손으로 만들어지지 않은 것', 즉 '아케이로포이에타(akeiropoieta)'에 속한다. 땀을 닦은 수건에 새겨진 예수의 얼굴을 담은 '베로니카의 수건', '에뎃사의 왕자 압가르(Abgar)에게 전해진, 예수의 얼굴이 그려진 천조각('에뎃사

〈그림 2〉 스몰렌스크(Smolensk)의 호데게트리아(1500년경)[5]

의 이미지' 혹은 '만딜리온(Mandylion)')

등은 '아케이로포이에타(akeiropoieta)', 즉 인간이 아니라 신이 직접 특별한 기적을 행해 만들어낸 것이라 이야기된다. 이러한 '아케이로포이에타'는 신으로부터 직접 온 것이며 그래서 인간이 만든 것들에 대한 숭배를 금지한 유대-그리스도교적 규제로부터 교묘하게 벗어날 수 있었다.[6] 이미지의 기원을 인간이 아닌 신에게 둠으로써 이미지의 성스러움을 주장하는[7] 호데게트리아는, 그리스도교 안에서 이미지 숭배를 공격하려는 시도 못지않게 이를 정당화하려는 시도도 꽤 일찍부터 정교한 방식으로 이루어졌다는 것을 보여준다.

그런데 16세기 레겐스부르크 성당에 걸려 있었던 그림은 이러한 아케이로포이에타의 복사본이었다. 그럼에도 불구하고 사람들은 이 그림의 신성한 힘을 믿고 이곳을 찾아와 기적을 빌었다. 이는 이미지 및 순례와 관련해서 몇가지 중요한 점을 시사하는데, 첫째, 순례자들은 지금 눈앞에 보이는 것 자체만을 보는 것이 아니라, 그것과 연결된 성스러움을 바라보며, 이러한 성스러움이 일으키는 변화를 기대하고 있다는 것, 둘째, 그렇기 때문에 순례자들에게 중요했던 것은 그들이 보는 대상으로서의 이미지가 '무엇인 가'라는 것 보다 그 이미지가 '무엇을 하는가'였다는 점이다.

　이러한 생각은 그리스도교 순례에서의 시각적 경험이란 어떤 것인가, 라는 질문으로 이어질 수 있으며, 나아가 이러한 순례에서의 시각적 경험이 이미지 공경, 성유물 공경과 어떻게 연결되는지 찾아볼 수 있는 계기를 제공한다. 이 글에서는 이같은 물음에 답해 보기 위해, 그리스도교 순례의 시작이라 할 수 있는 4세기 순례의 양상을 검토해 보겠다. 4세기는 그리스도교 공인과 더불어 순례가 본격적으로 시작된 시기이며, 순례자들의 기록인 순례기 및 순례에 대한 교부들의 담론도 나오기 시작한 시기이다. 성스러운 역사의 물질적 증거인 성지에 대한 관심은, 성유물, 유해, 그리고 예수와 성모, 성인의 도상 등 그리스도교의 다른 물질적 증거에 대한 관심과 연결되지 않을 수 없다. 이 글은 특히 '본다는 행위'를 중심으로 이 연결 관계를 규명해 볼 것이다. 그 전에 먼저 이 글의 문제의식이 어떠한 학문적 논의선상에 놓여 있는지 잠깐 살펴볼 필요가 있다.

2. 논의의 배경

　16세기 레겐스부르크에서 일어난 일련의 사건들, 즉 유대교 시나고그의 파괴, 그 위에 세워진 성모에게 봉헌된 성당, 신비한 기원을 지닌 그림, 성모의 기적, 순례의 열풍, 이 모든 현상에 대한 비판, 그리고 마침내 다시 파괴된 성당과 이 위에 세워진 프로테스탄트 교회 등을 단순히 이미지 숭배에 대한 찬반론만으로는 설명하기에는 무엇인가 부족하다. 여기에는 이미지와 장소, 물질적인 것에 대한 신심, 그리고 이 모든 요소들을 놓고 서로 경쟁하는 권력들의 다툼이 있다. 이는 그리스도교의 이미지를 고찰할 때, 이를 숭배/칭송되거나 혹은 파괴/비난받아야 하는 대상으로 바라보는 담론을 넘어서, 이 이미지를 만들어 제시한 사람들, 그들의 의도, 이 이미지를 찾아 와서 보는 사람들, 이때 그들의 눈과 마음에서 일어나는 일들, 그리고 이 모든 일들이 벌어지고 있는 사회의 현실과 구조 등을 함께 고려해야 한다는 것을 의미한다.

보이는 것과 보는 것이 어떠한 장에서 어떠한 관계로 구성되며, 어떠한 효과와 의미를 낳는지 주목하려는 시도는 시각성(visuality)과 시각문화(visual culture)에 대한 논의, 그리고 데이빗 모건(David Morgan)의 '성스러운 응시(sacred gaze)', '시각적 신심(visual piety)'에 관한 논의 등에서도 나타난다. 시각성과 시각 문화에 대한 논의는 보는 것이 단순히 눈의 작용만이 아니라 사회적 역사적인 틀 속에서 이루어진다는 것을 밝혀주었으며, 따라서 개인이 무엇을 볼 것이며, 그것을 어떤 방식으로 볼 것인지가 특정한 시각 체제에 따라 결정 지워진다는 것을 알려주었다.[8] 이러한 관점에서, '보는 행위'는 개인의 차원을 넘어서는 외부의 힘과 배치에 의해서 구조화되며[9], 그렇기에 우리는 이러한 '보는 행위의 장' 전체를 구성하는 요소들, 즉 이미지의 형식과 내용, 이미지를 둘러 싼 행위 주체, 실천 행위, 개념, 제도들 등을 모두 함께 고려해 봐야 한다.[10]

데이빗 모건의 '성스러운 응시(sacred gaze)'는, 종교적 행위로서의 '보는 행위'를 특정한 역사적 문화적 틀 안에서 일어나는 일로 특징 지워주는 관념, 태도, 관습들의 특별한 배치 형태를 포함한 개념이다.[11] 여기서 모건은 '응시(gaze)'라는 말을 통해, '보는 행위'가 이루어지는 장과 그 안에서 작동하는 다양한 힘의 교차에 주목한다. 20세기 학문에서 '응시'라는 개념 위에 덧입혀진 다소 무거운 다양한 학문적 의미의 층에 조심스러워하면서도 모건이 굳이 이 용어를 채택한 이유는, 이 말이 이미지, 이를 보는 자, 보는 행위를 다 포함하며, 이미지가 어떻게 작동하는가를 이해하기 위한 좀더 넓은 프레임을 제공하기 때문이라고 설명한다.[12]

이와 같은 시각성, 시각 문화에 대한 논의 속에서 '시각적 신심'은, 단순히 이미지에 대한/ 혹은 이미지를 통한 신앙심으로서만이 아니라, 종교적 실천 행위로서의 '이미지'와 '보는 행위', 이를 통해 구축되는 세계와 주체, 그리고 그 이면에서 작동하는 힘의 메커니즘 전체 안에서 고찰 될 필요가 있다. 이 때 우리의 관심은 '이미지란 무엇인가'보다 '이미지가 무엇을 하는가'에, 그리고 '본다'는 행위의 역동적인 측면에 놓이게 된다. 고대 그리스도교의 '시각적 신심'을 벽화나 도상에서가 아니라 순례라는 현상에서 접근하는 이 글의 문제의식은 이같은 맥락에서 비롯되었다. 즉 순례자들이 무엇을 보고, 어떻게 보며, 이러한 '보는 행위'는 어떠한 변화를 일으키는가에 주목함으로써, 고대 그리스도교의 시각적 신심을 재검토해 보는 것이다.

3. 순례자의 '신앙의 눈'

우리는 나자로가 수의에 싸여 나오는 것을 볼 것입니다. … 우리는 예언자 아모스를 볼 것입니다.… 우리는 필립포스가 내시에게 세례를 주었던 샘을 볼 것입니다.… 당신이 여기에 온다면, 우리는 갈릴리 지방의 꽃인 나자렛을 보러 갈 것입니다.… 멀지 않은 곳에 물이 포도주로 변한 가나도 보일 것입니다.… 우리는 오천명이 빵 다섯 덩어리로 먹은 곳을 볼 것입니다. 우리의 눈은 가뻐르나움을 볼 것이며, 우리 주님의 표시가 가득한 광경을 볼 것입니다. 〈히에로니무스, 「편지」 46. 13〉[13] (밑줄은 필자)

그리스도교 순례는 4세기 초 그리스도교의 공인과 이에 뒤따라 시행된 팔레스티나 성지 건축 사업을 통해 본격적으로 시작되었다. 그 이전에도 성서 속 일들이 '선포되고 이루어진' 것을 보기 위해, 혹은 '기도를 목적으로' 팔레스티나를 여행한 사람들은 몇몇 있었다.[14] 그러나 에우세비우스가 팔레스티나의 각 지역에 관한 일종의 성서적 지도인 「오노마스티콘(Onomastikon)」을 쓰고, 콘스탄티누스가 본격적으로 예루살렘과 베들레헴 등, 성서의 주요 장소에 이를 기억하기 위한 교회를 세우면서 성지를 찾는 순례자들의 수는 급격하게 증가했다. 그러면서 333년경 씌어진 것으로 추정되는 「보르도 출신 순례자의 여행기(Itinerarium Burdigalense)」를 필두로 순례기들도 나오기 시작한다.

위의 인용문은 386년경 히에로니무스(Jerome)가 파울라(Paula)와 에우스토키움(Eustochium)의 이름을 빌려, 로마의 귀족부인 마르켈라(Marcella)에게 쓴, 팔레스티나 순례를 권고하는 편지의 마지막 부분이다. 그는 여기서 순례지에서 할 수 있는 것들을 나열하며, 이 곳에서 무엇을 '볼 것'인지에 대해 이야기한다. 그런데 이들이 여기서 보는 것은 현재의 예루살렘, 현재의 베들레헴이 아니다. 히에로니무스가 마르켈라에게 우리가 볼 것이라고 약속했던 것의 내용은 모두 현재의 그곳이 아닌, 과거, 성서 속의 일이다. 히에로니무스의 편지와 비슷한 시기에 씌어진 「에게리아의 여행기(Itinerarium Egeriae)」 역시 '방문하다'는 의미로 '보다'라는 단어를 사용할 정도로, 성지에서 '보는 것'을 강조한다. 그런데 이때 에게리아가 성지에서 보는 것 역시 대부분 성서 속 과거의 일들이다. 시나이 산을 방문한 에게리아의 다음과 같은 기록을 보자.

거룩한 안내자들이 모든 성지를 자세히 안내해 주었습니다. 그 첫 장소에서 '불덤불'--주님께서 모세에게 "너의 신발끈을 풀어라. 네가 서 있는 곳은 거룩한 장소이니라"라고 불 가운데서 말씀하시던 장소--에 대해 설명해 주었듯이, 그들은 거기서 출발한 후에 다른 장소도 설명해 주었습니다. 모세가 성산에 머무는 동안 이스라엘 백성이 천막을 가설했던 위치와 금송아지를 숭배하던 곳도 지적해 주었습니다. … 그 다음 우리가 본 것은 … 아론이 백성을 위해 만든 금송아지를 모세의 명에 의해 태워 버렸던 장소 … 만나가 내리고 메추리 떼가 떨어졌던 장소 등입니다. … 우리는 모세가 처음으로 주의 장막을 설치하던 장소와 그의 주님께서 성산에서 명한 모든 것을 완성했던 장소를 보았습니다. (「에게리아의 여행기」 1. 5.)[15]

에게리아는 각 장소마다 성서에서 그곳에서 무슨 일이 일어났다고 이야기하고 있는지 기억하고, 이를 이 장소와 다시 맞춰본다. 따라서 에게

〈그림 3〉 베들레헴 〈예수탄생교회〉에서 예수가 태어났다고 말해지는 곳에 세워진 제단 [16]

리아의 순례는 매번 이렇게 각 장소에서 '성서에 따라 보여지고 있는 것 (ostendebantur iuxta Scriptruras)'[17]을 확인하는 여정이라고도 할 수 있다.

그러므로 4세기 순례자들이 보아야만 하는 것, 그들이 보게끔 되어 있는 것, 그래서 실제 그들이 보는 것은 성지의 현재의 풍경이 아니라, 그 옛날 그 장소에서 일어났던 성스러운 일들이다. 히에로니무스는 베들레헴의 예수 탄생지를 방문해서, 구유에 누운 아기예수와 성가족, 동방박사와 목자들을 보는 순례자 파울라(Paula)의 경험을 묘사하며, '신앙의 눈(occulus fidei)'이란 표현을 쓴다.[18] '신앙의 눈'은 4세기 순례자들의 성지 경험을 특징짓는 중요한 단어로서, 순례자들은 이러한 '신앙의 눈'을 통해 성서의 일들이 지금 자신들의 눈앞에 직접 펼쳐지는 것처럼 경험한다. 즉, '신앙의 눈'은 현재의 지형에서 과거의 이미지를 '응시'하게 하는 도구이다.

'신앙의 눈'은 순례자들의 성지에서의 시각적 경험을 규정한 틀이 '성서 속 과거'라는 사실을 말해준다.[19] 이는 '역사와 지리'를 연결시키고자 했던 4세기 그리스도교의 당면과제와 무관하지 않다. 공인 후 그리스도교는 지상의 구체적인 장소들에 새로운 역사적 의미를 부여해서, 이를 그리스도교화 하는 작업에 들어갔다. 성묘의 발굴과 성묘교회의 건축은 그 대표적인 예였으며, 이는 성서 속 이야기들을 구체적인 장소와 직접 연결시켜 더 지속적이고 안정적인, 역사적인 그 무엇으로 사실화하는 과정이었다.[20] 따라서 이러한 조건 속에서 순례자들은 현재의 성지를 보는 것이 아니라, 과거의 성지, 성서 속 성지를 보게끔 이끌려졌다. 그리고 그들은 그 자리에서 이러한 성서 속 과거를 회상함으로써, 가지고 돌아갈 또다른 기억의 이미지를 만들어 낼 수 있었다. 그렇다면 이렇게 '신앙의 눈'을 통해 보게 된 성서 속의 과거, 기억의 이미지는 어떤 일을 했을까.

4. 성스러운 장소에서 성스러운 응시로

마음을 다잡고 슬퍼하지 마십시오. 당신들은 성지로부터 멀리 떨어져 있는 것이 아닙니다. 그리스도가 계신 곳은 어디나 성스러운 장소이기 때문입니다.… 베드로는 우리 주님 예수를 <u>보고</u>, 자신의 그물을 내던지고 그를 따랐습니다. 세관장 자캐오는 그를 <u>보고</u>, 부정한 이익을 챙기는 일을 거부한 채 구세주를 받아들였습니다. 사악한 일을 하던 여인은 그를 보고 자신의 눈물과 머리로 그의 발을 씻어 드렸습니다. 마리아는 그를 보고 난 후, 그의 발치에서 떠나지 않았습니다. 당신 역시 성스러운 장소를 향해 달려갔습니다. 그리고 주님이… 그곳에서 거니는 것을 <u>보았습니다</u>.[21] (밑줄은 필자)

4세기 신학자 아타나시우스(Athanasius)는 성지 순례를 마치고 알렉산드리아로 돌아간 신자들에게 그들이 성지를 떠났음을 너무 슬퍼하지 말라고 위로하며 위와 같은 편지를 썼다. 아타나시우스가 위의 편지에 거론한 인물들은 모두 예수를 '보고', '무엇인가를 행한' 사람들이다. 즉 이들의 삶은 '보는 행위'를 통해 변화했다. 아타나시우스에게 있어서 '신앙의 눈'을 통한 '응시'의 진정한 의미는 곧 삶의 변화이며, 그것은 이제 성지와 결합되지 않아도 유지될 수 있는 것으로 내면화된다.

당신은 그리스도의 탄생지를 직접 <u>보았습니다</u>. 그분께서는 당신의 영혼이 새롭게 거듭나게 해 주셨습니다. 당신은 그리스도가 십자가에 못 박히신 곳을 직접 <u>보았습니다</u>. 이제 당신 앞에서 세상이 십자가에 못 박히게 하고, 세상 앞에서 당신이 십자가에 못 박히게 하십시오. 당신은 그리스도가 하늘로

올라간 장소를 직접 보았습니다. 그러니 당신의 마음이 하늘로 올라간 것입니다.[22]

조지아 프랭크(Georgia Frank)의 해석대로 이 부분에서 아타나시우스는 '거기 있음'보다 '보는 것'이 더 중요하다는 것을 암시하며, 그렇기 때문에 '성스러운 장소에 대한 신심'에서 '시각적 신심'으로 이동하고 있다. 다시 말하면 성서 상의 장소를 방문하는 것보다 무엇인가를 보는 것이 중요하게 된 것이다.[23] 이제 더 이상 그곳에 가지 않더라도, 내가 본 것, 그것은 또다른 '이미지'로 나에게 남아 나를 변화시킨다.

여기서 '응시'는 성스러운 과거와 현재를 매개해주는 기억의 도구이다. 시각과 기억을 연결하는 생각은 고대의 오랜 전통에 기인한다. 아리스토텔레스로부터 퀸틸리아누스, 키케로에게로 이어지는 기억에 대한 고대의 담론에서 시각은 다른 어떤 감각보다도, 기억을 만들고, 기억을 불러오는 데 있어 우선적인 역할을 부여받았다.[24] 이러한 구도에서 보자면, 순례자들은 장소를 '응시'함으로써 성서 속 성스러운 과거의 이미지를 환기하며, 동시에 지금 '응시'한 것에 대한 시각적 이미지를 기억으로 저장한다. 이러한 과정을 통해서 순례자들이 성지에서 '바라 본 것', 즉 '회상한 것'은 더 이상 성지라는 특정한 장소에 국한되지 않고, 독립적인 시각적 이미지로 남아 언제 어디에서든지 꺼내 볼 수 있는 기억이 된다.

이러한 4세기 그리스도교 순례자들의 시각적 신심에는 역설적으로 장소라는 물리적 특수성을 넘어설 수 있는 계기가 숨어 있다. 그 곳에 가야지만 볼 수 있고, 보아야지만 성스러운 기억을 생생하게 떠올릴 수 있지만, 그때 만들어진 기억의 이미지는 이제 그 자체로도 성스러움을 불러 내올 수 있는 것이 되기 때문이다.

성지 순례에서 성스러운 과거를 보는 '신앙의 눈'이 강조되던 것은 4세기의 특징적인 현상이며, 6세기 정도에 이르면 순례자들의 관심은 성지에서 성스러운 과거를 보는 것보다 성지의 성유물을 직접 나누어갖거나 성유물이 행하는 기적을 체험하는 것에 기울어진다. 그리고 이 시기는 또한 도상으로서의 이미지에 대한 신앙이 두드러지기 시작하는 시기이기도 하다. 이러한 일련의 변화는, 4세기 그리스도교 성지 순례가 처음 활발히 시작되던 시기에 강조되던, 성스러운 역사와 직접적으로 접촉한 장소를 응시함으로서 성스러움에 가 닿을 수 있다는 생각이, 그 장소 자체가 아닌 그 장소에 대한 이미지를 통해서도 성스러움과 연결될 수 있다는 생각으로 전개되어 갔고, 그러한 전개의 한 지점에서 '성스러움'을 포착한 어떠한 이미지도 우리를 성스러움과 연결시켜줄 수 있다는, 이미지 자체에 대한 공경심으로 발전해갔다는 추론도 가능하게 해 준다.

이런 점에서 "(성유물을) **바라보는** 자는 그의 모든 감각들, 눈, 입 그리고 귀로 마치 진짜 성인의 몸을 끌어안는 것이나 마찬가지다. 그리고 나서 성인의 신앙과 고통을 생각하며 눈물을 쏟고, 그 순교자가 마치 여기에 온전하게 있는 것처럼 그에게 간구한다"[25]는 뉘사의 그레고리우스(Gregory of Nyssa)의 말은 눈여겨볼 만 하다. 에른스트 키칭거(Ernst Kitzinger)의 해석대로 여기서 성인의 현존, 성스러움의 현존을 불러내는 도구는 성유물 자체가 아니라, 시각적 감각이며,[26] 이는 보는 행위, 응시를 통해 성스러움에 직접 가 닿을 수 있다는 생각을 암시하기 때문이다. 그런 점에서 이제는 '응시' 자체가 성스러움과의 연결통로가 되는 시각적 신심의 차원이 열린다.

5. 성유물과 시각적 신심

성인들의 성화상에 대한 공경은 무덤에 초상화를 놓던 로마의 장례문화로부터 시작되었다고 이야기된다. 즉 망자의 무덤에 초상화를 놓고 행하던 사적인 기념의식들–꽃장식, 등불 켜 놓기 등의 행위가 그 대상이 성인이 될 때는 교회의 차원에서 행해지는 공적인 기념 의례가 되었고, 얼마 후에는 이미지 자체가 무덤과의 연관성을 떠나서 독자적인 의례를 구성할 수 있게 되었다는 설명이다.[27] 그러나 역시 성인 공경에서 가장 두드러지는 것은 성화상 공경 의례보다도 성유물에 대한 공경이다. 그리고 성유물 공경은 흔히 촉각적인 신심으로 설명되어 왔다. 즉 성유물은 성인의 몸에 닿은 일부였기 때문에 성인의 성스러움을 나누어갖고, 그래서 이는 공경의 대상이 된다는 것이다. 그러나 4세기 신학자들의 해석에서 성유물은 이를 바라보는 자의 응시의 힘에 의해서 그 성스러움이 드러나는 시각적 신심의 예로 제시된다. 놀라의 파울리누스(Paulinus of Nola)는 성지를 보고 온 순례자들의 만족감을 이야기하다가 그가 성지에서 가져온 약간의 흙과 예수의 십자가 조각이 주는 만족감을 시각적인 것으로 설명한다.[28] 몇 년 후 술피키우스 세베루스(Sulpicius Severus)에게 보내는 편지에 십자가 조각을 동봉하여 보내며 그는 다음과 같이 말한다.

신체의 눈으로 보는 그 흔적이 너무 작기 때문에 신앙심이 위축되게 하지 마십시오. 내면의 시각(interna acies)으로 이 작은 조각에서 십자가의 전체의 힘을 바라보십시오. 우리의 구세주가 매달린 나무를 바라보고 있다고 생각하면, 주님이 여기에 못박혀 매달려 있고 세상이 전율하는 것을 바라본다고 생

각하면, 당신 역시 전율하면서도 기쁨을 느낄 것입니다.[29]

여기서 놀라의 파울리누스는 예수의 십자가 조각 하나를 바라보면서 십자가 전체를 복원해 내고 거기에 매달렸던 예수의 모습까지 복원해 내는 시각의 힘에 대해서 이야기한다. 이것은 현재 눈앞에 보이는 것을 넘어서 보이지 않는 과거의 성스러움을 불러내오는 응시의 힘이며, 헌트(E.D.Hunt)의 분석대로 여기서 '내면의 시각(interna acies)'은 파울라의 '신앙의 눈'과 다른 것이 아니다.[30] 따라서 최소한 4세기 교부들의 관점에서 성유물 공경은 성지를 응시하는 것과 그렇게 다른 것이 아니었다. 성지와 성유물 모두 성스러움의 현존에 대한 물질적 증거물이며, 순례자들은 그러한 물질적 증거물을 '응시'함으로써, 그 증거물과 닿아 있는 성스러운 과거의 '이미지'를 불러올

〈그림 4〉예루살렘 성묘 교회의 십자가 성물함[31]

수 있는 것이다.

보는 것, 응시하는 것이 성스러움을 불러내고 복원할 수 있다는 생각은 이후 7~8세기 성화상공경의 강력한 옹호자였던 다마스커스의 요한(John of Damascus)에게로 이어진다. 이미지의 옹호자로서 다마스커스의 요한은 성지, 성유물, 도상과 같은 다채로운 물질적 형태를 통해 하느님에게로 갈 수 있다고 생각했다. 그는 우리가 성스러움에게 다가갈 수 있는 것은, 육화한 그리스도와 신이 만든 물질 세계를 볼 수 있는 우리의 눈, 그 눈의 힘에 달려 있다고 믿었다. "모든 이미지는 감추어진 것들을 드러나게 하고 지각가능하게 해 준다"[32]는 그의 말은, 역설적으로 우리가 이러한 이미지를 응시함으로, 이미지 너머의 성스러움을 불러내올 수 있다는, 시각의 힘에 대한 강한 긍정이기도 하다. 그리고 이러한 종류의 시각적 신심은 4세기 그리스도교 순례자들의 '신앙의 눈'에서 드러나는 시각적 신심과 그다지 다르지 않다.

6. 1600년 로마 트라스타베레의 성녀 체칠리아 상

로마의 트라스타베레(Trastavere)에 있는 성녀 체칠리아 성당. 이 성당 한 가운데 제단 앞에는 1600년 스테파노 마데르노(Stefano Maderno)가 제작한 성녀 체칠리아의 상이 놓여 있다. 하얀 대리석으로 만들어진 성녀의 상은 고개를 돌리고 누워있으며 목에는 깊은 칼자국이 나 있다. 성녀 체칠리아는 확실하지는 않지만 보통 3세기경 로마에서 순교한 것으로 추정되며, 목에 칼을 맞고도 3일 동안이나 살아 있었다고 전해진다. 성녀 체칠리아의 유해는 산 칼리스토 카타콤에 안치되었다가 9세기 교황 파스칼 1세에 의해 현재의 성당으로 옮겨졌다. 1599년 성당 공사를 위해 성녀의 관을 열었을 때, 유해는 전

〈그림 5〉 로마 성녀 체칠리아 성당에 있는 스테파노 마데르노의 성녀 체칠리아 상 [33]

혀 부패하지 않은 상태였고–9세기 때 그랬던 것처럼, 이에 감동받은 성당 사제가 조각가 스테파노 마데르노를 불러 성녀의 유해를 보고 그 모습 그대로 조각상을 만들도록 지시했다고 한다. 스테파노 마데르노는 이러한 이야기를 입증이라도 하듯 다음과 같은 말을 조각상 옆에 새겨 넣었다. "가장 성스러운 처녀 체칠리아의 몸을 보아라. 나 자신이 직접 무덤 안에서 전혀 부패되지 않은 그녀의 몸을 보았다. 나는 당신들을 위해 이 대리석으로 성인의 그 모습 그대로를 표현해 놓았다."[34]

성녀 체칠리아의 유해가 원래 안치되어 있었다고 하는 산 칼리스토 카타콤에도 똑같은 조각상이 놓여 있다. 이는 트라스타베레 성당에 있는 마데르노가 만든 원본의 복사본이다. 성녀의 유해가 없는 텅빈 카타콤에는 이제 성녀의 순교의 모습을 보여주는 복사본만이 놓여 있다. 따라서 우리에게는 성녀 체칠리아와 관련된 두 장소, 두 이미지가 있다. 성녀의 유해가 있는 곳, 그리고 그곳에 있는 유해를 직접 보고 만든 성인상. 성녀의 유해가 더 이상 있지 않은 곳, 그리고 그 공백을 메우는 성인상의 복제품. 성녀 체칠리아의 흔적을 찾아 온 사람들에게 이 두 장소와 이 두 이미지는 그리 다르지 않다. 마데르노가 직접 말하고 있듯이, 우리는 이들을 '응시'해야 하며, 이 '응시'는 우리의 현재와 순교자들의 과거를 연결시켜, 지금 이곳이 어느 곳이든, 지금 내가 보는 것이 원본이든 아니든 간에 성스러움을 불러내올 수 있기 때문이다.

　호데게트리아 도상이 성 루카의 전설을 통해 이미지와 신성의 직접적인 연관성을 주장하듯, 마데르노의 성녀 체칠리아 상은 성인의 유해를 직접 보고 만들었다는 말을 통해 신성과의 직접적인 연관성을 주장한다. 이것은 분명 물질적인 것들의 성스러움을 담보할 수 있는 효과적인 테크닉이고 그렇기 때문에 자주 등장하는 성스러움의 논리이다. 예수와 성인들의 물리적 흔적이 남은 성지의 특수성을 주장하는 순례의 논리에도 이처럼 신성과의 직접적인 접촉을 강조하는 성향이 들어가 있다. 그렇지만 바로 그 이면에는, 우리가 어떻게 바라보고, 그러한 보는 행위를 통해서 무엇이 지금 이곳에 불러내어지며, 그것이 어떤 힘을 발휘하는가, 라는 것을 통해 성스러움의 현존을 담보하고자 하는 생각이 있다. 이것이 4세기 그리스도교 성지 순례에서 드러나는 '응시'를 통한 '시각적 신심'이며, 이는 성지라는 특정한 물리적 장소를 넘어, 성유물과 도상적 이미지, 그리고 그것들의 복사본에게까지도 확장될 수 있는 신심이다. 여기서 우리를 성스러움과 연결시켜 주는 것은 다른 그 무엇이 아닌 바로 우리의 본다는 행위, 우리의 '응시'와 그러한 '응시' 앞에 놓인 '이미지'이다.

'사이버 법당'의 의례적 구성과 감각의 배치에 관하여

우 혜 란

1. 사이버 공간의 의례들

종교학에서 통상적으로 의례의 중요 전제조건으로 특정한(성스러운) 시간/
기간과 물리적 장소 그리고 신체의 적극적 개입을 상정하고 있다면, 이와
달리 사이버 의례에서는 시공의 제약이 사라지고 육체가 추상화되거나 간
접적으로 재현되면서 의례가 진행된다. 특히 사이버 공간에서 직접적인 신
체의 개입이 배제된다는 사실은 온라인 의례의 진정성(authenticity)이나 실효
성(effectivity)이 의심 받는 주요 근거로 제시되곤 한다. 그러나 사이버 공간에
서 육체적 개입의 배제가 감각의 배제를 의미하는 것은 아니며, 또한 육체
를 기반으로 하지 않은 감각은 있을 수 없다는 점에서 사이버 공간에서의
종교적 행위 또한 육체와 감각의 차원에서 새롭게 접근할 필요가 있을 것이
다. 특히 인터넷의 의례적 사용에 있어서 감각적 경험에 대한 논의가 이루
어질 수밖에 없는 것은 의례야말로 제 감각의 배치가 중추적인 역할을 하는
'종합예술작품(Gesamtkunstwerk)' 중 하나이기 때문이다.[1] 따라서 본고에서는
모든 종교적 행위와 경험에서 감각의 역할이 필수적이듯이, 쌍방향 온라인
의례에서도 예외가 아님을 확인하고자 한다. 이를 위해 본고에서는 한국의
불교 사찰이나 단체가 운영하는 인터넷 홈페이지에서 제공되는 일련의 사
이버 법당을 중심으로 그 콘텐츠를 분석하여 유형화하고, 이를 통해 기존의

불교 의례가 사이버 공간에서 어떻게 새롭게 구성되고, 그 결과 어떠한 감각(들)이 집중적으로 유도되고 확장되는가를 살펴보고자 한다.

주지하다시피 의례의 연행(performance)과 구성은 의례 내적 그리고 외적 요인에 따라 다양한 '전이 과정(processes of transfer)'을 밟게 된다. 특히 외적 요인(의례의 주변 환경 내지 콘텍스트가 바뀔 때)에 의한 경우 이러한 변화는 좀 더 뚜렷이 관찰되며 여기에는 본 논문의 주제인 의례가 새로운 매체로 옮겨지는 경우도 해당된다.

2. 왜 한국 불교의 사이버 의례인가?

본 논문에서 한국 불교의 온라인 의례에 초점을 맞춘 것은 한국의 다른 기성 종교와 달리 불교계가 제공하는 사이버 의례가 '온라인 의례(online ritual)' 그리고 '비동시적 의례(asynchronous ritual)'의 범주에 속함으로써 사이버 공간의 속성을 적극적으로 이용하는 뉴미디어 시대의 '새로운' 종교의례의 모습을 보여주기 때문이다. '온라인 의례'는 미첵(Nadja Miczek)이 인터넷 공간의 의례 관련 콘텐츠를 'online ritual'과 'ritual online'으로 유형화한 것에서 비롯한다. 그녀는 전자에 사이버 공간에서 (마우스 포인터를 사용하던, 3D 가상세계에서 아바타Avatar를 통해서든) 실제로 '실행(perform)'되는 의례를, 후자에 온라인에서 제공되는 의례 관련 문서, 규칙, 기술 등을 포함시키고 있다.[2] 이러한 구분은 헬랜드(Christopher Helland)의 범주화 작업, 즉 'online religion'과 'religion online'을 따른 것으로, 전자의 경우 온라인 환경에서 종교적 행위가 실제로 일어나는 데 반해, 후자는 인터넷 매체가 오프라인에서의 종교적 활동을 용이하게 하기 위해서 이용되는 현상을 말한다.[3] 이는 상이한 온라인 소통의 방식과 관련된 것으로, 사이버 종교현상을 '쌍방형 영역(interactivity zone)'과 '정보 영역(information zone)'으로 구별하려는 시도라고 볼 수 있다. 한편 야콥스(Stephen Jacobs)는 사이버 의례를 '동시적 의례(synchronous)'와 '비동시적 의례(asynchronous)'로 구분하고, 전자를 인터넷 이용자가 같은 시간에 온라인에서 만나 하나의 집단으로 수행하는 의례로, 그리고 후자를 개인들에게 온라인 회합이 요구되지 않고 자신이 편리한 시간에 행하는 의례로 유형화하였다. 전자의 예로는 내부적으로 정해진 시간에 오프라인 교회의 예배를 그 진행 순서에 따라 실시간 동영상으로 전달하는 인터넷 사이트를 들 수 있다. 야콥스는 '비동시적' 사이버 의례에서 컴퓨터에 의해서 매개된 소통방식이 시간 개념을 어떻게 변환시키는지를 잘 관찰할 수 있다고 말한다.[4]

앞에서도 언급했듯이 한국의 3대 종교 조직(불교, 개신교, 천주교) 중 가장 적극적으로 자신들의 웹 콘텐츠에 의례를 포함시켜 사이버 공간을 새로운 의례의 장으로 구축하고 있는 것은 불교계이다. 그 결과 중대형 사찰들의 웹 사이트에서 '사이버 법당'이라는 시각적 · 청각적 그리고 텍스트 콘텐츠로 구성된 인터렉티브(interactive) 혹은 쌍방향 프로그램을 쉽게 접할 수 있다. 이에 반해 한국 기독교 교회의 웹 사이트에서 의례를 실질적으로 행할 수 있는 환경이 제공되는 경우는 매우 드물다. 비록 그들의 홈페이지에서 '인터넷 채플'이나 '웹 기도실'이라는 이름의 프로그램이 제공되더라도 이는 거의 예외 없이 텍스트 콘텐츠에 기반을 둔 것이다. 이 경우 흔히 성결 구절이나 기도문이 사이트에 올려져 있고, 드문 경우 예배의 전 과정이 제시되기도 하지만, 이 또한 각각의 예배 순서에 필요한 찬송가나 성경 구절이 올려져 있을 뿐이다. 이런 맥락에서 한국 기독교 교회가 제공하는 사이버 의례는 사용자와 웹 콘텐츠와의 직접적인 상호작용이 배제된 'ritual online'의 특징을 보여준다고 할 수 있다.

한국의 기독교계가 온라인 의례에 소극적인 것은 상당 부분 기독교의 에토스(ethos)를 반영한다고 할 수 있다. 주지하다시피 기독교는 '말씀(성서, 증언, 설교)'을 중시하며, 특히 개신교의 경우 도상을 하나님의 표상이나 예배 대상으로 강하게 거부하는 경향을 보인다. 더불어 기독교 교회는 교회 의식에서 집합적 예배와 성직자의 역할을 필수적인 것으로 간주한다. 여기서 한국 교회, 특히 개신교 교회의 보수적 성격은 이러한 기독교적 에토스(공동체 의식, 성직자의 절대적 권위)를 더욱 강화하는 요인으로 작동한다. 따라서 이러한 제 요소들이 한국 교회가 사이버 공간에서 의례적 실천 행위를 좀 더 자유롭게 실험할 수 있는 기회를 어렵게 한다고 할 수 있다. 이에 반해 한국 사찰의 경우 상대적으로 공동체 정신이 약하고 따라서 집합적 의례에 절대적 가치를 부여하지도 않으며, 불자들은 그들의 의례 공간에 배치된 여러 신성한 존재들(부처, 보살, 수호신 등)의 표상에 익숙하다. 이런 의미에서 대부분의 불자들은 개인적 차원에서 행해지는, 그리고 시각적 콘텐츠로 가득 채워진 사이버 불교 의례에 대하여 상대적으로 큰 거부감이 없을 것이라고 추측할 수 있다. 이는 사이버 의례가 해당 종교의 의례전통에 상응하여 구축되고 있음을 시사한다. 그렇다고 온라인 의례가 오프라인 의례의 단순 복제품이라거나 개별 종교전통에 안주할 수밖에 없음을 의미하지는 않는다. 이는 특정 종교전통의 의례가 사이버 공간이라는 새로운 환경과 조건에 옮겨질 경우 이에 따른 변화는 불가피하기 때문이다.

3. 사이버 법당

사이버 법당은 시각적 · 청각적 · 텍스트 콘텐츠를 포함하는 쌍방향 인터넷 웹 콘텐츠로, 해당 불교단체의 인터넷 홈페이지 첫 페이지나 '신행(생활)'의 하위범주에 배치된다. 사이버 법당의 (의례)배경으로는 대부분 해당 사찰의 대웅전 내부가 재현되는데, 주지하다시피 '대웅전' 혹은 '큰법당'은 석가모니 부처가 본존으로 모셔진 건물을 일컬으며, 사찰의 중심부에 위치하고 집합적/개인적 차원의 다양한 불교적 실천 행위가 이루어지는 사찰의 핵심적인 의례 공간이다. 이 장에서는 한국의 불교 사찰/단체가 자신들의 홈페이지에서 제공하는 온라인 의례를 그 특징별로 유형화하고, 그 의례적 세팅을 분석하여 어떻게 특정한 감각적 경험들이 유도 또는 활성화되고 있는가 알아보고자 한다.

1) 기본형

'기본형'은 한국 불교 관련 인터넷 사이트에서 가장 자주 접할 수 있는 사이버 법당의 형태로 비교적 간단한 프로그램을 기반으로 한국 불교 온라인 의례의 기본 구조를 보여준다는 점에서 중요하다고 할 수 있다. 무상사, 내소사, 원각사, 지암사, 성보사, 운주사, (일산)길상사, 묘실상선원, 반야정사 등의 사이버 법당이 여기에 속한다. 무상사의 예를 들면, 해당 홈페이지에서 'Cyber Buddha Hall'을 클릭하면 대웅전의 전경을 배경으로 하단에 (매우 간단한 형태의 애니메이션인) 동자승이 나타나 환영인사를 하고 의례 진행 방식을 간단한 텍스트 형식으로 전달한다. 우선 동자승의 지시에 따라 클릭으로 초와 향을 피우고, 자신이 원하는 꽃이나 공양물을 클릭과 눌러끌기(click and

꽃을 선택하시어, 부처님께 헌화하세요

〈그림 1〉 용화 무심회(http://cafe.daum.net/BukBulgyoUniv) 사이버 법당 (출처: Google '사이버 법당' 이미지)

drag)로 불단에 올리고, 기도(불경) 목록에서 원하는 것을 클릭하여 독경을 들으며 기도를 시작하게 된다.[5] 여기서 동자승은 일종의 의례 가이드라고 할 수 있으나 쌍방향 프로그램이 아니고 의례의 초반부에만 기능하기에 그 역할은 제한적이라 할 수 있으며, 모든 기본형에서 동자승이 필수적인 요소로 채택되지는 않는다. 따라서 기본형 사이버 법당에서는 불보살에게 구체적인 대상(공양물)을 통해 존경과 예를 표하는 행위 그리고 불경을 듣거나 따라 암송하는 독경/독송이 중심적인 불교적 실천행위로 부각되고 있다. 무엇보다 의례 환경의 핵심 구성물이 부처와 불단이라는 것은 모든 한국의 사이버 법당과 공통되는 점이다.

2) 확장형

'확장형'은 사이버 법당이 방문자들의 다양하고도 구체적인 욕구에 맞추어 이들에게 광범위한 선택의 범위를 제공한다는 것을 특징으로 한다. 이러한 형태의 사이버 법당은 사용자들에게 맞춤형 의례 서비스를 제공하는 동시에 사이버 공간을 좀 더 복합적인 의례 공간으로 구축하려는 의도를 보여준다.

가. 의례 서비스의 확장

능인선원(http://www.nungin.net/) 사이버 법당의 경우 방문객들은 공양물과 관련하여 다양한 선택(쌀, 꽃, 음식, 초, 향, 연등 등)이 가능할 뿐 아니라, 자신에게 맞는 기도(새벽기도, 관음기도, 지장기도, 신중기도)와 이에 필요한 불경(독경)을 선택할 수 있으며, 개개인의 상황에 맞는 축원(생일축하, 가내번영, 대학입시 등)을 올릴 수 있으며, '능인미디어'를 통해 지난 법회 중 원하는 것을 택하여 동영상을

〈그림 2〉 출처: 능인선원 (http://www.nungin.net/)

보면서 주지스님의 법문을 들을 수도 있다. **만불사**(http://www.manbulsa.org/)의 사이버 법당 또한 방문자들에게 넓은 선택의 범위를 제시한다. 즉 다양한 종류의 공양물을 구비하고 있고, '독경듣기'에서는 여러 종류의 불경과 정근 (精勤)뿐 아니라 아침예불과 사시불공의 전 과정을 갖추고 있으며, 주변 사람 들(부모/가족, 남편, 아내, 군복무자, 임산부, 신생아 등)을 위한 다양한 맞춤 기도문도 제공하고 있다.

위의 두 사이버 법당은 방문자들의 다양한 욕구에 맞추어 복합적인 의례 서비스를 제공하고자 한다는 것 외에도 해당 프로그램 내에서 직접적인 결제가 이루어진다는 공통점을 가지고 있다. 만불사 사이버 법당에서 전화결제로 보시(공양)와 개별 기원문을 올릴 수 있다면, 능인선원의 경우 사이버 법당 한편에 놓인 불전함을 클릭해서 원하는 액수를 보시할 수 있고, 기원문을 작성하거나 조상 위패를 봉안할 시에는 그 기간(1~1000일)에 따라 정해진 액수를 지불하며, 결제는 신용카드, 실시간 계좌이체, 무통장 입금이 모두 가능하다. 이러한 사이버 법당의 상업적 이용은 하나의 뚜렷한 추세로 적지 않은 사이버 법당이 초공양이나 연등/위패를 올릴 때 일정 금액의 결제를 요구한다.

나. 의례 공간의 확장

사이버 법당에서 이용자들에게 좀 더 넓은 선택의 범위를 제공하려는 경향은 공양물이나 의례 서비스의 종류에 국한되지 않고 의례 공간 자체에 적용되기도 한다. 복수의 의례 공간이 사이버 공간에 제공될 경우, 일반적으로 해당 사찰의 경내에 실제로 조성되어 있는 법당들을 모델로 하여 그 내부를 의례 공간으로 재현하는 방식이 채택된다. 송광사의 경우 홈페이지에

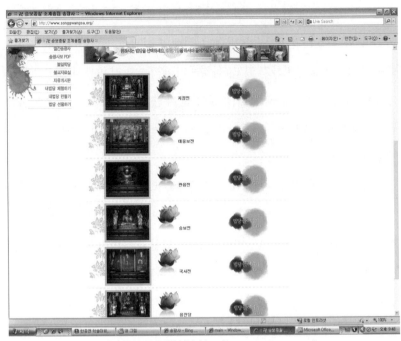

〈그림 3〉 출처: 송광사 홈페이지 (http://www.songgwangsa.org/)

서 '신행안내'의 하위범주인 '내 마음의 법당'을 클릭하면 6개의 법당(지장전, 대웅보전, 관음전, 승보전, 국사전, 웅진당(나한전))이 제시된다. 이들 사이버 법당은 송 광사의 중심에 위치한 '대웅보전'을 포함하여 이를 둘러싸고 있는 (영산전과 약 사전을 제외한) 주요 도량에 상응한다.[7] 따라서 기본형 사이버 법당이 사용자 에게 대웅전 내부를 단일 의례 공간으로 제공하고 있다면, 확장형에서는 사 용자가 대웅전(대웅보전)뿐 아니라 자신의 필요에 따라 특별한 능력을 소지한 다고 믿어지는 보살이나 신격이 모셔진 부속 건물을 선택하여 해당 공간에 서 의례를 행할 수 있는 것이다.

한편 송광사의 '내 마음의 법당'에서 눈길을 끄는 것은 국사전의 존재이 다. 국사전은 송광사가 배출한 15국사를 모신 곳으로 엄밀한 의미에서 부처를 모시는 불전도 그 밖의 신격을 모시는 전각도 아니기 때문이다.[8] 그럼에도 불구하고 국사전이 사이버 법당으로 재현된 것은 송광사가 승보사찰이라는 자신의 종풍을 부각시키기 위한 것으로 보인다. 송광사 온라인 의례의 진행은 '내마음의 법당' 사이트에서 '내 법당 만들기'를 클릭하면 일련의 법당이 제시되고 이 중 하나를 선택하면 해당 법당의 내부가 나타나며 그 이후 진행은 '기본형'(화면에서 클릭으로 공양물을 골라 불단에 올리고 독경을 선택하여 듣는)을 따르게 된다. 한편 '내마음의 법당' 사이트에서 '법당 선물하기'를 클릭하면 자신이 (선택한 공양물로) 꾸민 사이버 법당에 지인을 초대하거나 이를 선물할 수 있다.[9] 이러한 프로그램의 등장은 사이버 공간이 개인들에 의해 전유혹은 대상화되는 경향을 보여주는 동시에 사이버 법당과 같이 개인화된 의례 공간이 타인과의 공유를 통해 소통의 매체로 작동할 수 있는 가능성도 보여준다고 할 수 있다.

봉선사의 경우, 송광사와 동일한 '나만의 법당' 프로그램을 사용하고 있으며 홈페이지 시작 페이지에서 곧바로 해당 프로그램을 실행할 수 있다.[10] 해당 프로그램을 클릭하면 7개의 법당-큰법당, 청풍루, 관음전, 지장전, 칠성각, 독성단, 산신각-이 제시된다.[11] 봉선사의 경내에는 실제로 큰법당·청풍루·관음점·지장전·삼성각이 조성되어 있으며, 삼성각 내에 산신·독성(나반존자)·칠성을 같이 봉안하고 있다.[12] 즉 봉선사는 사이버 공간에서 현존하는 삼성각의 기능을 분화하여 3개의 개별 법당으로 구축하고 있는 것이다. 이러한 현상은 조계사가 경내에 조성된 의례 장소들을 선별함으로 오히려 그 수를 축소하여 사이버 법당으로 재공하고 있는 것과는 대조적이다. 따라서 특정 사찰이 사이버 공간에서 복수의 의례 공간을 구축할 경우 언제나 해당 사찰에 존재하는 모든 의례 장소를 재현하는 것은 아니며, 특수성을

<그림 4> 출처: 보혜사 홈페이지 (http://www.bohyesa.or.kr/)

확보하기 위해 사이버 공간에서 그 수를 압축할 수도 있고, 사용자 맞춤 서비스를 위해 기존의 의례 장소를 세분화 내지 확장할 수도 있다는 것이다.

보혜사는 위의 두 사찰과는 다른 프로그램을 이용하여 사이버 공간에서 복수의 의례 공간을 제공하고 있다. 해당 홈페이지에서 '내 마음의 법당'을 클릭하면 두 프로그램('사이버 법당'과 '사경기도실')이 제시된다. '사이버 법당'을 클릭하면 일차로 큰 법당(대웅전)의 내부 전경이 나타나지만 스크린 윗면에 '큰법당' 명칭 옆으로 약사전·칠성단·독성단·산신당이 표기되어 있어 이중 하나를 클릭하면 해당 법당의 내부 전경으로 이미지가 변환되며, 의례 진행방식은 '기본형'을 따른다. 따라서 보혜사 사이버 법당의 특징은 하나의 스크린에서 5개의 법당이 서로 전환되는 방식을 취한다는 데 있다. 보혜사 또한 봉선사와 같이 경내에 칠성단·독성단·산신당을 개별 전각으로 조성하고 있지 않으며 대신 삼성각 내에 산신·독성·칠성이 같이 모셔져 있다. 한편 '사경기도실'에서는 다양한 상황에서 힘을 준다고 간주되는 일련의 진언이나 기도문이 (필요한 사경 횟수와 함께) 제공되며, 이들 중 하나를 선택하여 클릭하면 매우 짧은 길이의 옅은 색을 띤 반복적인 문구가 스크린에 나타나고 그 위에 동일한 문구를 중첩하여 타자하고 이를 저장하면서 사경(寫經)이 이루어진다. 보혜사가 사이버 사경 프로그램을 구축하고 있는 것은 해당 사찰이 사경공덕을 중시하여 경전을 사경하여 봉안하는 '사경전각실'을 별도로 조성하고 있는 것과도 일맥상통한다고 할 수 있다. 비록 사이버 사경이 불경이나 진언을 필사(筆寫)하는 전통적인 사경과 비교하여 매우 간단한 방식을 취하나, 종이와 필기도구 대신 컴퓨터 자판기를 두들겨 사이버 공간에 글을 남김으로써(일부(손)이기는 하나) 몸의 개입을 유도한다는 점에서 흥미롭다고 할 수 있다.

여기서 언급할 것은 복수의 의례 공간을 제공하고 있는 사이버 법당에서 개별 법당들은 오로지 시각적 콘텐츠, 즉 해당 법당에 모시고 있는 부처나 신격의 이미지에 의해 구분되며, 이에 반해 바치는 공양물이나 독경의 종류에서는 차별성이 보이지 않는다는 것이다.

3) 의례 중심형

'의례 중심형'의 사이버 법당은 단일 의례의 전 과정을 충실하게 따르려는 특징을 보여주며, 불교의례 중 특히 새벽예불이 선호되고 있다. 대표적 사례로 수선회의 '인터넷 법당'과 부다TV의 '사이버 법당'을 들 수 있다.[13] 이러한 유형의 사이버 법당 출현은 불교의례가 하나의 웹 콘텐츠로 재구성되면서 몇몇의 기본 요소(초/향/꽃 공양, 독경)에 집중되면서, 해당 의례의 전체적인

〈그림 5〉 출처: 수선회 인터넷 홈페이지 (http://chamsunedu.or.kr/)

맥락이나 통일성을 쉽게 잃어버리는 경향에 대한 하나의 반작용이라고 볼 수 있다. 그러나 사이버 법당에서 의례의 정확한 진행과정이 제시된다 하여도 의례의 진행순서를 결정하는 것은 결국 사용자임은 부언할 필요가 없다.

수선회의 인터넷 법당은 '예불', '연등', '위패영가'를 선택적으로 행할 수 있게 기획되었으나, '예불'만이 현재 쌍방향 프로그램으로 운영되고 있다.[14] 사이버 예불은 초와 향의 공양을 시작으로 새벽예불의 전 과정, 즉 도량석→ 아침 종성→ 운판→ 목어→ 법고→ 범종→ 예불문→ 행선축원→ 반야심경 → 천수경→ 입정을 순차적으로 제시하고 있다. 한편 부다TV 홈페이지에서는 '사이버 법당'과 '사이버 연등'을 실행할 수 있으며, '사이버 법당'을 클릭하면 초와 꽃 공양을 시작으로 위에서 기술한 것과 동일한 새벽예불의 진행 방식이 제시되나, 여기에 입정은 포함되지 않는다. 흥미로운 것은 이 두 사이버 법당이 동일한 음원('통도사 새벽예불', 가람미디어, 2010)을 사용하여 사찰의 아침예불에서 실제로 접하게 되는 다양한 소리들을 재현하고 있다는 것이다. 따라서 예불 의식의 커다란 부분이 독경이 아닌 힘 있는 타악기(법고) 소리로 구성되면서, 의례의 전 과정이 풍부한 그러나 다양한 청각적 정보로 채워져 있다. 같은 맥락에서 수선회와 부다TV의 사이버 법당에서 청각적 자극은 극대화되는 반면 시각적 콘텐츠는 거의 변화 없이 고정되어 있으며 텍스트 콘텐츠 (클릭을 위한 표제어를 제외하고) 또한 최소화되어 있다. 이러한 콘텐츠 구성 방식은 방문자를 다양한 자극이 아닌 단일(청각적) 자극에 집중적으로 노출시킴으로써 의례에 대한 몰입도를 높이려는 시도로 해석할 수 있다.

한편 수선회의 사이버 예불에서 '입정'이 포함된 것은 참선 교육을 주요 활동으로 하는 불교 단체인 수선회가 자신의 정체성을 담보하기 위한 것으로 보이지만, 전체 의례과정에서 이 부분이 매우 짧게 배치됨으로써 그 효과는 상대적으로 낮다고 할 수 있다.[15] 무엇보다 수선회의 인터넷 법당에서 주목할 것은 의례 공간에 대한 접근방식이다. 즉 방문객이 인터넷 사이트에서 사이버 법당 프로그램을 활성화시키는 동시에 의례 공간으로 즉각적으로 유입되는 통상적인 방식이 아니라, '인터넷 법당'을 클릭하면 우선 사찰과 대웅전으로 들어가는 길 주변의 풍경을–새와 목탁의 소리와 함께–여러 장의 사진으로 빠르게 연속적으로 보여주고, 대웅전 앞에 이르러 '입장하기'를 클릭하면 대웅전의 문이 열리고 비로소 의례 공간이 나타나는 형식을 취하고 있는 것이다. 따라서 수선회 사이버 법당에 (일종의 통과 과정인) 의례의 전(前) 단계가 통합됨으로써 방문자들은 실질적인 의례를 행하기 전 마음의 준비를 할 시간적 여유를 가질 수 있으며, 무엇보다 자신들이 사찰의 가장 성스러운 중심공간으로 이동한다는 것을 인지하게 된다고 할 수 있다.

앞에서의 유형화 작업과 개별 사례의 분석을 통해 도출된 결과를 바탕으로 한국 온라인 불교의례를 특징별로 논의하자면 다음과 같다:

① 한국 불교의 온라인 의례는 일반적으로 '사이버 법당'이라는 명칭으로, 실재하는 법당(대웅전)의 내부 이미지를 의례 배경으로 구축하고, 공양과 독경(讀經)/독송(讀誦)을 중심으로 불교적 실천 행위를 사이버 공간에서 실행할 수 있도록 고안된 것이다. 따라서 사이버 법당에서는 완전히 새로운 불교적 의례가 실험되고 있는 것이 아니라 기존의 사찰의례가 몇몇의 핵심 요소로 축약되어 사이버 공간에서 재구성되고 있다. 이는 한국의 경우 사이버 불교 의례가 개인이나 커뮤니티가 아닌, 기성 사찰이 주체가 되어 해당 프로그램을 운영하고 있는 사실과 무관하지 않을 것이다.

② 사이버 법당은 그 구성 방식이나 지향성에서 적지않은 차이를 보여주는데, 이를 유형화하자면 공양과 독경을 위주로 운영되는 '기본형', 의례 서비스와 의례 장소와 관련하여 사용자들에게 좀 더 넓은 선택의 범위를 제시하는 '확장형', 그리고 단일 의례에 충실하려는 '의례 중심형'으로 구분할 수 있다. 여기서 기본형은 가장 대중적인 형태로 다른 두 유형의 기초를 제공한다는 점에서 중요성을 가진다.

③ 일부 사이버 법당은 공양과 독송 외에도 기원/축원, 연등/영가등 달기, 위패봉안, 사경, 참선과 같은 여타 불교적 실천행위를 선택적으로 실행할 수 있도록 구축되어 있으나, 이들은 부차적인 위치를 점하고 있으며, 해당 콘텐츠들이 상대적으로 단순한 프로그램에 의해 작동되고 있는 것과 맥을 같이 한다.

④ 사이버 법당의 핵심 구성물은 부처와 (공양물을 놓는) 불단이며 해당 이미지는 의례 배경에서 각각 중심 부분과 아래 부분에 배치된다. 이는 한국의

온라인 불교의례에서 부처에 대한 예경(禮敬)이 매우 중요하게 간주되며, 이는 부처에게 공양물을 올리는 행위로 압축되어 표현되고 있기 때문이다. 또한 사이버 법당에서는 다양한 불교 소품들(향, 초, 꽃, 음식, 불전함 등)이 이미지로 재현되는데, 이러한 시각적 콘텐츠들은 불자들이 해당 사이버 공간을 익숙한 의례 환경으로 받아들이는 데 기여를 한다. 따라서 익숙한 대상들에 대한 시각적 기술 그리고 의례 공간에서 이들의 적절한 배치는 사이버 공간에 재현된 대상들이 온라인 의례와 오프라인 의례를 매개하고, 동시에 사용자로부터 특정한 반응 내지 종교 행위를 이끌어내기 위한 것임을 시사한다.[16] 이에 반해 사이버 법당에서 텍스트 콘텐츠는 최소화되어 있으며 주로 메뉴의 목록이나 개별 실천 행위를 소개/설명하는데 이용된다. 이는 텍스트가 시각적 정보를 전달한다는 점에서는 이미지와 같은 기능을 가지나, 후자와 달리 즉발적인 감각 내지 감각적 반응을 유도하는 데는 제한적이기 때문이다.

⑤ 사이버 법당에서는 독경이 거의 모든 단계에서 꾸준히 동반되는데 이는 독경이 불교수행의 한 형태인 동시에 공덕을 쌓는 주요 방법으로 한국 불교에서 인식되고 있음을 반영한다. 무엇보다 단조로운 독경이나 목탁 소리는 (정적인 배경 이미지와 함께) 차분한 의례 분위기를 조성하는 데 긍정적인 역할을 한다. 다시 말해 시각적 이미지가 고정되고 대신 청각적 자극이 극대화될 경우 참가자들의 몰입도가 높아질 수 있다는 것이다. 유사한 맥락에서 모르간(David Morgan)은 '매료'(enchantment)의 상태에 이르기 위해서는 종종 한 감각이 다른 감각의 아래에 놓일 필요가 있다고 주장한다. 즉 소리와 청각은 이미지와 시각을 억제함으로써 증대되고, 소리의 억제나 침묵은 이미지나 공간감을 증강시킨다는 것이다.[17]

⑥ (수선회를 제외한) 대부분의 사이버 법당은 클릭을 통해 방문자가 의례 공

간으로 즉각 유입될 수 있게 고안된 프로그램이다. 복수의 의례 공간을 제공하는 사이버 법당(봉선사와 보헤사의 경우)의 경우에도 한 법당에서 다른 법당으로의 전환이 즉각적으로 이루어지며, 개별 법당의 차별성은 오직 시각적 콘텐츠, 즉 해당 법당에 모셔진 부처/보살/신격의 이미지에 의존하고 있다. 이러한 의례 공간으로의 즉각적인 투입은 사용자에게 편리함을 줄 수도 있지만, 그 과정이 생략됨으로써 사용자들이 내면적인 준비를 할 충분한 시간뿐 아니라 해당 의례 공간에 대한 주관적인 의미나 느낌 즉 '장소감'(sense of place)[18]을 갖는 데도 부정적인 역할을 한다.

⑦ (송광사, 봉선사, 보헤사의 경우) 사이버 법당에 붙여지는 명칭들, 즉 '나만의 법당', '나만의 법당 만들기', '내 마음의 법당'은 사용자들이 비록 해당 콘텐츠의 기본 프레임을 바꿀 수는 없으나 그 주변요소들을 자유롭게 선택, 조합하고, 더 나아가 의례의 진행순서를 자의적으로 재구성할 수 있음을 시사한다. 이런 맥락에서 사이버 법당은 개인화된 의례 공간으로 현대인들의 주관적인 종교성과 부합한다고 할 수 있다. 물론 '나만의 법당'에서는 자신이 꾸민 의례 공간을 타인과 공유할 수 있는 기술적 장치를 제공하고 있으나, 사이버 법당이 집합적 의례를 위해 고안된 콘텐츠가 아님은 자명하다.

⑧ 일부 사이버 법당이 참선을 프로그램에 포함시키고 있으나 이를 위해 별도의 의례환경을 구축하고 있지는 않다. 능인선원의 경우 '참선'을 클릭하면 기존 스크린의 이미지는 변하지 않은 채 단지 참선에 대한 설명이 텍스트 형식으로 스크린 한편에 제시될 뿐이며, 수선회의 경우도 '입정'을 클릭하면 기존 의례 배경은 유지된 채 참선의 시작과 끝을 알리는 3번의 죽비소리만 두 차례 들릴 뿐이다. 참선/명상은 통상적인 의례와 달리 무엇보다 내면의 집중을 요구하기에 이를 위해 시각적·청각적 자극을 과감히 재조정

하거나 여타 기술적 장치나 운영 메커니즘을 필요로 한다. 그러나 2D 환경에서 비교적 단순한 프로그램으로 운영되고 있는 한국 사이버 법당에서 이러한 실험은 아직 관찰되지 않는다.

⑨ 사이버 법당은 빠르게 정형화되는 추세를 보이고 있다. 이러한 현상은 무엇보다 사찰 관련자가 아닌 사찰/불교 전문 웹디자인 제작업체가 사이버 법당 프로그램을 개발·운영하고 있으며, 더 나아가 몇몇 회사들(마하넷, 투투컴퓨터, ㈜탑스컴)이 해당 시장을 독점하고 있는데서 기인한다. 그 대표적인 사례가 불교/사찰 전문 IT 그룹인 ㈜탑스컴이 제공하고 있는 (복수의 의례 공간을 구비한) '내마음의 법당' 내지 '나만의 법당'이다. 이와 같이 동일한 웹 프로그램을 여러 사찰이 공유할 경우 개별 사이버 법당의 특성이 약화됨은 물론이고 해당 사찰 고유의 종풍이나 의례 전통을 온라인 의례에 충분히 반영할 수 없음은 당연한 결과라고 할 수 있다.

4. 온라인 불교의례와 감각

사이버 의례에서 감각의 활성화 내지 배치가 어떻게 이루어지는가는 어떤 종류의 콘텐츠가 어떠한 비율로 해당 사이버 의례를 구성하고 있는가, 라는 질문과 동일한 맥락을 지닌다. 이에 대한 답은 콘텐츠 제작자 내지 웹디자이너에게 주어진 기술적 조건, 해당 콘텐츠가 뿌리를 두고 있는 의례 전통, 해당 콘텐츠에서 중심적으로 다루려는 의례적 실천 행위, 해당 프로그램의 궁극적 목적 등에 따라 유동적일 수 있다. 그렇다고 웹 콘텐츠의 구성 형식과 이용자들의 감각적 반응이 일대일의 관계, 즉 기계적이라는 의미는 아니다. 그렇다고 둘 다 임의적이라고 말할 수도 없을 것이다. 왜냐하면 사이버 법당 웹 콘텐츠의 구성이나 내용이 한국 불교의 사찰 의례에 기반을 두듯이 해당 콘텐츠에 대한 이용자(불자)들의 반응 또한 상당 부분 문화적으로 구성된 것이기 때문이다.

앞에서도 언급하였듯이, 사이버 법당은 텍스트 콘텐츠는 최대한 억제되고 시각적 · 청각적 콘텐츠가 지배적인 프로그램이다. 이는 무엇보다 한국의 온라인 의례가 기존 사찰 의례를 모델로 공양과 독경이라는 불교적 실천행위를 중심으로 구성되고 있기 때문이다. 시각적 콘텐츠의 역할은 의례 공간을 구축하는 것으로, 이를 위해 거의 예외 없이 해당 사찰에서 가장 장엄하고 화려하게 조성된 대웅전의 내부 전경이 재현되고 있어, 이용자들은 매우 다채롭고도 풍부한 색감—불상의 금색, 불화/탱화의 빨강, 녹청, 군청, 황토색, 백록색—을 접하게 되며, 여기에 내부 단청이나 '닫집'[19]이 추가된다면 그 시각적 화려함은 배가된다. 다양한 청각적 자극 또한 의례 전 과정에 걸쳐 지속적으로 전달되는데 여기에는 독경 소리를 비롯하여 목탁/종소리, 새/물소리와 같은 자연의 소리도 포함된다. 특히 새벽예불과 같이 전 과정이 오로지 청각적 콘텐츠를 통해 재현될 경우 청각적 정보는 극대화된다. 따라서 시각적 · 청각적 콘텐츠가 압도적인 사이버 법당에서 오감(五感)—시각, 청각, 후각, 미각, 촉각—중 시각과 청각이 가장 크게 활성화되고 있는 것은 부언할 필요가 없을 것이다. 이러한 감각의 배치는 일종의 '감각의 위계질서(the hierarchy of the senses)'라고 부를 수 있으며, 사이버 법당에서 확인되는 시각과 청각의 우위는 한국 불교의례의 일반적인 구성 방식에 상응한다고 할 수 있다.[20]

그렇다고 사이버 법당에서 그 밖의 감각이 완전히 배제되었다는 것은 아니다. 물론 컴퓨터 스크린에 보이는 연기가 피어오르는 향이나 불단 위의 꽃과 음식은 실제로 냄새를 맡을 수도 맛을 볼 수도 없다. 그러나 이러한 대상들에 대한 시각적 기술은 우리가 이들 대상에 대해 가지고 있는 냄새와 맛에 대한 기억을 떠올리게 한다. 따라서 냄새와 맛은 '인지 과정(cognitive process)'을 통해서도 일깨워질 수 있는 것이기에, 사이버 법당에서 후각과 미각은 (모르간[David Morgan]의 표현을 빌리자면) '없으나 있는(absent present)' 것으로 엄연히 작동하고 있다고 할 수 있을 것이다.[21] 이런 의미에서 시각은 고립된 감각이 아니고 다른 감각들과 끊임없이 상호작용하며, 이는 여타 감각에게도 동일하게 적용된다(예. 맛과 접촉과 냄새의 밀접한 연관성). 인문지리학자인 투안(Yi-Fu Tuan)에 의하면 오감이 지속적으로 서로를 보강하는 것은 우리가 살고 있는 복잡하고 감정으로 가득 찬 세계(에 대한 정보)를 전달하기 위함이라고 한다. 특히 후각과 관련하여 투안은 냄새는 장소를 독특하게 만들며 이를 확인(identify)하고 쉽게 기억하게 하여 해당 장소에 특징을 부여해 준다며, 더 나아가 냄새는 공간에 퍼지는 것이기에 기본적으로 공간적 구조를 암시한다고 말한다.[22] 이런 맥락에서 사이버 법당의 초기 진행 과정에 필수적으로 포함되는 분향은 해당 공간이 여타 공간과는 차별되는 불교적 의례 공간임을 확인케 하며, 위로 올라가는 향의 연기에 대한 시각적 기술은 의례 배경의 공간적 깊이를 암시하고 있다고 할 수 있다.

한편 촉각과 관련하여 사이버 법당에서 사용자가 마우스를 이용하여 공양물을 불단에 올려놓거나 초와 향을 피우는 행위는 대상과의 접촉을 취하는 유사행동으로 간주할 수 있을 것이다. 여기서 '유사'라는 표현을 사용한 것은 이러한 행동이 실제 상황에서와 같이 특정한 신체적 감각을 불러일으키는 것이 아니라 특정 종교적 행위를 모방하고 있기 때문이다. 코넬리(Louise Connelly)는 이러한 행위를 '모방접촉(imitation-touch)'이라 표현하고, 대표적인 예로 3차원 가상현실 사이트인 세컨드라이프(Second Life)에서 '부다 센터(Buddha Center)'가 구축한 프로그램, 즉 방문자가 마우스를 사용하여 자신의 아바타(avatar: 사이버 공간에서 인터넷 이용자의 자아를 표현하고 대리하는 매개체)로 하여금 티베트 기도바퀴(prayer wheel)를 돌리게 하는 행위를 들고 있다.[23]

여기서 주목할 것은 사이버 법당에서 이용자들의 주된 행위인 보는 것과 듣는 것은 단지 해당 감각기관의 활성화만을 의미하는 것이 아니라 행위 주체, 즉 이용자들의 육체적·인지적 참여를 의미하며, 이들이 어떤 방식으로 참여하는가는 상당 부분 문화적으로 구성된다는 것이다. 따라서 본다는 것은 육체나 다른 형태의 감각들로부터 분리되지도, 그 사회적/문화적 맥락으로부터도 고립된 것도 아니라는 것이다. 예를 들어, 사이버 법당에서 가장 중요한 시각적 이미지인 불상의 경우 이용자들은 화면 중앙에 위치한 불상을 지속적으로 대면하게 되는데, 신심 깊은 불자의 경우 스크린에서 단지 불상의 이미지를 보는 것이 아니라, 부처의 현존을 느끼며 숭고한 기분을 가지게 되거나, 부처의 시선을 통해 다시 자신의 내면을 들여다보게 되거나, 부처의 부드러운 미소에서 따뜻한 자비심을 느낀다거나 등등 다양한 경험이 가능하다는 것이다. 따라서 불자가 불상의 이미지를 스크린에서 '보는' 행위는 하나의 '시각적 실천행위(visual practice)'가 될 수 있다는 것이다. 이런 맥락에서 모르간은 시각적 대상이 어떻게 보이는지가 매우 중요하다며, 이는 (시각적) 대상, 봄, 경험이 가지고 있는 상관관계의 중요성을 일깨워준다고 말한다. 더 나아가 그는 본다는 것은 체화된 경험으로, 많은 종교적 실천행위에 있어 하나의 기본 요소임을 강조한다.[24]

사이버 의례에서 보기, 듣기, 냄새, 맛, 접촉을 모두 동일하게 포함하는 '총체적 감각(total sensorium)'을 경험하기는 (적어도 현재 기술의 수준에서는) 어렵다.

〈그림 6〉 세컨드라이프의 부다 센터
출처: 부다 센터 홈페이지 (http://www.thebuddhacenter.org/photo-gallery/)

〈그림 7〉 세컨드라이프 부다 센터의 명상홀
출처: 부다 센터 홈페이지 (http://www.thebuddhacenter.org/photo-gallery/)

그러나 모든 종교적 행위에서 제 감각이 동일한 비율로 동원되고 있는 것이 아니듯이, 사이버 의례에서 참가자의 몰입도 또한 '감각적 사실주의(sensorial realism)' 즉 제 감각이 얼마나 현실과 같이 재현되느냐에 반드시 의존한다고 볼 수는 없다.[25] 이런 의미에서 최적의 온라인 의례 콘텐츠는 사이버 공간의 특성을 최적화하면서, 해당 의례의 성격이나 목적에 부합하게 효과적인 감각의 배치를 구성하여 하나의 의미 있는 종교적 경험을 가능케 하는 웹 콘텐츠라고 할 수 있다. 물론 한국 불교계가 현재 제공하는 사이버 법당이 제 감각을 매우 이상적으로 배치하여 한국 불교의례의 특징을 최대한 살리고 있다고 주장하기는 어려우며, 사이버 법당보다 완성도 높은 온라인 의례 콘텐츠도 분명 존재한다. 그러나 비교적 단순한 소프트웨어와 컴퓨터 그래픽을 기반으로 운영되는 한국의 사이버 법당에서 '다중 사용자 가상환경(MUVE: multi-user virtual environment)'을 기반으로 하는 가상세계인 세컨드라이프에서 제공되고 있는 종교 의례에서 관찰되는 사용자의 몰입도를 기대하는 것은 적절치 않을 것이다.[26] 이는 같은 온라인 의례일지라도 기술 집약도, 제작자의 의도, 사용자들의 욕구 등에서 커다란 차이를 보이며, 여기서 한국의 사이버 법당은 주어진 기술적 한계 속에서 나름 최적의 결과물을 보여주고 있다고 평가할 수 있을 것이다.

5. 뉴미디어 시대의 불교의례

우리의 감각은 종교 경험을 가능케 하는 매체이며, 동시에 종교 경험은 감각의 작용 그 자체이기도 하다. 따라서 감각이 참여하지 않는 종교적 행위는 존재하지 않는다고 말할 수 있다. 본 논문에서는 사이버 공간에서 실행되는 불교 의례 중 한국의 사이버 법당을 사례로 그 콘텐츠를 분석하여 어떠한 감각이 어떤 메커니즘을 통해 활성화되고 있는가를 살펴보았다. 이러한 작업은 특정 웹 콘텐츠와 인터넷 사용자가 감각의 차원에서 어떻게 상호작용하여 종교의례가 사이버 공간에서 작동하고 있는지를 파악하기 위함이기도 하다.

이런 맥락에서 본 논문은 독일어권 종교학에서 새로운 연구 영역으로 자리매김하고 있는 '종교미학(Religionsästhetik)'으로부터 고무 받았음을 밝히고자 한다. '종교미학'은 '미학'의 고전적인 의미(아름다움이나 예술)에 대한 철학적 담론)를 넘어 아리스토텔레스적인 *aisthesis* 이해, 즉 '감각을 통한 인식(sensory perception)'에 그 개념적 토대를 두고, 종교적 실천행위나 의미의 생성 과정에서 감각과 육체의 역할을 중시하고 있다. 이러한 연구 동향은 기존의 텍스트와 교리 중심의 종교연구를 극복하기 위한 하나의 움직임으로, 매개되지 않은 종교나 종교적 경험은 존재하지 않는다는 전제를 가지고, 종교가 개인적 그리고 사회적 차원에서 실질적으로 어떤 방식으로 작동하고 효력을 미치는가에 초점을 맞추고 있다. '종교미학'에서 특히 의례가 중요 연구 대상인 것은 의례를 통해 보이지 않고 비물질적인 것에 대한 감각적 접근이 가능케 되어 체화된(embodied) 경험이나 인식이 형성되기 때문이라는 것이다.

물론 본 연구는 사이버 법당 이용자들에 대한 경험적 조사를 포함하고 있지 않기에 이들의 구체적인 감각적 · 인식론적 차원의 경험 내용을 파악하는 데 한계가 있는 것이 사실이다. 이러한 방법론적 문제는 인터넷 이용자들의 높은 익명성에서 기인하기도 하지만, 일차적으로는 해당 콘텐츠가 이용자들 사이의 (대화창, 쪽지, 커뮤니티 게시판 등을 통한) 소통을 가능케 하는 장치를 구축하고 있지 않기에 이용자들의 반응을 추적, 기록하는 작업이 매우 어렵기 때문이다. 하나의 대안으로 모집단을 선택하거나 (인위적으로) 구성하여 사이버 법당에 대한 이들의 반응을 기록할 수는 있을 것이다. 그러나 해당 모집단이 과연 어떤 대표성을 갖고 있는가는 또 다른 논의를 불러올 수도 있다.

이러한 방법론적 한계에도 불구하고 본고에서 진행한 사이버 법당의 콘텐츠 분석은 한국 불교계의 온라인 의례가 예불, 독경/독송, 명상과 같은 개인적인 차원에서 실행할 수 있는 불교적 실천 행위와 관련하여 그 유효성을 잠재하고 있으며, 무엇보다 매우 풍부한 시각적, 청각적 콘텐츠를 중심으로 다양한 감각을 활성화시키고 있다는 점에서 종교 경험의 전제 조건을 상당 부분 충족시키고 있다는 결론에 다다르게 한다. 이와 더불어 대부분의 사이버 법당이 비록 기존의 불교 의례를 몇몇의 기본 요소(공양, 독경)로 축소하여 전달하려는 경향을 보이나, 기존의 불교 의례가 사이버 공간에서 새롭게 웹 콘텐츠로 재구성되고 사용자가 의례의 진행 과정을 일정 부분 통제/결정할 수 있다는 점에서 사이버 법당은 새로운 형태의 불교 의례라고 할 수 있다.

사이버 법당은 세컨드라이프에서 실행되는 온라인 불교 의례와 같이 3D 가상세계 환경도 아바타도 사용하지 않음으로써 기술적으로 가장 발전된 형태의 사이버 의례라고 말할 수는 없다. 또한 해당 콘텐츠를 구축하는 데 있어 웹 디자인 회사의 주도적 역할 그리고 몇몇 회사의 해당 시장 독점은 한국의 온라인 불교 의례의 정형화를 우려케 한다. 그럼에도 불구하고 저자가 소개한 사이버 법당은 한국 불교가 뉴미디어 시대의 도전을 진지하게 받아들이고 있으며, 사이버 공간을 불교 실천 행위의 새로운 영역으로 적극적으로 활용하고 이를 기획하는 하나의 긍정적인 사례라고 볼 수 있을 것이다.

생태의례와 감각의 정치

유기쁨

1. 생태의례를 바라보는 엇갈린 시선

생태계 보전을 위한 노력은 다양한 주체들에 의해 여러 각도에서 진행될 수 있는데, 언론에서 가장 눈에 띄게 부각되는 것은 저항적 생태운동의 양상들이다. 특히 최근에는 정부와 지자체, 대기업 등이 사회적 합의를 거치지 않은 상태에서 일방적으로 개발을 추진하는 가운데 지역민들 및 지역생태계 보전에 관심을 가진 시민들이 이러한 막무가내식 개발을 저지하려는 양상을 나타내면서, 저항적 성격을 현저하게 나타내는 생태운동의 전개가 두드러진다. 이와 같은 저항적 생태운동은 기본적으로 대립적인 구도에서 진행된다. 저항적 생태운동의 장은 종종 개발을 추진하려는 측, 곧 정부나 지자체, 혹은 기업과 이를 막고 지역 생태계를 보전하려는 지역민과 환경 활동가들 사이의 대립과 갈등, 긴박한 대치상황이 나타나는 현장인 것이다.

그런데 주목할 것은, 이와 같은 저항적 생태운동의 현장에서 의례의 수행/창안/전유 현상이 두드러지게 나타난다는 점이다.[1] 무분별한 개발을 막고 보전해야 할 산, 강, 갯벌 등지의 현장에서 수행되는 생태의례들은 ① 비교적 평화로운 시기에 물리적 충돌 없이 수행되는 경우도 있고, ② 극한의 대치상황에서 수행되는 경우도 있다.

이 가운데 특히 생태운동 현장의 대치상황에서 수행되는 종교의례에 대해서 엇갈린 시선들이 갈등을 일으키고 있다. 의례를 수행하는 측에서는 미사, 기도회, 법회 등의 의례가 신앙의 표현인 동시에 성스러운 초자연의 개입을 위한 통로로서의 역할을 한다고 주장한다.[2] 이에 비해, 개발업자 및 경찰측에서는 사업의 현장에서 수행되는 각종 종교의례가 공사 저지라는 세속적 목적을 위해서 종교의례를 빙자하는 위력 행사이며 나아가 '쇼'에 불과하다고 일축한다. 저항적 생태운동의 현장에서 수행되는 의례에 관해서 이처럼 정도의 차이는 있지만 상반된 시선이 격렬히 대립하면서 물리적인 충돌까지도 야기하고 있다. 가령 해군기지 건설 문제로 경찰측과 주민, 활동가측이 수년간 대립하고 있는 제주 강정마을의 경우, 2013년 8월에는 제주 강정마을의 공사장 입구에서 미사를 위해 성체를 모시던 문정현 신부가 미사를 방해하려던 경찰 측과의 실랑이 과정에서 넘어지면서 성체가 바닥에 쏟아지고 밟히는 일이 일어났다. 또한 같은 해 10월 16일에는 경찰 측에서 사업장 정문에서 매일 수행되는 미사를 종교의례로 볼 수 없다고 공언하기도 했다. 의례 수행자 측에서든 이를 저지하려는 측에서든, 과연 그 의례의 '진정한 목적'이 무엇인지에 대한 서로 다른 해석을 놓고 대립하고 있는 것

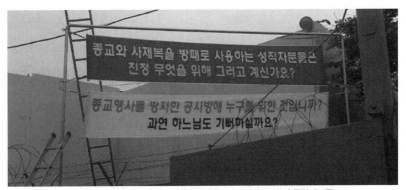

제주 강정마을에 걸린 현수막 (출처: 페이스북 강정평화기도회 구직자그룹)

이다.

사실 상반된 입장이 대치하는 현장에서 종교의례에 참여하는 사람들의 성향은 매우 다양하다. 그 가운데 어떤 이들은 실제로 '성스러움'의 문제는 차치하고 단지 공사를 저지하기 위한 하나의 구실로서 의례에 참여할지도 모른다. 그런데 여기서 중요한 것은, 어떠한 의도를 가지고 참여했든, 현장에서 의례에 참여하는 가운데 얻게 되는 경험이 의도하지도 의식하지도 않았더라도 어떤 '효과'를 발생시킨다는 점이다. 그러한 효과는 어떤 것일까? 그리고 무엇이 그러한 효과를 낳는 것일까?

이 점을 염두에 두고, 이 글에서는 저항운동 현장에서 수행되는 '의례'에 대해 외부의 시선 및 심지어 의례 수행자의 의례 수행 목적과는 별도로 의례의 작용 및 효과에 초점을 맞추어 분석을 진행하려고 한다. 특히 모든 의례는 몸짓에 바탕을 둔다는 점에 착안하여, 생태의례가 의례 수행자의 신체적 감각작용을 통해 자아와 환경에 대한 인식을 새롭게 하면서 일종의 변형을 일으킨다고 보고, 그러한 의례 과정의 감각 작용을 통한 변형의 성격을 분석할 것이다. 몸의 '감각'에 주목함으로써, 단지 의례를 통해 '표현'된 행위자들의 의도에 대한 논란을 넘어서 현장에서 일어나는 행위자와 주변 환경과의 상호작용적인 측면을 조명할 수 있을 것이다. 이러한 분석을 통해서, 생태운동 현장에서 일어나는 종교의례의 수행, 새로운 의례의 창안, 기존 의례의 전유 및 의례화 현상이 특유한 기능을 수행하고 있으며 또한 고유한 효과를 낳고 있음을 제시하고자 한다.

우선 2장에서는 한국 생태운동의 현장에서 '의례'가 부각되는 배경으로서 생태환경에 대한 상반된 시각의 대립이 중요한 역할을 하고 있음을 제시하고, 장소에 대한 '감각'의 회복과 저항의 전략으로서 생태의례가 부각되는 맥락을 설명할 것이다. 3장에서는 개발로 인해 파괴될 위험에 처한 현장인 '그곳'에서 수행되는 도보순례 현상을 분석할 것이다. 4장에서는 저항적 생태운동의 긴박한 대치 상황에서 수행되는 의례에 초점을 두고, '그곳'에서 어떠한 일이 일어나는지를 (1) 의례적 환경의 조성, (2) 장소감의 형성과 의례화된 주체의 탄생, (3) 감각-가치의 코뮤니타스 형성, (4) 이미지와 이야기의 확산 등의 소주제들을 통해 분석할 것이다.

2. 생태운동 현장에서 '의례'의 부각

1) 대립하는 두 논리 : 공간 vs. 장소, 개발 vs. 보전

생태주의의 논리를 공간적인 측면에서 살펴보면, 그것은 근대적인 공간관과 거기서 비롯된 자연관의 극복을 특징으로 한다.[3] 수많은 생태운동이 '저항적'이라는 수식어를 갖게 되는 이유는 사회 전반의 성장주의적·근대적 공간 인식에 대한 저항의 성격을 띠고 있기 때문이다. 강이나 산, 갯벌, 해안 등지를 화폐가치로 환산될 수 있는 균질적인 표면(혹은 텅 빈 '공간')으로 바라본다면, 경제적 부가가치를 위해 해당지역을 개발하는 것이 타당하게 여겨질 수 있다. 사실 도시에 거주하는 상당수의 현대인들은 자연(지역)과 나의 연결, 혹은 그곳에 내가 속해 있다는 느낌을 갖지 못하고 있으며, 이들에게 땅은 단지 경제적 이윤을 얻기 위한 투자의 대상으로 여겨질 뿐이다. 개발을 지지하는 세력 역시 세계를 균질적 표면으로 바라보는 근대적 공간관을 전제하고 있다. 가령 4대강개발사업에 반대하는 운동이 지속적으로 벌어졌던 두물머리에서 매일 수행된 미사와 관련해서, 당시 경기도 도지사는 "물탱크에서 농사지어서는 안 된다. 신부님들은 왜 남의 물탱크에서 기도하나?"[4]라고 발언한 적이 있다. 이는 강을 단지 물이 담겨 있는 물탱크처럼 여기면서 경제적 가치 창출을 위해 개조, 개발할 수 있는 공간으로 여기는 인식을 잘 보여준다.

이에 비해 강, 산, 갯벌, 해안 등을 수많은 존재들이 거주해 온 의미 있는, 화폐가치로 대체될 수 없는 고유한 장소로 바라보는 개발 반대 세력 측의 장소관은 개발 세력들의 공간관과 극렬하게 대비를 이룬다. 생태운동가들은 산, 강, 갯벌 등이 텅 빈 공간도 아니고 인간의 이윤추구 활동을 위한 외적 배경도 아니라고 주장한다. 오히려 개발로 파괴될 위험에 처한 그곳은 수많은 생명체들, 그리고 지역민들이 보금자리로 삼고 있는 자체의 역사와 의미를 지닌 장소라는 것이다. 그리고 좀 더 많은 사람들에게 이와 같은 장소감(장소에 대한 감각)을 회복시키고자 하며, 이를 위한 유의미한 기제로서 의례가 활용되고 있는 것이다.

2) 장소 '감각'의 회복과 저항의 전략으로서의 생태의례

인류학자인 로이 라파포트(Roy A. Rappaport)는 의례가 단지 내적인 의도를 표현하기 위한 수많은 방식들 가운데 하나가 아니기에 등가물이나 대체물을 가지고 있지 않으며, 의례의 형태에는 고유한 의미와 효과들이 내재한다고 제안한다. 이때 의례의 특유한 효과들은 의례 수행자의 숨겨진 의도나 의미에서 유추되는 것이라기보다는 의례의 독특한 형식성에서 비롯한 것이다. 의례는 일반적으로 말뿐 아니라 신체적 행위를 포함하는 가운데 양식화되고, 반복적이고, 정형화되는 경향을 띠는데, 신체적 감각(senses)에 즉각적으로 적용될 수 있는 명백하고 특유한 의례의 형식성이 의례의 독특한 효과를 낳게 된다는 것이다.[5]

특히 라파포트는 의례의 독특한 효과가 결코 사소한 것이 아님을 강조하였다. 곧 의례는 사회가 잘못된 방향으로 흘러갈 때 이를 저지하기 위한 장치로서 작동할 수 있다는 것이다. 가령 인간 역시 생태계의 일부라는 점을 고려할 때, 생태계의 보전은 인류의 생존을 위해서도 기본적이고 필수적인 사항이다. 그런데 이와 같이 필수적이고 기본적인 원칙을 희생해서 일부 계층의 이익을 증대하려는 경향이 현대 사회에서 나타나고 있다. 이처럼 물질적인 것이 지나치게 신성화되면 그 시스템의 적응적 유연성은 축소될 수밖에 없다. 지역 거주민이 아니라 전문가 집단에게 지역 생태계의 존망을 좌우할 결정을 맡기는 지나친 전문화와 중앙집중적 결정 시스템, 그리고 모든 것 위에서 화폐가치의 지배 등의 현상은 우리 사회가 생태계에 비-적응적인 시스템으로 작동하고 있음을 보여준다.

그러나 라파포트에 따르면, 모든 종류의 살아 있는 시스템은 그것을 끊임없이 파괴·절멸시키려 위협하는 혼란과 동요에 직면해서 스스로를 지속하기 위한 적응적 장치를 가지고 있으며, 인류에게서는 의례가 그와 같은 중요한 적응 장치로서 기능할 수 있다고 한다.[6] 다시 말해서, 사회가 비-적응적인 방향으로 가고 있을 때 전문가들이 전담하다시피 하는 의식적인 이성의 논리를 넘어서는 비-담론적인 강력한 장치가 필요한데, 이때 의례가 중요한 역할을 담당할 수 있다는 것이다.

라파포트가 의례에서 발견한 '힘'은 부표처럼 떠돌며 의지할 데 없는, 기표-기의 사이의 미끄러짐과 온갖 대안들이 가득한 불확실한 세상 속에서 권력을 갖지 못한, 발언권을 갖지 못한 자들이 그나마 기댈 수 있고 살아갈 수 있게 만드는 의례의 형식성, 고정성, 반복, 패턴화된 행위양식이 가지는 힘을 의례 참가자들이 신체적으로 경험하는 것과 관련된다. 현대사회에서 인간이 세계를 파괴할 수 있는 능력이 점점 더 커지는 데 비해 인간의 이성, 특히 전문가의 권위에서 나온 언어적 담론의 확실성이 무너지고 있으며, '거짓 말'로 표상되는 미끄러지는 기표와 기의의 관계는 생태문제와 관련해서도 신뢰할 만한 소통을 어렵게 만들고 있다. 이러한 상황에서 라파포트는 각자 몸의 경험을 통한 '다른' 방식의 적응적 장치의 효용, 특히 의례의 효용에 관심을 나타낸 것이다.

그렇지만 일반적으로 라파포트의 분석은 전통 속에 뿌리내린 정형화된 예전을 중심으로 전개된다. 비록 그는 고준위 핵폐기물처리장 위치 선정 문제를 둘러싼 대립 과정에서 생태운동가들의 헌신적 참여 행위들이 지속, 수정, 변형의 과정을 거쳐 좀 더 형식화되면서 의례적 성격을 띠게 된다는 점을 지적한 바 있지만,[7] 전형적인 의례 공간을 벗어난 극한적 대립의 역동적인 현장에서 수행되는 의례적 행위가 실제로 어떠한 역할을 하며 어떠한 효과를 발생시키는지에 대한 설명은 불분명하다.

사실 일반적으로 사람들은 의례를 위한 장소가 따로 있다고 생각하는 경향이 있다. 의례는 성스러운 공간에서 수행되어야 한다는 것이다. 그렇지만 로널드 그라임즈(Ronald L. Grimes)의 말처럼, 그러한 생각은 의례를 세상에서 격리된 역할로 고정시켜 버린다.[8] 의례를 다시 인간 삶의 역동적 현장으로, 세상 속으로 끌어올 필요가 있다.

캐서린 벨(Catherine Bell)이 강조하듯이, 의례는 인간의 다양한 행위 방식들 가운데 하나이다. 의례화는 다른 행위들과는 구별되는 방식으로 이루어지는데, 곧 일련의 움직임, 몸짓, 소리 등을 통해 시공간 속에서 수행되는 행위들은 대립적 관계를 두드러지게 하는 방식으로 효과적으로 환경을 구성하고 분위기를 조성하며, 이를 통해 의례적 가치를 체현한 의례화된 주체를 탄생시킨다. 특히 벨은 의례 참가자들의 몸짓이 특정 가치들을 자연스러운 것으로 만드는 의례적 환경을 형성할 뿐 아니라, 동시에 그들은 그렇게 구조화된 환경을 몸으로 익히게 된다는 점에 주목하였다.[9]

생태의례의 효과를 적절히 조명하기 위해서는, 이와 같은 몸과 환경의 순환적 상호작용을 염두에 두고서 생태운동의 현장에서 일어나는 일을 살펴볼 필요가 있다. 저항적 생태운동의 현장(주로 지켜야 할 생태환경)에서 수행되는 종교의례들은 해당 전통의 '종교적 맥락'을 현장의 상황에 접속(접목)하면서 다양한 복합적 감각자극 요소들이 활용되는 가운데 진행된다. 생태운동 현장에서 수행되는 의례는 차창 밖으로, 혹은 TV를 통해 보던 경치를 단지 외부적 경관이 아닌, 내가 그 일부가 되는 환경으로 지각하게끔 변형시키는 효과적 기제로 사용된다. 나아가 그러한 지각의 변형은 내부적으로도 일어난다. 즉 생태의례에 참여하는 가운데 생태운동의 현장은 더 이상 균질적인 공간이 아니라 특별한 장소로 경험될 뿐 아니라, 주위 환경과 신체적으로 상호작용하는 가운데 자아에 대한 인식도 다소간의 차이는 있지만 변형되는 결과를 가져오게 된다.

개발 대 환경, 균질적 공간 대 유의미한 장소의 가치가 대립하는 과정에서 형성된 사건이자 일종의 장(field)인 생태운동의 현장에서 수행되는 의례의 작용과 효과를 파악하기 위해서, 다음 장들에서는 유기체와 환경의 상호작용 속에서 몸의 경험, 특히 '감각'의 작용을 살펴보려고 한다.

3. '그곳'을 향하는 발길 : 생태순례의 의례화

현대인들은 거의 매일 생태문제와 관련된 정보들을 각종 미디어를 통해 보고 듣게 된다. 그렇지만 전달된 정보를 간접적으로 접해서 아는 것과 직접 현장에 가서 신체적 활동을 통해 아는 것은 사뭇 다르다. 최근 한국사회에서는 개발로 파괴될 위기에 처한 강, 갯벌, 숲 등의 현장을 직접 방문해서 하루 종일, 혹은 일정한 기간 동안 도보로 순례하는 생태순례가 확산되고 있다.

집단적으로 함께 걸으면서 '개발 반대', '지역생태계 보전' 등을 주장하는 생태운동의 전개 양상은 이전에도 있어 왔다. 그런데 그와 같은 집단적 걷기는 '(시위)행진'으로 일컬어질 만한 것들이 많았다. 이와 같은 흐름에 하나의 전기를 이룬 것이 새만금살리기운동의 전개과정에서 수행된 삼보일배이다. 2003년 3월-5월에 해창갯벌에서 서울시청 앞까지 진행된 삼보일배는 행렬에 참여하지 않는 외부인들에게 강렬한 인상을 남기는 '시각적 퍼포먼스(시위)'로서의 차원을 분명 지니고 있었다. 삼보일배는 기본적으로 새만금 갯벌의 파괴를 반대한다는 특정한 목적을 위한 시위적 성격이 강한 '시각적 퍼포먼스'였고, 좀 더 많은 사람들에게 자신의 목적을 알리고 호소하는 것을 중요한 목적으로 삼고 있었다. 그리고 실상 한국 사회에 즉각적 파장을 일으킨 것은 삼보일배 참가자들 각각의 변화라기보다는, 이러한 '시각적 퍼포먼스'로서 삼보일배가 지닌 강한 인상이었다. 네 종교 성직자들과 이에 동참한 수많은 사람들이 침묵 속에서 세 걸음 걷고 한 걸음씩 절하면서 먼 길을 걸어 서울까지 오는 모습은 연일 각종 매체에 실렸고, 수많은 사람들에게 뚜렷한 인상을 남겼다.

그렇지만 이와 함께 삼보일배는 개인의 참회와 수행을 위한 절이라는 불교의식에서 전유된 의례로서 참가자들이 신체적 고행을 통해 자아와 세계에 대한 인식의 변화를 겪게 되는 차원을 지닌다는 점도 간과할 수 없다. 삼

원불교 생명평화탈핵순례 1주년 포스터

보일배에 동참한 많은 사람들은 세 걸음을 걷고 한 번 절을 한다는 특정한 자세와 동작을 몸을 통해 익혀 나가고 동일한 행위를 여러 명이 함께 반복하는 가운데 일종의 소속감과 공감대를 형성하게 된다. 그러한 생각과 느낌은 이미지와 표상의 내적인 주관적 공간에서 일어난 것이라기보다는 몸을 통한 실천적 활동을 통해 생겨난 것이다.

이후 생태운동의 전개 과정에서 도보순례와 운동의 결합이 두드러진 양상으로 부각되고 있는데, 특히 외부적인 시각적 퍼포먼스로서의 목적보다는 보전해야 할 생태환경을 몸으로 지각하면서 생태계의 일부로서 자신을 자각하기 위하여 직접 현장을 도보로 순례하는 크고 작은 일종의 생태순례가 이루어지고 또 확산되고 있다. 가장 눈에 띄는 사례로는 지리산살리기 도보순례를 계기로 전국을 도보로 순례하면서 각지에서 위령제, 기도회 등을 거행하는 지리산 생명평화탁발순례가 있다. 2004년 3월 1일 지리산 노고단에서부터 시작된 생명평화탁발순례는 2008년 12월 7일 서울 보신각까지 5년에 걸쳐서 진행되었으며, 약 7만5천명이 참여하였다. 이후 탁발순례는 생명평화백년순례로 이어져서 현재까지 진행되고 있다. 그리고 전남 영광지역에서는 2012년 11월부터 현재까지 원불교환경회의 주관으로 매주 생명평화탈핵순례가 이루어졌는데, 이 순례에는 원불교인들 뿐 아니라 타종교인들, 환경활동가들, 지역민들이 지속적으로 참여해 왔다. 또한 지난 8월 22~24일에는 종교환경회의 주최로 범종교인 생명평화순례가 개최되었으며, 참가자들은 영주댐건설현장과 내성천, 영양 등 개발로 인한 파괴에 직면한 생태환경을 도보로 순례하였다. 몸을 통해 이루어지는 모든 의례들이 참여자의 어떠한 변화를 가져오게 되는 것은 필연적이지만, 보전해야 할 생태환경 속에서 이루어지는 도보순례의 경우 이러한 개인의 변화를 일차적으로 의도한다는 점이 특징적이다. 이러한 생태순례의 전통은 눈에 띄게 요란하지는 않지만 오랜 기간 꾸준히 지속되면서 생태운동의 중요한 흐름을 형성하고 있다.

　사례마다 차이가 있지만, 생태순례는 대략 다음과 같은 절차로 이루어진다. 우선 생태순례에 참여하기 위해 자신의 삶터를 떠나서 현장으로 떠나간다. 현장에서는 해당 지역의 생태환경에 대해서 잘 아는 사람들과 함께 도보로 순례하면서 주요 장소들마다 멈춰서 그곳을 경험하게 되는데, 이때 보통 연관된 생태환경 이슈가 다시 언급되고 참가자들은 그곳을 걸어서 둘러본다. 마지막으로 간단한 의식(느낌 나누기나 절, 짧은 묵상 등)으로 마무리된다. 수많은 생태운동이 익숙한 삶터를 떠나 생태적 이슈가 되는 현장을 방문했다가 다시 각자의 삶의 자리로 돌아온다는 점에서는 어느 정도 순례적 성격을 띠고 있지만, 최근에는 본격적으로 생태순례를 전면에 내세운 운동 형태가 하나의 흐름을 형성하고 있다는 점에서 주목할 만하다.

　짐작할 수 있듯이 고대나 중세의 순례와 오늘날의 '생태순례'는 여러 모로 다르다. 무엇보다도 현대에서 '걷기'가 차지하는 의미와 맥락이 고대나 중

내성천 도보순례 (출처: 기독교환경운동연대)

세와는 뚜렷이 구별되기 때문이다. 도보순례의 핵심은 일정 시간 동안 줄곧 걸어 다니는 것이 주를 이룬다는 점인데, 대체로 현장에서 하루 다섯 시간 이상을 줄곧 걷는 도보순례는 현대 도시인들에게는 낯선 신체적 경험이다. 현대 도시인들에게 오랜 시간 걷기는 오히려 여가생활이나 여행 등 일상에서 벗어난 특별한 경우에 '일부러 하는' 활동이다. 도시인들은 걷는 경험 자체, 그리고 걸으면서 지각하는 환경의 변화에 주목하지 않으며, '이동'이란 목적을 위해 더 빠른 수단인 자동차 등을 선호한다. 그런데 사실 환경파괴적인 개발결정의 상당수는 도시에서 의자에 앉아 컴퓨터 앞에서 지역 생태 환경의 개발 여부를 머릿속으로 판단하는 사람들에 의해 이루어진다. 인류학자 팀 잉골드(Tim Ingold)는 이처럼 땅에 발을 디디지 않고(groundlessness) 의자에 앉은 채 이루어지는 사유가 절대적 권위를 부여받는다는 점이 현대 대도시 주거의 특징적 현상이라고 보았다.[10] 현대 대도시 주거생활에서는 주로 의자에 앉아서 (촉각이나 발을 통한 고유감각에 방해받지 않고서) 시각과 청각의 '우월한' 감각을 통해, 그것도 모니터를 통해 간접적으로 세계를 지각하면서, 땅과의 직접적인 접촉으로부터 인위적으로 단절된 사람들이 오히려 생태 환경의 개발이냐 보전이냐를 결정할 권력과 권위를 부여받고 있는 것이다.

그렇지만 우리가 무엇을 보느냐는 우리가 어떻게 보느냐와 분리될 수 없다. 어떠한 지각의 내용도 지각하는 사람의 움직임에 의존한다.[11] 따라서 숲이나 강, 바다를 모니터를 통해서 보는 것과 그곳에 가서 걸으면서 보는 것과는 차이가 있을 수밖에 없다.

이와 같은 탁상머리 개발 결정에 대한 저항으로, 생태환경문제의 현장에서 촉각을 비롯한 복합적 감각작용이 일어나는 '걷기' 및 몸을 움직이는 의례가 두드러지게 수행되는 것은 당연한 대응이라고 볼 수 있을 것이다. 잉골드가 지적하듯이, 우리가 눈, 귀, 혹은 피부 표면으로 지각하는 게 아니라 몸 전체로 지각한다고 이야기하는 것은 거의 뻔한 말이다. 그렇지만 그럼에도 현대 사회에서는 끊임없이 촉각보다는 시각과 청각을 우위에 놓는 경향이 있으며, 촉각 연구도 '손'에만 집중된 경향이 있다. 그러나 우리가 길을 걸을 때, 보행 경험에는 발을 통한 촉각뿐 아니라 다른 감각들도 모두 연관된다. 걸을 때 우리가 무엇을 지각하느냐는 우리가 어떻게 움직이느냐에 달려 있다.[12] 걸어서 돌아다니면서 우리는 주위환경을 새삼 새롭게 알게 된다.

그리고 길을 걸으면서 우리는 어떤 물건이 아니라 무엇보다도 자기 자신의 몸의 무게를 운반하는데, 이처럼 자신의 무게를 지고 걸어가는 가운데 주위 환경뿐 아니라 자기 자신까지도 새롭게 경험하게 된다. 특히 우리는 주변 환경에 대한 내 몸의–시각, 후각, 청각, 촉각, 미각 등–감각작용의 촉발을 통해 개인적인 과거의 경험의 일부 혹은 전체 레퍼토리를 불러낼 수도 있는 것이다. 그리고 이러한 과정을 통해, 도보순례자들은 주위환경에 불가피하게 감각적·감정적으로 연결된다. 이때 이러한 작용은 개별적인 동시에 집단적으로 경험되며, 역동적이고 다-감각적(multi-sensory)으로 진행된다.[13] 다시 말해서, 도보순례는 제니퍼 포스터(Jennifer Foster)가 이야기하는 '세계와 그 무한한 복잡한 관계들, 그리고 세계 속에서 자신의 자리에 대한 감정적 해석을 고무하고, 휘젓고, 엉기게 함으로써 사람들의 삶에 의미를 형성하고 주는 강력한 역할'[14]을 할 수 있는 것이다.

가령 내성천을 그저 모니터를 통해서 혹은 차창 밖 풍경으로 감상하기 위해서는 시각만이 요구되지만, 도보순례를 통해 그러한 경관에 직접 들어가고 거기에 참여하는 것은 모든 감각적 관련을 요구한다. 그리고 도보순례에 참여함으로써 이른바 자아 너머에 존재하는 내성천이란 환경에 대한 지식뿐 아니라 감각적 효과들을 통해 소위 개체 내부의 세계도 휘저어지고 새롭게 엉김으로서 변형이 일어나게 된다. 즉 도보순례의 감각작용은 참여자의 생생한 경험의 형성에 중요한 역할을 담당하는 것이다. 이러한 방식으로 도보순례를 통해 '경관'은 삶 속에 엮이고 삶은 '경관' 속에 엮임으로써 (무의미한 공간이 아닌) 의미 있는 장소가 탄생하게 된다.

4. '그곳'에서 일어나는 일 : 대립 현장에서의 의례

개발 예정 부지인 강이나 산, 갯벌 등의 생태환경을 몸의 경험을 통해 총체적으로 지각하기 위한 도보순례가 점차 늘어가고 있지만, 어느 개발 예정 부지에서나 그러한 도보순례를 할 수 있는 것은 아니다. 오히려 상당수 개발 예정 부지는 일반인의 출입이 제한되며, 그 인근에서 개발 공사를 진행하려는 이들과 이를 저지하려는 사람들 사이에서 물리적 대립과 충돌이 일어나고 있다. 그리고 이러한 충돌의 현장 곳곳에서는 정기적/비정기적으로 종교의례가 수행되고 있다. 이와 같은 대립의 현장에서 수행되는 의례들은 어떠한 효과를 낳고 있을까?

1) 의례적 환경 조성

가. 대립 상황 참여 경험의 의례화 : 소위 '외부' 참여자의 경우

개발 예정 지역에서 대립 상황이 지속되는 동안, 지역생태환경의 보전을 원하고 개발을 반대하는 수많은 사람들은 주로 SNS 및 각종 미디어를 통해 현장 소식을 접하고서 저마다의 삶터를 자발적으로 떠나서 개별적으로 혹은 집단적으로 현장으로 향한다. 집단적 참가는 종교생태운동 엔지오나 환경단체 등이 송전탑 건설 반대를 위한 '탈핵희망버스', 골프장건설 반대를 위한 '생명버스' 등을 조직하여 참가자를 모집함으로서 이루어진다. 자신의 삶터에서 현장으로 향하는 발길이 개별적이든 집단적이든 간에, 일상에서 벗어나 대립의 현장으로 가는 길 자체가 일종의 '순례'의 성격을 띠고 있으며, 비일상적인 분위기를 예비적으로 조성한다.

나는 2012년 3월 11일~13일까지 2박3일간 제주 강정마을 구럼비살리기 운동의 현장에 개별적으로 참여하였으며, 2013년 10월 2일~3일까지 무박2일간 밀양 탈핵희망버스에 탑승하여 현장에서의 상황에 참여한 바 있다. 나의 경험과 다른 참가자들의 이야기 및 인터넷 카페, 블로그, 트위터, 페이스북 등에 올라오는 후기들을 참조해볼 때, 이와 같은 대립의 현장에 참여하는 과정의 경험은 개별적이든 집단적이든 비교적 비슷한 구조로 의례화된다. 반 겐넵[15]과 빅터 터너[16]의 논의를 적용해보면, 이와 같은 의례적 구조는 크게 다음과 같이 구성된다.

    ① 분리 : 현장의 정보에 접한 뒤, 현장으로 가기 위해 일상의 익숙한 장소를 떠남

    ② 전이 1 : 개별적으로 혹은 집단적으로 현장을 향해 이동

③ 전이 2 : 현장에서의 경험

④ 재통합 : 현장을 떠나 삶터로 돌아오기

⑤ 확산 : SNS 후기 등을 통한 경험의 확산

분리 단계에서, 자신의 삶터에서 살아가던 사람들이 대립과 충돌이 일어나는 현장으로 떠날 결심을 하게 된 계기는 현지의 '사진'을 중심으로 한 속보인 경우가 많다. 삶터에서 현장으로 이동하는 전이 1단계에서, 참여자는 대체로 주저와 두려움, 흥분, 긴장이 뒤섞인 상태이다. 자동차나 비행기 등 이동수단에 탑승하는 순간, 일상과 비일상의 경계를 명확히 하는 단절이 일어난다. 탈핵버스 등으로 참가자를 모집해서 집단적으로 이동하는 경우에는 버스 안에서 현지의 상황에 대한 간략한 브리핑이 이루어지며, SNS를 통해 각자가 미디어가 되어 현지상황을 중계해 줄 것을 부탁받기도 한다. 이후 전이 2단계에서 복합적인 감각자극과 신체적 경험이 집약적으로 일어나며, 자아와 세계에 대한 새로운 지각이 형성된다. 흔히 이때 일시적으로 코뮤니타스가 형성된다. 재통합 단계에서는 새로워진 자아와 환경에 대한 인식을 가지고 자신의 삶터로 돌아오게 된다. 마지막으로 확산 단계는 개인의 선택에 따라 유무가 결정되는데, 대체로 자신의 경험을 이야기와 이미지를 통해 확산시킴으로써 다른 이들에게 또 다른 정보를 제공하고 참여 동기를 제공하는 여러 장치가 활용된다.

나. 현장에서 수행되는 종교의례들

여기서는 특히 ③단계, 현장에서 일어나는 일에 초점을 맞추어 보자. 자신이 향하는 곳이 개발 추진 세력과 저항하는 이들이 긴박하게 대립하는 현장이라는 정보를 미리 알고서 자발적으로 참여했기에, 참가자들은 초조하고 긴장된 마음으로 현장에 도착한다. 그런데 대립과 물리적 충돌을 상상하고 온 현장에서 정기적·비정기적으로 종교의례가 수행되고 있다면, 도대체 그 종교의례는 어떠한 역할을 하고 있는 것일까?

개발 추진 세력과 이에 저항하면서 강, 산, 갯벌, 바다 등의 생태계 보전을 주장하는 사람들 사이의 대립이 표면화된 현장에서 종교인들이 눈에 띄는 역할을 하고 종교의례가 정기적으로 수행된 사례들은 많이 있다. 두드러진 예를 들면, 4대강사업저지천주교연대에서는 2010년 2월 17일부터 2012년 9월 3일까지 930일 동안 매일 오후 세시에 팔당 두물머리에서 생명평화미사를 주관해 왔으며, 두물머리를 거점으로 두물머리 올레길 걷기 등 다양한 활동을 펼쳐 왔다. 성직자들이 꾸준히 미사를 집전함에 따라서 전국 각지의 천주교 신자들이 미사에 참여하기 위해 두물머리를 찾게 되었고, 두물머리 비닐하우스는 4대강지키기운동의 상징적 중심지가 되었다. 또한 '처음 미사를 시작할 때 근처에 버려진 나무막대기를 이용해서 대충 만들어 땅에 꽂았는데 2년이란 세월 동안 뿌리가 내리고 새 잎이 났다'는 이야기로 유명한 나무 십자가 상징과 함께, 예수의 일생을 생태적 의미에서 묵상하도록 고안한 '십자가의 길' 기도처도 근처에 마련되었다.

제주 강정마을의 구럼비살리기 운동의 경우에도 여러 종교인들이 비종교인 활동가들과 함께 현장에 장기간 상주하면서 활동을 펼쳐 왔다. 대립이 극단으로 치닫기 전에 촬영된 〈강정 활동가들의 하루〉[17]라는 제목의 동영상을 보면, 구럼비살리기운동의 현장에서는 수많은 종교의례들이 정기적으로 수행되어 왔음을 알 수 있다. 예를 들어, 11시에는 현장에서 천주교 신부들의 주관 하에 미사가 열리며, 미사 후에는 강정평화를 위한 기도와 구럼비를 향한 153배[18]가 진행되었다. 오후 3시에는 개신교 목사들의 주도하에 생명평화예배가 진행되었다. 오전 중에 일부 활동가들은 정기 기도나 오체투지를 하였다. 이러한 현장에서 벌어지는 정기의례 외에도, 여러 가지 종교의례들이 부정기적으로 수행되어왔으며, 마을제사, 명상, 기도회, 순례 등도 적극적으로 활용되어 왔다. 종교계의 정기 의례가 가시화되지 않은 경우에도, 저항적 생태운동의 대립과 충돌이 이루어지는 현장에는 종종 여러 종교계 성직자들이 참여하고 있으며, 이들을 통해 즉흥적으로, 대개 약식으로 종교의례가 수행되는 경우가 많다.

이와 같은 저항의 현장에서 수행되는 종교의례는 일차적으로 대립과 충돌이 언제 일어날지 모르는 현장에서 참가자들에게 어느 정도 안도감을 제공해준다. 특히 정기적으로 일정한 시간에 되풀이해서 수행되는 의례일 경우에는 충돌, 대립, 고착 등이 즉발적으로 일어나는 불안정하고 불안한 현장에서 참가자들에게 종종 고정성과 안정감을 제공해준다.

다. 감각 집중 혹은 확장의 장

"우리는 흔히 어떤 장소에 들어설 때 벌써 어떤 분위기를 느낀다고 말하는데, 바로 이러한 온몸을 휘감고 도는 분위기를 형성하는 것이 감각이라고 말하는 것 같습니다. [⋯] 그렇게 우리의 행동을 규정하는 감각의 힘이 바로 메를로-퐁티가 말하는 감각이 지닌 운동적인 표정이요, 생동적인 의미라 하겠습니다."[19]

저항적 생태운동의 현장에서 수행되는 각종 의례는, 흔히 현장의 긴박한

강정, 미사 직전 대치상황과 미사의 시작

상황과는 매우 대조되는 분위기를 조성한다. 물론, 현장의 의례 환경은 전통적인 예배당, 성당, 법당, 교당 등과는 매우 다르다. 가령 내가 개별적으로 참여했던 제주 강정마을 공사장 입구의 정기미사의 경우, 미사가 시작되기 전에—정기적인 미사임에도—이를 저지하려는 전경 측과의 실랑이로 몇몇 신부님들이 격렬하게 항의하다가 전경들 무리 속으로 고립되는 상황이 일어나는 등, 미사 직전의 상황은 일촉즉발의 상황이었다. 다른 신부들, 수녀들의 중재를 통해 고립된 신부가 풀려난 후에도 전경들은 미사대와 미사 참여자들 무리를 포위해서 압박하였으며 이로 인해 새로운 실랑이가 일어나기도 했다. 그런데 우여곡절 끝에 마침내 시작된 미사는, 배경으로는 전투경찰들의 방패와 전투복들이 까맣게 무리지어 있는 가운데 미사를 집전하는 신부들의 흰옷이 강렬한 대조를 이루면서, 직전까지의 급박한 상황에 전혀 새로운 차원을 도입시켰다. 분위기는 급전되었고, 신자가 아닌 대부분의 참가자들도 이러한 시각적 대조와 극적인 전환을 몸으로 감지하면서 눈으로는 신부의 움직임을, 그리고 배경의 전경들의 동향을, 귀로는 미사를 수행하는 신부와 수녀의 목소리를, 그리고 배경의 전경들의 무전기 소리를 좇고 있었다.

밀양 금곡헬기장 입구

내가 2013년 9월에 탈핵버스를 타고 찾아갔던 밀양의 경우, 대치국면은 훨씬 더 급박하게 전개되었다. 지역의 노인들이 송전탑 건설을 반대하기 위해 얼기설기 비닐 등을 엮어 만든 움막을 40여 명의 참가자들이 둘러싸고 지키고 있었고, 정면의 좁은 길 건너로는 훨씬 더 많은 수의 전투경찰들이 서 있었다. 산의 바람은 서늘했고 가을 햇살을 따가웠다. 그 뒤에는 헬리콥터가 송전탑 자재를 실어 나르면서 만드는 소음과 엄청난 먼지가 일어나고 있었다. 이러한 복합적 환경에서 흥분한 전경과 주민, 참가자들 사이에서는 불쑥불쑥 언어적으로든 신체적으로든 서로를 도발하는 일이 끊임없이 일어났고, 물리적 충돌이 발생하고 있었다. 당시에는 정식 미사나 종교의례가 수행되지는 않았지만, 주도적으로 참여한 신부, 목사, 수녀 등 성직자들을 중심으로 즉흥적인 설교, 기도 등의 종교의례가 진행되곤 했다.

급박하고 어수선한 대치상황 속에서 수행되는 종교의례들은 불안정한 상황 속에서 일차적으로 참가자들에게 어느 정도 불안감을 해소시켜주는 역할을 한다. 의례가 시작하기까지는 이를 방해하는 전경들과의 몸싸움이나 전경들에 의한 고착 등이 종종 발생하지만, 의례가 일단 시작된 후에는 대립하는 쌍방간에 어느 정도 암묵적 합의를 통해 극한의 충돌을 자제하는 경향이 있었기 때문이다.[20] 최소한의 불안이 가신 후, 해당 종교의 종교인이 아닌 참가자들에게 의례의 과정은 의미 없는 몸짓들과 절차들로 여겨질 수도 있다. 그렇지만 주목할 것은 대치상황에서 수행되는 종교의례는 당면한 '현안' 및 싸움의 현장과는 어울리지 않는 톤의 목소리와 의복, 언어, 상징들을 통해 이질적인 분위기를 조성한다는 점이다. '의미 없는 몸짓과 절차'일지라도, 의례는 충돌이 일어나는 현장에 이른바 새로운 '장(field)'을 마련해주는 것이다.

대치상황에서 종교의례가 펼쳐 놓는 새로운 '장'은 의례 자체의 감각적인 자극(소리, 형상, 빛깔 등)을 제공할 뿐 아니라, 의례참여자에게도 탐색하려는 기본적인 태도를 갖추도록 동시적으로 유도한다. 갑자기 달라진 분위기는 달라진 지각을 발생시킨다. 이때 행위 주체의 성향에 따라, 감각의 선택적 집중이 나타나기도 하고, 혹은 모든 감각의 확장이 일어날 수도 있다.

2) 장소감 형성과 의례화된 주체의 탄생

앞서 서술했듯이, 저항적 생태운동의 대치국면에서 수행되는 종교의례는 직전까지의 긴박한 흐름을 일단 끊는다. 그리고 그러한 '멈춤'을 통해 현장의 분위기를 미묘하게 전환한다. 성직자들이 수행하는 의례일 경우, 성직자들의 구별된 의복과 십자가나 염주를 비롯한 종교적 상징물이 새로운 장이 열리고 있음을 시각적으로 보여준다. 고유한 어조와 가락의 기도 등은 직전까지 대립하던 장에 새로운 청각적 자극을 준다. 오늘날 한국 생태운동 현장에서 종종 수행되듯이 참가자 전원이 절과 같은 신체적 동작을 수행할 경우, 내 몸의 움직임에 따른 촉각을 느끼게 된다. 또한 영성체 같은 의식이 열릴 경우에는 '성체'의 맛을 느끼게 된다. 대치상황에서 향이 사용되는 일은 드물지만, 만약 향을 피우게 될 경우에는 독특한 향이 주위를 감싸는 것을 코로 느끼게 될 것이다. 이러한 감각 경험은 종교공간에서 전통적으로 수행되어 의례들에서도 느낄 수 있던 것들이다.

그런데 동일한 성직자가 집전하는 동일한 의례일지라도 전형적인 자리가 아닌 곳에서 수행될 경우, 이른바 제자리를 벗어난 의례(ritual out of place)에는 변화의 요소가 개입된다. 의례가 수행되는 환경이 달라지기 때문인데, 이와 같은 '제자리를 벗어난 의례'에 참여하는 사람들은 의례 과정에서 ① 파괴될 위험에 처한 지역의 생태환경, ② 전경, 용역 등으로 대표되는 개발 추진세력과 이에 저항하는 개발 반대 세력이 대립하는 현장의 환경, ③ 전통적 의례가 수행되던 맥락(수직적 차원의 의미환경) 등 적어도 세 가지 층위의 환경을 복합적으로 지각하게 된다.

자신이 저항적 생태운동의 현장에, 가령 밀양의 송전탑 기자재를 실어 나르는 헬기장 입구나 제주 강정마을의 구럼비를 향하는 공사장 입구에서 전경이나 용역으로 대변되는 개발 세력들과 지역 생태계 보전을 위해 그 자리에 모인 사람들의 긴박한 대치상황 속에 있다고 상상해 보자. ① 내가 서 있는 자리는 파괴될 위험에 처한 숲이나 강이나 바다 등에 인접한 곳으로서, 나는 줄곧 서늘한 바람, 눈부신 햇살, 흐리거나 맑은 하늘, 나무, 흙, 공기의 냄새 등을 통해 일상의 삶터와는 다른 자리에 와 있다는 것을 느낀다. 바로 이곳의 생태환경을 지키기 위해 내가 이 자리에 와있다는 것을 -의례 도중의 언어적 메시지를 통해- 가끔씩 의식하기도 한다. ② 동시에 나는 상반된 가치의 '감각적 대비'를 오감을 통해 경험한다. 가령 천주교 신부들이 의례를 집전하기 위해 입은 흰색 전례복은 전투경찰들의 어두운 전투복 및 방패의 빛깔과 강렬한 시각적 대비를 이룬다. 성직자들의 특별한 의복은 대치

상황에 또 다른 '파워'의 개입을 가시적으로 보여주면서 대치국면에서 종종 '불법세력'으로 매도되는 개발 반대 세력들에게 일종의 안도감을 형성하는 효과도 발휘하지만, 또한 개발을 반대하는 측에서 내세우는 '생명, 평화, 생태' 등의 가치와 개발 추진 세력의 바탕이 되는 '개발, 성장' 등의 가치가 시각적으로 강렬하게 대비되는 효과를 낳는다. 또한 앞에서는 의례집전자가 의례를 인도하고 있으며 거기에 귀 기울이고 있더라도, 동시에 공사자재를 실어 나르는 헬기소리, 공사차량의 소음, 전경들 사이에서 오가는 확성기, 무전기 소리들이 끊임없이 들려오는 가운데 이곳이 잠시 소강상태에 들어 갔을 뿐 대치상황임을 상기시키면서 긴박감을 유지시킨다. ③ 일단 몇몇 성직자나 의례 주관자를 중심으로 의례가 시작되면 전형적인 의례의 패턴화된 절차들이 상황에 새로운 차원을 더한다. 의례적인 다양한 감각 자극들은 내가 해당종교의 신자냐 아니냐에 따라 내게 익숙할 수도 있고 전혀 낯설수도 있다. 이러한 세 가지 차원 환경에 대한 감각적 정보는 현장의 의례적 맥락에서 의식할 겨를도 없이 동시다발적·복합적으로 뒤엉키며, 참가자는 부지불식간에 현장에 대한 독특한 느낌을 갖게 된다. 사실 감각은 즉각적인 '앎'을 제공한다. 메를로-퐁티의 말처럼, '나의 신체는 '표상'을 거쳐야 할 필요 없이, '상징적 기능'이나 '객관화하는 기능'에 종속할 필요없이 자기의 세계를 가지고 있거나 이해하고' 있는 것이다.[21]

가령, 어떤 이들은 이른바 '성스러운 공간'과 '생태환경'이 동떨어져서 존재하는 것이 아니라고 느끼게 된다. 특히 산, 강, 바다 등 이른바 '대자연' 속에서 종교의례를 수행할 경우에는 그러한 느낌이 더욱 강렬해진다. 구럼비 살리기 운동에 동참하면서 제주 강정마을에 장기 거주해 온 문정현 신부는 구럼비로 가는 길이 막히기 전에 구럼비 바위 위에서 수행한 미사와 묵상에

두물머리 1주년을 맞아 11번 교각 아래에 모인 사람들 (2013.9.2.)

대해서, 그러한 의례가 마음을 편안하게 만들고 감수성을 깊게 할 뿐 아니라, '자연의 신비를 보면서 하느님을 보'는 경험을 하게 만든다고 말한 바 있다.[22] 이처럼 생태운동의 현장에서 종교인들을 중심으로 종교의례가 수행되는 경우, 해당 종교 신념체계와 생태적 감수성이 결합되는 현상이 나타날 수 있다.

대자연을 강렬하게 경험하는 자리가 아니더라도, 저항적 생태운동의 현장에서 수행되는 종교의례는 그 장소를 의미화하고 장소감을 형성하는 강력한 효과를 낳는다. 예컨대 두물머리의 '교각11번'은 수년간에 걸쳐 충돌과 대립과 만남이라는 수많은 사건들 속에서 의례가 수행되어 온 역사적 장소로서, 한 번이라도 두물머리에 와서 미사에 참여한 사람들에게 그곳은 수많은 감각작용을 통해 낯선 공간이 아닌 의미 있는 장소가 되어 버렸다. 의례가 장기화되면서, 수많은 사건과 만남의 매듭이 얽힌 그곳은 일종의 '성지'가 되었던 것이다.

그런데 현장에서 수행되는 의례가 단지 장소감 형성에만 기여하는 것은 아니다. 참가자는 의례를 통해 해당 장소와 신체적으로 매개되는데, 감각하는 자가 의식수준에서 알아차리든 못 알아차리든, 그 이상의, 의도하지 않

두물머리 비닐하우스 안에서의 미사와 수도원으로 옮겨진 두물머리 십자가

았던 더 많은 무언가를 획득하게 된다. 곧 세계와 여러 방식으로 만나고 있는 자기 자신의 발견이다. 사실 의례 행위에 초점을 맞추어 보면, 우리는 오감으로 환경을 지각하고 환경에 의해 조정될 뿐 아니라, 우리의 몸짓을 통해 환경을 매순간 새로이 생산한다. 현장의 생태의례에 참여하는 과정에서, 우리는 보고 듣고 온몸으로 느끼면서 환경 속으로 들어가게 되고 환경의 일부가 되는 경험을 하게 된다. 이제 현장이 무의미한 공간이 아닌 특별한 '장소'로 인식될 뿐 아니라, 더 이상 자아를 관찰자나 구경꾼이 아닌 환경과 상호작용하는 참여자로서 경험하게 되는 것이다. 이처럼 의례의 감각작용을 통해 환경과 자아를 새롭게 지각하게 된 의례화된 주체가 탄생한다.[23]

나아가 현장에서 수행되는 의례에는 단지 상징적 물질이나 몸짓만 활용되는 것이 아니라, 종종 '이야기'가 결합된다. 그러한 이야기는 독특한 어조와 가락으로 인해 고유한 청각적 자극을 제공할 뿐 아니라, 현재의 상황에 또 다른 스토리라인을 가진, 소위 '수직적 차원의 의미'를 연결하고자 의식적으로 고안된 것이다. 가령 현장에서 집전되는 종교의례들(법회, 예배, 미사, 기도회 등)에서는 전통적인 경전의 이야기가 당면한 생태환경의 문제와 관련해서 끊임없이 재해석되면서 현재의 생태환경운동에 의미를 부여해 주고 정

당화해 주는 역할을 한다. 이처럼 저항적 생태운동의 현장에서 수행되는 의례 속의 이야기들은, 저항을 무력화하는 엄청난 힘에 맞서는 개개인 참가자들의 행위의 의미를 재발견함으로써 개개인의 행위 주체로서의 감각을 회복/지속시키는 메시지를 종종 담고 있다. 그런데 마이클 잭슨(Michael Jackson)이 지적하듯이, 이야기가 언제나 세계를 개념적으로 혹은 인지적으로 이해하는 데 기여하는 것만은 아니다. 오히려 이와 같은 이야기들은 "우리에게 닥친 사건에 대한 우리의 경험을 상징적으로 재구성함으로써 변화시키는 가운데 '원언어적(protolinguistic)' 수준에서 작용"하기도 한다. 다시 말해서, 이야기는 행위자와 행위당하는 자 사이의 균형을 미묘하게 바꾸는 방식으로, 따라서 잠시 우리를 무시하고, 비하하고, 우리의 힘을 빼앗는 것처럼 보이는 세계에 우리가 능동적으로 참여한다고 느끼게 만들면서, 주체-객체 관계를 재조정하고 개조할 수 있는 것이다.[24] 이와 같은 방식으로, 개발 대 생태환경의 대립 과정에서 형성된 사건이자 물리적 장인 저항적 생태운동의 현장에서, (이야기가 결합된) 종교의례는 '감각'과 '가치'를 결합하면서 장소감을 형성하고 의례화된 주체를 탄생시키는 효과를 낳고 있다.

3) 감각-가치의 코뮤니타스 형성

전술했듯이, 저항적 생태운동의 현장에 참여하는 과정 자체가 순례와 유사한 성격을 지닌다. 이와 같은 생태순례의 발걸음 속에서 밀양, 두물머리, 강정마을 등을 비롯한 저항적 생태운동의 현장은 무의미하고 경제적 가치로 환산될 수 있는 (개발지지세력들이 그렇게 여기도록 강요하는) '공간'이 아니라 특별한 장소로 경험된다. 그런데 그러한 경험은 단지 개인적 경험에 그치지 않는다. 서로 다른 삶의 자리에 속한 사람들이 그 '장소'에 모여들어 의례적으로 현장에 참여함으로써 무수한 삶의 궤적들이 겹쳐지고 얽히는 일종의 '매듭'을 형성한 후 각자의 자리로 다시 돌아가게 된다. 빅터 터너는 순례 과정에서 형성되는 일시적 평등 공동체를 코뮤니타스(communitas)라 일컬은 바 있는데, 이와 같은 생태순례의 과정에서도 비슷한 감각과 가치를 광범위하게 공유한 코뮤니타스가 형성된다는 점에 유의할 필요가 있다.

사실 저항적 생태운동의 현장에 모여드는 사람들은 저마다의 삶의 자리, 계층, 직업, 나이, 성별 등이 다양하며 참여목적도 조금씩 차이가 있다. 개발을 추진하는 세력은 지역생태계 보전 및 개발 반대를 외치는 사람들이 모이는 것을 경계하면서 흔히 이들을 '외부세력'으로 지칭한다. 그리고 다양한 층위의 '외부세력' 사이의 서로 다른 무게중심을 부각시키면서 저항적 생태운동의 내부에서 균열이 일어나도록 유도한다.[25] 이러한 상황에서, 현장에서 수행되는 종교의례와 종교적 상징은 현장과 이른바 '외부세력' 사이, 그리고 다양한 층위의 '외부세력들' 내부의 관계를 결합시켜주는 매개체로 작용할 수 있다. 종교의례에서 활용되는 다양한 감각장치들은 주위환경과 참가자 사이, 그리고 참가자들 사이의 다양한 상호작용을 이끌어내기 때문이다.

예를 들면, 4대강 사업에 대한 마지막 저항지였던 두물머리에서 매일 오후 3시에 수행된 미사는 단지 전국 각지의 천주교인들의 관심을 불러일으켰을 뿐 아니라, 현장에서 천주교인뿐 아니라 비신자들도 미사에 참여하는 가운데 지속적이고 반복적으로 가치와 감각을 결합시키는 역할을 담당해 왔다. 집전하는 신부의 성향에 따라서 미사에 참여한 비신자들도 종종 영성체에 참여할 수 있었는데, 참가자 모두 앞으로 나가 성체를 맛보는 행위는 머뭇거리는 '외부자'의 참여를 유도하고, 미사 참가자들 사이에서 동질적인 공동체의 경계를 수립하는 역할을 담당하기도 했다. 또한 두물머리 끝에 세워

진 나무 십자가는 두물머리 개발 반대 운동 전체의 상징적 구심점으로 작용하였다.[26]

두물머리와 같은 특수한 사례가 아니더라도, 이처럼 다양한 사람들이 현장에 한데 모여 의례에 참여할 때 그들은 동일한 환경에서 비슷한 감각적 자극에 노출된다. 가령 자신이 속해 있는 의례에 참여하는 측과 전투경찰들 사이의 대비를 시각적·청각적 자극을 통해 강렬하게 경험하면서, 의례 참가자들끼리 은연중에 정서적인 동질감 같은 것을 느끼게 된다. 또한 의례 과정에서 예를 들어 절을 할 때처럼 자신의 몸을 다른 사람들과 비슷한 방식으로 사용하고 또 경험함으로써 참가자들 사이에서 일종의 소속감이나 연대감 같은 것이 생겨나게 된다. 사회성은 문화적 범주들로 경험을 객관화하기 이전에, 공유된 환경 속에 참여하는 동료들과의 직접적·지각적 관계 속에서 형성될 수 있기 때문이다.[27]

나아가, 생태운동의 현장에서 사람들은 단지 '객관적으로 거기 있는' 환경이나 자극을 비슷한 방식으로 경험하는 데 그치는 것이 아니다. 각자는 거기 존재하는 것만으로 다른 이들이 경험하는 환경의 일부가 된다. 곧 그들은 각자가 감각적으로 서로의 환경이 되는 경험을 하게 되는 것이다. '나'는 보는 동시에 다른 이들에게 보여지며, 듣는 동시에 들려지며, 접촉하는 동시에 접촉된다. 일상에서는 간과하고 넘어갈 수 있는 이러한 상호작용이 저항적 생태운동의 현장에서는 좀 더 예민하게 느껴진다. 이러한 상호동시적 감각작용을 통해 서로는 서로에게 환경이 되어 준다.

간단한 예를 들어 보자. 내가 2013년 10월 초 탈핵희망버스에 탑승해서 새벽3시쯤 도착한 곳은 공사장으로 자재를 실어 나르는 헬기장 입구에 주민들이 세워놓은 움막이었다. 비닐과 나무로 얼기설기 만들어진 캄캄한 움

밀양 금곡 헬기장 입구의 움막, 외부와 내부

막 안에서 마을 주민인 할아버지 할머니들, 그리고 자발적으로 탈핵희망버스에 탑승해서 이 자리까지 모인 수십 명이 웅크리고 앉아서 날이 밝기를 기다렸다. 호롱불이 어렴풋이 빛나는 어둑한 움막 안에서, 나는 잠도 못 자고 다리도 제대로 펴지 못한 채 웅크리고 있으면서도 아무런 불평 없이 새벽을 기다리는, 생면부지의 이 사람들의 모습에서 깊은 인상을 받았다. 그런데 바꾸어 생각해보면, 다른 사람의 눈에는 내가 그러한 '깊은 인상'을 주는 장면의 일부가 되는 것이다. 이것은 이후 움막 주위에서 하루 종일 진행된 일정에서도 마찬가지였다.

사실 엄밀히 말해서 저항적 생태운동 현장에서 이루어지는 각종 의례들에서 '나'는 외부환경의 자극을 받아들일 뿐 아니라, '나' 자신이 또한 다른 이들이 지각하는 의례환경의 일부가 된다. 즉, 단지 동일한 시각이나 청각 등의 외부적 자극을 공유하는 데 그치지 않고, 이와 함께 서로가 서로의 환경이 되어 주면서 이를 저마다 오감을 통해 지각하는 가운데 허용역 안에서 유사한 경험을 공유하게 된다. 그리고 이러한 과정에서 일종의 연대의식 같은 것이 형성되며, 나아가 '나'자신이 다른 이들이 지각하는 환경의 일부가 됨으로써 상황에 영향을 미치게 되는 것이다.

각자 자신의 삶터로 돌아가면서, 생면부지의 사람들과 일시적으로 형성했던 코뮤니타스는 해체되고, 동질감이나 공동체의식 같은 것은 약화된다. 그러나 다시 자신의 삶의 자리로 돌아간 뒤에도 서로의 삶의 자취들이 생태운동의 현장에서 서로 얽히면서 일시적으로 형성했던 '매듭'의 기억은 남아 있으며, 자신이 방문했던 현장은 더 이상 균질적인 공간이 아니라 유의미한 기억의 장소로 남게 된다.

4) '그곳'에서 돌아와서, 이미지와 이야기의 확산

빅터 터너가 지적했듯이, 느낌은 생각보다 더 빠르게 일반화되고 보편화된다.[28] 그렇지만 저항적 생태운동의 의례에 참여하면서 생생하게 경험한 장소감이나 코뮤니타스의 체험도 각자의 삶터로 돌아온 후에는 점차 희미해지게 마련이다. 자신의 직관을 완전히 잊지 않기 위해, 사람들은 자신의 경험을 이야기와 이미지로 재생산한다. 이야기와 이미지를 통한 사건의 재구성은 그 사건을 수동적으로 되새기는 행위가 아니며, 오히려 다른 이들과의 대화 속에서 그리고 자신의 상상 속에서 능동적으로 그것들을 다시 작동시키는 것을 뜻한다.[29]

오늘날 저항적 생태운동의 전개 과정에서는 특히 SNS를 통한 이미지와 이야기의 재생산 및 확산이 두드러지게 나타나는데, 이때 현장의 대치 상황을 강렬한 시각적 대비를 통해 보여주는 사진이 널리 활용된다. 수전 손택(Susan Sontag)의 말처럼, "사진은 별 손해를 보지 않을 사람들이나 특권층이 무시하고 싶어 하는 문제들을 '생생하게'(그도 아니면 '훨씬 더 생생하게') 만들어 주는 수단"이 될 수 있는 것이다.[30] 많은 사람들은 이전 참가자들이 SNS에 올린 이미지와 이야기를 통해 정보와 자극을 받고 새로이 현장을 찾게 된다.

그리고 현장에서뿐 아니라 자신의 삶터로 돌아와서, 이번에는 자신의 이야기와 이미지를 SNS에 올린다. 이러한 방식으로 현장의 이야기와 이미지는 순환적으로 조금씩 확산된다.

그런데 짐작할 수 있듯이, SNS를 통한 '확산'은 주로 이미지(보조적으로 소리)의 공유에 집중된다. 현장에서의 생태의례에 비해 SNS를 통해 확산되는 스냅샷은 강렬한 시각적 효과를 낳지만, 현장에서의 경험은 결코 스냅샷처럼 작동하지는 않는다. 현장에서는 대상을 본다기보다는 느끼기 때문이다. 현장에서 느껴지는 복합적인 감각의 결, 수많은 개인들의 움직임과 일시적으로 동질감을 느끼게 된 경험의 맥락을 완전히 재생하는 것은 불가능하다. 따라서 SNS를 통해 확산되는 이미지는 환경의 일부가 되는 경험이 아니라 장면을 응시하는 관찰자의 시선에 초점을 맞춘 이차적 경험을 생산한다.

한편, 저항적 생태운동의 전개 과정에서는 처음부터 이미지의 확산을 염두에 둔 도상적인 실천(iconic praxis)인 시각적 퍼포먼스가 점차 중요한 영역으로 부상하고 있다. 가령 강정마을에서는 2012년 3월 19일에 구럼비 발파용 화약이 저장된 화약고 앞에서 화약의 운반을 막기 위한 인간띠 잇기 퍼포먼스가 진행되었다. 화약고 주위에서 인간띠를 형성한 활동가들은 PVC 파이프 속에서 서로의 손을 맞잡았을 뿐 아니라 단단히 고리로 묶어서 외부에서 쉽사리 풀 수 없게 만들었다. 주목할 것은 인간띠잇기 퍼포먼스의 과정은 모두 사진과 동영상으로 촬영되었으며 인터넷에 실시간으로 올려졌다는 점이다. 사실 무장한 전경들이 망치를 사용해서 파이프를 깨뜨리고 활동가들을 연행함으로써 화약고의 인간띠는 별다른 어려움 없이 해체되었고, 이들의 퍼포먼스는 화약 운반 저지라는 표면적인 목표를 달성하지 못하고 실패했다. 그런데 꽃과 나비와 풀이 아름답게 채색된 파이프를 끼고 '평화롭게'

퍼포먼스를 진행하는 생태활동가들의 모습과, 무장한 채 망치와 톱을 들고 '폭력적'으로 파이프를 내리치는 전경들의 모습이 극명하게 대조를 이루는 동영상이 실시간으로 수많은 사람들에게 유포됨으로써, 오히려 인간띠잇기 퍼포먼스는 구럼비살리기운동의 비폭력적 · 평화적 가치를 널리 알리는 효과를 거둘 수 있었던 것이다. 이처럼 미디어와 통신수단의 눈부신 발달에 힘입어, 생태운동에서도 이와 같은 새로운 실천 형식이 부각되고 있다. 특정 지역의 개발이나 생태계 파괴를 저지하는 실제적 운동도 중요하지만, 생태환경 자체의 모습이나 이를 보전하기 위한 인간의 행동을 동영상이나 사진을 통해 강렬한 이미지로 재생산하는 데 민감한 새로운 실천 형식이 생태퍼포먼스의 형태로 나타나고 있는 것이다.

5. 감각의 정치

이 글에서는 저항적 생태운동의 현장에서 수행되는 의례의 과정 중에 일어나는 일, 그곳에 참여한 자들의 경험을 낯설지 않은 '감각'이라는 용어를 중심으로 살펴보고자 했다. 오늘날 우리가 살아가는 세계에서 화폐의 힘은 너무나 강력해서, 물건이든 생명체든, 사람이든 나무든 동물이든, 그리고 산, 바다, 갯벌, 숲까지도 경제적 가치로 환산해서 계산하는 일이 그다지 어색하지 않다. 사실 우리는 그러한 분위기와 시스템 속에서 익숙하게 살아가고 있다. 그러한 상황에서, 보잘 것 없어 보이는 (경제적 가치가 크지 않게 보이는) 지역생태환경을 개발해서 더 큰 경제적 효용을 창출한다는 논리는 그럴듯하게 들린다. 개발 추진 세력들은 개발로 인한 경제적 부가가치가 높을 것이라고 계산된다면, 개발 예정 부지에 이미 거주하던 주민들의 처리 문제는 보상금을 주고 다른 곳으로 이주시키면 해결된다고 생각한다. '그냥 이대로만 살게 해 달라'는 주민들의 요구는 골치 아픈 지역 이기주의의 발로라고만 여겨질 뿐이다. 개발 예정 부지는 지표면의 일정한 면적을 차지하는 공간일 뿐, 해당 지역을 삶터로 살아온 주민들이 자기네 환경에 대해 가져온 지식이나 주민들에게 그곳이 갖는 의미는 고려의 대상이 되지 않는다. 그곳에 거주해온 수많은 생명체들의 삶은 더더욱 고려되지 않는다.

이에 비해 특정 지역을 삶터로 삼고 살아온 사람들이 자신의 생태 환경에 대해 갖는 지식은 느낌에 기초하며, 특정한 환경에서 오랜 경험을 통해서 발전해 온 기술, 감수성, 지향들 속에 존재한다. 그런데 그와 같은 지식은 실천적 적용의 맥락을 벗어나서 모두에게 전해질 수 있는 객관적 종류의 지식이 아니다. 개발 추진 세력들은 그러한 구체적 지식을 대체로 무시한다. 이에 비해 이른바 숫자로 환산될 수 있는 지식이 공식적이고 표준적이며 보편적인 지식의 권위를 획득한다. 저항적 생태운동의 전개 양상은 이처럼 지배적 권위를 획득한 일방적이고 '추상적인' 지식을 통해 내려진 지역생태환경의 개발 결정에 문제를 제기하고, 주민들뿐 아니라 지역 생태계 보전의 가치에 동조하고 이에 연대하는 사람들이 구체적·직관적 지식을 생산할 수 있는 장을 마련하며, 그러한 구체성의 지식에 대안적 권위를 부여하고 이를 통해 개발 논의의 추상적 지식에 저항하는 노력과 무관하지 않다.

생태운동 현장에서 종교의례 수행, 새로운 의례 창안, 기존의례 전유 및 활동 자체의 의례화는 몸의 경험, 곧 감각을 통한 환경, 자아, 상황의 인식 및 그 공고화라는 효과를 낳고 있는데, 언어적 메시지로서만이 아니라 의례 과정을 통해 특유한 역할을 수행하고 있다. 곧 저항적 생태운동 현장에서 수행되는 의례는 분위기를 비일상적인 환경으로 재구성하면서, 의례 참여자와 참여자 사이, 의례 참여자와 주위환경 사이, 의례 참여자와 (동영상, 사진 등의 매개를 통해 이차적으로) 관찰자 사이의 상호작용이 일어날 수 있는 장이 되고 있다. 이때 의례 참여자들은 단지 시각적으로뿐만 아니라 공감각적으로 신체적으로 복합적인 경험을 하게 된다. 행위와 지각이 밀접하게 연결되는 움직임의 경험, 특히 주위 환경에서 전반적인 장소의 결을 살리고 나아가 수많은 개인들의 삶의 자취들과 엮이게 하는 의례적 몸짓을 통해 끊임없이 새로운 이야기가 만들어진다. 감각의 정치, 몸의 경험을 통한 저항의 정치적 차원은, 오감을 통해 (개발추진세력들과 구별되는) 환경, 자아, 동료 등에 대한 지각을 발생시키는 몸의 경험의 효과에서 드러난다.

사실 생태운동의 현장에서 수행되는 수많은 생태의례들은, 자신들의 대안은 거대담론이나 머릿속 유토피아가 아니라는 것을, 바로 지금 여기에서의 구체적인 것, 지금 내가 밟고 있는 땅, 옆 사람의 온기, 몸의 느낌, 우리의 지각과 경험에서부터 시작할 때 오히려 이 암담한 시스템을 이겨낼 가능성이 있다고 강력하게 어필하면서 구체성의 정치를 구현하고 있는 것일지도 모른다. 개발이냐 지역생태계 보전이냐의 대립 과정에서 형성된 사건이자 장에서 종교의례가 차지하는 역할 및 효과는 '감각'과 '가치'를 결합하는 가운데 균질적인, 숫자로 환산 가능한 공간 인식에서 장소감을 형성하는 쪽으로 나아가게 하는 데 있다. 그리고 그러한 인식의 전환을 몸으로 경험하는 과정 자체가 정치적 과정인 것이다.

종교와 문자: 상대 종교적 매개로서 갑골문의 본질과 기능_ 임현수

1) 상 왕조의 절대연대는 학자들마다 약간의 차이를 보인다. 여기서는 胡厚宣 · 胡振字, 『殷商史』, 上海: 上海人民出版社, 2003, 11쪽을 따랐다. 참고로 키틀리는 기원전 1570년~기원전 1045년경으로 추정한다. David N. Keightley, "The Shang: China's First Historical Dynasty", in Michael Loewe and Edward L. Shaughnessy. eds., The Cambridge History of Ancient China: From the Origins of Civilization to 221 B.C., Cambridge: Cambridge University Press, 1999, p. 232.

2) 胡厚宣 · 胡振字, 앞의 책, 11쪽.

3) 반경이후 왕들의 즉위 순서를 열거하면 다음과 같다. 반경—소신(小辛)—소을(小乙)—무정(武丁)—조경(祖庚)—조갑(祖甲)—늠신(廩辛)—강정(康丁)—무을(武乙)—문정(文丁)—제을(帝乙)—제신(帝辛)

4) John Beattie, "Divination in Bunyoro, Uganda," in John Middleton, ed., Magic, Witchcraft, and Curing, Austin: University of Texas Press, 1982, p. 211.

5) 裘錫圭는 『상서(尙書) · 다사(多士)』에서 주공이 상대 유민에게 했던 다음의 훈화를 인용하면서 상대 당시 비교적 성숙한 전책(典册)을 갖고 있었을 것으로 판단하였다. "오직 너희들은 알아야 하니, 殷의 先人들은 册도 있고 典도 있는데, 은나라는 夏 나라의 천명을 바꾸었다(惟爾知, 惟殷先人有册有典, 殷革夏命)." 갑골문은 册 자를 𝌻, 𝌼로 쓴다. 裘錫圭, 『중국문자학』, 李鴻鎭 譯, 신아사, 2001, 65쪽, 86쪽. 𝌼의 의미는 '대나무나 나무 조각을 끈으로 묶은 기록물'을 의미한다. 책이 상대 사회에서 일상적으로 광범위하게 사용되었는지의 여부는 논쟁 중이다. 아직 상대의 책이 발견되었다는 소식은 없다. 현재까지 고고학적 발굴을 통해서 확인된 가장 이른 시기의 책은 기원전 5세기경의 것으로 알려져 있다. Adam Daniel Smith, "Writing at Anyang: The Role of the Divination Record in the Emergence of Chinese Literacy," Ph.D., University of California, Los Angeles, 2008, p. 155. 갑골문은 갑골 표면에 칼로 새기는 것이 일반적이었지만 붓을 이용하여 쓰기도 하였다. 왕우신 외, 『갑골학 일백 년 2』, 하영삼 옮김, 소명출판, 2011, 397-405쪽.

6) David N. Keightley, "The Origins of Writing in China: Scripts and Cultural Contexts," in Wayne M. Senner, ed., The Origins of Writing, Lincoln: University of Nebraska Press, 1989, p. 182; 왕우신 외, 앞의 책, 304-305쪽.

7) 위의 책, 220쪽.

8) 吳浩坤 · 潘悠, 『중국갑골학사』, 梁東淑 譯, 東文選, 2002, 144쪽.

9) 왕우신 외, 앞의 책, 350쪽. 네 가지 형식을 모두 갖춘 복사 한 가지를 소개하면 다음과

같다.

(敍辭) 癸巳卜殼貞: 계사일에 각이 점을 치고 물었습니다.

(命辭) 旬亡禍: 다음 열흘 동안 재앙이 없겠습니까?

(占辭) 王固曰, 有祟, 其有來艱 왕이 복조를 보고 말하기를 재앙이 있을 것이다. 어려움이 닥칠 것이다.

(驗辭) 迄至五日丁酉, 允有來艱自西, 沚馘告曰, 土方征于我東鄙, 災二邑, 舌方亦侵我西鄙田 닷새째 되는 정유일에 이르러 과연 서쪽에서 어려운 상황이 발생했다. 지무가 고하기를 토방이 우리 동쪽 변방을 침범하여 두 읍에 해를 입혔습니다. 또 공방도 우리 서쪽 변방 지역을 침범하였습니다. 『갑골문합집 6057 앞면』

10) 위의 책, 350쪽; 王宇信, 『갑골학통론』, 李宰碩 譯, 東文選, 2004, 158쪽.

11) 왕우신 외, 앞의 책, 351쪽.

12) David N. Keightley, "Shang Divination and Metaphysics," *Philosophy East and West*, vol. 38, 1988, p. 373.

13) 왕우신 외, 앞의 책, 353쪽.

14) 위의 책, 244쪽.

15) 위의 책, 350쪽.

16) 위의 책, 246쪽.

17) 陳煒湛, 『甲骨文導論』, 李圭甲 외 譯, 學古房, 2002, 184쪽.

18) 위의 책, 186쪽.

19) 왕우신, 앞의 책, 392쪽.

20) 陳煒湛, 앞의 책, 189쪽.

21) 기호학적 양태의 변환이란 말은 다음 논문에서 따온 것이다. Webb Keane, "On Spirit Writing: Materialities of Language and the Religious Work of Transduction," *Journal of the Royal Anthropological Institute* 19, 2013, pp. 2-3. 웹 킨은 인도네시아 숨바(Sumba) 지역에서 확인된 동물 내장점을 사례로 들면서 기호학적 양태의 변환을 설명한다. 그에 따르면 숨바인들은 내장에 나타난 징후를 일종의 문자로 이해한다. 숨바 지역의 내장점은 우선 인간이 말을 통해서 조상들에게 의사를 전달하는 것으로 시작된다. 이때 동물 희생이 동반되는데, 죽은 동물들은 인간의 말을 조상들에게 전달하는 역할을 한다. 희생된 동물의 내장에 나타난 기호는 조상이 인간에게 전하는 메시지이다. 이 메시지는 보이지도 들리지도 않는 세계로부터 도착한 시각 형태의 답변이다. 인간은 내장에 표시된 기호를 해독함으로써 신들의 응답에 반응한다. 웹 킨에 의하면 숨바 지역의 내장점이 지닌 종교적 효력은 '인간의 말', '장기에 나타난 조상들의 기호', '기호에 대한 해독'으로 이어지는 기호학적 변환 과정으로부터 발생한다.

22) Smith, *op. cit.*, p. 150. 이 논문은 점복 기록을 인간과 조상 사이에 이루어진 의사소통의 흔적이라고 보았던 몇몇 주장들을 검토하는데, 이를 여기에 다시 옮기면 다음과 같다. "키틀리는 '갑골을 이용한 점복에서 조상제사에 쏟은 높은 관심에 비추어 볼 때 상

대의 문자는 조상신들과 소통하기 위한 목적에서 발전되었다.'고 주장하였다. 파인즈
(Pines)는 안양에서 출토된 갑골문은 '조상들과 점복을 통해서 소통한 기록'으로 보았
다. 닐란(Nylan)은 '우리가 발견한 중국 최초의 문자는 영적 세계에 거주하는 다양한
존재들과 소통한 흔적을 보여준다.'고 하였다. 팔켄하우젠(Falkenhausen)은 최초의 문
자 전문가들이 담당했던 '본래의 기능'은 '아마도 신들에게 바칠 텍스트를 작성하는 것
이었다.'고 하였다." 이 인용문을 주의 깊게 보면 비슷하지만 반드시 구별해야 하는 두
주장을 동일하게 취급한다. 복사가 인간과 신 사이에 이루어진 소통의 흔적이라고 보
는 입장은 복사를 신들에게 보고할 텍스트로 보는 관점과 다른 것이다. 후자는 전자와
달리 복사를 읽을 주체가 누구인지 분명하다.

23) 吉德煒, 「中國正史之淵源: 商王占卜 是否一貫正確?」, 『古文字研究』第十三輯, 1986,
117쪽.

24) Smith, *op. cit.*, p. 151.

25) 吉德煒, 앞의 논문, 118-125쪽. 이 논문은 복사를 기록한 인물을 사관으로 규정한다.
사관이 상왕의 정확성을 어떻게 보증하는지, 만일 상왕의 복조 해석이 틀렸을 경우 그
의 권위를 훼손하지 않기 위하여 어떤 방법을 동원하는지 다양한 사례를 들어 상술한
다.

26) 잭 구디는 문자의 의의를 다음과 같이 진술한다. "문자의 중요성은 사람들 사이에 의
사소통에 필요한 새로운 미디어를 창조했다는 사실에 있다. 문자는 발화를 객관화하
고, 언어의 물질적 상관물, 즉 시각적 기호를 제공한다는 점에서 중요한 기여를 하였
다. 이러한 물질의 형태를 통해서 발화는 공간을 가로질러 전달될 수 있고, 시간을 넘
어서 보존될 수 있는 것이다. 사람들이 말하고 생각하는 것이 구술에 의거한 소통방
식이 지닌 일시성에서 구출될 수 있다." Jack Goody, *Literacy in Traditional Societies*,
New York: Cambridge University Press, 1968, p. 1.

27) 왕우신, 앞의 책, 247쪽.

28) 이러한 논의는 상대 점복의 본질과 관련된다. 점은 단순히 인간의 입장에서 궁금한 것
을 신에게 물어보기 위해서 행해지는 것이 아니라 인간의 편에서 무언가를 적극적으
로 관철하고자 하는 의지를 표명하는 것이기도 하다. 그런 의미에서 복사 중 명사(命
辭)의 문장 성격에 대한 논쟁은 수렴될 수 있다고 본다. 명사를 의문문으로 보는 입장
은 갑골문 발견 초창기부터 널리 수용되었던 것이다. 이 입장은 명사에 포함된 '정(貞)'
자의 의미를 『설문』에 나온 대로 '점을 쳐서 묻는다(卜問).'로 보는 데서 성립한다. 명
사를 의문문으로 읽는 데 반대하는 입장은 '정' 자를 '묻는다.'는 의미로 해석하는 것은
후대에 나타난 현상에 불과하다고 반박한다. 여기서는 '정(貞)'에 해당하는 갑골문 '鼎'
자는 '기원'이나 '예언', '의지'를 표명하는 용어이거나, '시험하다', '검증하다', '보증하다'
등의 의미를 지닌다고 본다. 이 입장에 따르면 명사는 서술문이다. 위의 책, 464-465쪽;
David N. Keightley, *Sources of Shang History: The Oracle-Bone Inscriptions of Bronze
Age China*, Los Angeles: University of California Press, 1978, p. 29. 이와 같은 첨예한

대립에도 불구하고 필자는 위의 두 입장이 전혀 동떨어진 것은 아니라고 생각한다. 양자는 서로를 포함한다.

29) David N. Keightley, "Art, Ancestors, and the Origins of Writing in China," *Representations*, no. 56, 1996, pp. 72-73. 키틀리는 복조의 형태뿐만 아니라 갑골을 불에 대었을 때 복조가 형성되면서 나는 소리도 해독의 대상이었을 것으로 추정한다.

30) 키틀리에 따르면 복조 해독은 어떤 경우에도 왕이 한 것으로 나타난다. 다른 점복 전문가들에 의하여 복조가 읽혀진 경우는 없다. 다만 왕 이외의 인물들이 복조를 해독한 경우가 전혀 없는 것은 아니다. 왕실 친족 집단에 속한 점복 전문가들이 복조를 해독한 사례가 보이지만 극히 드물다. David N. Keightley(1978), *op. cit.*, p. 42.

31) 만약 상대 문자관(文字觀)을 파악할 수 있다면 점복 기록이 출현한 배경을 이해하는 데 많은 도움이 될 것이다. 그러나 갑골문을 이용하여 상대 문자관을 직접적으로 파악하기란 매우 어렵다. 대신 후대 문헌자료에 나타난 중국 고대 문자관을 통해서 상대 문자관을 유추해 볼 수는 있을 것이다. 문헌 자료에 언급된 문자 발명 이야기는 고대 중국인들의 문자관을 반영한다. 『주역』이나 『설문해자』 같이 전국시기 및 한나라 초기에 기술된 텍스트를 보면 문자가 성인의 발명품임을 강조한다. "옛날에 복희는 세상을 다스리면서 위를 보고 하늘의 이미지를 조사하였고, 아래를 보고 땅의 규범을 조사하였다. … 그 결과 처음으로 팔괘를 창조하여 신명의 덕과 통하였고, 만물의 정을 유형화하였다. … 옛날에는 사람들은 결승(結繩)을 만들어 질서를 세웠다. 후대에 성인들이 이를 서계(書契)로 바꾸었다. 관리들은 그것을 이용하여 세상을 다스렸고, 백성들은 그것을 이용하여 세상을 살폈다. 이는 대체로 쾌괘(夬卦)에서 취한 것이다.(古者包犧氏之王天下也, 仰則觀象於天, 俯則觀法於地. 於是始作八卦, 以通神明之德, 以類萬物之情. … 上古結繩而治. 後世聖人, 易之以書契. 百官以治, 萬民以察, 蓋取諸夬)" 李道平,「繫辭下」,『周易集解纂疏』, 北京: 中華書局, 2004, 621-634쪽. "옛날에 복희는 세상을 다스리면서 위를 보고 하늘의 이미지를 조사하였고, 아래를 보고 땅의 규범을 조사하였다. … 그 결과 처음으로 역의 팔괘를 창조하여 그것으로 세상의 기본 법도를 나타냈다. 신농씨에 이르러 결승을 만들어 다스렸고 모든 일을 통괄하였다. 각종 일들이 번잡해지자 꾸미고 속이는 일이 발생했다. 황제의 사관인 창힐은 새와 짐승의 발자취를 보고 그 형상에 차이가 있다는 것을 알아내고 최초로 서계를 만들었다(古者庖犧氏王天下也, 仰則觀象於天, 俯則觀法於地…於是始作易八卦, 以垂憲象. 及神農氏結繩爲治, 而通其事. 庶業其繁, 飾僞萌生. 黃帝之史倉頡, 見鳥獸蹏迒之迹, 知分理之可相別異也, 初造書契)" 段玉裁 注,『說文解字注』, 上海: 上海古籍出版社, 1981, 753쪽. 앞의 인용문들을 보면 문자를 발명한 성인으로 복희나 창힐이 거론된다. 특히 복희는 문자를 발명하기 전에 자연의 패턴을 보고 팔괘를 먼저 창안한다. 문자는 팔괘의 등장 이후 그것을 본 따 발명된 것으로 기술된다. 팔괘가 자연이 계시한 기호이고, 문자는 팔괘로부터 나온 것이라면, 문자 또한 자연의 계시가 아닐 수 없다. Mark Edward Lewis, *Writing and Authority in Early China*, SUNY Series in Chinese Philosophy and Culture,

Albany: State University of New York Press, 1999, pp. 197-201 참조.

32) 상대 점복은 문자 기록이 없었다면 실행될 수 없었다는 입장에 대해서는 Adam Daniel Smith, *op. cit.*, p. 147 참조. 이 주장은 매우 복잡한 상대 점복 과정에서 문자가 없었다면 큰 혼란이 초래될 수도 있었다는 점을 암시한다. 특히 빈번하게 시행되었던 조상제사에 대한 기록은 점복 담당자로 하여금 그 결과를 참고할 수 있는 기회가 되어 새롭게 행해질 점복이 적합성을 잃지 않도록 작용하였을 것이다. 그러나 문자는 조상제사를 비롯하여 상대 점복이 복잡화하는데 중요한 요인으로 작용하였을 가능성이 있다. 점복의 복잡화로 인하여 문자의 필요성이 증대한 측면도 있지만, 점복의 복잡화에 문자가 끼친 영향력을 고려하지 않으면 안 된다.

33) 키틀리는 무정 시기 과시성 복사(display inscriptions)를 분석함으로써 복사가 지닌 정치적 정당화의 기능을 강조한 바 있다. 과시성 복사의 특징은 서체가 크고 대담하며, 명사와 점사, 험사가 동일한 갑골 표면에 연접해서 기록되고, 점사는 명사에 반하거나 부정하는 내용이 주가 되며, 험사는 점사의 정확성을 확증한다. 요컨대 과시성 복사란 점복 담당자, 특히 왕의 복조 해독 능력이 정확하다는 사실을 강조하기 위해서 크고 대담한 서체로 새긴 것을 말한다. 키틀리에 따르면 과시성 복사는 왕의 정치적 권위를 높이기 위해서 의도적으로 새긴 것이다. 하지만 과시성 복사가 아니더라도 복사는 신과 인간의 소통능력을 문자를 매개로 보여주는 것이기 때문에 어떤 의미에서 모든 복사는 과시성 복사라 할 수 있다. 또한 과시성 복사가 지닌 정치적 정당화 기능은 복사 자체가 지닌 표현 능력에서 부수적으로 얻어지는 효과이다. David N. Keightley(1988), *op. cit.*, p. 373.

34) Smith, *op. cit.*, p. 142.

35) Goody, *op. cit.*, p. 2.

36) Smith, *op. cit.*, p. 142.

37) Keightley, 1996, *op. cit.*, pp. 75-76, 89-90.

38) Walter J. Ong, *Orality and Literacy: The Technologizing of the Word*, New York: METHUEN, 1982; 『구술문화와 문자문화』, 이기우 · 임명진 옮김, 文藝出版社, 1995, 132-133쪽.

39) 잭 구디는 문자사회와 구술사회의 차이를 다음과 같이 진술한 바 있다. "구술사회에서 문화전통은 거의 전적으로 대면 커뮤니케이션을 통해서 전달된다. 전통의 내용에 변화가 생기면 더 이상 필요하지도 않고, 중요하지도 않게 된 전통의 일부분들은 망각하거나 변화시킴으로써 평형상태를 유지하는 과정이 동반된다. 한편 문자사회에서는 과거가 그와 같은 방식으로 폐기되거나 지워지거나 변질되지 않는다. 대신 거기에 속하는 구성원들은 영구적으로 기록된 과거 및 그 신념의 다양한 판본들과 대면한다. 과거는 현재와 별개의 것이기 때문에 역사적인 탐구가 가능해진다." Jack Goody and Ian Watt, "The Consequences of Literacy," *Comparative Studies in Society and History*, vol. 5, 1963, p. 344.

40) 월터 J. 옹, 앞의 책, 129쪽.

41) 주지하는 바와 같이 엘리아데(M. Eliade)는 역사의식에 비판적인 입장을 취한다. 그에 따르면 역사의식에는 모든 것을 소멸시키는 시간의 공포가 내재되어 있다. 역사적 인간과 대비되는 종교적 인간은 역사의식을 거부하고, 시간의 공포를 넘어서는 다양한 장치를 마련한다. 마셜 맥루언의 다음 발언은 역사적 인간과 종교적 인간의 대비가 구술문화와 문자문화의 차이로 치환될 수 있음을 암시한다. "비교종교학과 교수 미르체아 엘리아데는 『성과 속』에서 자신이 말하는 '성스러운' 우주가 바로 음성 언어와 청각 미디어에 의해 지배되는 세계라는 점을 깨닫지 못하고 있다. 따라서 '속된' 세계란 시각에 의해 지배되는 세계라는 점도 깨닫지 못한 것 같다. 우주를 시각적인 단편들로 분절하는 시계와 알파벳이, 밀접한 상호 연결이 만들어 내는 음악에 종지부를 찍었다. 시각적인 것이 우주를 탈신성화했고 '현대 사회의 비종교적 인간'을 만들어 냈다." Marshall McLuhan, *Understanding Media: The Extensions of Man*, Gingko Press, 2003; 『미디어의 이해: 인간의 확장』, 김상호 옮김, 커뮤니케이션북스, 2011, 282쪽.

42) 상대 조상 계보를 연구한 학자들의 업적에 대해서는 林鉉洙, 「商代 時間觀의 종교적 함의: 甲骨文에 나타난 紀時法과 祖上系譜 및 五種祭祀를 중심으로」, 서울大學校 大學院 宗敎學科 博士學位 論文, 2002, 62쪽.

43) 키틀리는 상대 신들의 범주를 다음과 같이 6가지로 분류한 바 있다. ① 지고신 제(帝) ② 자연신 ③ 선공(先公) ④ 상 왕조 설립 이전의 조상신들 ⑤ 상 왕조 이후의 조상신들 ⑥ 상 왕조의 여자 조상신들. 그에 의하면 자연신과 선공, 왕조 이전 조상신들 사이의 경계는 유동적이다. 이들은 본질적으로 유사한 기능을 공유한다. 상나라 사람들은 이들을 조(祖)나 고조(高祖)로 지칭함으로써 조상신에 편입시켰다. David N. Keightley(1999), *op. cit.*, p. 254.

44) 지고신 상제가 최초의 조상인지는 아직 논란의 와중에 있다. *Ibid*, p. 253. 그러나 상대는 상제를 세대적으로 가장 정점에 있는 연장자로 여겼다. David N. Keightley, "The Religious Commitment: Shang Theology and The Genesis of Chinese Political Culture," *History of Religions*, vol. 17, 1978, p. 219.

45) 이와 대조되는 사례가 누어족에서 발견된다. 누어족에게 "시간은 연속적인 것이 아니라 남계선상에 있는 최초의 인물과 마지막 인물 간의 간격이 일정하게 유지되는 구조적 관계이다." 누어 사회에서 역사적 시간은 무한정 확장되지 않는다. 역사적 시간은 어느 단계에 이르면 신화적 시간에 흡수된다. 신화적 시간 안에서는 사건들의 선후가 존재하지 않는다. 세계가 시작된 시점과 현재 사이의 거리는 항상 불변의 상태로 유지된다. E. E. Evans-Pritchard, *The Nuer*, Oxford: The Clarendon Press, 1940, pp. 107-108.

46) 상대 역법의 구체적 내용에 대해서는 林鉉洙, 앞의 논문, 25-49쪽; 왕우신 외, 『갑골학 일백 년 5』, 하영삼 옮김, 소명출판, 2011, 198-281쪽.

47) 위의 책, 253-258쪽.

48) 월터 J. 옹, 앞의 책, 152쪽.

49) Smith, *op. cit.*, p. 152.

50) 주제에 관한 자세한 내용은 왕우신 외, 『갑골학 일백 년 5』, 53-119쪽; 林鋐洙, 앞의 논문, 123-139쪽.

51) 위의 책, 53쪽.

52) 문자가 점을 대체하는 현상에 대해서는 다음 글을 참조할 것. J. Samuel Preus, "Secularizing Divination: Spiritual Biography and the Invention of the Novel," *Journal of the American Academy of Religion*, vol. 59, 1991, pp. 441-466. 이글은 고대 이스라엘 종교가 문자를 이용하여 기록한 토라와 미드라쉬가 어떻게 비문자적 점복의 테크닉을 대체하는지를 보여준다. 또한 인쇄술의 발전과 더불어 책의 종교, 말씀의 종교로 전환한 프로테스탄티즘에서 성서는 신지(神智)에 이르는 매개물로서 신자 개개인이 스스로의 구원 여부를 점쳤던 점서의 역할을 하였다고 강조한다. 그리고 17세기 번안과 디포의 작품을 분석함으로써 이들 작품에 나타난 영적 글쓰기는 한 개인의 정체성과 운명을 점치는 과정과 다를 바 없다고 말한다.

소리의 종교적 자리를 찾아서: 시, 축음기, 그리고 카세트테이프_ 이창익

1) Walter J. Ong, *Orality and Literacy: The Technologizing of the Word*, New York: Routledge, 2002, p. 70.

2) Leigh Eric Schmidt, *Hearing Things: Religion, Illusion, and the American Enlightenment*, Cambridge: Harvard University Press, 2000, p. 7.

3) *Ibid.*, pp. 247-248.

4) 조너선 스턴, 『청취의 과거: 청각적 근대성의 기원들』, 윤원화 옮김, 현실문화, 2010, 26-30쪽.

5) Schmidt, *op. cit.*, p. 13.

6) Schmidt의 *Hearing Things*의 제사(題詞)를 참조하라.

7) Schmidt, *op. cit.*, pp. 250-251.

8) Giorgio Agamben, "Pascoli and the Thought of the Voice," *The End of Poem: Studies in Poetics*, trans. Daniel Heller-Roazen, Stanford: Stanford University Press, 1999, p. 63.

9) *Ibid.*, pp. 74-75.

10) Gerardus van der Leeuw, *Sacred and Profane Beauty: The Holy in Art*, trans. David E. Green, Oxford: Oxford University Press, 2006, p. 245.

11) *Ibid.*, p. 225.

12) Friedrich Nietzsche, *The Gay Science*, ed. Bernard Williams, Cambridge: Cambridge University Press, 2001, 83f.

13) Friedrich A. Kittler, "The God of the Ears," *The Truth of the Technological World:*

Essays on the Genealogy of Presence, Stanford: Stanford University Press, 2013, p. 54.

14) Jan Assmann, "Text and Ritual: The Meaning of the Media for the History of Religion," *Religion and Cultural Memory*, trans. Rodney Livingstone, Stanford: Stanford University Press, 2006, p. 133.

15) Friedrich A. Kittler, *Gramophone, Film, Typewriter*, trans. Geoffrey Winthrop-Young & Michael Wutz, Stanford: Stanford University Press, 1999, p. 80.

16) Kittler, "The God of the Ears," p. 55.

17) *Ibid.*, p. 56.

18) *Ibid.*, p. 55.

19) N. Katherine Hayles, "Cybernetics," in W.J.T. Mitchell & Mark B.N. Hansen, eds., *Critical Terms for Media Studies*, Chicago: The University of Chicago Press, 2010, pp. 146, 154.

20) Ong, *op. cit.*, p. 2.

21) Kittler, "The God of the Ears," p. 47.

22) *Ibid.*, p. 50.

23) *Ibid.*, p. 51.

24) *Ibid.*, p. 55.

25) Friedrich A. Kittler, "Rock Music: A Misuse of Military Equipment," *The Truth of the Technological World: Essays on the Genealogy of Presence*, Stanford: Stanford University Press, 2013, pp. 153-154.

26) Kittler, *Gramophone, Film, Typewriter*, pp. 21-22.

27) *Ibid.*, pp. 26-27

28) 출처: http://wellcomeimages.org

29) *Ibid.*, pp. 27-28.

30) *Ibid.*, p. 85.

31) *Ibid.*, p. 86.

32) Geoffrey Winthrop-Young, *Kittler and the Media*, Malden: Polity, 2011, p. 60.

33) Jean-Marie Guyau, "La mémoire et le phonographe," *Revue philosophique de la France et de l'étrange*, 1880, pp. 319-322; Friedrich A. Kittler, *Gramophone, Film, Typewriter*, pp. 30-31.

34) Kittler, *Gramophone, Film, Typewriter*, pp. 38-39.

35) Kittler, *Gramophone, Film, Typewriter*, pp. 40-41.

36) 출처: http://commons.wikimedia.org/wiki/File%3ASobo_1909_39.png

37) *Ibid.*, pp. 44-45.

38) Kittler, *Gramophone, Film, Typewriter*, pp. 44-50.

39) *Ibid.*, p. 55. 키틀러는 이 글을 알프레드 파처 뮐바허(Alfred-Parzer Mühlbacher)라는

사람이 쓴 「근대의 말하는 기계(포노그래프, 그래퍼폰, 그래머폰)의 관리와 사용」이라는 글에서 인용하고 있다.

40) 조너선 스턴, 앞의 책, 397-398쪽.

41) 위의 책, 394쪽.

42) Avital Ronell, *The Telephone Book: Technology, Schizophrenia, Electric Speech*, Lincoln: University of Nebraska Press, 1989, pp. 342-343.

43) 출처: http://commons.wikimedia.org/wiki/File%3AThe_Official_News_of_The_Gramophone_Co_1909-04.pdf

44) 에밀 벌리너(Emile Berliner)의 그래머폰은 실린더가 아닌 디스크 형태의 레코드를 사용했다. 출처: http://commons.wikimedia.org/wiki/File%3AGramophone_1914.png

45) 조너선 스턴, 앞의 책, 389-393쪽.

46) 시화법(Visible Speech)은 발음기관이 소리를 내는 해부학적 위치를 표현한 부호로 이루어져 있다. 이 부호들은 발음할 때의 입술 모양, 혀의 위치 등을 지시함으로써 농아가 스스로 발음할 수 있도록 유도하기 위한 것이었다.

47) Ronell, *op. cit.*, p. 328.

48) *Ibid.*, p. 331.

49) *Ibid.*, pp. 333-335.

50) Kittler, *Gramophone, Film, Typewriter*, p. 75.

51) Ronell, *op. cit.*, pp. 245-250.

52) Kittler, *Gramophone, Film, Typewriter*, p. 60.

53) *Ibid.*, p. 67.

54) *Ibid.*, p. 72.

55) *Ibid.*, p. 99.

56) *Ibid.*, pp. 94-95.

57) *Ibid.*, p. 97.

58) *Ibid.*, pp. 100-103.

59) *Ibid.*, pp. 107-108.

60) 출처: http://commons.wikimedia.org/wiki/File%3AMarienkapelle_W%C3%BCrzburg_-_IMG_6741.JPG

61) Ronell, *op. cit.*, p. 417; Ernest Jones, "Madonna's Conception through the Ear," in *Essays in Applied Psycho-analysis*, London: Hogarth Press, 1951, p. 330.

62) Jones, *op. cit.*, pp. 356-357.

63) Charles Hirschkind, *The Ethical Soundscape: Cassette Sermons and Islam Counterpublics*, New York: Columbia University Press, 2006.

64) *Ibid.*, p. 71.

65) *Ibid.*, p. 74.

66) *Ibid.*, p. 79.

초기 개신교 선교사들의 한국 종교 사진_ 방원일

1) G. H. 존스, 『한국 교회 형성사』, 옥성득 옮김, 홍성사, 2013, 139-140쪽.

2) 한국 개신교 선교사들의 사진에 대한 연구는 아직 시작 단계에 있다. 도널드 클라크가 편집한 다음 책은 중요한 선교사 사진들이 몇 편의 선교사 관련 기고문과 함께 수록되어 있다. Donald N. Clark (ed.), *Missionary Photography in Korea: Encountering the West through Christianity*, New York: The Korea Society, 2009. 최혜월은 사진 분석을 통해 선교사들이 한국 교인들과의 관계맺음에서 사진이라는 매체를 중요하게 사용하였음을 보여준다. 특히 여성 선교사와 여성 교인 사이의 친밀한 관계가 포착된 사진들은 선교사와 교인들 사이의 관계에 대해 일반적인 문헌 자료가 보여주지 못하는 부분을 전달할 수 있음을 보여준다. Hyaeweol Choi, "The Visual Embodiment of Women in the Korea Mission Field," *Korean Studies*, Vol. 34, 2010, pp. 90-126.

3) 사진자료집으로는 위에서 소개한 클라크의 책 외에 근대 초기의 사진들을 모은 다음 책이 있다. Terry Bennett, *Korea Caught in Time*, Reading: Garnet Pub., 2009. 선교사 사진들을 참조할 수 있는 주요 자료로는 다음 책들이 있다. 옥성득, 『한반도 대부흥 : 사진으로 보는 한국 교회, 1900-1910』, 홍성사, 2009; 『캐나다 선교사가 본 한국·한국인』, 독립기념관, 2013; 박영숙, 『서양인이 본 꼬레아』, 삼성언론재단, 1997; 강명숙 외, 『침탈 그리고 전쟁: 서양인이 만든 근대 전기 한국 이미지 III』, 청년사, 2009; 박현순 외, 『코리안의 일상: 서양인이 만든 근대 전기 한국 이미지 II』, 청년사, 2009; 이덕주 외 엮음, 『엽서에 실린 복음과 선교소식』, 한국기독교역사박물관, 2013.

4) 최근 대학 도서관에 소장된 선교사 사진들을 공개하는 웹 페이지들이 다수 개설되었다. 한국과 관련해서는 남가주대학에서 제공하는 테일러 콜렉션과 프린스턴대학에서 제공하는 모펫 콜렉션에서 양질의 사진들을 볼 수 있다. 이들의 웹주소는 다음과 같다.
The Reverend Corwin & Nellie Taylor Collection:
http://digitallibrary.usc.edu/cdm/search/field/parta/searchterm/The%20Reverend%20Corwin%20&%20Nellie%20Taylor%20Collection
The Moffett Korea Collection: Historic Photographs of Korea:
https://www2.atla.com/digitalresources/results.asp?pagenumber=1&cl1=KOREAMIS

5) 윌프레드 캔트웰 스미스, 『종교의 의미와 목적』, 길희성 옮김, 분도출판사, 1991, 83쪽. 스미스의 물상화 개념은 근대 이후 종교를 인격적이고 내면적인 것으로 파악하지 못하고 비인격적인 객체로 이해하게 되었다는, 매우 비판적인 입장에서 제시된 개념이다. 그러나 이 글에서는 그러한 판단을 적용하지 않은 채, 종교가 구체적인 사물로 파악될 수 있다는 것이 종교 개념화에 기여한다는 그의 논지에만 주목하여 논의를 진행하도록 하겠다.

6) 수전 손택, 『사진에 관하여』, 이재원 옮김, 이후, 2005, 18쪽.

7) 박평종, 「한국 관련 사진의 유통과 한국 이미지의 생산」, 강명숙 외, 『침탈 그리고 전쟁: 서양인이 만든 근대 전기 한국 이미지Ⅲ』, 청년사, 2009; 최인진, 「어사진을 촬영했던 1880년대의 사진술」, 『고종, 어사진을 통해 세계를 꿈꾸다: 19세기 어사진의 정치학』, 문현, 2010.

8) Helen Gardner & Jude Philp, "Photography and Christian Mission: George Brown's Images of the New Britain Mission 1875-80," *The Journal of Pacific History*, vol. 41 no. 2, 2006, pp. 176-177.

9) Kathryn T. Long, "Cameras 'Never Lie': The Role of Photography in Telling the Story of American Evangelical Missions," *Church History*, Vol. 72, No. 4, 2003, p. 825.

10) American Baptist Foreign Mission Society, *Manual of the American Baptist Missionary Union for the Use of Missionaries and Missionary Candidates*, Boston: Ford Building, 1908, p. 66.

11) Long, *op. cit.*, pp. 826-841

12) *Woman's Missionary Friend,* vol. 39 no.10, Oct., 1907.

13) 한국에서 활동한 선교사들에 의한 사진엽서도 다수 제작되어 전한다. 다음 도록에 선교 관련 엽서들을 볼 수 있다. 이덕주 외 엮음, 앞의 책.

14) 손택, 앞의 책, 18쪽.

15) "Beato, Feliche," John Hannavy, ed., *Encyclopedia of Nineteenth-Century Photography*, New York, Taylor & Francis, 2013, p. 130.

16) Bennett, *op. cit.*, p. 27.

17) 그리피스는 일본에서 활동하였지만 조선에 대한 자료들을 열정적으로 수집한 것으로 보인다. 최근에 미국 럿거스 대학(Rutgers University)에 있는 그리피스 컬렉션에 보관된 사진들이 소개되었다. 기사에 따르면 컬렉션의 사진 중 592장의 한국 관련사진들이 있으며 그 중 358장은 기존에 소개되지 않았던 사진이라고 한다. "동구릉 내 명성황후 무덤 등 한국 근대사 희귀 사진 358장 첫 공개", 〈경향신문〉, 2014년 12월 7일. http://news.khan.co.kr/kh_news/khan_art_view.html?artid=201412072123445

18) 사진 대신 그림이 삽입된 것은 이 책의 초판이 출판된 1882년에는 사진을 인쇄하는 출판 기술이 발달하지 못했기 때문이다. 앞서 지적했듯이 사진이 삽입된 선교 관련 단행본의 출판은 1890년대 중반에 일반화되었다.

19) William Elliot Griffis, Corea: *The Hermit Nation*, 6th ed., New York: Charles Scribner's sons, 1902[1882], p. 408.

20) *Ibid.*, p. 407.

21) William Elliot Griffis, *Corea, Without and Within*, Philadelphia: Presbyterian board of publication, 1885, p. 161.

22) J. R. Wolfe, "A Visit to Korea," *The Foreign Missionary*, vol. 44, 1885, p. 162.

23) James S. Gale, *Korea in Transition*, New York: Young People's Missionary Movement of the United States and Canada, 1909, p. 67. 게일은 한국의 종교를 인정하는 입장이었다. 이 논의는 '그러나' 한국인은 종교적이라는 내용으로 이어진다.

24) David Strauss, *Percival Lowell: The Culture and Science of a Boston Brahmin*, Cambridge: Harvard University Press, 2001. 최인진, "로웰과 지운영의 사진술", 『고종, 어사진을 통해 세계를 꿈꾸다』, 115쪽에서 재인용.

25) Percival Lowell, *Chosön, The Land of the Morning Calm: A Sketch of Korea*, Boston: Ticknor and Company, 1886, pp. 187-188.

26) *Ibid.*, p. 188.

27) *Ibid.*, pp. 182-83.

28) Ernest Oppert, *A Forbidden Land: Voyages to the Corea, with an Account of its Geography, History, Productions, and Commercial Capabilities, &c., &c.*, London: Sampson Low, Marston, Searles, and Rivington, 1880, pp. 112-113.

29) *Ibid.*, p. 116.

30) *Ibid.*, pp. 113-117.

31) Angus Hamilton, *Korea*, New York: Charles Scribner's Sons, 1904, p. 251.

32) 박현순 외, 앞의 책, 130-1쪽.

33) H. G. Arnous, *Korea: Märchen Und Legenden, Nebst Einer Einleitung ber Land Und Leute, Sitten Und Gebräuche Koreas*, Leipzig: Verlag von Wilhelm Friedrich, 1893, p. 23; 아르노스, 송재용 & 추태화 옮김, 『조선의 설화와 전설: 개화기 독일인 아르노스가 기록한 조선의 이야기』, 제이앤씨, 2007, 24-25쪽.

34) 아드리앙(Adrien Launay)의 1890년 저서 『한국과 프랑스 선교사들』(La Corée et les Missionnaires Français)에 실린 도상. 박현순 외, 앞의 책, 131쪽.

35) Blanche Webb Lee, "Christianity's Message to Woman," *Woman's Work for Woman*, Vol. 12, No. 5, 1897, p. 120. Hyaeweol Choi, *op. cit.*, pp. 102-3에서 재인용.

36) R. A. Hardie, "Religion in Korea," *The Missionary Reviews of the World*, Vol. 10, No. 12, Dec., 1897, pp. 926-31.

37) Hamilton, *op. cit.*, p. 251.

38) 사진의 의미가 사용된 글의 맥락에 의해 구성되는 다른 극적인 예로는 여선교사 아서 노블의 선교 소설 『이화』에 사용된 조선 소녀의 사진이 있다. 소설 첫 장에 실린 소녀 사진은 기독교로 개종한 여주인공 이화의 모습으로 독자들에게 각인된다. 그러나 동일한 사진이 일제강점기에 유행한 기생엽서에도 사용되었다. Hyaeweol Choi, *op. cit.*, pp. 117-8.

39) Daniel L. Gifford, *Every-Day Life in Korea*, New York: Fleming H. Revell, 1898, pp. 112-113.

40) Jean Perry, *"Chilgoopie the Glad": A Story of Korea and Her Children*, London: S. W.

Partridge, 1906, p. 127.

41) 장승 도상이 실린 자료는 다음과 같다. George W. Gilmore, *Korea from Its Capital*, Philadelphia: Presbyterian Board of Publication and Sabbath-School Work, 1892, p. 198; James Scarth Gale, *Korean Sketches*, New York: Fleming H. Revell, 1898, front page; Homer B. Hulbert, *The Passing of Korea*, London: Page & company, 1906, p. 302; James Scarth Gale, *Korea in Transition*, New York: Young People's Missionary Movement of the United States and Canada, 1909, p. 87. 기퍼드 책에 실렸던 것과 동일한 사진이 다음 책에 "Roadside Deity"이라는 이름으로 수록되었다. Rockhill, William Woodville, *China's intercourse with Korea from the XVth century to 1895*, London: Luzac & co, 1905, p. 52. 이 외에 장승 사진이 수록된 책으로는 다음 책들이 있다. Frederick Arthur Mackenzie, *The Tragedy of Korea*, New York: Dutton, 1908, p. 11. "A Village Idol"; Charles Allen Clark, *First fruits in Korea: A Story of Church Beginnings in the Far East*, New York: Fleming H. Revell Company, 1921, front page. "The Utmami."

42) J. Robert Moose, *Village Life in Korea*, Nashville, Tenn.: Publishing House of the M. E. Church, South, Smith & Lamar, agents, 1911, p. 194.

43) "Devil posts," Korea(1908-1922)
http://digitallibrary.usc.edu/cdm/singleitem/collection/p15799coll48/id/725/rec/44
사진에 수록된 메모 내용은 다음과 같다. "Evil spirits are an active force in Korean religion. These posts are placed at village approaches to frighten away the malign spirits. In earlier days, they were found everywhere in Korea. Except in very remote areas, most of these posts have now disappeared, removed by the Japanese to make room for building wider roads. The names commonly given these posts may be indicative of the relative position occupied by women in Korean society. The posts are called 'Mr. General Heaven and Mrs. General Hell'."

44) 어린 아이들을 옆에 세우고 유물 사진을 찍는 구도는 일제강점기 사진엽서에서 많이 사용되었다. Hyung Il Pai, "Staging 'Koreana' for the Tourist Gaze: Imperialist Nostalgia and the Circulation of Picture Postcards," *History of Photography*, vol. 37 no. 3, Aug., 2013, pp. 305-6. 이러한 방식은 이미 1897년 비숍 부인의 스케치에서 나타난다. 비숍은 원각사비에 올라타 있는 아이들을 스케치함으로써 유물의 상황을 암시하였다. Isabella Bird Bishop, *Korea and Her Neighbours: A Narrative of Travel, with an Account of the Vicissitudes and Position of the Country*, New York: Fleming H. Revell, 1898, p. 43.

45) George W. Gilmore, *Korea from Its Capital*, Philadelphia: Presbyterian Board of Publication and Sabbath-School Work, 1892, p. 186.

46) Wilcox Mattie Noble, *The Journals of Mattie Wilcox Noble 1892-1934*, Seoul: Institute for Korean Church History, 1993, p. 42.

47) *Ibid.*, pp. 42-43.

48) Burton Holmes, *Burton Holmes Travelogues*, vol. 10, New York: The McClure Company, 1908, pp. 86, 90.

49) 1909년 이후 선교를 개시한 베네딕트회 소속 독일 선교사들도 서울에서 유럽인들에게 가장 인기 있는 유원지의 하나로 '흰색 불상' 이야기를 소개하기도 했다. Anonymous, "Der 'weiβe Budda' bei Seoul", *Missionblätter*, vol. 17, 1912/13, pp. 236-38. 조현범 「분도회 선교사들의 한국 문화 연구」, 『교회사연구』 33호, 2009년, 205쪽에서 재인용.

50) 『모닝캄』(The Morning Calm)에 수록된 주요 불교 사진들은 다음과 같다. "장안사", vol. 3, no.27, Sept. 1892; "스님과 동자승", vol. 3, no. 28, Oct. 1892; "표운사", vol. 3 no. 29, Nov. 1892; "장안사 주지", vol. 3, no. 30, Dec. 1892; "유점사", vol. 4 no. 31, Jan. 1893; "보도각 백불", vol. 4, no. 35, May 1893; vol. 4, no. 40, Oct. 1893; "북한산 사찰의 불상", vol. 6, no. 56, Feb. 1895; "용미리 석불", vol. 7, no. 67, Aug. 1896.

51) Frederick Starr, *Korean Buddhism*, Boston: Marshall Jones, 1918.

52) Colleen McDannell, *Picturing Faith: Photography and the Great Depression*, New Haven: Yale University Press, 2004, p. 18.

신화, 유령, 잔존하는 이미지: 아피찻퐁 위라세타쿤의 영화를 중심으로_ 최화선

1) Abel Gance, "Le temps de l'image est venu," *L'Art cinématographique*, vol. 2, Paris, 1927, p. 96; Walter Benjamin, *Das Kunstwerk im Zeitalter seiner technischen Reproduzierbarkeit*, Frankfurt/Main, 1936: 발터 벤야민, 「기술복제시대의 예술작품(제2판)」, 『기술복제시대의 예술작품, 사진의 작은 역사 외』, 최성만 옮김, 도서출판 길, 2007, 47쪽에서 재인용

2) 뤼미에르 형제는 1896년 팔레스타나의 모습을 담은 「예루살렘의 기차역」이라는 필름을 만들었다. 그 후 수난극들이 영화로 만들어지기 시작했다. 1897년 *La Passion du Christ*, 1898년 *The Passion Play of Oberammergau* 와 *The Passion Play* 가 만들어졌는데, 이들은 현재 남아있지 않은 것으로 알려져 있다. 현존하는 가장 오래된 수난극 필름은 1898년 제작된 *La Vie et Passion du Christ*인 것으로 추정된다. 그 외 1912년에는 Sidney Olcott의 *From the Manger to the Cross* 가 만들어졌으며, 그리피스(D. W. Griffith)는 1914년 *Judith of Bethuli*, 1916년 *Intolerance*를 만들었다. 성서 내용을 영화화한 초기 영화들 목록 및 자세한 서지 사항은 David J. Shephered, *The Bible on Silent Film: Spectacle, Story and Scripture in the Early Cinema*, Cambridge University Press, pp. 295-299를 참고.

3) 순례와 성유물, 성화상 공경의 연관성에 대해서는 졸고, 「이미지와 응시: 고대 그리스 도교의 시각적 신심(visual piety)」, 『종교문화비평』 25호, 2014, 15-37쪽 참고.

4) D. G. Phalke, "The Problem of Capital Formation in the Indian Cinema (1917)," in

Jolyon Mitchell and S. Brent Plate eds., *The Religion and Film Reader*, Routledge, 2007, pp. 25-26. 이 편집본에는 1910년 Herbert A. Jump의 "The Religious Possibilities of the Motion Picture", 1920년 Percy Stickney Grant의 "If Christ Went to the Movies" 및 1936년 교황 비오 11세의 영화에 관한 회칙 "깨어있는 관심(Vigilanti Cura)" 등 초기 영화에 대한 종교 측의 관심이 표현된 글들을 찾아볼 수 있다.

5) Jean Epstein, "On Certain Characterstics of *Phtogénie*," in *The Religion and Film Reader*, p. 52.

6) 에이젠슈타인은 1929년 "영화의 원리와 표의문자"라는 글에서 한자의 회의문자의 원리, 즉 서로 다른 뜻을 가진 두 문자를 결합해서 이전 의미의 단순한 결합이 아닌 새로운 의미를 만들어내는 것이 바로 몽타주의 원리라고 지적한다. "다시 말해서 묘사적이며 의미상으로 단일하고 내용상으로 중립적인 샷들을 조합해서 지적인 내용과 계열'을 만들어내는 것이다." 에이젠슈타인, "영화의 원리와 표의문자", 이윤영 엮고 옮김,『사유 속의 영화: 영화 이론 선집』, 문학과 지성사, 2011, 24-26쪽 참고.

7) 발터 벤야민의『아케이드 프로젝트』, 아비 바르부르크의『므네모쉬네』 등도 역시 일종의 몽타주를 통한 지식의 확장을 이야기한다. Walter Benjamin, *Das Passagen-Werk*, ed. by Rolf Tiedemann, 2001;『아케이드 프로젝트』, 조형준 옮김, 새물결, 2005; Aby Warburg, *Der Bilderatlas Mnemosyne*, ed. by Martin Warnke, Berlin: Akademie Verlag, 2001/2008.

8) 레비 스트로스, 안정남 옮김,『야생의 사고』, 한길사, 1996.

9) https://commons.wikimedia.org/wiki/File%3ALe_Voyage_dans_la_lune.jpg

10) 영화에 대한 종교학적 논의의 역사에 대해서는 다음의 책들을 참고할 것. Gregory J. Watkins ed., *Teaching Relligion and Film*, Oxford University Press, 2008; S. B. Brent Plate, *Religion and Film: Cinema and the Re-Creation of the World*, Wallflower, 2008 등.

11) 아피찻퐁의 영화제목은 태국어로 표시해야 할 것이나, 여기서는 편의상 한국어와 영어 제목으로만 명시한다.

12) 이러한 전개방식은 '우아한 시체놀이(exquisite corpse)'라 불리는 초현실주의자들의 놀이에서 따온 것이라 이야기된다. '우아한 시체놀이'는 한 사람이 이미지나 단어, 혹은 문장을 써서 다음 사람에게 넘기면 그 사람이 이를 받아서 여기에 또다른 이미지나 단어, 혹은 문장을 쓰고 이를 또 다음 사람에게 넘기는 식으로 이어지면서 하나의 작품을 완성하는 것을 말한다.

13) 이 글에서는 아피찻퐁의 영화 중 DVD로 출시된 것들만 중심으로 다루며 단편 중에서는 현재 웹상에서 관람이 가능한 것들만 논의에 포함시켰다.

14) 베네딕트 앤더슨(Benedict Anderson)은 이 존재가 태국 신화 속에 나오는 Seua Saming이라는 존재라고 확인시켜준다. 그가 들은 바에 따르면, Seua Saming은 대부분, 호랑이로 변할 수 있는 남자 인간을 지칭하며, 혹 여성적 존재일 때는 인간이 아닌 사악한 혼령으로 여성 아니면 호랑이로 그 모습을 나타낸다고 한다. Benedict

Anderson, "The Strange Story of a Strange Beast: Receptions in Thailand of Apihatpong Weerasethakul's *Sat Pralaat*," in James Quandt, ed., *Apichatpong Weerasethakul*, SYNEMA Publikationen, 2009, p. 163.

15) 인터뷰에서 아피찻퐁은 이 원숭이 유령은 자신이 만들어낸 존재라고 말했다. 태국 신화에서 영감을 받았고, 또 어린시절 친구가 이야기해준, 밤에 침대 위에 떠있는 붉은 눈을 가진 커다란 검은 존재에 대한 이미지를 활용했다고 한다. http://www.electricsheepmagazine.co.uk/features/2010/11/13/uncle-boonmee-interview-with-apichatpong-weerasethakul/

16) James Quandt, "Exquisite Corpus: An Interview with Apichatpong Weerasethakul," in *Apichatpong Weerasethakul*, p. 129.

17) Kong Rithdee, "Cinema of Reincarnations," in *Apichatpong Weerasethakul*, pp. 118-124.

18) Apichatpong Weerasethakul, "The Memory of Nabua: A Note on the Primitive Project," in *Apichatpong Weerasethakul*, p. 192. 아피찻퐁의 이 글은 2014년 SeMA 비엔날레 「미디어시티서울」 "귀신, 간첩, 할머니"라는 행사의 일부로 출판된 저작물, 『귀신, 간첩, 할머니: 근대에 맞서는 근대』, 현실문화, 2014에 번역되어 실렸다.

19) 유령 폽은 태국 신화 속의 유령 중 하나다. 아피찻퐁의 설치 작품 「프리미티브 프로젝트」 해설책자에는 태국 신화 속의 유령 목록이 첨가되어 있다. Gary Carrion-Murayari and Massimiliano Gioni eds., *Apichatpong Weerasethakul: Primitive*, New Museum, 2011, pp. 33-36.

20) 이 글에서 다루지 않은 아피찻퐁의 다른 단편영화들 속의 유령에 대해서는 방혜진, 「유령, 기억, 우주: 아피찻퐁의 영화세계」, 『프리미어』 2010년 10월호 참고.

21) 출처 : http://www.animateprojects.org/films/by_date/2009/phantoms/stills

22) Apichatpong Weerasethakul, "Ghosts in the Darkness", pp.113-116.

23) 아피찻퐁의 「프리미티브 프로젝트」 속 각각의 비디오 설치물에 대한 분석으로는 이지영, 「아피찻퐁 위라세타쿤 「프리미티브 프로젝트」의 구조: 억압된 기억의 환기로서의 '경계 허물기' 전략」, 『영상예술연구』 19, 2011, 347-377쪽을 참고.

24) Apichatpong Weerasetakul, "The Memory of Nabua: A note on the Primitive Project," pp. 192-204.

25) 문학동네 2014년 겨울호를 펴내는 글에서 류보선은 최근 한국문학 전반에 출몰하는 유령, 비존재에 주목한다. 그는 세월호 이후의 한국문학이 가야할 길을 이야기하며, 한국문학에서 이러한 유령적 존재가 출몰한다는 것은, "한국문학 전반이 현재의 상징 질서에 의해 원초적으로 억압되고 배제된 타자의 목소리에서 불가능의 가능성을 찾고자 심혈을 기울이고 있다는 것"을 말해준다고 지적했다. 류보선, "'살인자의 기억법'과 '너의 목소리': 세월호와 한국문학, 그리고 계간 「문학동네」 이십 년", 17-19쪽, 『문학동네』 2014년 겨울. 덧붙이자면 이 논문을 쓰면서 계속 머리 속에 맴돌던 것 중 하나는,

세월호 아이들이 남긴 휴대폰 영상을 복원하는 작업을 하는 한 세월호 희생자 누나에 대한 기사였다. 조각나고 불완전한 이미지의 파편들 그리고 그 파편들을 이어붙이는 (몽타주) 작업이, 억울하게 죽어 간 아파하는 영혼들을 지금 우리 앞에 다시 불러오고, 그 이미지들은 우리에게 우리는 지금 이순간 무엇을 생각해야 하는지, 무엇을 해야 하는지 고민하게 만들어준다고 생각한다.

26) 윤경희, 「어른들을 위한 유령 이야기: 아비 바르부르크의 「므네모시네」」, 『고함/만물의 고아원: 수집 그리고 수집가』, 인문예술잡지 F 9호., 2013, 61쪽

27) 윤경희, 같은 글, 62쪽

28) "어느 누구도 아무것도 남기지 못할 만큼 빈곤하게 죽지는 않는다." 파스칼의 이 말은 발터 벤야민을 거쳐 그리고 디디-위베르만의 글에서 재인용된다. 조르주 디디-위베르만, 김홍기 옮김, 『반딧불의 잔존: 이미지의 정치학』, 도서출판 길, 2012, 131쪽.

29) 정성일, 「생명처럼 꿈틀대는 '정글미학'」, 『아트 인 컬처』, 2014년 3월호, 82-87쪽, 인용문은 84쪽.

30) Georges Didi-Huberman, *L'image survivante : historire de l'art et temps des fantômes selon Aby Warburg*, Paris: Editions de Minuit, 2002.

31) 김홍기, 「그럼에도 불구하고 이미지를 말한다는 것」, 『반딧불의 잔존: 이미지의 정치학』 해제, 190쪽.

32) 이탈리아어 루치올라(lucciola)는 반딧불을 의미하는 동시에 약한 빛, 미광을 뜻하기도 한다고 한다. 같은 책, 199쪽

33) 조르주 디디-위베르만, 『반딧불의 잔존: 이미지의 정치학』, 147쪽.

34) 같은 책, 141쪽.

35) 오준호, 「아피찻퐁 위라세타쿤 영화의 이중적 구조: 영화적 구조에서 신화적 구조로의 확장」, 『현대영화연구』 8, 93-117 쪽.

36) Georges Didi-Huberman, *Images In Spite of All: Four Photographs from Auschwitz*, trans. by Shane B. Lillis from *Image malgré tout* (2003), The University of Chicago Press, 2008, p. 121.

37) 오준호의 이 논문은 2009년에 나온 것으로 여기에는 이후에 나온 아피찻퐁의 보다 노골적인 정치적 작업물들, 「프리미티브 프로젝트」와 「엉클 분미」 등이 포함되어 있지 않다. 따라서 위의 논문이 쓰이던 당시 아피찻퐁의 작품을 해석하는 상황의 어떠한 한계가 있었을 것이라는 점은 인정한다.

38) 정성일, 『생명처럼 꿈틀대는 '정글미학'』, 85쪽.

39) 디디 위베르만은 '잔존' 개념과 관련해서 타일러(E. B. Tylor)를 비롯한 초기 인류학자들의 '잔존(survival)' 개념을 재검토하는데, 그중에서 특히 모스(Mauss)가 '원형주의(Archetypism)'에 대해 비판한 대목을 인상적으로 인용한다. 이에 따르면, 모스는 시간적 모델을 단순화시키고 문화와 정신의 본질주의로 회귀하는 원형주의에 흐르면 결국에 잔존은 '신화화'되고 인식론의 방해가 될 것이라고 말했다. Georges

Didi-Huberman, "The Surviving Image: Aby Warburg and Tylorian Anthropology," *Oxford Art Journal* 25, no. 1, 2002, pp. 59-70 중 p. 66. 이 영어 논문은 불어책 L'image survivante 의 일부를 영어로 번역한 것이다. 불어책에서는 p. 63.

40) 오준호, 위의 글, 112쪽.

근대적 문자성과 개신교 담론의 형성_ 도태수

1) 탈랄 아사드(Talal Asad)는 자신의 책,『종교의 계보들』을 통해, 종교 개념에 대한 계보학적 추적을 진행했다. 그는 이 책을 통해, 종교라는 인식이 역사적으로 어떻게 변화되면서 현재의 역할에 이르렀는지를 설명하고 있다(Talal Asad, *Genealogies of Religion: Discipline and Reasons of Power in Christianity and Islam*, Baltimere and London: The Johns Hopkins University Press, 1993). 또한 최근에 출판된 농부리(Brent Nongbri)의 책,『'종교' 이전』은 종교개념에 대한 논의를 상세한 자료와 함께 고찰한 바 있다(Brent Nongbri, *Before Religion: A History of a Modern Concept*, New Haven and London: Yale University Press, 2013). 또한 국내에서도 이와 같은 종교를 둘러싼 개념의 역사를 고찰한 연구가 이미, 1992년 장석만의 학위논문을 필두로 진작되어 왔다(장석만,「개항기 한국사회 '종교'개념 형성에 관한 연구」, 서울대학교 박사학위논문, 1992). 이와 더불어 최근에는 '종교'개념에만 머물지 않고, 종교의 개념을 보다 확장하여 '종교성'에 주목한 연구도 나타나고 있다(조현범,「한국 천주교 신앙인 만들기: 두 가지 종교성에 주목하며」,『정신문화연구』34:2, 2011).

2) Heidi A. Campbell, ed., *Digital Religion: Understanding Religious Practice in New Media Worlds*, London and New York: Routledge, 2014, p. 25.

3) W. J. T. Mitchell & Mark B. N. Hansen, eds., *Critical Terms for Media Studies*, Chicago and London: The University of Chicago Press, 2010, Loc 19 Kindle.

4) 존스턴에게 기술성(technology)이란, 정보처리를 의미한다. 그는 디지털 시대의 컴퓨터의 정보처리 방식이 기술성을 대변하는 것으로 이해했다. 여기서 정보처리방식은 알고리즘(algorithm)으로 대표된다. 이 알고리즘은 수학적 연산법칙으로 컴퓨터를 활용한 정보처리 방식이다. 알고 있듯이 컴퓨터의 정보처리는 2진법을 기반으로 해서 이루어진다. 정보에는 수많은 '언어'(language)적 데이터가 존재하고 컴퓨터는 이러한 언어적 데이터를 기계적으로 처리할 수 있는 형식으로 변환해야 한다. 따라서 컴퓨터는 자신이 처리할 수 있는 언어를 '1'로 표기하고, 할 수 없는 언어를 '0'으로 표기하여 정보를 처리한다. 이러한 정보처리 방식은 알파벳 문자를 통해서도 이루어진다. 인간은 의미없는 단어에 의미를 주고 그 단어에 '1'을 표시한다. 그리고 처리할 수 없는 단어에는 '0'을 표시하여 텍스트에서 제외한다. 따라서 기술성이란, 정보를 처리하기 위한 방식적 체계라고 볼 수 있다(John Johnston, "Technology", *ibid.* 참조).

5) Friedrich A. Kittler, "Gramophone, Film, Typewriter," in John Johnston, ed., *Friedrich*

A. *Kittler Essays: Literature, Media, Information Systems*, London and New York: Routledge, 1997, pp. 35-46.

6) 윈스롭-영는 키틀러를 후기구조주의자로 인식할 수는 없다고 지적한다. 윈스롭-영에 따르면, 프랑스 후기구조주의자들의 역사적 구분을 토대로 키틀러를 이해하는 것은 키틀러에 대한 오해를 불러일으킬 수 있다는 것이다. 또한 키틀러에게 후기구조주의는 연구 경력 초기에만 언급된다는 점에서 그를 후기구조주의자로 인식하는 것에는 문제가 있다. 하지만 젊은 시절 라깡과 푸코 등의 프랑스 사상가들에게 많은 영향을 받은 점을 미루어 볼 때, 프랑스 후기구조주의가 키틀러에게 많은 영감을 주었던 것은 사실이다. 특히, 그의 저작『축음기, 영화, 타자기』와『기록체계 1800/1900』은 그러한 사상들에서 영향받았다고 할 수 있다(Geoffrey Winthrop-Young, *Kittler and the Media*, Cambridge: Polity Press, 2011, pp. 1-2, 13-15).

7) 심혜련은 키틀러가 19세기의 대표적인 매체를 낭만주의적 문학 텍스트로 인식하는 과정에서 주목한 것이 '텍스트의 기술성'이라고 지적한다. 여기서 그가 지적하는 '텍스트의 기술성'은 알파벳을 바탕으로 한 쓰기의 기술성이다. 다시 말해, 이전의 문자성이 표의 문자를 바탕으로 형성된 쓰기 였다면, 19세기는 알파벳을 중심으로 하는 쓰기로 이전의 문자성과는 차원이 다른 새로운 '근대적 문자성'을 발생시켰다(심혜련,『20세기의 매체철학-아날로그에서 디지털로』, 그린비, 2013, 154쪽).

8) 본고는 한국 초기 개신교 형성시기를 1890년대부터 1910년대까지로 인식한다(이덕주,『초기 한국 기독교사 연구』, 한국기독교역사연구소, 1995, 머리글.)

9) 여기서 한글은 알파벳 문자이다. 그리고 이러한 한글은 표음 문자이다.

10) 문자성(literacy)이란, 일반적으로 '쓰기'와 '읽기'를 의미한다. 그러나 이러한 '쓰기'와 '읽기'는 사회적인 맥락, 물질적 조건(쓰기와 읽기의 모든 도구), 해당 시대의 읽고 쓰는 방식에 따라 차별적으로 나타난다(Walter J. Ong, *Orality and Literacy: The Technologizing of the Word*, London and New York: Routledge, 2002, pp. 91-94). 특히 이러한 문자성은 문자가 지니고 있는 기술적(technological) 특성에 따라 다르게 나타난다. 다시 말해 표의 문자를 통해 나타나는 문자성과 알파벳을 통해 나타나는 문자성이 차별적으로 나타난다고 할 수 있다. 이에 따라 근대적 문자성은 알파벳문자를 통해 구현되는 기술적 특성의 '쓰기'와 '읽기'를 표현한다고 할 수 있다.

11) 에피스테메란, 해당 시대에 사유체계라고 할 수 있다. 특히, 이러한 사유체계는 해당 시대의 담론 상황에서 비롯된다. 즉, 인간의 언어가 외재화되는 표현방식에 따라 새로운 담론의 질서가 형성되는데 이러한 담론의 질서 속에서 인간의 사유체계가 달라진다는 것이다.

12) Michel Foucault, *Les mots et les choses: une archeologie des sciences humaines*, Gallimard: NRF, 1966;『말과 사물』, 이규현 옮김, 민음사, 2012, 7-22쪽.

13) Friedrich A. Kittler, "Gramophone, Film, Typewriter," p. 35.

14) J. Derrida, *De la grammatologie*, Minuit, 1967;『그라마톨로지』, 김성도 옮김, 민음사,

2010, 51쪽.

15) Peter Harrison, *The Bible, Protestantism, and the Rise of Natural Science*, Cambridge: Cambridge University Press, 1998, pp. 34-56.

16) Marshall McLuhan, *The Gutenberg Galaxy: The Making of Typographic Man*, University of Toronto Press, 1962.;『구텐베르크 은하계』, 임상원 옮김, 커뮤니케이션 북스, 2001, 206쪽.

17) 가라타니 고진,『일본근대문학의 기원』, 박유하 옮김, 도서출판 b, 2010, 62쪽.

18) Friedrich A. Kittler, *Discourse Networks*, 1800/1900, trans. Michael Metteer & Chris Cullens, California: Stanford University Press, 1990, p. 12.

19) 키틀러는 기존의 원본 텍스트를 받아적는 필사를 통한 글쓰기는 원본 텍스트에 대한 언어의 '대체'(paraphrase)로 인식하고 있다. 하지만, 이러한 필사본의 언어에 대한 대체는 단순히 원본 텍스트에 정해진 단어의 순환적인 재생산이다. 다시 말해 대체는 원본 텍스트가 가진 의미를 해석하고, 내적인 의미에 대한 기호학적으로 재배열하는 것이 아니라 단순히 단어를 다른 단어로 전환하는 수사학적인 기술에 불과한 것이다. 그러나 '번역'(translation)은 기표에 대한 끊임없는 재생산의 순환과는 다른, 기의에 대한 의미론적인 재구성이라고 할 수 있다. 따라서 번역은 격언과 금언의 주석달기로부터 생산되는 수사학적인 '말 더미'로부터 벗어나 기표에 새로운 기의를 부여하는 작업이다.

20) '빗금치기'는 '번역'과 '대체'(paraphrase)를 구별한다. 번역은 기존의 단어에 빗금을 치고 새로운 기호학적 기의를 다시 새겨 넣는 작업이라고 할 수 있다. 예를 들어 기존의 '말씀'(the Words), '정신'(the Mind), 그리고 '신의 힘'(the Force)에 빗금(crossins-out)을 치고(the Words, the Mind, the Force) 그 위에 저자의 쓰기의 행위(the Act)를 통해 독자적인 이름(name)을 부여하는 창조적인 행위(act)인 것이다.

21) *Ibid.*, p. 14.

22) *Ibid.*, p. 15.

23) 가라타니 고진, 앞의 책, 72-73쪽; 여기에 키틀러는 이러한 원근법에 대한 이해를 투시도법이라고 이해하고 있다(Friedrich Kittler, *Optische Mediem*, Merve Verlag GmbH, 2011:『광학적 미디어』, 현실문학, 2011, 143-144쪽).

24) 조경덕,「근대 소설사에서 한글 전도문성의 위상」,『현대소설연구』50, 2012, 50쪽.

25) 문대체는 일반적으로 묻고 답하는 것을 서술한 글이다. 이는 주로 객관적 사실에 대한 정보를 전달하기 위해 제시되는 경우가 많았다. 이러한 문대체는 그 형식에 있어 문답체와 구별되지 않으며, 같은 것으로 인식할 수 있다.(이강화,「문답체 산문의 서술자 개입 양상과 서사화」,『고시가 연구』8:1, 2001, 448쪽.

26) 문한별은 자신의 논문에서 문답체의 주요한 특징을 해당 시대의 이데올로기를 윤리적 형태로 가공하여 서술하는 정보 전달의 역할에 주목하였다(문한별,「『독립신문』수록 단형 서사 문학 연구-문답체 서사를 중심으로」,『현대 문학이론 연구』22, 2004, 172-

180쪽).

27) 조경덕, 앞의 글, 456-470쪽.

28) 『랑자회개』, 4-5쪽.

29) 위의 글, 14쪽.

30) 위의 글, 9쪽.

31) 위의 글, 11쪽.

32) 박헌호, 「식민지 시기 '자기의 서사'의 성격과 위상」, 『대동문화연구』, 2004, 153쪽.

33) 여기서 '번역'이란, 키틀러의 개념으로 저자가 설정된 기표에 자신의 기의를 연결시키려는 창조적 행위로 인식이다(각주 16)번 참조).

34) 길선주, 『해타론』, 대한성교서회, 1894, 8쪽.

35) 위의 글, 9쪽.

36) 위의 글, 17쪽.

37) 위의 글, 4쪽.

38) 이 『성산명경』은 개신교 잡지 『신학월보』에 "성산유람긔"라는 제목으로 4회분이 연재되다가 중단되었던 것을 1909년 황화서제에서 단행본으로 출간했고, 1911년에는 동양서원에서 인쇄본을 출간하였다. 필자가 참조하고 있는 판본은 동양서원 판본이다. 이 밖에도 박문서관에서 출간한 판본도 존재한다. 이러한 다양한 판본들은 당시 이 문서가 대중들에게 지속적으로 읽혀졌음을 나타낸다.

39) 구인서, 「'신소설'의 한 양상: '서사적 논설'의 장형화」, 『우리문학연구』 53, 2012, 142쪽.

40) 최병헌, 『성산명경』, 동양서원, 1911, 6쪽.

41) 신광철, 「탁사 최병헌의 비교종교론적 기독교변증론-『성산명경』을 중심으로」, 『한국기독교와 역사』 7, 1997, 168쪽.

42) 최병헌은 이 문서 3면에서 성산에 대한 지명에 관해서 설명하고 있다(최병헌, 앞의 글, 3쪽).

43) 위의 책, 80쪽.

44) 신광철, 앞의 글, 173쪽.

45) 최병헌, 앞의 책, 79쪽.

46) 위의 책, 12쪽.

47) Walter J. Ong, *op cit.*, pp. 5-17.

48) Kittler, *Discourse Networks 1800/1900*, p. 33.

49) 가라타니 고진, 『문자와 국가』, 조영일 옮김, 도서출판 b, 2011, 124쪽.

50) 근대적 문자성과 이전의 문자성은 명백히 다르다. 근대적 문자성은 알파벳 문자를 통해서 발생되는 쓰기와 읽기를 통해 이루어진다. 하지만, 이전의 문자성은 표의문자를 통해 형성된 읽기와 쓰기다. 따라서 이 두 시기의 문자성은 확연히 다르며, 연속적이기보다는 파열적 양상으로 드러난다.

51) Kittler, *Discourse Networks* 1800/1900, pp. 42-43.

52) 가라타니 고진, 『문자와 국가』, 136-137쪽.

53) 최소영, 「프리드리히 키틀러의 매체이론 연구-'기록체계'개념을 중심으로」, 홍익대학
교 박사학위논문, 2013, 1쪽.

54) Kittler, *Discourse Networks* 1800/1900, p. 28.

55) *Ibid.*, pp. 53-54.

56) 가라타니 고진, 『문자와 국가』, 141쪽.

57) 키틀러는 낭만주의 문학을 19세기 독일의 대표적인 문화 담론으로 인식하였다. 그리
고 그러한 문화 담론의 형성에는 알파벳 문자를 통한 텍스트의 기술성이 존재한다고
보았다. 특히 그는 의미가 없는 단순 기표인 알파벳문자가 그 의미를 획득하고 사회적
으로 통용될 수 있는 주요한 담론 체계로 나아갈 수 있는 원인이 어머니의 발화에 있었
음을 발견하였다. 다시 말해 의미가 발생하는 근원적 지점이 바로 어머니의 발화였다
는 것이다. 그리고 이러한 어머니의 발화는 당시 낭만주의적 작가들의 쓰기의 근원이
었고, 그들이 노래하는 자연에 대한 사랑과 연인에 대한 사랑에 대한 근원이었다. 하지
만 이런 낭만주의의 문화적 담론과 한국의 근대 초기의 문화적 담론은 질적으로 차이
가 난다. 특히, 종교 공동체로 형성된 개신교 담론이 당시를 대표하는 문화적 담론이라
고 할 수 없을 것이다. 따라서 본고는 담론의 범위를 당시의 개신교 사회로 한정하여
파악하고자 한다.

58) 여기서 '근대적 교육체계'라는 것은 국가의 근대적 공교육을 의미한다.

59) 사경회는 주로 성경을 이해하기 위해 여러 과목들을 가르쳤다. 특히, 평신도들과 사경
회에 참석하는 사람의 신앙 정도와 수준에 따라 역사와 지리 등의 일반교양 교육도 가
르쳤으며, 기독교 경전 읽기를 위한 한글도 가르쳤다(정일웅, 「사경회(查經會)와 평양
대부흥운동의 역사적 의의」, 『한국개혁신학』 22, 2007, 13쪽). 또한, 여성들이 참석하
는 사경회에서는 한글교육은 물론이고, 혼례, 금주, 단연, 교육, 풍속 개량, 가정교육,
학교교육 등의 광범위한 교양교육을 실시했다(조은하, 「사경회와 기독교 여성교육」,
『사경회와 기독교 여성교육』 14, 2007, 207쪽). 또한 개신교 선교사 맥클레이는 1884
년에 조선 정부로부터 의료와 교육 선교에 대한 허가를 승인받는다. 이후 개신교 선교
사들은 교단별로 많은 근대식 사립학교를 개설하였고, 여기서 주요하게 가르치던 과
목 가운데 하나가 한글이었다(이만열, 『한국 기독교 문화운동사』, 대한기독교출판사,
1987를 참조).

60) 곽안련, 『한국교회와 네비우스 선교정책』, 박용규, 김춘섭 옮김, 대한기독교서회,
1994, 36쪽.

61) 신형광, 「한국교회 초기 사경회와 신앙교육」, 『신학과 실천』 36, 2013, 483쪽.

62) 위의 글, 488쪽.

63) 위의 글, 490쪽.

64) 위의 글, 492-493쪽.

65) 당시 감리교 연례회의 문건에 따르면, 사경회에 참여하는 사람들이 얼마나 열정적으로 참석하였는지 나타나있다. 이들은 구정을 기해 2주간의 사경회에서 한글과 경전읽기를 집중적으로 실행하였다(M. H. Knowles, "Miss Knowle's Report," *Minutes of the Annual Meeting of the Korea Mission of the Methodist Episcopal Church*, South, 1905, p. 49)

66) 당시 대한매일신보는 사경회의 규모와 영향력에 대해 서술하고 있다(「잡보, 평양통신」, 『대한매일신보』, 1905.2.13.)

67) 이만열, 「평양대부흥운동의 역사적 현장」, 『성서학 학술세미나』 5, 2007, 48쪽.

68) 이숙진, 「대부흥운동기 여성공간의 창출과 여성주체의 탄생」, 『한국기독교와 역사』 31, 2009, 58쪽.

69) 가라타니 고진, 『문자와 국가』, 142-143쪽.

70) 이만열, 「권서에 관한 연구」, 『동방학지』 65, 1990, 152쪽.

71) 이만열, 「1907년 평양 대부흥운동에 대한 몇 가지 검토」, 『한국기독교와 역사』 26, 2007, 24쪽.

72) 처음 사경회는 조선인 지도자를 훈련시킬 목적으로 7명을 모아 진행하였다. 그리고 평신도에게도 확대되었던 1892년 이후에도 지도자 교육은 8월에 소수만을 데리고 사경회를 진행했던 것으로 보인다. 그리고 그들은 1월에 개최되는 사경회의 교사로서 참여하였다(신현광, 앞의 글, 482쪽).

예술이라는 종교의 미디어: 반 데르 레이우의 예술신학_ 이창익

1) Eiko Ikegami, *Bonds of Civility: Aesthetic Networks and the Political Origins of Japanese Culture*, Cambridge: Cambridge University Press, 2005, p. 82.

2) Jan Assmann, "Remembering in Order to Belong: Writing, Memory, and Identity," *Religion and Cultural Memory*, trans. Rodney Livingstone, Stanford: Stanford University Press, 2006, p. 81.

3) Marcel Mauss, "A Category of the Human Mind: The Notion of Person, the Notion of 'Self'," *Sociology and Psychology: Essays*, London: Routledge & Kegan Paul, 1979, p. 69.

4) Giorgio Agamben, "Identity without the Person," *Nudities*, trans. David Kishik & Stefan Pedatella, Stanford: Stanford University Press, 2011, p. 46.

5) Epictetus, *The Handbook*, trans. N. P. White, Indianapolis: Hackett, 1983, p. 16; Agamben, "Identity Without the Person," p. 47.

6) Giorgio Agamben, "Comedy," *The End of the Poem: Studies in Poetics*, trans. Daniel Heller-Roazen, Stanford: Stanford University Press, 1999, p. 17. 아감벤은 이 글에서 왜 단테의 『신곡(Divina Commedia)』에 비극이 아니라 희극이라는 제목이 붙었는지를 추

적한다.

7) *Ibid.*, p.19.

8) *Ibid.*, pp. 11-12.

9) *Ibid.*, p. 13.

10) Agamben, "Identity Without the Person," pp. 48-50.

11) *Ibid.*, pp. 51-52.

12) *Ibid.*, pp. 52-53.

13) Jan Assmann, "Text and Ritual: The Meaning of the Media for the History of Religion," *Religion and Cultural Memory*, trans. Rodney Livingstone, Stanford: Stanford University Press, 2006, pp. 128-131.

14) *Ibid.*, pp. 126-127.

15) *Ibid.*, p. 128.

16) *Ibid.*, pp. 135-136.

17) Gerardus van der Leeuw, *Sacred and Profane Beauty: The Holy in Art*, trans. David E. Green, Oxford: Oxford University Press, 2006, p. 180.

18) *Ibid.*, pp. 189-190.

19) *Ibid.*, p. 289.

20) *Ibid.*, p. 189.

21) *Ibid.*, p. 328.

22) *Ibid.*, pp. 155-156.

23) *Ibid.*, p. 305.

24) *Ibid.*, p. 304.

25) *Ibid.*, p. 305.

26) *Ibid.*, p. 306.

27) *Ibid.*, p. 181.

28) *Ibid.*, pp. 177-178.

29) *Ibid.*, pp. 179-180.

30) *Ibid.*, pp. 184-185.

31) *Ibid.*, p. 186.

32) *Ibid.*, p. 187.

33) *Ibid.*, p. 161.

34) *Ibid.*, p. 162.

35) *Ibid.*, p. 164.

36) *Ibid.*, p. 173.

37) *Ibid.*, pp. 170-171.

38) *Ibid.*, pp. 179-180.

39) *Ibid.*, p. 210.

40) *Ibid.*, pp. 206-208.

41) *Ibid.*, pp. 195-196.

42) *Ibid.*, p. 198.

43) *Ibid.*, pp. 201-202.

44) *Ibid.*, pp. 204-205.

45) *Ibid.*, p. 331.

46) *Ibid.*, p. 156.

47) *Ibid.*, p. 288.

48) *Ibid.*, pp. 289-290.

49) *Ibid.*, p. 295.

50) *Ibid.*, p. 291.

51) *Ibid.*, pp. 291-293.

52) *Ibid.*, p. 149.

53) *Ibid.*, p. 147.

54) *Ibid.*, p. 136.

55) *Ibid.*, p. 117.

56) *Ibid.*, p. 119.

57) *Ibid.*, p. 122.

58) *Ibid.*, pp. 123-125.

59) *Ibid.*, p. 129.

60) *Ibid.*, pp. 104-105.

61) *Ibid.*, pp. 105-108.

62) *Ibid.*, pp. 111-112.

63) *Ibid.*, pp. 73-74.

64) *Ibid.*, pp. 294-295.

65) *Ibid.*, p. 331.

66) *Ibid.*, p. 337.

67) *Ibid.*, pp. 333-335.

68) *Ibid.*, p. 336.

69) *Ibid.*, p. 266.

70) *Ibid.*, pp. 267-269.

71) *Ibid.*, pp. 269-271.

72) *Ibid.*, pp. 271-273.

73) *Ibid.*, pp. 275-276.

74) Lammert Leertouwer, "Gerardus van der Leeuw as a Critic of Culture," in Hans G.

Kippenberg & Brigitte Luchesi, eds., *Religionswissenschaft und Kulturkritik*, Marburg: diagonal-Verlag, 1991, p. 63.

75) *Ibid.*, p. 62.

76) *Ibid.*, p. 58.

77) Richard J. Plantinga, "Romantcism and the History of Religion: The Case of W.B. Kristensen," in Hans G. Kippenberg & Brigitte Luchesi, eds. *op. cit.*, pp. 157-158.

78) *Ibid.*, p. 173.

소노 시온 영화와 '응시'의 종교 : 환상 · 욕망 · 사랑_ 박규태

1) "나는 내가 생각하는 곳에 존재한다"는 데카르트적 코기토에 대한 반(反)정언으로서 라캉이 프로이트 정신분석학의 혁명적 의의를 표명한 말. 의식적으로 사고하는 곳에서 나는 항상 내가 아니며, 의식적으로 사고할 수 없는 곳에서만 나는 나일 수 있다는 것을 뜻한다. 즉 이 구절은 라캉이 말하는 무의식의 주체, (타자의) 욕망의 주체를 가리킨다(자크 라캉, 1994:80).

2) (Lacan, 1977:17/79)의 제2장 "The Freudian Unconscious and Ours" 및 제7장 "Anamorphosis"에서 라캉이 인용한 아라공(Aragon)의 『엘자의 미치광이(*Le Fou d' Elsa*)』에 나오는 시 〈반대선율(Contre Chant)〉의 한 구절. 라캉은 이 시를 통해 응시 (gaze)의 본질을 시사하고 있다.

3) 맥고완에 의하면, 상징계는 우리의 사회적 현실을, 상상계는 그 현실의 환영적 위반을 위한 길을, 실재계는 그 상징적 질서가 실패하는 지점(상징적 질서에 항상 출몰하는 간극 혹은 틈새)을 나타낸다(MacGowan, 2004:18). 부연하자면 상상계는 우리가 보는 세계의 질서를 가리키고 상징계는 그런 가시적 세계를 지탱하고 규제하는 구조를 지칭한다. 언어 영역으로서의 상징계는 우리 자신과 세계를 묘사하게 해 주는 언어뿐만 아니라 우리 자신의 것이라고 여기는 아이덴티티를 부여함으로써 우리 경험을 구조지운다. 그런데 나는 어떤 상징적 아이덴티티에 대해서도 그것이 완벽하게 나와 딱 들어맞는다고 느끼지 못한다. 언어는 총체적인 진실을 다 말할 수 없으며, 언어에 의해 구성된 모든 이데올로기는 그 구조 내에 설명이나 표상을 할 수 없는 지점을 내포하기 때문이다. 이런 틈새를 채워주는 것이 자아(에고)라는 상상적 감각이다. 상상계는 나의 아이덴티티를 형성하는 상징적 질서의 힘뿐만 아니라 그런 아이덴티티 형성에 완벽하게 성공하지 못하는 불가능성 모두를 보이지 않게 숨기고 감춘다. 한편 실재계는 상징적 질서의 불완전성을 지시한다. 실재계는 의미 작용이 파열되고 단절되는 지점이며 사회적 구조 안에 내장되어 있는 틈새이다(McGowan, 2007:3). 한편 지젝은 이를 프로이트가 구분한 세 가지 작인(주체가 윤리적으로 행동하게 하는)을 통해 설명한다. 이상적 자아(주체의 이상화된 자기 이미지. 내가 되고 싶은 모습. 타인이 그렇게 봐주기를 원하는 모습), 자아 이상(내가 내 자아 이미지 속에 새겨 넣고자 하는 응시의 작인. 나

를 감시하고 나로 하여금 최선을 다하도록 촉구하는 대타자이자 내가 따르고 실현하고
자 하는 이상), 초자아(이런 작인의 가혹하고 잔인하며 징벌하는 측면)가 그것이다. 이
세 가지 작인을 기초짓는 구조화 원리를 라캉은 상상계(이상적 자아. 소문자 타자. 내
자아의 이상화된 분신 이미지), 상징계(자아 이상. 내 상징적 동일화의 지점. 그로부터
나 자신을 관찰하고 판단하는 대타자 내부의 지점), 실재계(초자아. 내게 불가능한 요
구들을 퍼붓고 그것을 해내지 못하는 내 실패를 조롱하는 잔인하고 탐욕스러운 작인.
내가 그 요구들에 응하려 하면 할수록 그 시선 속에서 나는 점점 더 죄인이 된다)로 규
정한다(슬라보예 지젝, 2007:124).

4) '향락' 또는 '향유'로 번역(영어는 enjoyment)되는 매우 복합적인 이 개념은 가령 "고통
(suffering)"(Lacan, 1992:184) 또는 "죽음으로 가는 통로"(Lacan, 2007:18)라는 라캉 자
신의 짤막한 정의로부터 가장 일반적인 이해인 "고통스러운 쾌락"(Evans, 1996:93)이
라든가 "삶에 가치를 부여하는 본질이나 속성"(Ragland-Sullivan)과 같은 확장적인 정
의에 이르기까지 다양하다. 게다가 잉여 주이상스, 남근적 주이상스, 성적 주이상스,
육체의 주이상스, 여성적 주이상스, 타자적 주이상스, 사랑의 주이상스, 파괴적 주이
상스 등 수많은 범주적 분류가 가능하다. 라캉은 주이상스를 욕망과 반대되는 것으로
이해한다. 주체는 어딘가에 무언가 더 있을 거라고 기대하면서 끊임없이 욕망하는데,
이때의 '무언가 더'(something more)에 해당하는 것이 주이상스라 할 수 있다(Homer,
2005:90). 이런 주이상스의 위상은 라캉의 상징계-상상계-실재계의 삼각형을 잘 포착
하게 해준다. 실재계에서 우리는 향유할 수 있다. 상상계에서 우리는 향유를 상상할 수
있다. 상징계에서는 상징이 우리 대신 향유한다. 상상계는 오직 상상된 주이상스만을
제공하며 상징계는 오직 욕망만을 제공한다(MacGowan, 2004:19).

5) 이하의 서술은 주로 マッテオ・ボスカロル, "「私はコイケ ドラッグと宗教を売って
います 」 カルト 宗教シンボル そして解放の動き"(ダリオ―・トマ―ジ 외 편,
2012:72-87) 참조.

6) 도쿄 출신의 재일동포3세 감독. 자신의 정체성을 찾아가는 과정을 그린 〈안녕 김치〉
(1999), AV계에 종사하는 재일한국인을 다룬 〈다큐, 거짓말하는〉(2006)을 연출했으며,
또한 히키코모리와 폐쇄적인 오타쿠인 두 동정 청년의 딱지떼기 과정을 담은 〈동정〉
(2007)으로 다큐멘터리로는 이례적인 흥행 성공을 거두기도 했다.

7) 원래 불어판 Écrits(1966)에 실렸던 것으로 영역본은 "The Mirror Stage as Formative
of the I Function as Revealed in Psychoanalytic Experience"라는 제목으로 (Lacan,
2002:75-81)에 수록되었다. 국역본은 "정신분석 경험에서 드러난 주체기능 형성모형으
로서의 거울단계"라는 제목으로 (자크 라캉, 1994)에 실려 있다.

8) 보드리(Jean-Louis Baudry)는 영화 이미지가 상상적 기만으로 작용한다고 보았다. 관
객은 자신이 보는 스크린 속의 장면들을 통제할 수 있다는 환영적 감각에 사로잡힌다.
이때 등장하는 것이 응시(gaze) 이론이다. 응시는 라캉주의적 영화이론에서 핵심적인
개념이다. 응시란 상상계의 한 기능으로, 영화 속에서 일어나는 상상적 기만을 언급할

때 핵심 개념이다. 초기 이론가들은 이런 응시를 잘못 인도된 관객의 시선(misguided look)과 동일시했다. 한편 멀비(Laura Mulvey)는 응시를 남성의 영화보기 및 가부장제 사회의 이데올로기 작용과 연관시켜 이해했다. 멀비에 의하면, 고전적인 헐리우드 영화는 남성관객들로 하여금 카메라 및 남성주인공의 응시와 동일시하게 하고, 여성 등장인물들은 그저 남성에 의해 보여지는 대상으로만 기능하게 했다는 것이다.

9) 라캉은 응시의 역할을 미학적으로 설명하기도 한다: "시각영역에 있어 대상a는 우리가 그것을 미학 차원으로 번역해서 말하자면, 정확히 이미지 뒤쪽의 텅 비어있는 어떤 결여로서의 공백(blank) 혹은 어둠(black)이다." 라캉에 의하면 이런 구멍이나 결핍, 공백을 보지 못하는 사람은 사물을 왜곡되게 해석하는 사람을 의미한다(자크 라캉, 1994:59).

10) 물론 모든 것이 다 적절한 자리에 있는 것처럼 보이는 상징계(사회적 현실)에도 종종 텅 빈 공간(틈새, 구멍, 잔여분, 잉여, 과잉)이 가시적인 것으로 나타난다. 그 틈새들은 항상 잠정적으로 혁명적 측면을 내포한다. 이데올로기 구조의 영속성은 이런 틈새를 안보이게 하는 능력에 달려있다. 그 틈새들을 봉합하는 데에 성공적일 때 우리의 일상이 구성되는 것이다.

11) 어머니는 금지된 대상으로 영원히 현실로부터 추방되어 실재계의 일부가 된다. 즉 상징계의 개입으로 말미암아 사랑의 대상으로서의 어머니가 영원히 상실되고 상징계로부터 추방되어 실재를 구성한다. 이때 상실된 대상을 라캉은 칸트의 용어를 끌어와 물(das Ding, la Chose)이라고 부른다. 대상a는 이런 물이 현실로부터 떨어져나갈 때 실재계의 이면에 남긴 파편 또는 나머지(잉여, 과잉)이다. 이처럼 대상a에는 상징계와 실재계가 연루되어 있다(임진수, 2011:93).

12) 임진수에 의하면 대상a는 하나의 기호형식이 다른 기호형식을 위해 주체를 표상할 때, 다시 말해 주체가 기호형식들 사이에서 분열할 때 몸과 분리되어 상실된다고 상상되는 대상을 가리킨다. 그 대상이 타자의 몸 위에 환상적으로 투영되고 주체가 거기에 매혹되는 것이다. 사랑에 빠지면 전기가 통한다. 전기가 통하려면 전기와 접촉해야 하는데 그 접속지점이 바로 대상a라는 것이다(임진수, 2011:22).

13) '붓가케'란 일본 포르노의 한 장르인 '안면사정'을 뜻하는 일본어이다.

14) 고대 그리스의 두 화가가 누가 더 실감나는 환영을 그리는지를 경쟁했다. 먼저 제우시스(Zeuxis)가 너무나 사실적인 포도그림을 그렸다. 그러자 새들이 날아와 그 포도 그림을 쪼기 시작했다. 다음으로 파라시오스(Parrhasios)는 자신의 방 벽면에 커튼을 그리고 나서 제우시스에게 보여주었다. 제우시스는 "자, 이제 커튼을 걷고 네가 그린 걸 보여줘!"라고 말했다. 결과는 파라시오스의 승리였다. 파라시오스의 그림이 말해주는 환상은 우리가 마주하고 있는 것이 단지 감추어진 진실을 덮고 있는 베일일 뿐이라고 생각하는 바로 그 관념에 있다.

15) "우리는 언어 사용의 결과로서 잉여 주이상스(surplus jouissance)를 가지고 태어난 존재들이다. 여기서 내가 '언어 사용'이라고 했을 때, 이는 우리가 언어를 사용한다는 뜻

이 아니다. 언어가 우리를 사용하는 것이다. 언어가 우리를 고용하며, 그것이 언어가 향유하는 방식이다. 이는 곧 신이 존재할 수 있는 유일한 기회는 그가 향유한다는 사실, 그가 주이상스라는 사실에 있는 까닭이다"(Lacan, 2007:66).

16) 바르트는 영화적 과잉을 "무딘 의미(obtuse meaning)"라고 지칭하면서 의미를 거부하는 의미, 기의 없는 기표를 언급한다. Roland Barthes, "The Third Meaning: Notes on Some of Eisenstein's Stills," trans. Richard Howard, *Art-forum11*, no.5, 1973, p. 49. 이런 바르트를 따라 우리는 과잉을 의미 구조 안에 존재하는 넌센스 혹은 주이상스를 구현하는 의미없음의 지점으로 이해할 수도 있을 것이다.

17) 페미니스트 린다 윌리엄에 의하면 포르노는 "성적 환상, 장르, 문화, 에로틱한 가시성 등이 함께 작동하는 '착란적 가시성(frenzy of the visible)'의 표상체계"(William, 1989:267-70)이다. 다시 말해 포르노는 영화적 과잉 특히 신체적 과잉의 표상체계라 할 수 있다. 거기서 포르노는 대상a를 너무 직접적으로 보여주고자 하기 때문에 오히려 그 대상이 거의 보이지 않게 된다. 포르노의 직접성(대상에 대한 직접적인 접근)이 대상의 접근 불가능한 차원(대상 안에 있는 매혹의 원천)을 보이지 않게 숨겨버리기 때문이다. 이런 의미에서 포르노는 충분히 과잉적이 아니다. 그것은 엄밀한 의미에서 결코 충분하지 못하다. 왜냐하면 그것은 모든 것을 보여주고자 하기 때문이다. 포르노는 환상(사회적 현실의 일상적 경험에서는 결코 볼 수 없지만 그럼에도 불구하고 그 현실 안에 숨겨져 있는 외설적인 주이상스)을 가시적인 것으로 만들고자 한다. 그때 포르노는 응시로서의 대상a를 우리가 볼 수 있는 하나의 실제적 대상이라고 가정한다. 하지만 이와 같은 대상a의 포착은 실패할 수밖에 없다. 왜냐하면 우리가 명확히 정의하고 고정시켜 내보일 수 있는 대상a의 실제적 대상은 존재하지 않기 때문이다. 사실상 포르노의 단조로움과 지루함은 대상a를 노출시키려는 시도의 실패에서 기인한다(McGowan, 2007:28).

18) 남성혐오주의자인 요코는 그러나 "예수 같은 남자라면 용서할 수 있어"라고 말한다.

19) 고이케는 제로교회의 '제로'상징이 인격화된 캐릭터라고 볼 수 있다. 이때의 '제로'상징에 대한 해석은 뒤에서 다시 언급될 것이다.

20) 요코는 고린도전서13장에 나오는 아가페적 사랑에 대한 환상을 품고 있다.

21) 고이케는 영화 속에서 '원죄의 향기'를 풍기는 캐릭터로 설정되어 있다. 세상에 대한 그녀의 증오는 파괴적 주이상스에의 환상으로 가득 차 있다.

22) 라캉에게 팔루스(phallus)는 욕망의 특권적 기표로서 생물학적인 페니스와는 구별되는 개념이다. 유가 오직 마리아(요코)에게만 발기한다는 영화적 설정은 페니스가 아닌 팔루스와 관계가 있다. 마리아는 실체가 없는 대상a(응시)이기 때문이다.

23) 사소리는 70년대에 일본에서 유행한 여죄수 영화 시리즈에 등장하는 여주인공 이름인데, 소노는 〈사랑의 노출〉에서 유가 사소리로 여장하여 요코를 폭력배들로부터 구출하는 장면을 삽입했다. 소노가 '기적'이라고 이름붙인 유와 요코(마리아)의 이 첫만남은 그러나 고이케의 치밀한 조작에 의한 것이었다. 이후 요코는 사소리가 유임을 모른

채 사소리로 가장한 고이케와의 동성애적 욕망에 눈뜨게 된다.

24) 고이케의 어깨에는 항상 카나리아가 앉아 있다. 이 새는 증오 또한 사랑과 마찬가지로 우리로 하여금 상징계의 구멍(틈새, 잉여, 과잉, 공백, 결여)을 견디고 살아가게 해 주는 원동력임을 암시하는 역설적인 자유의 시니피앙이라 할 수 있다. 〈사랑의 노출〉은 끝부분에서 고이케가 "모두 다 더 부서져 버려"라고 외치며 자결하자 이 카나리아가 그녀의 품에서 나와 날아가 버리는 장면을 보여준다.

25) 〈베를린 천사의 시(Wings of Desire)〉(1987)에서 빔 밴더스(Wim Wenders)는 욕망의 세계와 환상의 세계를 구분하기 위해 천사와 관련된 장면은 흑백화면으로, 그리고 필멸의 인간과 관련된 장면은 컬러화면으로 처리한다. 이런 대비는 천사의 세계를 순수한 욕망의 세계로, 그리고 인간세계는 환영의 세계로 설정하는 것이다. 천사들은 오직 시니피앙의 차원에서만 존재할 수 있기 때문에 순수한 욕망의 위치를 점유하며 따라서 타자를 실제로 접촉할 수 없고 주이상스도 경험할 수 없다. 밴더스는 주체를 타자에게 노출시키는 데에 환상이 하는 역할을 묘사하기 위해 욕망의 세계와 환상의 세계를 대비시킨다. 가령 불멸성을 포기하고 인간이 되고자 한 다미엘의 결정은 욕망으로부터 환상으로의 전환을 시사한다. 이로써 그는 일상적인 인간 삶 안에 내재하는 주이상스(심지어 뜨거운 커피 한 잔을 마시는 행위에서도 찾을 수 있는)에 접근할 수 있게 된다. 그는 마리온이라는 사랑의 대상을 발견한다. 하지만 그는 사랑(타자) 앞에 취약하다. 그는 환상의 세계에 들어와 있기 때문이다. 우리가 환상에 빠져 있을 때, 우리는 스스로를 실재계의(in the real) 타자에게 노출되어 있다. 이와 같은 자기 노출은 곧바로 응시의 구현과 연루된다. 욕망과 환상의 분리는 응시와의 직접적인 만남을 용이하게 하기 때문이다(McGowan, 2007:199-201).

26) "라캉 사상에 있어 욕망과 주이상스"에서 브라운슈타인은 욕망과 주이상스의 차이를 명료하게 설명하고 있다. "욕망은 어떤 상실해 버린 부재하는 대상을 지시한다. 그것은 존재의 결여이며 잃어버린 대상과의 조우 안에서 성취를 열망하는 것이다. 욕망의 구체적인 표현은 환상이다. 한편 주이상스는 아무 것도 지시하지 않으며 어떤 목적을 위해서도 기능하지 않는다. 그것은 예측할 수 없는 경험이며 쾌락원칙을 넘어서는 것으로 어떤 신비한 조우와도 상이한 것이다."(Braunstein, 2003:106-107)

27) (Lacan, 1977:103). 시각과 응시의 불일치 혹은 시각에 대한 응시의 승리를 의미하는 말.

28) 『공동번역 성서』(대한성서공회)와 『Holy Bible』(The New King James Version)을 참조한 필자의 번역임.

29) 옴진리교는 교조 아사하라 쇼코(麻原彰晃, 1955-현재)의 지시에 의해 1995년 3월 20일 도쿄 지하철사린사건을 일으켜 일본사회에 엄청난 파장을 일으킨 신종교 교단이다. 총 27명의 사망자와 4천명 이상의 부상자를 초래한 대량 무차별 독가스 살포, 납치 감금 및 살해, 약물 투여, 신도 학대, 대량살육병기의 연구제조, 무장반란계획 등을 실행에 옮긴 옴진리교가 일본사회와 일본인들에게 던진 충격은 그 사건이 현대 일본사의

한 분기점으로 말해질 만큼 너무나 엄청난 것이었다. 그 충격은 사건 후 18년이나 경과한 현시점에도 2011년 3.11동일본대진재의 비극과 겹쳐지면서 더더욱 현대일본인의 정신세계에 지워지지 않을 트라우마로 깊이 각인되어 있다. 옴진리교는 극단적인 방식으로 일본문화와 사회시스템의 맹점과 문제점을 노출시켰다. 그 맹점 중의 하나가 바로 '악에 대한 일본인의 무감각'이다. 말하자면 모든 사람들의 몸과 마음, 나아가 생명과 죽음까지도 지배하고 조작하는 것을 용납하는 초인의 윤리로서 무차별 살인을 '종교적 구원'으로 정당화하는 옴교단의 바지라야나적 '포아'의 교의는 악의 역설을 배양해온 일본문화의 체질과 결코 무관하다고 말할 수 없다. 악의 역설의 현실화, 그것은 일본문화의 또 다른 맹점과 이어져 있다. '자발적 혹은 자각적인 마인드컨트롤의 위험성'이 그것이다. 옴진리교에 관해서는, (박규태, 2000a/2000b/2012/2013) 참조.

30) 위반 없이는 주이상스에 접할 수 없다. 이것이야말로 법의 기능이다. 즉 주이상스를 향한 위반은 오직 그것이 반대원리인 법에 의해 뒷받침될 때에만 일어날 수 있다. (Lacan, 1992:177)

31) 라캉은 여기서 베르니니의 조각 〈성 테레사의 희열〉(1645-52)을 여성적 주이상스의 전형적인 사례로 제시하고 있다.

32) 『앙코르』(세미나20) 제8장 "Knowledge and truth"(Lacan, 1998:90-103) 참조.

33) 지젝에 의하면 사랑의 고백뿐만 아니라 "네 이웃을 너 자신처럼 사랑하라"는 명령 안에도 사랑과 폭력의 공모관계가 은폐되어 있다. 기독교 윤리의 요체라 할 수 있는 이 명령은 거울 이미지로서의 이웃, 나와 닮은꼴이면서 공감할 수 있는 자인 내 이웃 속에 극단적인 타자성의 불가해한 심연이 항상 숨어있다는 사실을 은폐한다. 레비나스는 이웃이란 개념을 우리에게 윤리적 책임을 요구하는 심연의 지점으로 파악했지만, 그때 그가 은폐한 것은 이웃의 괴물성이다. 법(율법, 윤리규범)의 궁극적인 기능은 우리로 하여금 이웃을 잊지 않게 하고 이웃과의 친밀함을 유지시키는 것이 아니라 반대로 이웃과의 적절한 거리를 유지하게 만드는 데에 있다. 법은 이웃의 괴물성에 대한 일종의 방호벽으로 기능한다(슬라보예 지젝, 2007:68-70).

34) 초기 영화이론가들은 관객과 거울을 보는 유아의 입장을 등치시켰다. 유아처럼 관객은 스크린 상의 사건들에 대해 지배의 감각을 가진다는 것이다. 가령 메츠에 의하면, "관객은 스크린상에 부재한다. 하지만 동시에 지각자로서 스크린상에 전지적 시점으로 현존한다. 관객은 시선의 애무를 통해 영화 전편에 걸쳐 존재한다"(Metz, 1982:54).

35) 이와 관련하여 홀로코스트를 논하는 맥락에서 아이젠슈타인은 "외상적 실재와의 만남은 우리로 하여금 세계를 의미있는 것으로 생각하게 만드는 원칙들의 우스꽝스러움 혹은 어리석음을 폭로해 보여준다. 그것은 법이란 것이 우리가 구성하는 어떤 것인데, 종종 이성적으로 그 궁극적인 근거를 찾아볼 수 없는 그런 것임을 드러내 보여준다."고 지적한다(Eisenstein, 2003:71).

36) 라캉의 용법에서 주이상스는 종교적 혹은 신비적인 엑스터시 경험과 관계가 깊다 (Homer, 2005:89).

1) Jacuqes Le Goff, *La civilisation de l'Occident médiéval*, Paris: Arthaud, 1964; 『서양 중세 문명』, 유희수 옮김, 문학과 지성사, 2008, 553쪽.

2) David Morgan, *Visual Piety : a History and Theory of Popular Religious Images*, Berkeley, Calif.: University of California Press, 1998; *The Sacred Gaze : Religious Visual Culture in Theory and Practice*, Berkeley: University of California Press, 2005; Webb Keane, "The Evidence of the Senses and the Materiality of Religion", *Journal of the Royal Anthropological Institute* (N.S.), vol. 14. S110-S127, 2008; Birgit Meyer, *Aesthetic Formations: Media, Religion, and the Senses*, New York: Palgrave Macmillan, 2009; "Religious Sensations: Why Media, Aesthetics and Power Matter in the Study of Comtemporary Religion," Amsterdam: vrije Universiteit, 2006; 프랑크 하르트만, 『미디어철학』, 이상엽 · 강웅경 옮김, 북코리아, 2008.

3) Caroline Walker Bynum, *Christian Materiality: an Essay on Religion in Late Medieval Europe*, New York: Zone Books, 2011; *The Resurrection of the Body in Western Christianity, 200-1336*, New York: Columbia University Press, 1995; *Wonderful Blood: Theology and Practice in Late Medieval Northern Germany and Beyond*, Philadelphia: University of Pennsylvania Press, 2007.

4) 일차적인 도상목록과 자료는 Melissa R. Katz, "Behind Closed Doors: Distributed Bodies, Hidden Interiors, and Corporeal Erasure in 'Vierge ouvrante' Sculpture," *Anthropology and Aesthetics*, no. 55/56, Absconding (Spring-Autumn, 2009), pp. 194-221; "Marian Motion: Opening the Body of the Vierge ouvrante," *Meaning in Motion: The Semantics of Movement in Medieval Art*, ed. Nino Zchomelidse and Giovanni Freni. Department of Art and Archaeology, Princeton University Press, 2009, pp. 63-91을 사용했고, 그 외 Lynn F. Jacobs, *Opening Doors: the Early Netherlandish Triptych Reinterpreted*, University Park, Pa.: Pennsylvania State University Press, 2012; Hans Belting, Bild und Kult(원저), *Likeness and Presence: a History of the Image before the Era of Art*, trans. Edmund Jephcott, Chicago: University of Chicago Press, 1994; Henk van Os with Eugène Honée, Hans Nieuwdorp, Bernhard Ridderbos, *The Art of Devotion in the Late Middle Ages in Europe, 1300-1500*, trans. Michael Hoyle, Princeton, N.J.: Princeton University Press, 1994; S ø ren Kaspersen, ed., *Images of Cult and Devotion : Function and Reception of Christian Images in Medieval and Post-medieval Europe*, Copenhagen: Museum Tusculanum Press, University of Copenhagen, 2004; Jeffrey F. Hamburger, *The Visual and the Visionary : Art and Female Spirituality in Late Medieval Germany*, New York: Zone Books, 1998; 앙드레 그라바, 『기독교 도상학의 이해』, 박성은 옮김, 이화여자대학교 출판부, 2007; 레지스 드브레, 『이미지의 삶과 죽음 : 서구

적 시선의 역사』, 정진국 옮김, 글항아리, 2011.

5) relic은 (성)유해로, (성)유골, 성골 등으로 번역되지만, 그리스도, 사도, 마리아, 성인들의 신체적 유해 및 그와 접촉했던 유품 모두를 포함하는 '성유물'로 옮겼다.

6) 소장: 미국 클리블랜드 미술관(The Cleveland Museum of Art),
출처:https://commons.wikimedia.org/wiki/File:Arm_Reliquary_of_the_Apostles,_about_1190_AD,_from_the_Guelph_Treasure,_German,_Lower_Saxony,_gilt_silver,_enamel,_oak_-_Cleveland_Museum_of_Art_-_DSC08519.JPG?uselang=ko

7) 성상 숭배에 앞서 성유골 숭배가 발전했으며 비잔티움에서는 물리적 대상 숭배에서 시각적 표상 숭배로의 전환이 일어난 반면, 서유럽에서는 그러한 발전이 성상 곧 성골함 수준을 결코 넘어서지 못했다는 앙드레 그라바의 이론에 대해, 에른스트 키칭거는 성상 숭배가 성유골 숭배로부터 발전한 형태가 아니라 황제의 주도면밀한 정책의 소산이라는 주장을 내세웠다. Patrick Geary, *Furta Sacra: Thefts of Relics in the Central Middle Ages*, Princeton, N. J.: Princeton University Press, 1990; 패트릭 J. 기어리, 『거룩한 도둑질 : 중세 성유골 도둑 이야기』, 유희수 옮김, 길, 2010, 71쪽에서 재인용. André Grabar, *Martyrium; recherches sur le culte des reliques et l'art chrétien antique, II Iconograhie*, Paris, 1946, pp. 356-57; Ernest Kitzinger, "The Cult of Images in the Age before Iconoclasm," *Dumbarton Oaks Papers*, vol. 8 (1954), pp. 118-119, 125.

8) Bynum, *Christian Materiality*, p. 88.

9) *Ibid*, pp. 208-212; Caroline Walker Bynum, *Fragmentation and Redemption : Essays on Gender and the Human Body in Medieval Religion*, New York: Zone Books, 1991.

10) 패트릭 J. 기어리, 앞의 책, 6-7쪽.

11) St. Gregory the Great, Letter 13. (To Serenus, Bishop of Massilia (Marseilles)), *Early Church Fathers*, Book X1.

12) Sara Lipton, "Images and Their Uses", Miri Rubin and Walter Simons, eds., *Cambridge History of Christianity, vol. 4: Christianity in Western Europe c. 1100-c. 1500*, Cambridge: Cambridge University Press, 2009, p. 254.

13) Kathleen Kamerick, *Popular Piety and Art in the Late Middle Ages: Image Worship and Idoltary in England, 1350-1500*, New York: Palgrave, 2002, pp. 1-2.

14) Hans Belting, Bild und Kult, *Likeness and Presence : A History of the Image before the Era of Art*, trans. Edmund Jephcott, Chicago: University of Chicago Press, 1994. p. 443.

15) 소재: 이스탄불 하기아 소피아 성당(Hagia Sophia),
출처:https://commons.wikimedia.org/wiki/File:Virgin_and_Child_mosaic_-_Hagia_Sophia.JPG?uselang=ko

16) 앙드레 그라바, 『기독교 도상학의 이해』, 박성은 옮김, 이화여자대학교 출판부, 2007, 326쪽.

17) 조규만, 『마리아, 은총의 어머니: 마리아 교의와 공경의 역사』, 가톨릭대학교 출판부,

1998, 360-364쪽 참고.

18) 패트릭 기어리, 앞의 책, 43-50쪽. 보편적 성인숭배로의 발전을 촉진했던 다른 범유럽
    적 현상으로는 첫째, 그리스도 숭배와 마리아 신심의 발전, 둘째, 사도의 계승자로서
    교황권 확립 등이 지적된다.

19) 이은기, 〈마리아의 도상변천과 종교상의 역할 변천: 이탈리아 13-4세기를 중심으로-〉,
    『서양미술사학회논문집』, 4권 0호, 1992, 93-96쪽.

20) 소장: 독일 뷔템베르크 주립미술관(Landesmuseum Württemberg),
    출처: https://commons.wikimedia.org/wiki/File:1135_Sedes_sapientiae_anagoria.JPG

21) 외형이 수유하는 성모상인 경우가 한 점 있고, 아기 예수 없는 성모단독상도 있다.

22) Melissa R. Katz, "Behind Closed Doors: Distributed Bodies, Hidden Interiors, and
    Corporeal Erasure in 'Vierge ouvrante' Sculpture," Anthropology and Aesthetics, no.
    55/56, Absconding (Spring-Autumn, 2009), pp. 194-221, 맨 뒤 열리는 성모상의 총목록
    과 지역 분포도가 제시되어 있다.

23) Katz, op. cit., pp. 196-197.

24) Lynn F. Jacobs, Opening Doors: The Early Netherlandish Triptych Reinterpreted,
    University Park, Pa.: Pennsylvania State University Press, 2012. 제단화의 경우도 당시
    의 주문서를 검토해볼 때, 삼위일체교리의 함의와 연결되는 세폭제단화(triptych)보다
    는 문, 혹은 날개가 있는 그림(winged altarpiece, 날개달린 제단화)이라는 명칭이 더 일
    반적이었다고 한다.

25) 소장: 미국 뉴욕 메트로폴리탄 미술관(Metropolitan Museum of Art),
    출처:https://commons.wikimedia.org/wiki/File:WLA_metmuseum_Shrine_of_the_
    Virgin_2.jpg?uselang=ko

26) 44점의 도록은 Gudrun Radler, Die Schreinmadonna "Vierge ouvrante": von den
    bernhardinischen Anfängen bis zur Frauenmystik im Deutschordensland: mit
    beschreibendem Katalog, Frankfurt am Main: Kunstgeschichtliches Institut der Johann
    Wolfgang Goethe-Universität, 1990.

27) Barbara Newman, God and the Goddesses: Vision, Poetry, and Belief in the Middle
    Ages, Philadelphia: University of Pennsylvania Press, 2003; Elina Gertsman, Visualizing
    Medieval Performance: Perspectives, Histories, Contexts, Burlington, Vt.: Ashgate, 2008.

28) Radler, op. cit., pp. 125-127.

29) Katz, op. cit.; Melissa R. Katz, "Interior Motives: The Vierge ouvante/Triptych Virgin in
    Medieval and Early Modern Iberia," Ph. D. diss., Brown University, 2010.

30) 소장: 볼티모어 월터스 미술관(Walters Art Museum).
    출처:https://commons.wikimedia.org/wiki/File:French_-_Opening_Madonna_
    Triptych_-_Walters_71152_-_Front_Closed.jpg?uselang=ko

31) 소장: 볼티모어 월터스 미술관(Walters Art Museum).

출처:https://commons.wikimedia.org/wiki/File:French_-_Opening_Madonna_
Triptych_-_Walters_71152_-_Front_Open.jpg?uselang=ko

32) 이하의 내용은 Katz, *op. cit.*, 2009, pp. 202-204의 내용을 정리한 것이다.

33) "성모칠락: 성서에 기록된 마리아 생애의 특별한 일곱 가지의 기쁨을 기념하는 신심. 5
가지, 12가지로 기념되기도 했으나 13세기 프란체스코회의 의해 성모칠락이 보편화되
었다. 성모영보(聖母領報)-〉수태고지, 엘리사벳을 방문함, 예수의 탄생, 예수 공현(公
顯), 성전에서 예수를 다시 찾음, 예수 부활, 성모 승천 등이다. 『가톨릭대사전』

34) 소장: 스페인 국립고고학박물관(Museo Arqueológico Nacional de España).
출처: https://commons.wikimedia.org/wiki/File:Virgen_abridera_(Pasion_de_Cristo).
jpg?uselang=ko

35) Santa Clara de Allariz의 삼면성모상(Triptych Virgin)의 경우는 몸이 9부분으로 나뉘어
져 있음에도 불구하고 7가지 에피소드 전체가 묘사되도록 매우 기민하게 장면들이 배
분되어 있다.

36) 앙드레 그라바, 『기독교 도상학의 이해』, 216쪽.

37) Katz, *op. cit.*, p. 199.

38) Bynum, *op. cit.*, p. 82.

39) *Ibid*, pp. 88-89.

40) Sollicitudini Nostrae("Sanctissimi Domini nostri Benedicti Papae XIV Bullarumm 1,
35, Romae", Octorber 1, 1745) in François Boespflug, ed., Dieu dans l'art: Sollicitudini
nostrae de Benoît XIV (1745) et l'affaire Crescence de Kaufbeuren, Paris: Editions du
Cerf, 1984, pp. 42-43.

41) Katz, *op. cit.*, p. 199.

42) Adam of St. Victor, *Marial* for the Nativity of the Virgin, "Salve mater saluatoris,", verse
11, in Katz, "Behind Closed Doors," p. 200.

43) Ambrose of Milan, *De institutione Virginis*, Vlll. 53, *Patrologia Latina*, vol, XVI,
Colum 320A, in Melissa Katz, "Marian Motion: Opening the Body of the Vierge
ouvrante," *Meaning in Motion: The Semantics of Movement in Medieval Art*, eds, Nino
Zchomelidse and Giovanni Freni. Department of Art and Archaeology, Princeton
University Press, 2009, p. 76.

44) Katz, "Behind Closed Doors," p. 215.

45) 수석 대주교 궁전과 비엔나의 Diocesna Museum에 있는 15세기 초의 작품이 이에 해
당된다.

46) Katz, "Marian Motion," p. 73.

47) Caroline Walker Bynum, *Holy Feast and Holy Fast: the Religious Significance of Food
to Medieval Women*, Berkeley: University of California Press, 1987. 용기, 감실, 성전으
로서 마리아의 몸에 대해서는 268쪽 이하를 볼 것.

48) Bynum, *op. cit.*, p. 88.

49) *Ibid*, p. 89.

50) Katz, "Behind Closed Doors", pp. 203-204.

51) Kathleen Kamerick, *Popular Piety and Art in the Late Middle Ages: Image Worship and Idoltary in England, 1350-1500*, New York: Palgrave, 2002. p. 190.

52) Katz, "Marian Motion," pp. 80-83. 이러한 상호작용에 대한 접근으로 David Morgan, *The Sacred Gaze: Religious Visual Culture in Theory and Practice*, Berkeley: University of California Press, 2005.

53) Melissa R. Katz, *op cit.*, p. 64.

54) *Ibid*, p .66.

55) Melissa R. Katz, "Behind Closed Doors," p. 208, n. 51. 깡디드 수녀의 모뷔송 이야기 사본은 A. Dutilleux [et] J. Depoin, L'abbaye de Maubuisson (Notre-Dame-la-Royale): histoire et cartulaire: publiés d'après des documents entièrement inédits, vol.1, Pontoise: Amedée Paris, 1882. p. 78. 깡디드는 자신이 열린 성모상 안에서 본 것은 더 이상 성모가 아니라 하나의 작은 세계라고 쓰고 있다.

56) Katz, "Marian Motion," pp. 79-81.

57) *Ibid*, pp. 83-84.

58) 이러한 연관성에 대해서는 Caroline Walker Bynum, *Christian Materiality*, 2011, pp. 37-123; Kathleen Kamerick, *Popular Piety and Art in the Late Middle Ages: Image Worship and Idolatry in England, 1350-1500*, New York: Palgrave, 2002.

59) 세폭 제단화의 열리는 문의 기능과 열리는 성모상의 관계에 대해서는 Lynn F. Jacobs, *Opening Doors: the Early Netherlandish Triptych Reinterpreted*, University Park, Pa.: Pennsylvania State University Press, 2012를 볼 것.

60) 가스똥 바슐라르는 "형태들에 의한 상상력의 유혹을 넘어 물질을 사유하고 물질을 꿈꾸며, 물질 속에서 살거나 혹은-같은 말이지만-상상 영역을 물질화하려는 욕구"를 '물질적 상상력'으로 규정하고, 역동적 상상력(이미지의 가동성과 풍요)과 물질적 상상력의 변증법적 관계를 주장한다. 그러나 여기서의 물질적 상상력은 물질과의 공감이라는 바슐라르의 통찰들을 참조하되, 그가 말한 역동적 상상력이 제외되지 않는 좀 더 일반적이고 포괄적인 의미이다. 가스똥 바슐라르, 『공기와 꿈』, 정영란 옮김, 이학사, 2001, 31쪽.

61) Bynum, *op. cit.* p. 256 이하.

62) *Ibid*, pp. 261-264.

이미지와 응시: 고대 그리스도교의 시각적 신심_ 최화선

1) 출처: https://commons.wikimedia.org/wiki/File%3AMichael_Ostendorfer_-_The_

Pilgrimage_to_the_%22Fair_Virgin%22_in_Regensburg_-_WGA16769.jpg

2) F. Creasman Allyson, "The Virgin Mary against the Jews: Anti-Jewish Polemic in the Pilgrimage to the Schöne Maria of Regensburg, 1519-25," *The Sixteenth Century Journal* 33, no. 4, 2002, pp. 963-980. 알리슨이 이 논문에서 지적하듯이, 당시의 교회 건설, 성모 신앙 부흥, 순례의 열풍 뒤에는 강한 반유대주의적 성향이 자리 잡고 있었다. 한편 Soergel의 글은 이 열풍 뒤에서 작동한 반유대주의 및 종교개혁과 반종교개혁 사이의 힘의 긴장관계에 주목한다. P.M. Soergel, *Wondrous in His Saints: Counter-Reformation Propaganda in Bavaria*, Berkeley: University of California Press, 1993, pp. 51-74. 레겐스부르크의 성모 순례를 이미지와 관련해서 다룬 글은 David Freedberg, *The Power of Images: Studies in the History and Theory of Response*, Chicago: University of Chicago Press, 1989, PP. 100-103; David Morgan, *The Sacred Gaze : Religious Visual Culture in Theory and Practice*, Berkeley: University of California Press, 2005, p. 19.

3) 앙드레 그라바(André Grabar)는 이 자세의 기원을 산 세바스티아노 바실리카의 이교도 석관에 묘사된 아이를 안고 있는 어머니의 모습에서 찾는다. 앙드레 그라바, 박성은 옮김, 『기독교 도상학의 이해』, 이화여자대학교 출판부, 2007, 67-68쪽.

4) Hans Belting, *Likeness and Presence: A History of the Image before the Era of Art*, Chicago: University of Chicago Press, 1994, pp. 47-77. 벨팅은 Ernst Von Dobschütz의 1899년의 기념비적 저서 *Christusbilder-Untersuchungen Zur Christlichen Legende*를 인용하며 크레테의 성 안드레아(Andrew of Crete)와 콘스탄티노플의 총대주교 게르마누스(Patriarch Germanus)를 들고 있다. 벨팅의 561쪽 주 참고.

5) 출처:https://commons.wikimedia.org/wiki/File%3AOdigitriya_Smolenskaya_Dionisiy.jpg

6) Ernst Kitzinger, "The Cult of Images in the Age before Iconoclasm," *Dumbarton Oaks Papers* 8, 1954, pp. 83-150, esp. p. 143. 또한 Peter Brown, *Society and the Holy in Late Antiquity,* Berkeley: University of California Press, 1982, p. 262.

7) 데이빗 모건이 잘 설명해주고 있듯이, 이처럼 이미지의 기원을 인간이 아닌 신적인 것에 두는 설명방식은 그리스도교 뿐만 아니라 이슬람교, 불교, 힌두교 등지에서도 나타나는 현상이다. David Morgan, *The Sacred Gaze*, pp. 13-15.

8) 박산달(Michael Baxandall)이 이야기하는 "시대의 눈", 마틴 제이(Martin Jay)의 "근대의 시각 체제들" 등은 우리가 세계를 보는 방식들이 특정한 사회적 역사적 맥락에 의해 주조된 것이라는 점을 일깨워주었다. Michael Baxandall, *Painting and Experience in Fifteenth Century Italy : A Primer in the Social History of Pictorial Style,* Oxford: Oxford University Press, 1972, pp. 29-40; 마틴 제이, 「모더니티의 시각 체제들」, 『시각과 시각성』, 핼 포스터 엮음, 최연희 옮김, 경성대학교 출판부, 2004, 21-63쪽.

9) 위의 책, 「역자 후기」.

10) David Morgan, *op. cit.*, p. 33; S. B. Plate, Religion, *Art, and Visual Culture: A Cross-Cultural Reader,* Palgrave Macmillan, 2002, pp. 4-5.

11) David Morgan, *op. cit.*, p. 3. 보는 행위로서의 동사적 의미가 강조된 영어의 gaze에 대한 한국어의 가장 적절한 번역어가 '응시'인지는 아직 확신할 수 없다. 라깡의 gaze 개념은 '응시'로 번역되고 있으며, 타자를 규정하고 통제하며 감시하는, 정치적인 의미가 강조된 gaze는 제국주의적 '시선', 남성의 '시선'과 같이 '시선'으로 번역되는 경우도 있다.

12) David Morgan, *op. cit.*, pp. 4-5. ; '응시'라는 말의 학문적 의미의 층에 대해서는, 노먼 브라이슨, 「확장된 장에서의 응시」, 『시각과 시각성』 161-206쪽도 참고.

13) Jerome, Epistulae, CSEL 55; ed. & tr. Jérôme Labourt, *Saint Jérôme, Lettres* 8 vols., Paris; Belles Lettres, 1949-1963.

14) 에우세비우스(Eusebius of Caesarea)는 사르디스의 주교 멜리토(Melito of Sardis)와 예루살렘의 주교 알렉산더(Alexander)를 들고 있다. Eusebius of Caesarea, *Hist. Eccl.* iv. 26. 14; vi. 11. 2.

15) 『에게리아 여행기(Itinerarium Egeriae)』의 표준 라틴어본은 A. Franceschini and R. Weber, CCSL 175, pp. 27-103. 정환국 역, 「에테리아 여행기(I)」, 『신학전망』 23, 1973, 69-91쪽. 「에테리아 여행기 (II)」, 『신학전망』 25, 1974, 71-92쪽. 인용문은 정환국의 번역을 참고한 필자의 번역이다.

16) 출처: https://commons.wikimedia.org/wiki/File%3ABirthplace_of_Jesus.jpg

17) It. Eg. 1.1.

18) Jerome, Ep. 108. 10.

19) 성지뿐 아니라 성자를 찾아가는 순례에서도 비슷한 경향이 있다. 조지아 프랭크가 잘 지적해주었듯이, 사막의 성자들을 찾아간 순례자들이 그들의 얼굴을 묘사할 때 성서 속 인물들을 전형으로 삼아 묘사하는 경우가 종종 나타난다. Georgia Frank, *The Memory of the Eyes: Pilgrims to Living Saints in Christian Late Antiquity,* Berkeley: University of California Press, 2000, pp. 134-169.

20) 졸고, 「고대 후기 그리스도교 순례에 관한 연구: 4~6세기를 중심으로」, 서울대학교 종교학과 박사학위 논문, 2005, 58-75쪽 참고.

21) 이 편지는 원래 희랍어로 씌어졌다고 하지만 현재 남아있는 것은 6-7세기 경에 만들어진 것으로 보이는 시리아어 판본뿐이다. 시리아어 텍스트 편집본은 Lebon, "Athanasiana Syriaca II: Une lettre attribuée à saint Athanase d' Alexandire," *Le Muséon* 41, 1928, pp. 169-215; 영어 번역본은 D. Brakke, *Athanasius and the Politics of Asceticism*, Oxford: Clarendon Press, 1995, pp. 292-302. 이 글에서는 영어번역본을 사용했다. *LV* 172.42; 173. 82-174; 84.

22) *LV* 192. 9-13.

23) Frank, *op. cit.*, p. 110.

24) 기억을 영혼에 찍힌 감각의 자국이라 생각한 아리스토텔레스는, 각각의 감각이 우리 마음 안에 들어와 시각적 형태를 취한다고 생각했다. 따라서 특정한 맛, 냄새, 소리 등은 각각 하나의 시각적 그림(zographema)이 되어 기억에 저장된다(*De Mem.* 450 a. 34). 아리스토텔레스의 생각은 로마 시대로 이어져, 퀸틸리아누스는 회상이란 마음의 눈이 저장된 특정한 시각적 이미지를 훑어서 다시 가져오는 것이라 했고(*Inst. Orat.* 11. 2. 32), 키케로는 연설가가 기억하는 과정을, 사물 각각을 대표하는 가면을 능숙하게 우리 마음 위에 배열하고, 이미지에 의해 이것을 잡아내는 것으로 묘사했다(*De Orat.* 2.86- 2.87).

25) PG 46.740 ab. E.D. Hunt, *Holy Land Pilgrimage in the Later Roman Empire, Ad 312-460*, Oxford: Clarendon Press, 1984, p. 133에서 재인용.

26) Kitzinger, *op. cit.*, p. 116; Georgia Frank, *op. cit.*, pp. 176-177.

27) Belting, *op. cit.*, pp. 82-101.

28) Paulinus of Nola, *Ep.* 49.14. P G. Walsh, *Letters of St. Paulinus of Nola* 2 vols. ACW 35-36, Westminster, MD: Heinemann, 1912, p.273.

29) *Ep.* 31. 1.

30) E. D. Hunt, *op. cit.*, p.132.

31) https://commons.wikimedia.org/wiki/File:5281-20080123-jerusalem-holy-sepulchre-treasure.jpg

32) *De imag.* 3. 17. David Anderson, *St. John of Damascus: On the Divine Images, Three Apologies against Those Who Attack the Divine Images,* Crestwood: Saint Vladimir's Seminary Press, 1980.

33) 출처: https://commons.wikimedia.org/wiki/File%3ASanta_Cecilia_in_Trastevere_September_2015-5a.jpg

34) Nicola Denzey, *The Bone Gatherers: The Lost Worlds of Early Christian Women,* Boston: Beacon Press, 2007, p. 175.

'사이버 법당'의 의례적 구성과 감각의 배치에 관하여_ 우혜란

1) Heidbrink, Simone & Miczek, Nadja, "Introduction to the Special Issue: Religions on the Internet – Aesthetics and the Demensions of the Senses," *Online-Heidelberg Journal of Religions on the Internet*, 4:1, 2010, p. 4.

2) Nadja Miczek, "Rituals Online: Dynamic Processes Reflecting Individual Perspectives," *Masaryk University Journal of Law and Technology*, vol. 1 no. 2, 2007, pp. 200ff.

3) Christopher Helland, "Online Religion as Lived Religion: Methodological Issues in the Study of Religious Participation on the Internet," *Online-Heidelberg Journal of Religions on the Internet*, 1:1, 2005, p. 1.

4) Stephen Jacobs, "Virtually Sacred: The Performance of Asynchronous Cyber-Rituals in Online Spaces," *Journal of Computer-Mediated Communication*, 12, 2007, pp. 1103, 1111.

5) http://www.musangsa.org/english/sub03/sub03_2.php 계룡산 국제선원 무상사는 자신들의 영어 홈페이지에 'Cyber Buddha Hall'을 구축해 놓음으로써 국내 사찰 중 유일하게 영어판 사이버 법당을 구비하고 있다.

6) '정근'은 염불과 같이 한마음 한뜻으로 불보살의 지혜와 공덕을 찬탄하면서 그 명호를 부르며 정진하는 것을 말한다. 보통 아침과 저녁 예불에는 석가모니불 또는 관세음보살의 명호를 부르고, 서방정토 극락세계에 왕생하기를 발원할 때는 나무아미타불 혹은 지장보살의 명호를 부르며 정근을 한다.

7) http://www.songgwangsa.org/ 대웅보전(大雄寶殿)은 대웅전을 격을 높여 부르는 것으로, 대웅전에 일반적으로 본존불인 석가모니 그리고 좌우로 문수보살과 보현보살을 세운다면, 송광사의 대웅보전에는 중앙에 삼세불인 연등불, 석가모니불, 미륵불을 모시고 협시보살로는 관세음보살, 문수보살, 보현보살, 지장보살을 세우고 있다. 또한 송광사의 승보전에는 부처님 당시 영축산에서 설법하던 모습을 재현하여 부처님과 10대 제자, 16 나한을 비롯한 1250명의 스님이 모셔져 있다. 승보전은 국사전과 같이 승보사찰인 송광사를 상징하는 전각이라 할 수 있다. 한편 '영산전'과 '약사전'이 사이버 법당에서 제외된 이유로는 이 둘이 모두 소규모 전각(약사전은 앞면과 옆면이 한 칸으로 경내에서 가장 작은 법당이다)으로 해당 사찰에서 의례 공간으로서의 비중이 상대적으로 낮다는 점을 언급할 수 있다.

8) 사이버 법당에 복수의 의례 공간이 구축되어 있는 경우에도 (비록 경내에 조성되어 있어도) 조사전이 사이버 의례 공간으로 재현되지 않는 것과 동일한 이유이다 (예, 보혜사). 참고로 송광사의 국사전에는 16국사의 영정이 모셔져 있는데 반해 사이버 국사전은 3국사의 영정만이 재현되고 있다.

9) '내 법당 선물하기'는 지인의 이메일이나 휴대폰 문자로 메시지와 초대번호가 발송되면 수신인이 사찰 홈페이지에서 로그인 할 필요 없이 '나만의 법당' 사이트에서 해당 번호를 기입하면 이미 꾸며진 사이버 법당으로 이동되는 방식으로 진행된다.

10) http://www.bongsunsa.net/ 송광사와 보혜사의 사찰 홈페이지는 동일한 회사인 불교/사찰 전문 IT 그룹인 (주)탑스컴이 개발하여 운영하고 있기에, 이 두 사찰의 사이버 법당 또한 동일한 프로그램에 기초한다.

11) 참고로 봉선사의 '청풍루'는 최근에 지어진 복합적인 기능을 가진 대형 누각으로 앞면에는 '청풍루' 뒷면에는 '설법전' 현판이 달려 있다. 즉 1층은 종무소 겸 사무실이며, 2층 설법전에는 대형 불상과 탱화가 모셔져 있고, 서쪽 벽면 연단에는 영구봉안을 위한 영가들이 모셔져 있으며 해당 공간은 각종 대형 법회, 청소년 수련대회 장소 등으로 사용된다고 한다. 이에 반해 사이버 청풍루에는 석가모니 불상만 재현되고 있다.

12) 삼성각에서 모시고 있는 독성, 칠성, 산신은 불교와 민속신앙의 습합을 보여주는 것으

로, 민간에서 독성(나반존자)은 부처의 명을 받아 열반에 들지 않고 불멸 후 중생을 제도한다 하여 주세(住世) 아라한으로 불리며, 산신은 (호법신중(護法神衆) 내지 외호신중(外護神衆)의 하나로 간주되나) 산신령으로, 칠성은 무명장수신으로 불린다.

13) http://chamsunedu.or.kr/; http://www.buddhatv.com/

14) 현재 인터넷 상에서 연등달기와 위패 봉안은 불가능하며 기존에 봉안된 연등과 위패를 볼 수 있을 뿐이다.

15) 이러한 결과는 일차적으로 수선회의 사이버 예불이 사용한 음원 '통도사 새벽예불'에서 기인한다고 할 수 있다. 즉 해당 음원에서 마지막 '입정' 트랙은 매우 짧으며 세 번의 죽비소리를 시작으로 이어서 배경으로 매우 조용한 냇물과 새의 소리가 잠시 들리고 마무리로 다시 세 번의 죽비소리가 난다. 따라서 수선회는 위의 음원을 편집과정 없이 그대로 사이버 법당의 청각 콘텐츠로 옮겨 놓은 것이다. 이러한 방식은 부다TV에도 적용되나 '입정'을 생략하였다는 점에서 나름의 편집과정을 말할 수 있을 것이다.

16) Louise Connelly, "Virtual Buddhism An Analysis of Aesthetics in Relation to Religious Practice," *Online-Heidelberg Journal of Religions on the Internet* 4.1, 2010, p. 13, 16.

17) David Morgan, *The Embodied Eye: Religious Visual Culture and the Social Life of Feeling*, Berkeley: University Press of California, 2012, p. 162.

18) 공간이 추상적이고 미분화된 것이라면, '장소감'이란 주관적으로 공간에 의미를 부여해 '장소를 만드는(place-making)' 공간적 체험 중 하나라고 할 수 있다. 즉 '장소감'은 어떤 장소에 대한 특별한 느낌이나 감정을 말하며 개인과 장소의 상호작용에 의해서 형성된다. 이런 의미에서 '장소감'이란 이질적이고 낯선 추상적 공간이 구체적 장소로 전환하여 친밀한 장소로 다가올 때 체험하는 감정이라고 할 수 있다. (참고) Yi-Fu Tuan, *Space and Place, The Perspective of Experience*, Minneapolis: the University of Minnesota Press, 1977; Y. E, Kalay & J. Marx, "Architect and the Internet: Designing Places in Cyberspace," *First Monday*, special Issue 5, 2005 (http://firstmonday.org/ojs/index.php/fm/rt/printerFriendly/1563/1478).

19) '닫집'은 불좌 위에 만들어 매단 집의 모형으로 화려한 장식을 특징으로 하며 극락정토의 궁전을 묘사하고 있다.

20) '감각의 위계질서(the hierarchy of the senses; the sensory hierarchy)'는 문화인류학의 하위 분과로 자리 잡은 '감각의 인류학(the anthropology of the senses; the sensuous anthropology)'에서 주조된 개념으로 감각/지각은 문화적으로 구성된 것으로 각 사회는 특정한 '감각적 모델(sensory model)'을 지지한다는 전제로부터 출발한다. 클라슨(Constance Classen)에 의하면 '감각적 모델'에 의거해서 해당 사회구성원은 세상을 이해하고, 감각을 통한 인식이나 개념을 특정한 세계관으로 변환시킨다고 말한다. (C. Classen, "Foundations for an Anthropology of the Senses," *International Journal of Social Science*, vol. 153, 1997, p. 402.) 이 시각을 보다 세분화한다면 각 종교마다 옹호하는 감각적 모델을 갖추고 있으며, 말씀 혹은 텍스트를 중시하는 개신교, 유대교, 이

슬람에 비해서 불교는 의례구성에서 이러한 성향이 상대적으로 낮다고 할 수 있을 것이다. 그러나 불교 또한 각 문화권에서 의례구성 면에서 다양한 차이를 보여주기에 불교 전체가 동일한 감각적 모델에 기반하고 있다고 주장하려는 것은 아니다.

21) Connelly, *op. cit.*, p. 12; Morgan, *op. cit.*, p. 163.

22) Tuan, *op. cit.*, p. 11.

23) Connelly, *op. cit.*, p. 17.

24) David Morgan, "Visual Religion," *Religion*, vol. 30, 2000, p. 51; "The Look of Sympathy: Religion, Visual Culture, and the Social Life of Feeling," *Material Religion*, vol. 5, 2009, p. 133.

25) 가상세계의 '감각적 사실주의'에 대한 논의는 다음의 논문을 참조. A. Golub, "Being in the World (of Warcraft): Raiding, Realism, and Knowledge Production in a Massively Multiplayer Online Gam," *Anthropological Quarterly*, vol. 83 no. 1, 2010, p. 25; G. P. Grieve, "Virtually Embodying the Field: Silent Online Meditation, Immersion and the Cardean Ethnographic Method," *Online-Heidelberg Journal of Religions on the Internet,* 4:1, 2010, p. 37.

26) 한국 불교계에 3D 사이버 법당을 구축하려는 시도가 전혀 없었던 것은 아니다. 2000년 6월 1일 오픈한 '룸비니 사이버법당'(www.48man.co.kr)의 경우 3D 입체 영상으로 경내 여러 전각의 모습은 물론이고 법당 내부의 불상들을 재현하여 방문자들에게 마치 법당으로 들어간 듯한 사실감을 선사하였다고 한다. 그러나 해당 사이트는 폐쇄된 지 오래고 오직 관련 기사만으로 그 사실을 확인할 수 있을 뿐이다. 『현대불교』 273호, 2000.6.7. http://www.buddhapia.com/mem/hyundae/auto/newspaper/273/b-14.htm 를 참조.

생태의례와 감각의 정치_ 유기쁨

1) 오늘날 생태운동의 현장에서 두드러지는 의례의 창안 및 전유 현상들은 ① 생태운동의 현장에서 종교 성직자를 중심으로 기존 종교의례가 정기/비정기적으로 수행되거나, ② 특정 종교와 무관하게 일반인들의 광범위한 참여 및 이를 통한 생태적 감수성 함양을 유도하면서 기존 종교의례를 생태적으로 전유하거나, ③ 생태운동의 참여자들이 스스로를 차별화하는 문화적 전략으로서 특정한 목적을 위해 생태 퍼포먼스를 창안하는 등 다각도에서 나타나고 있다. 뿐만 아니라, 저항적 생태운동에 참여하기 위한 과정 자체가 의례화되는 현상이 나타나면서, 생태운동 현장에서의 의례적 수행은 복잡다단한 양상으로 전개되고 있다.

2) 가령 김유정 신부(대전가톨릭대)는 "억압받는 가난한 이들과 생태계의 노고와 고난"의 현장에서 수행되는 미사는 "시위가 아니라, 그리스도의 노고와 수난이 생생하게 이루어지는 현장에서 그리스도를 선포하고, 봉헌하고, 나누어 모시는 잔치"이며 "예수님께

서 당신의 첫 번째 희생 제사를 어디에서 봉헌했는지를 상기시키는 거룩한 참여의 장"
이라고 주장한다. 『가톨릭뉴스 지금여기』, 2013. 6.13.

3) 생태운동에서 근대적 공간관의 극복을 위해 각종 생태의례가 부각되는 맥락에 관해서
는, 유기쁨, 〈생태운동의 의례적 차원에 대한 이론적 고찰〉, 『종교연구』 40집, 2005 참
조.

4) 유영훈, 『농민』, 서울: 기원전 출판사, 2011, 39쪽. 정해진, 「사회적 드라마로서의 개발
반대 투쟁과 커뮤니티 관계의 재구성: 팔당유기농단지의 4대강사업 저항 운동을 중심
으로」, 한양대학교대학원 석사학위논문, 2013년 8월, 39쪽에서 재인용.

5) Roy A. Rappaport, "The Obvious Aspects of Ritual," Ecology, Meaning, & Religion,
Berkeley: North Atlantic Books, 1979, pp. 173-174 참조.

6) Ibid., pp. 236-237과 Roy A. Rappaport, Ritual and Religion in the Making of Humanity,
Cambridge: Cambridge University Press, 1999, pp. 15-17 참조.

7) Roy A. Rappaport, Ritual and Religion in the Making of Humanity, p. 460.

8) Ronald L. Grimes, Rite out of Place: Ritual, Media, and the Arts, New York: Oxford
University Press, 2006, p, ix.

9) Catherine Bell, Ritual Theory, Ritual Practice, Oxford, 1999, pp. 70-93 참조.

10) Tim Ingold, Being Alive: Essays on Movement, Knowledge and Description, New
York: Routledge, 2011, p. 39.

11) Tim Ingold, The Perception of the Environment: Essays in livelihood, Dwelling and
Skill, London: Routledge, 2000, p. 260.

12) Tim Ingold, Being Alive: Essays on Movement, Knowledge and Description, pp. 45-
46.

13) Ibid., p. 98 참조.

14) Jennifer Foster, "Environmental Aesthetics, Ecological Action and Social Justice,"
Mick Smith, Joyce Davidson, Laura Cameron and Liz Bondi, eds., Emotion, Place and
Culture, Burlington: Ashgate, 2009, p. 97.

15) 반 겐넵, 『통과의례』, 전경수 옮김, 을유문화사, 2000 참조.

16) Victor Turner, The Ritual Process: Structure and Anti-Structure, Chicago: Aldine Pub.
Co., 1969 참조.

17) 〈강정 활동가들의 하루〉, http://www.youtube.com/watch?v=whgVb28RMRI (2012년
12월 1일 검색).

18) 불교의례인 108배 형식에 천주교의 묵상기도가 결합된 의례로서, 108배 대신 예수가
베드로에게 그물을 던지게 해서 잡은 물고기의 숫자를 따라서 153배가 수행된다. 예수
의 인도를 따라 기적이 이루어질 수 있다는 의미가 부여되고 있다.

19) 조광제, 『몸의 세계, 세계의 몸 : 메를로-퐁티의 『지각의 현상학』에 대한 강해』, 이학
사, 2004, 285쪽.

20) 그러나 최근에는 경찰이 공사현장에서의 종교의례를 공사방해를 위한 물리적 위력행
사로 규정하면서, 종교의례가 수행되는 동안에도 긴장감이 고조되고 있다.

21) 메를로 퐁티, 『지각의 현상학』, 류의근 옮김, 문학과지성사, 2002, 225쪽.

22) "아침마다 여기(구럼비) 와서 묵상을 하면 맘이 편안해져요.… 맘이 정화가 되는 것 같
아. 사람들이 이런데 와서 묵상을 하고 기도를 할 필요가 있다, 그런 생각이 들어요.…
이런데 와서 … 자연의 신비로움을 보면 … 감수성이 깊어지는 것 같아요. 여기 앉아
있어도 나에서부터 미치는 반경이 넓어지는… 이런 신비로움도 있는 거거든요. 이런
걸 잘 보존해서 자연의 신비를 느끼고… 우리는 그 자연의 신비를 보면서 하느님을 보
잖아. 하느님이 창조하셨다는 것을 깊이 느낄 때 우리는 뭔가 만나고 싶고 뭔가 사랑하
게 되고…."
〈구럼비와 우리는 하나다: 164일만의 구럼비 미사〉, 『가톨릭뉴스 지금여기』(2012. 2.
14). 동영상 주소 http://www.catholicnews.co.kr/tv/view_top_960.html?idxno=116
(2012년 2월 15일 검색).

23) 생태심리학자인 제임스 깁슨이 제안하듯이, 지각한다는 것은 머릿속으로 이루어지는
활동이 아니다. 지각한다는 것은 세계와의 만남을 전제하는데, 이때 지각은 환경 속의
어떤 것의 인식일 수도 있고, 자기 자신 내부의 어떤 것일 수도 있고, 동시에 둘 다일 수
도 있다. James J. Gibson, *The Ecological Approach to Visual Perception*, New Jersey:
Lawrence Erlbaum Associates, 1986(1979), p. 240.

24) Michael Jackson, *The Politics of Storytelling: Violence, Transgression and
Intersubjectivity*, Copenhagen: Museum Tusculanum Press, 2002, p. 16.

25) 정해진, 앞의 글, 50쪽 참조.

26) 나는 평소 천주교 교리 및 의례를 잘 알지 못하고 두물머리의 투쟁에 대해서도 잘 알
지 못하면서 어떤 계기로 두물머리의 비닐하우스 안에서 수행되는 미사에 참석했던 두
사람과 이야기를 나눈 적이 있다. 그들은 비닐하우스의 반쯤 열린 공간에서 수행되는
미사 및 영성체에 참여하면서 깊은 인상을 받았고, 특히 두물머리 십자가에서 싹이 난
것을 목격하고 감동을 받았다고 이야기한 바 있다. 2012년 9월 두물머리에서는 930번
째이자 마지막 미사가 이루어졌는데, 두물머리 투쟁을 마무리하는 행위는 바로 그 십
자가를 조심스럽게 파내서 인근의 꼰벤뚜알 프란치스코회 수도원으로 옮겨 심는 것이
었다.

27) Tim Ingold, *The Perception of the Environment: Essays in livelihood, Dwelling and
Skill*, Routledge, 2000, p. 167.

28) 빅터 터너, 『제의에서 연극으로』, 이기우 · 김익두 옮김, 현대미학사, 1996, 78쪽.

29) 스토리텔링의 적극적 의의에 대한 마이클 잭슨의 논의를 참조하라. Michael Jackson,
op. cit., p. 15.

30) 수전 손택, 『타인의 고통』, 이재원 옮김, 서울: 도서출판 이후, 2004, 24쪽.

참고문헌

종교와 문자: 상대 종교적 매개로서 갑골문의 본질과 기능_ 임현수

吉德煒, 1986, 「中國正史之淵源: 商王占卜 是否一貫正確?」, 『古文字硏究』 第十三輯.

段玉裁 注, 1981, 『說文解字注』, 上海: 上海古籍出版社.

李道平, 2004, 『周易集解纂疏』, 北京: 中華書局.

胡厚宣 · 胡振宇, 2003, 『殷商史』, 上海: 上海人民出版社.

裘錫圭, 2001, 『중국문자학』, 李鴻鎭 譯, 신아사.

吳浩坤 · 潘悠, 2002, 『중국갑골사』, 梁東淑 譯, 東文選.

王宇信, 2004, 『갑골학통론』, 李宰碩 譯, 東文選.

왕우신 외, 2011, 『갑골학 일백 년 2, 5』, 하영삼 옮김, 소명출판.

林鉉洙, 2002, 「商代 時間觀의 종교적 함의: 甲骨文에 나타난 紀時法과 祖上系譜 및 五種 祭祀를 중심으로」, 서울大學校 大學院 宗教學科 博士學位 論文.

陳煒湛, 2002, 『甲骨文導論』, 李圭甲 외 譯, 學古房.

Beattie, John, 1982, "Divination in Bunyoro, Uganda,"in John Middleton, ed., *Magic, Witchcraft*, and Curing, Austin: University of Texas Press.

Evans-Pritchard, E. E., 1940, *The Nuer*, Oxford: The Clarendon Press.

Goody, Jack, 1968, *Literacy in Traditional Societies*, New York: Cambridge University Press.

Goody, Jack and Watt, Ian, 1963, "The Consequences of Literacy," *Comparative Studies in Society and History*, vol. 5.

Keane, Webb, 2013, "On Spirit Writing: Materialities of Language and the Religious Work of Transduction," *Journal of the Royal Anthropological Institute* 19.

Keightley, David N., 1978, *Sources of Shang History: The Oracle-Bone Inscriptions of Bronze Age* China, Los Angeles: University of California Press.

_____, 1978, "The Religious Commitment: Shang Theology and The Genesis of Chinese Political Culture," *History of Religions*, vol. 17.

_____, 1988, "Shang Divination and Metaphysics," *Philosophy East and West*, vol. 38.

_____, 1989, "The Origins of Writing in China: Scripts and Cultural Contexts,"in Wayne M. Senner, ed., *The Origins of Writing*, Lincoln: University of Nebraska Press.

_____, 1996, "Art, Ancestors, and the Origins of Writing in China," *Representations*, no. 56.

_____, 1999, "The Shang: China's First Historical Dynasty," in Michael Loewe and Edward L. Shaughnessy. eds., *The Cambridge History of Ancient China: From the Origins of*

Civilization to 221 B.C., Cambridge: Cambridge University Press.

Lewis, Mark Edward, 1999, *Writing and Authority in Early China*, SUNY Series in Chinese Philosophy and Culture, Albany: State University of New York Press.

McLuhan, Marshall, 2003, *Understanding Media: The Extensions of Man*, Gingko Press; 『미디어의 이해: 인간의 확장』, 김상호 옮김, 커뮤니케이션북스, 2011.

Ong, Walter J., 1982, *Orality and Literacy: The Technologizing of the Word*, New York: METHUEN; 『구술문화와 문자문화』, 이기우 · 임명진 옮김, 文藝出版社, 1995.

Preus, J. Samuel, 1991, "Secularizing Divination: Spiritual Biography and the Invention of the Novel," *Journal of the American Academy of Religion*, vol. 59.

Smith, Adam Daniel, 2008, "Writing at Anyang: The Role of the Divination Record in the Emergence of Chinese Literacy," Ph.D., University of California, Los Angeles.

소리의 종교적 자리를 찾아서: 시, 축음기, 그리고 카세트테이프_ 이창익

스턴, 조너선, 2010, 『청취의 과거: 청각적 근대성의 기원들』, 윤원화 옮김, 현실문화.

Agamben, Giorgio, 1999, "Pascoli and the Thought of the Voice," *The End of Poem: Studies in Poetics*, trans. Daniel Heller-Roazen, Stanford: Stanford University Press.

Assmann, Jan, 2006, "Text and Ritual: The Meaning of the Media for the History of Religion," *Religion and Cultural Memory*, trans. Rodney Livingstone, Stanford: Stanford University Press.

Hayles, N. Katherine, 2010, "Cybernetics," in W.J.T. Mitchell & Mark B.N. Hansen, eds., *Critical Terms for Media Studies*, Chicago: The University of Chicago Press.

Hirschkind, Charles, 2006, *The Ethical Soundscape: Cassette Sermons and Islam Counterpublics*, New York: Columbia University Press.

Jones, Ernest, 1951, "Madonna's Conception through the Ear," in *Essays in Applied Psychoanalysis*, London: Hogarth Press.

Kittler, Friedrich A., 1999, *Gramophone, Film, Typewriter*, trans. Geoffrey Winthrop-Young & Michael Wutz, Stanford: Stanford University Press.

_____, 2013, *The Truth of the Technological World: Essays on the Genealogy of Presence*, Stanford: Stanford University Press.

Leeuw, Gerardus van der, 2006, *Sacred and Profane Beauty: The Holy in Art*, trans. David E. Green, Oxford: Oxford University Press.

Nietzsche, Friedrich, 2001, *The Gay Science*, ed. Bernard Williams, Cambridge: Cambridge University Press.

Ong, Walter J., 2002, *Orality and Literacy: The Technologizing of the Word*, New York: Routledge.

Ronell, Avital, 1989, *The Telephone Book: Technology, Schizophrenia, Electric Speech*, Lincoln: University of Nebraska Press.

Schmidt, Leigh Eric, 2000, *Hearing Things: Religion, Illusion, and the American Enlightenment*, Cambridge: Harvard University Press.

Winthrop-Young, Geoffrey, 2011, *Kittler and the Media*, Malden: Polity.

초기 개신교 선교사들의 한국 종교 사진_ 방원일

강명숙 외, 2009, 『침탈 그리고 전쟁: 서양인이 만든 근대 전기 한국 이미지 III』, 청년사.

독립기념관, 2013, 『캐나다 선교사가 본 한국 · 한국인』, 독립기념관.

박영숙, 1997, 『서양인이 본 꼬레아』, 삼성언론재단.

박현순 외, 2009, 『코리안의 일상: 서양인이 만든 근대 전기 한국 이미지 II』, 청년사.

손택, 수전, 2005, 『사진에 관하여』, 이재원 옮김, 이후.

스미스, 윌프레드 캔트웰, 1991, 『종교의 의미와 목적』, 길희성 옮김, 분도출판사.

옥성득, 2009, 『한반도 대부흥 : 사진으로 보는 한국 교회, 1900-1910』, 홍성사.

이덕주 외 엮음, 2013, 『엽서에 실린 복음과 선교소식』, 한국기독교역사박물관.

조현범, 2009, 「분도회 선교사들의 한국 문화 연구」, 『교회사연구』 33호.

존스, G. H., 2013, 『한국 교회 형성사』 옥성득 옮김, 홍성사.

최인진, 2010, 『고종, 어사진을 통해 세계를 꿈꾸다: 19세기 어사진의 정치학』, 문현.

American Baptist Foreign Mission Society, 1908, *Manual of the American Baptist Missionary Union for the Use of Missionaries and Missionary Candidates*, Boston: Ford Building.

Arnous, H. G., 1893, *Korea: Märchen Und Legenden, Nebst Einer Einleitung ber Land Und Leute, Sitten Und Gebräuche Koreas*, Leipzig: Verlag von Wilhelm Friedrich; 아르노스, 2007, 『조선의 설화와 전설: 개화기 독일인 아르노스가 기록한 조선의 이야기』, 송재용 & 추태화 옮김, 제이앤씨.

Bennett, Terry, 2009, *Korea Caught in Time*, Reading: Garnet Pub.

Bishop, Isabella Bird, 1898, *Korea and Her Neighbours: A Narrative of Travel, with an Account of the Vicissitudes and Position of the Country*, New York: Fleming H. Revell.

Choi, Hyaeweol, 2010, "The Visual Embodiment of Women in the Korea Mission Field," *Korean Studies*, vol. 34.

Clark, Donald N. (ed.), 2009, *Missionary Photography in Korea: Encountering the West through Christianity*, New York: The Korea Society.

Gale, James S., 1909, *Korea in Transition*, New York: Young People's Missionary Movement of the United States and Canada.

Gardner, Helen & Philp, Jude, 2006, "Photography and Christian Mission: George Brown's Images of the New Britain Mission 1875-80," *The Journal of Pacific History*, vol. 41, no. 2.

Gifford, Daniel L., 1898, *Every-Day Life in Korea*, New York: Fleming H. Revell, 1898.

Gilmore, George W., 1892, *Korea from Its Capital*, Philadelphia: Presbyterian Board of Publication and Sabbath-School Work.

Griffis, William Elliot, 1885, *Corea, Without and Within*, Philadelphia: Presbyterian board of publication.

Griffis, William Elliot, 1902[1882], *Corea: The Hermit Nation*, 6th ed., New York: Charles Scribner's sons.

Hamilton, Angus, 1904, *Korea*, New York: Charles Scribner's Sons.

Hannavy, John, ed., 2013, *Encyclopedia of Nineteenth-Century Photography*, New York: Taylor & Francis.

Hardie, R. A., 1897, "Religion in Korea," *The Missionary Reviews of the World*, vol. 10, no. 12 , Dec.

Holmes, Burton, 1908, *Burton Holmes Travelogues*, vol. 10, New York: The McClure Company.

Long, Kathryn T., 2003, "Cameras 'Never Lie': The Role of Photography in Telling the Story of American Evangelical Missions," *Church History*, vol. 72, no. 4.

Lowell, Percival, *Chosön, the Land of the Morning Calm: A Sketch of Korea*, Boston: Ticknor and Company, 1886.

McDannell, Colleen, 2004, *Picturing Faith: Photography and the Great Depression*, New Haven: Yale University Press.

Moose, J. Robert, 1911, *Village Life in Korea*, Nashville, Tenn.: Publishing House of the M. E. Church, South, Smith & Lamar, agents.

Noble, Wilcox Mattie, 1993, *The Journals of Mattie Wilcox Noble 1892-1934*, Seoul: Institute for Korean Church History.

Oppert, Ernest, 1880, *A Forbidden Land: Voyages to the Corea, with an Account of its Geography, History, Productions, and Commercial Capabilities, &c., &c.*, London: Sampson Low, Marston, Searles, and Rivington.

Pai, Hyung Il, 2013, "Staging 'Koreana' for the Tourist Gaze: Imperialist Nostalgia and the Circulation of Picture Postcards," *History of Photography*, vol. 37, no. 3.

Perry, Jean, 1906, *"Chilgoopie the Glad": A Story of Korea and Her Children*, London: S.W. Partridge.

Starr, Frederick, 1918, Korean Buddhism, Boston: Marshall Jones.

Wolfe, J. R., 1885, "A Visit to Korea," *The Foreign Missionary*, vol. 44.

신화, 유령, 잔존하는 이미지: 아피찻퐁 위라세타쿤의 영화를 중심으로_ 최화선

다나카 준, 2013, 『아비 바르부르크 평전: 이미지 역사가 아비 바르부르크의 광기와 지성의 연대기』, 김정복 옮김, 휴먼아트.

류보선, 2014년 겨울, 「'살인자의 기억법'과 '너의 목소리': 세월호와 한국문학, 그리고 계간 『문학동네』 이십 년」, 『문학동네』.

방혜진, 2010년 10월호, 「유령,기억, 우주: 아피찻퐁의 영화세계」, 『프리미어』.

안성용, 2012, 「영화적 서사와 이미지경제의 역사적 관계에 대하여: 아피찻퐁의 「정오의 낯선 물체」가 제기한 질문들」, 『영상예술연구』 20.

에이젠슈타인, 세르게이, 2011, 「영화의 원리와 표의문자(1929)」, 『사유 속의 영화: 영화 이론 선집』, 이윤영 옮김, 문학과지성사.

오준호, 2009, 「아피찻퐁 위라세타쿤 영화 미학: 아피찻퐁 위라세타쿤 영화의 이중적 구조 -영화적 구조에서 신화적 구조로의 확장」, 『현대영화연구』 8.

윤경희, 2013, 「어른들을 위한 유령 이야기: 아비 바르부르크의 「므네모시네」」, 『고함/만물의 고아원: 수집 그리고 수집가』, 인문예술잡지 F 9 호

이지영, 2010, 「아피찻퐁 위라세타쿤의 「정오의 낯선 물체」의 구조적 특징의 분석을 통한 현대정치영화적 함의 들뢰즈의 '이야기 꾸며대기'개념과 '집단적 발화의 배치'개념을 중심으로」, 『영상예술연구』 17.

_____, 2011, 「아피찻퐁 위라세타쿤의 「프리미티브 프로젝트」의 구조: '억압된 기억의 환기'로서의 '경계 허물기'전략」, 『영상예술연구』 19.

정성일, 2014년 3월호, 「생명처럼 꿈틀대는 '정글미학'」, 『아트 인 컬쳐』.

최화선, 2014, 「이미지와 응시: 고대 그리스도교의 시각적 신심(Visual Piety), 『종교문화비평』 25.

Benjamin, Walter, 1936, *Das Kunstwerk im Zeitalter seiner technischen Reproduzierbarkeit*, Frankfurt/Main; 발터 벤야민, 2007 『기술복제시대의 예술작품: 사진의 작은 역사 외. 최성만 옮김, 길.

_____, 2001, *Das Passagen-Werk*, ed. Rolf Tiedemann; 발터 벤야민, 2005, 『아케이드 프로젝트』, 조형준 옮김, 새물결.

Buck-Morss, Susan, 1991, *Dialectics of Seeing: Walter Benjamin and the Arcades Project*, MIT Press; 수잔 벅 모스, 2004, 『발터 벤야민과 아케이드 프로젝트』 김정아 옮김, 문학동네.

Didi-Huberman, Georges, 2001, "Dialektik Des Monstrums: Aby Warburg and the Symptom Paradigm," *Art History* 24, no. 5.

_____, 2002, *L'image Survivante: Historire De L'art Et Temps Des Fantomes Selon Aby Warburg*, Paris: Editions de Minuit.

_____, 2002, "The Surviving Image: Aby Warburg and Tylorian Anthropology," *Oxford Art*

Journal 25, no. 1.

_____, 2007, "Ex-Voto: Image, Organ, Time," trans. by Gerald Moore, *L'Esprit Createur* 47, no. 3.

_____, 2008, *Images in Spite of All: Four Photographs from Auschwitz*, trans. by Shane B. Lillis, Chicago: The University of Chicago Press.

_____, 2009, *Survivance des lucioles*, Les Editions de Minuit; 디디 위베르만, 2012, 『반딧불의 잔존: 이미지의 정치학』, 김홍기 옮김, 길.

_____, 2012, "Warburg's Haunted House," Common Knowledge 18, no. 1.

Johnson, Christopher D., 2012, *Memory, Metaphor, and Aby Warburg's Atlas of Images*, Ithaca, N.Y.: Cornell University Press.

Levi-Strauss, Claude, 1962, *La Pansee sauvage*; 클로드 레비스트로스, 1996, 『야생의 사고』, 안정남 옮김, 한길사.

Michaud, Philippe-Alain, 2004, *Aby Warburg and the Image in Motion*, New York: Zone Books.

Mitchell, Jolyon P., and S. Brent Plate, 2007, *The Religion and Film Reader*, New York & London: Routledge.

Plate, S. Brent, 2008, *Religion and Film: Cinema and the Re-Creation of the World*, London & New York: Wallflower.

Quandt, J. U., 2009, *Apichatpong Weerasethakul*, Wallflower Press.

Shepherd, David, 2013, *The Bible on Silent Film: Spectacle, Story and Scripture in the Early Cinema*, Cambridge & New York: Cambridge University Press.

Warburg, Aby, 2001/2008, Der Bilderatlas Mnemosyne, ed. Martin Warnke, Berlin: Akademie Verlag. ; 아비 바르부르크, 2013, 「「므네모시네」 머리말」, 『고함/만물의 고아원: 수집 그리고 수집가』, 신동화 옮김. 인물예술잡지 F 9호, 문지문화원사이.

Weerasethakul, A., G. Carrion-Murayari, M. Gioni, 2011, *Apichatpong Weerasethakul*, New Museum.

근대적 문자성과 개신교 담론의 형성_ 도태수

『랑자회개』
길선주, 1894, 『해타론』, 대한성교서회.
최병헌, 1911, 『성산명경』, 동양서원.
「대한매일신보」
Knowles, M. H., 1905, "Miss Knowle's Report," *Minutes of the Annual Meeting of the Korea Mission of the Methodist Episcopal Church*, South.
가라타니 고진, 2010, 『일본근대문학의 기원』, 박유하 옮김, 도서출판 b.

_____, 2011, 『문자와 국가』, 조영일 옮김, 도서출판 b.

간 사토코, 2012, 『미디어의 시대』, 노혜경 옮김, 소명.

곽안련, 1994, 『한국교회와 네비우스 선교정책』, 박용규, 김춘섭 옮김, 대한기독교서회.

구인서, 2012, 「'신소설'의 한 양상: '서사적논설'의 장형화」, 『우리문학연구』 53.

문한별, 2004, 「『독립신문』 수록 단형 서사 문학 연구-문답체 서사를 중심으로」, 『현대 문학이론 연구』 22.

박헌호, 2004, 「식민지 시기 '자기의 서사'의 성격과 위상」, 『대동문화연구』 48.

신광철, 1997, 「탁사 최병헌의 비교종교론적 기독교변증론-『성산명경』을 중심으로」, 『한국기독교와 역사』 7.

신형광, 2013, 「한국교회 초기 사경회와 신앙교육」, 『신학과 실천』 36.

심혜련, 2013, 『20세기의 매체철학-아날로그에서 디지털로』, 그린비.

이강화, 2001, 「문답체 산문의 서술자 개입 양상과 서사화」, 『고시가 연구』 8:1.

이덕주, 1995, 『초기 한국 기독교사 연구』, 한국기독교역사연구소.

이만열, 1987, 『한국 기독교 문화운동사』, 대한기독교출판사.

_____, 1990, 「권서에 관한 연구」, 『동방학지』 65.

_____, 2007, 「평양대부흥운동의 역사적 현장」, 『성서학 학술세미나』 5.

_____, 2007, 「1907년 평양 대부흥운동에 대한 몇 가지 검토」, 『한국기독교와 역사』 26.

이숙진, 2009, 「대부흥운동기 여성공간의 창출과 여성주체의 탄생」, 『한국기독교와 역사』 31.

장석만, 1992, 「개항기 한국사회 '종교'개념 형성에 관한 연구」, 서울대학교 박사학위논문.

정일웅, 2007, 「사경회(查經會)와 평양대부흥운동의 역사적 의의」, 『한국개혁신학』 22.

조경덕, 2012, 「근대 소설사에서 한글 전도문서의 위상」, 『현대소설연구』 50.

조은하, 2007, 「사경회와 기독교 여성교육」, 『사경회와 기독교 여성교육』 14.

조현범, 2011, 「한국 천주교 신앙인 만들기-두 가지 종교성에 주목하며」, 『정신문화연구』 34:2.

최성민, 2012, 『근대 서사 텍스트와 미디어 테크놀로지』, 소명.

최소영, 2013, 「프리드리히 키틀러의 매체이론 연구: '기록체계'개념을 중심으로」, 홍익대학교 박사학위논문.

Asad, Talal, 1993, *Genealogies of Religion: Discipline and Reasons of Power in Christianity and Islam*, Baltimere and London: The Johns Hopkins University Press.

Campbell, Heidi A., ed, 2014, *Digital Religion: Understanding Religious Practice in New Media Worlds*, London and New York: Routledge.

Derrida, J., 1967, *De la grammatologie*, Minuit; 『그라마톨로지』, 김성도 옮김, 민음사, 2010.

Foucault, Michel, 1966, *Les mots et les choses: une archeologie des sciences humaines*, Gallimard, NRF; 『말과 사물』, 이규현 옮김, 민음사. 2012.

Harrison, Peter, 1998, *The Bible, Protestantism, and the Rise of Natural Science*, Cambridge: Cambtidge University Press.

Kittler, Friedrich A., 1997, "Gramophone, Film, Typewriter," in John Johnston, ed., *Friedrich A. Kittler Essays-Literature, Media, Information Systems*, London and New York: Routledge.

_____, 1990, *Discourse Networks, 1800/1900*, trans. Michael Metteer & Chris Cullens, California: Stanford University Press.

_____, 2010, *Optical Media: Berlin Lectures 1999*, trans. Anthony Enns, Cambridge: Polity Press; 『광학적 미디어』, 윤원화 옮김, 현실문학, 2011.

McLuhan, Marshall, 1962, *The Gutenberg Galaxy: The Making of Typographic Man*, The University of Toronto Press; 『구텐베르크 은하계』, 임상원 옮김, 커뮤니케이션북스, 2001.

Mitchell, W. J. T. and Mark B. N. Hansen, eds., 2010, *Critical Terms for Media Studies*, Chicago and London: The University of Chicago Press.

Nongbri, Brent, 2013, *Before Religion: A History of a Modern Concept*, New Haven and London: Yale University Press.

Ong, Walter J., 2002, *Orality and Literacy: The Technologizing of the Word*, London and New York: Routledge.

Winthrop-Young, Geoffrey, 2011, *Kittler and the Media*, Cambridge: Polity Press.

예술이라는 종교의 미디어: 반 데르 레이우의 예술신학_ 이창익

Agamben, Giorgio, 1999, "Comedy," *The End of the Poem: Studies in Poetics*, trans. Daniel Heller-Roazen, Stanford: Stanford University Press.

_____, 2011, "Identity without the Person," *Nudities*, trans. David Kishik & Stefan Pedatella, Stanford: Stanford University Press.

Assmann, Jan, 2006, "Remembering in Order to Belong: Writing, Memory, and Identity," *Religion and Cultural Memory*, trans. Rodney Livingstone, Stanford: Stanford University Press.

_____, 2006, "Text and Ritual: The Meaning of the Media for the History of Religion," *Religion and Cultural Memory*, trans. Rodney Livingstone, Stanford: Stanford University Press.

Leertouwer, Lammert, 1991, "Gerardus van der Leeuw as a Critic of Culture," in Hans G. Kippenberg & Brigitte Luchesi, eds., *Religionswissenschaft und Kulturkritik*, Marburg: diagonal-Verlag.

Ikegami, Eiko, 2005, *Bonds of Civility: Aesthetic Networks and the Political Origins of*

Japanese Culture, Cambridge: Cambridge University Press.

Mauss, Marcel, 1979, "A Category of the Human Mind: The Notion of Person, the Notion of 'Self,'" *Sociology and Psychology: Essays*, London: Routledge & Kegan Paul.

Plantinga, Richard J., 1991, "Romantcism and the History of Religion: The Case of W.B. Kristensen," in Hans G. Kippenberg & Brigitte Luchesi, eds., *Religionswissenschaft und Kulturkritik*, Marburg: diagonal-Verlag.

van der Leeuw, Gerardus, 2006, *Sacred and Profane Beauty: The Holy in Art*, trans. David E. Green, Oxford: Oxford University Press.

소노 시온 영화와 '응시'의 종교 : 환상·욕망·사랑_ 박규태

강응섭, 2005, 「라캉과 종교」, 『라캉과 현대정신분석』 7:2, 한국라캉과 현대정신분석학회

_____, 2006, 「라캉, objet a, 예수 이름」, 『라캉과 현대정신분석』 8:1, 한국라캉과 현대정신분석학회.

_____, 2009, 「종교의 형식과 내용에 관한 라캉적 에세이」, 『철학과 현상학 연구』 42, 한국현상학회.

김석, 2007, 『에크리』, 살림.

김현진, 2006, 「시선을 중심으로 본 주체와 욕망의 메커니즘 : 자크 라캉의 시각이론을 중심으로」, 『뷔히너와 현대문학』 27, 한국뷔히너학회.

박규태, 2000a, 「오옴진리교 사건에 비추어본 일본문화와 '악의 문제'」, 『일본의 언어와 문학』 6, 단국일본연구학회.

_____, 2000b, 「현대 정보화사회에서의 종교와 폭력 : 오옴진리교와 '가상의 현실화'」, 『종교와 문화』 6, 서울대학교 종교문제연구소.

박규태, 2012, 「현대일본종교와 '마음'의 문제」, 『신종교연구』 27, 한국신종교학회.

_____, 2013, 「『1Q84』의 세계에 떠오른 두 개의 달 : '옴문제'·시스템·마이너리티」, 『일본비평』 8, 서울대학교 일본연구소.

박시성, 2007, 『정신분석의 은밀한 시선』, 효형출판, 2007.

숀 호머, 2006, 『라캉 읽기』, 김서영 옮김, 은행나무.

슬라보예 지젝 외, 2005, 『성관계는 없다 : 성적 차이에 관한 라캉주의적 탐구』, 김영찬 외 편역, 도서출판b.

슬라보예 지젝, 2007, 『How to Read 라캉』, 박정수 옮김, 웅진지식하우스.

슬라보예 지젝·레나타 살레츨 편, 2010, 『사랑의 대상으로서 시선과 목소리』, 라캉정신분석연구회 옮김, 인간사랑.

임진수, 2011, 『부분대상에서 대상a로』, 파워북.

자크 라캉, 1994, 『욕망이론』, 권택영 편, 문예출판사.

토니 마이어스, 2005, 『누가 슬라보예 지젝을 미워하는가』, 박정수 옮김, 앨피.

토드 맥고완/실라 컨클 편, 2008, 『라캉과 영화이론』, 김상호 옮김, 인간사랑.

ダリオー・トマージ 외 편, 2012, 『カオスの神 園子温』, FILM ART.

松江哲明・モルモット吉田, 2012, 『園子温映畫全硏究 1985-2012』, 洋泉社.

Althusser, Louis, 1971, "Ideology and Ideological State Apparatus," *Lenin and Philosophy and Other Essays*, trans. Ben Brewster, New York: Monthly Review Press.

Braunstein, Néstor, 2003, "Desire and Jouissance in the Teachings of Lacan," in Jean-Michel Rabaté, ed., *The Cambridge Companion to Lacan*, Cambridge University Press.

Copjec, Joan, 1994, *Read My Desire: Lacan against Historicists*, London: MIT Press.

Eisenstein, Paul, 2003, *Traumatic Encounters: Holocaust Representation and the Hegelian Subject*, Albany: State University of New York Press.

Evans, Dylan, 1996, *An Introductory Dictionary of Lacanian Psychoanalysis*, London and New York: Routledge.

Fink, Bruce, 2004, *Lacan to the Letter : Reading Écrits Closely*, Minneapolis and London: University of Minnesota Press.

Homer, Sean, 2005, *Jacques Lacan*, London and New York: Routledge.

Kesel, Marc de, 2009, *Eros and Ethics : Reading Jacques Lacan's Seminar VII*, trans. Sigi Jöttkandt, New York: State University of New York Press.

Lacan, Jacques, 1977, *The Four Fundamental Concepts of Psychoanalysis*, ed. Jacques-Alain Miller, trans. Alan Sheridan, New York: Penguin Books.

_____, 1990, *Television*, ed. Joan Copjec, trans. Denis Hollier et al., New York and London: Norton.

_____, 1991, *Freud's Papers on Technique(Seminar I)*, ed. Jacques-Alain Miller, trans. by John Forrester, New York and London: Norton.

_____, 1992, *The Ethics of Psychoanalysis(Seminar VII)*, ed. Jacques-Alain Miller, trans. Dennis Porter, New York and London: Norton.

_____, 1993, *The Psychoses (Seminar III)*, ed. Jacques-Alain Miller, trans. Russell Grigg, New York and London: Norton.

_____, 1998, *On Feminine Sexuality : The Limits of Love and Knowledge(Seminar X X Encore)*, ed. Jacques-Alain Miller, trans. Bruce Fink, New York and London: Norton.

_____, 2002, *Écrits*, trans. Bruce Fink, New York and London: Norton.

_____, 2007, *The Other Side of Psychoanalysis(Seminar XVII)*, trans. Russell Grigg, New York and London : Norton.

_____, 2008, *My Teaching*, trans. David Macey, London and New York : Verso.

MacGowan, Todd, 2004, *The End of Dissatisfaction? : Jacques Lacan and the Emerging Society of Enjoyment*, New York: State University of New York Press.

_____, 2007, *The Real Gaze: Film Theory After Lacan*, New York: State University of New

York Press.

Metz, Christian, 1982, *The Imaginary Signifier: Psychoanalysis and Cinema*, trans. Celia Britton et al., London : Macmillan.

Quinet, Antonio, 1995, "The Gaze as an Object", in Richard Feldstein, ed., *Reading Seminar XI*, New York: State University of New York Press.

Salecl, Renata, 2000, *(Per)Versions of Love and Hate*, London and New York: Verso.

_____, 2004, *On Anxiety*, London and New York: Routledge.

William, Linda, 1989, *Hardcore: Power, Pleasure, and the "Frenzy of the Visible,"* Berkeley: University of California Press.

Žižek, Slavoj, 1989, *The Sublime Object of Ideology*, London: Verso.

_____, 1992, *Enjoy your Symptom! : Jacques Lacan in Hollywood and out*, New York and London : Routledge.

_____, 1997, *The Plague of Fantasies*, New York: Verso.

Žižek, Slavoj, 2000, *The Fragile Absolute*, London and New York: Verso.

Žižek, Slavoj, 2002, *Welcome to the Desert of the Real: Five Essays on September 11 and Related Dates*, New York: Verso.

Žižek, Slavoj, ed., 2003, *Jacques Lacan: Critical Evaluations in Cultural Theory*, New York: Routledge.

Zupančič, Alenka, 2000, *The Ethics of the Real*, London and New York: Verso.

중세 후기의 열리는 성모상과 그리스도교 신앙의 물질적 상상력_ 안연희

가스똥 바슐라르, 2001, 『공기와 꿈』, 정영란 옮김, 이학사.

레지스 드브레, 2011, 『이미지의 삶과 죽음: 서구적 시선의 역사』, 정진국 옮김, 글항아리.

앙드레 그라바, 『기독교 도상학의 이해』, 박성은 옮김, 이화여자대학교 출판부, 2007.

요한 호이징가, 1989, 『중세의 가을』, 최홍숙 옮김, 문학과지성사.

이은기, 1992, 「마리아의 도상변천과 종교상의 역할 변천: 이탈리아 13-4세기를 중심으로」, 서양미술사학회, 『서양미술사학회 논문집』 4권.

자크 르 고프, 2008, 『서양 중세문명』, 유희수 옮김, 문학과 지성사.

조규만, 1998, 『마리아, 은총의 어머니: 마리아 교의와 공경의 역사』, 가톨릭대학교 출판부.

Belting, Hans, 1994, *Likeness and Presence: a History of the Image before the Era of Art*, trans. Edmund Jephcott, Chicago: University of Chicago Press.

Bynum, Caroline Walker, 2011, *Christian Materiality: an Essay on Religion in Late Medieval Europe*, New York: Zone Books.

_____, 1995, *The Resurrection of the Body in Western Christianity, 200-1336*, New York:

Columbia University Press.

_____, 2007, *Wonderful Blood: Theology and Practice in Late Medieval Northern Germany and Beyond*, Philadelphia: University of Pennsylvania Press.

Meyer, Birgit, 2009, *Aesthetic Formations: Media, Religion, and the Senses*, New York: Palgrave Macmillan.

_____, 2006, "Religious Sensations: Why Media, Aesthetics and Power Matter in the Study of Comtemporary Religion," Amsterdam: vrije Universiteit.

Geary, Patrick J., *Living with the dead in the Middle Ages*, Ithaca, N.Y.: Cornell University Press, 1994.

_____, 1990, *Furta Sacra: Thefts of Relics in the Central Middle Ages*, Princeton, N.J.: Princeton University Press; 『거룩한 도둑질 : 중세 성유골 도둑 이야기』, 유희수 옮김, 길, 2010.

Jacobs, Lynn F., 2012, *Opening Doors: The Early Netherlandish Triptych Reinterpreted*, University Park, Pa. : Pennsylvania State University Press.

Kamerick, Kathleen, 2002, *Popular Piety and Art in the Late Middle Ages: Image Worship and Idoltary in England, 1350-1500*, New York: Palgrave.

Katz, Melissa R., 2009, "Behind Closed Doors: Distributed Bodies, Hidden Interiors, and Corporeal Erasure in 'Vierge ouvrante' Sculpture," *Anthropology and Aesthetics*, no. 55/56, Absconding (Spring–Autumn).

_____, 2009, "Marian Motion: Opening the Body of the Vierge ouvrante," *Meaning in Motion: The Semantics of Movement in Medieval Art*, ed. Nino Zchomelidse and Giovanni Freni, Department of Art and Archaeology, Princeton University Press.

Keane, Webb, 2008, "The Evidence of the Senses and the Materiality of Religion," *Journal of the Royal Anthropological Institute (N.S.)*, vol. 14. S110-S127.

Kitzinger, Ernest, 1954, "The Cult of Images in the Age before Iconoclasm", *Dumbarton Oaks Papers*, vol.8.

Lipton, Sara, 2009, "Images and Their Uses," Miri Rubin and Walter Simons, eds, *Cambridge History of Christianity, vol. 4: Christianity in Western Europe c. 1100-c. 1500*, Cambridge: Cambridge University Press.

Morgan, David, 1998, *Visual Piety: A History and Theory of Popular Religious Images*, Berkeley: University of California Press.

_____, 2005, *The Sacred Gaze: Religious Visual Culture in Theory and Practice*, Berkeley: University of California Press.

〈1차 자료〉

Athanasius, *Lettre àdes vierges qui étaient allées prier àJérusalem*, Lebon, J, 1928, "Athanasiana Syriaca: Une lettre attribuée àsaint Athanase d' Alexandrie", *Le Muséon* 41; Brakke, David, 1995, *Athanasius and the Politics of Asceticism,* Oxford: Clarendon Press.

Egeria, *Itinerarium Egeriae, Itineraria et alia geographica*, P. Geyer and O. Cuntz eds., CCSL 175; 정환국 역, 1973, 「에테리아의 여행기(I)」, 『신학전망』 23; 정환국 역, 1974, 「에테리아의 여행기(II)」, 『신학전망』 25.

Eusebius of Caesarea, *Historia ecclesiastica*, G. Bardy, *Historie ecclésiastique*, SC 31, 41, 55, 73; Kirsopp Lake, *Ecclesiastical History Book I-V*, LCL 153, J. E. L. Oulton, *Ecclesiastical History Book VI-X*, LCL 265.

Jerome, *Epistulae*, CSEL 55; Jérôme Labourt ed., 1949- 1963, *Saint Jérôme, Lettres* 8 vols., Paris; Belles Lettres.

Paulinus of Nola, *Epistulae*, PL 61; P. G. Walsh, 1912, *Letters of St. Paulinus of Nola* 2 vols. ACW 35-36, Warminster, MD: Heinemann.

〈2차 문헌〉

최화선, 2005, 「고대 후기 그리스도교 순례에 관한 연구: 4~6세기를 중심으로」, 서울대학교 종교학과 박사학위 논문

Allyson, F. Creasman, 2002, "The Virgin Mary against the Jews: Anti-Jewish Polemic in the Pilgrimage to the Schöne Maria of Regensburg, 1519-25," *The Sixteenth Century Journal* 33, no. 4.

Anderson, David, 1980, *St. John of Damascus: On the Divine Images, Three Apologies against Those Who Attack the Divine Images*, Crestwood: Saint Vladimir's Seminary Press.

Baxandall, M., 1988, *Painting and Experience in Fifteenth Century Italy: A Primer in the Social History of Pictorial Style,* 2nd ed., Oxford: Oxford University Press.

Belting, H., 1994, *Likeness and Presence: A History of the Image Before the Era of Art,* Chicago: University of Chicago Press.

Brown, Peter, 1982, *Society and the Holy in Late Antiquity*, Berkeley: University of California Press.

Denzey, N., 2007, *The Bone Gatherers: The Lost Worlds of Early Christian Women,* Boston: Beacon Press.

Elsner, Jas, "Iconoclasm as Discourse: From Antiquity to Byzantium," *The Art Bulletin*, vol.

94 issue. 3, New York: College Art Association, Inc.

Foster, H., 1988, *Vision and Visuality*, Seattle: Bay Press; 핼 포스터, 2004, 『시각과 시각성』, 최연희 옮김, 경성대학교 출판부.

Frank, G., 2000, *The Memory of the Eyes: Pilgrims to Living Saints in Christian Late Antiquity*, Berkeley: University of California Press.

Finney, Paul, 1994, *The Invisible God: The Earliest Christians on Art*, New York: Oxford University Press.

Freedberg, D., 1989, *The Power of Images : Studies in the History and Theory of Response*, Chicago: University of Chicago Press.

Grabar, A., 1968, *Christian Iconography: A Study of its Origins*, Princeton: Princeton University Press; 앙드레 그라바, 2007, 『기독교 도상학의 이해』, 박성은 옮김, 이화여자대학교 출판부.

Hunt, E. D., 1984, *Holy Land Pilgrimage in the Later Roman Empire, AD 312-460*, Oxford: Clarendon Press.

Kitzinger, E., 1954, "The Cult of Images in the Age before Iconoclasm," *Dumbarton Oaks Papers*.

Morgan, D., 1998, *Visual Piety : A History and Theory of Popular Religious Images*, Berkeley: University of California Press.

_____, 2005, *The Sacred Gaze : Religious Visual Culture in Theory and Practice*, Berkeley: University of California Press.

Plate, S. B., 2002, *Religion, Art, and Visual Culture: A Cross-Cultural Reader*, New York: Palgrave Macmillan.

_____, 2005, *Walter Benjamin, Religion, and Aesthetics : Rethinking Religion through the Arts*, New York: Routledge.

Soergel, P. M., 1993, *Wondrous in His Saints: Counter-Reformation Propaganda in Bavaria*, Berkeley: University of California Press.

Valantasis, R., et al., 2006, *The Subjective Eye: Essays in Culture, Religion, and Gender in Honor of Margaret R. Miles*, Eugene, OR: Pickwick Pubs.

'사이버 법당'의 의례적 구성과 감각의 배치에 관하여_ 우혜란

Connelly, Louise, 2010, "Virtual Buddhism An Analysis of Aesthetics in Relation to Religious Practice," *Online-Heidelberg Journal of Religions on the Internet*, 4:1.

Golub, Alex, 2010, "Being in the World (of Warcraft): Raiding, Realism, and Knowledge Production in a Massively Multiplayer Online Game," *Anthropological Quarterly*, vol. 83 no. 1.

Grieve, G. P., 2010, "Virtually Embodying the Field: Silent Online Meditation, Immersion and the Cardean Ethnographic Method," *Online-Heidelberg Journal of Religions on the Internet*, 4:1.

Heidbrink, Simone & Miczek, Nadja, 2010, "Introduction to the Special Issue: Religions on the Interent: Aesthetics and the Dimensions of the Senses," *Online-Heidelberg Journal of Religions on the Interne*, 4:1.

Helland, Christopher, 2005, "Online Religion as Lived Religion: Methodological Issues in the Study of Religious Participation on the Internet," *Online-Heidelberg Journal of Religions on the Internet*, 1:1.

Jacobs, Stephen, 2007, "Virtually Sacred: The Performance of Asynchronous Cyber-Rituals in Online Spaces," *Journal of Computer-Mediated Communication*, vol. 12.

Kalay, Y. E, & Marx, J., 2005, "Architect and the Internet: Designing Places in Cyberspace," *First Monday*, special Issue 5. (http://firstmonday.org/ojs/index.php/fm/rt/printerFriendly/1563/1478)

Miczek, Nadja, 2007, "Rituals Online: Dynamic Processes Reflecting Individual Perspectives," *Masaryk University Journal of Law and Technology*, vol. 1 no. 2.

Mohr, Hubert, 2010, "Material Religion/Religion Aesthetic, a Research Program," *Material Religion*, vol. 6 no. 2.

Morgan, David. 2012, *The Embodied Eye: Religious Visual Culture and the Social Life of Feeling*, Berkeley: University Press of California.

_____, 2009, "The Look of Sympathy: Religion, Visual Culture, and the Social Life of Feeling," *Material Religion*, vol. 5.

_____, 2005, "Editorial," *Material Religion*, vol. 1, no. 1

_____, 2000, "Visual Religion," *Religion*, vol. 30.

Tuan, Yi-Fu, 1997, *Space and Place, The Perspective of Experience*, Minneapolis: The University of Minnesota Press.

생태의례와 감각의 정치_ 유기쁨

『가톨릭뉴스 지금여기』 (2013. 6.13.)

겐넵, 반, 2000, 『통과의례』, 전경수 옮김, 을유문화사.
손택, 수전, 2004, 『타인의 고통』, 이재원 옮김, 서울: 도서출판 이후.
유기쁨, 2005, 「생태운동의 의례적 차원에 대한 이론적 고찰」, 『종교연구』 40집.
정해진, 2013, 「사회적 드라마로서의 개발반대 투쟁과 커뮤니티 관계의 재구성 -팔당유기농단지의 4대강사업 저항 운동을 중심으로-」, 한양대학교대학원 석사학위논문.

터너, 빅터, 1996, 『제의에서 연극으로』, 이기우 · 김익두 옮김, 현대미학사.

Bell, Catherine, 1999, *Ritual Theory, Ritual Practice*, Oxford: Oxford University Press.

Foster, Jennifer, 2009, "Environmental Aesthetics, Ecological Action and Social Justice," in Mick Smith, Joyce Davidson, Laura Cameron and Liz Bondi, eds., *Emotion, Place and Culture*, Burlington: Ashgate.

Grimes, Ronald L., 2006, *Rite out of Place : Ritual, Media, and the Arts*, New York: Oxford University Press.

Ingold, Tim, 2000, *The Perception of the Environment: Essays in livelihood, Dwelling and Skill*, London: Routledge.

_____, 2011, *Being Alive: Essays on Movement, Knowledge and Description*, New York: Routledge.

Jackson, Michael, 2002, *The Politics of Storytelling: Violence, Transgression and Intersubjectivity*, Copenhagen: Museum Tusculanum Press.

Rappaport, Roy A., 1979, "The Obvious Aspects of Ritual," *Ecology, Meaning, & Religion*, Berkeley: North Atlantic Books.

_____, 1999, *Ritual and Religion in the Making of Humanity*, Cambridge: Cambridge University Press.

Turner, Victor, 1969, *The Ritual Process: Structure and Anti-Structure*, Chicago: Aldine Pub. Co.

구럼비와 우리는 하나다-164일만의 구럼비 미사

http://www.catholicnews.co.kr/tv/view_top_960.html?idxno=116 (2012.2.15. 검색).

강정 활동가들의 하루 http://www.youtube.com/watch?v=whgVb28RMRI (2012.12.1. 검색).

찾아보기

(※ 이 책에 실린 글들은 아래 지면에 발표된 글들을 전재하거나, 수정 · 보완한 것이다.)

1. 『종교문화비평』 통권27호, 종교문화비평학회, 2015년 3월

임현수, 「종교와 문자: 상대 종교적 매개로서 갑골문의 본질과 기능」

이창익, 「소리의 종교적 자리를 찾아서: 시, 축음기, 그리고 카세트테이프」

방원일, 「초기 개신교 선교사들이 사용한 한국 종교 사진」

최화선, 「신화, 유령, 잔존하는 이미지: 아피찻퐁 위라세타쿤의 영화를 중심으로」

도태수, 「한국 초기 개신교 문서에 나타난 문자성」

2. 『종교와 문화』 제27호, 서울대학교 종교문제연구소, 2014년 12월

이창익, 「예술이라는 종교의 미디어: 반 데르 레이우의 예술신학」

3. 『종교문화비평』 통권25호, 종교문화비평학회, 2014년 3월

박규태, 「소노 시온 영화와 '응시'의 종교: 환상 · 욕망 · 사랑」

안연희, 「중세 후기의 '열리는 성모상'과 그리스도교 신앙의 물질적 상상력」

최화선, 「이미지와 응시: 고대 그리스도교의 시각적 신심(visual piety)」

우혜란, 「'사이버 법당'의 의례적 구성과 감각의 배치에 관하여」

유기쁨, 「생태의례와 감각의 정치」